U0895994

荆楚文化丛书

（艺文系列）

丛书主编／丁凤英

本系列主编／刘玉堂

荆楚民间文学

Jingchu Minjian Wenxue

陈建宪／著

WUHAN
PUBLISHING HOUSE
武汉出版社

(鄂)新登字 08 号
图书在版编目(CIP)数据
荆楚民间文学/陈建宪著. —武汉:武汉出版社,2014.12
(荆楚文化丛书·艺文系列/丁凤英主编)
ISBN 978—7—5430—8719—4
Ⅰ.①荆… Ⅱ.①陈… Ⅲ.①民间文学—文学史—湖北省
Ⅳ.①I207.7
中国版本图书馆 CIP 数据核字(2014)第 235390 号

著　　者:陈建宪
责任编辑:杨建文
装帧设计:刘福珊
出　版:武汉出版社
社　址:武汉市江汉区新华下路 103 号　　邮　编:430015
电　话:(027)85606403　85600625
http://www.whcbs.com　　E-mail:zbs@whcbs.com
印　刷:武汉中科兴业印务有限公司　　经　销:新华书店
开　本:720mm×1000mm　1/16
印　张:21.5　　字　数:430 千字　　插　页:4
版　次:2014 年 12 月第 1 版　　2014 年 12 月第 1 次印刷
定　价:43.80 元

荆楚文化丛书

序

尹汉宁

荆楚文化源远流长、博大精深，在中国文化的版图上拥有重要位置。湖北是荆楚文化的发祥地，具有历史文化、红色文化、旅游文化、少数民族文化等多方面深厚的文化积淀，文化名人、文物古迹、文化遗产数不胜数，悠远厚重的历史底蕴为湖北文化建设乃至经济社会发展留下了独特而宝贵的文化资源和精神财富。

省委书记李鸿忠同志指出，深入贯彻落实党的十七届六中全会精神、推进湖北由文化大省向文化强省跨越，关键是要将湖北丰富的文化资源转化为文化力量、转化为文化产品、转化为文化事业和文化产业。这就需要我们深入挖掘、系统研究荆楚优秀传统文化，在文化认同中提升文化自信，在文化传承中增强文化自觉，为文化资源优势向文化软实力和文化生产力转化奠定坚实基础。

《荆楚文化丛书》由湖北省炎黄文化研究会组织省内五十余位专家学者，历时三年编撰而成。丛书分胜迹、史传、学术、艺文四个系列，每个系列由十卷组成，凡四十卷，约一千二百万字，首次对荆楚文化进行了全方位研究，堪称湖北历史文化研究与普及的鸿篇巨著。期望全省干部群众特别是广大文化工作者，通过阅读和学习《荆楚文化丛书》，从湖北丰富的文化资源中汲取智慧和力量，以更加强烈的文化自信和文化自觉，奋力投身建设文化强省的伟大实践！

是为序。

（作者为中共湖北省委常委、宣传部部长）

目 录

第一章　湖北文化空间鸟瞰

人们习惯上将湖北地区称为“荆楚”，但“荆楚”一词有两种涵义：一种是指春秋战国时期在楚国形成、并在后来的历史发展中不断强化的地域文化，另一种是指当代行政区划中的湖北省。前者是文化空间，后者是行政空间。尽管行政空间的设置离不开对文化空间的考虑，但二者却不可能等同。本书讨论的是当代湖北省行政区划范围内的民间文学活动，“荆楚”是湖北省境内众多亚文化圈中的一个。

要全面理解湖北民间文学的面貌与特色，我们首先必须对湖北的文化空间做一番认真的分析。

第一节　湖北概况

湖北省位于长江中游，简称鄂。所辖地域在北纬 29°05′～33°20′、东经 108°21′～116°07′之间。东西长约 740 公里，南北宽约 470 公里，面积 18.59 万平方公里，占全国总面积的 1.94%。周边与河南、安徽、江西、湖南、重庆、陕西等省市接壤。

通过卫星地图，我们可以直观地看到湖北地区的地貌形态：[①]

从空中俯瞰，湖北的地势大致上是一个东、西、东北三面环山，南面和北面略呈开放的不完整盆地。在东北部，有呈北西—南东走向的桐柏山脉和大别山脉，呈西南—东北走向的幕阜山脉。在西北，有秦岭东延部分的武当山脉，大巴山

① 卫星地图来源：http://www.meet99.com/map-hubei.html。

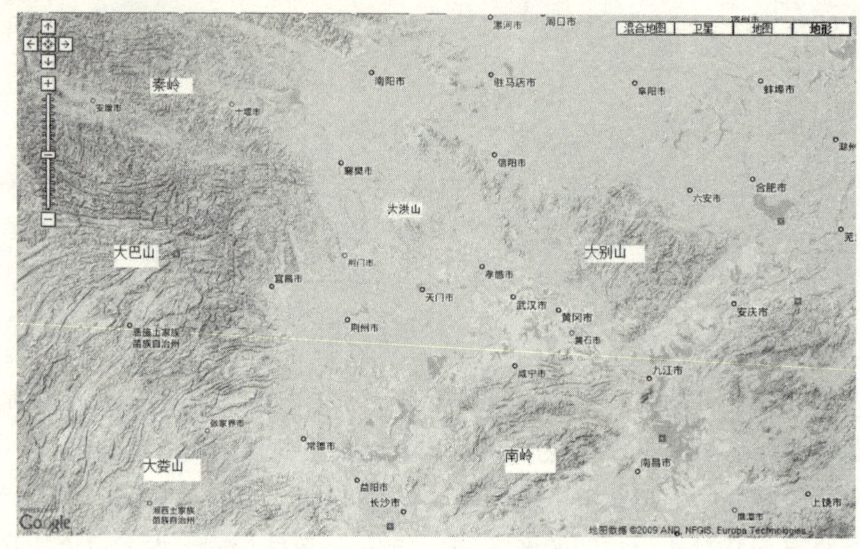

湖北省地貌形态卫星图

东段的神农架、荆山、巫山。在西南，有云贵高原东北延伸部分的大娄山和武陵山。在群山环绕之间，长江和汉江蜿蜒奔流，在武汉市相汇，冲积出两个富饶肥沃的平原：江汉平原和鄂东沿江平原。江汉平原的面积达 4 万多平方公里，由西北向东南微微倾斜，其间湖泊密布，河网交织。鄂东沿江平原为长江中游平原的组成部分，这里河湖交错，不及江汉平原宽阔。在这个不完整的盆地中，还有两个丘陵地区：鄂中丘陵和鄂东北丘陵。

自古以来，湖北的先民就生活在这块富饶美丽的土地上。考古学家在湖北发现的郧阳人、长阳人化石表明，早在七八十万年前，这里就有人类的活动。江汉平原出土的新石器时代屈家岭文化遗址中，有大量的石器、陶器，从其中的蛋壳彩陶、壶形器和带谷壳的红烧土来看，当时的农耕、渔猎和手工业都已发展到相当高的程度。武汉市北郊盘龙城出土的商代中期城址以及省内许多地区出土的商代铜器，证明商朝时，商人的势力已远达汉水流域和长江南北。

西周时期，湖北境内出现了以楚国为代表的许多方国，春秋战国时期，楚国发展成为雄踞南方的泱泱大国，势力东达吴、越、齐、鲁，北到陈、卫、郑、宋，南跨江淮洞庭，问鼎中原，威震华夏。楚国历八百年兴衰，涌现了老子、庄子、屈原等文化名人。灿烂的楚文化，对中华民族的发展作出了重大贡献。直到今天，人们仍习惯地称湖北为“荆楚”，湖北人喜欢自称“楚人”，这表明“荆楚”作为一种文化认同的符号，既深深扎根于湖北人民心中，也得到湖北以外地区人们的公认。

公元前223年，秦将王翦率军攻破楚国最后一个都城寿春（今安徽寿县西南），俘楚王负刍，楚国灭亡。秦始皇实行郡县制，湖北大部划归南郡，其他部分分属汉中、南阳、长沙、黔中和九江郡。西汉时，湖北大部属荆州。三国时，魏、蜀、吴在湖北境内展开了激烈的争夺，爆发了赤壁之战等著名战役。南北朝时期，战乱连年，北方流民大量迁入湖北，促进了农业和水利交通、商业的发展，武昌（今鄂州）、江陵、襄阳、夏口（今武昌）等中心城市逐渐繁荣。唐代，湖北西部划入山南东道，东部划为淮南道，东南部为江南西道，西南部为黔中道。隋朝时期湖北大部仍属荆州；盛唐时代，江汉平原成为全国著名粮产区之一，茶叶、制漆、麻丝织、竹编等手工业十分发达。宋代改道为路，湖北大部地区属荆湖北路，“湖北”由此得名，其他地区则分属京西南路、淮南西路、江西南路、夔州路和羁縻州。元代，今湖北境内长江以南属湖广行省，其他分属河南、陕西、四川等行省。明代，湖北地区归属湖广行省，今湖北全境的版图重归于一。当时全国广泛流传“湖广熟，天下足”的民谚，可见江汉平原在全国的重要地位。

晚清时期，武汉成为洋务运动的重地，一大批近代企业在湖北创办。随着洋务运动、新式教育和文化事业的发展，湖北成为革命的中心，1911年10月10日在武昌爆发的辛亥革命，推翻了中国最后一个封建王朝——满清政权。民国时期，湖北再次成为新民主主义革命的重要策源地。1927年中国共产党在武汉召开了“八七”会议，号召武装反抗国民党新军阀，鄂豫皖苏区、湘鄂西根据地成为中国工农红军红四方面军和红二方面军的摇篮，为中华人民共和国的成立作出了巨大的贡献。

第二节 湖北的三个文化层

湖北地处中国中部，在漫长的历史中，各种文化在湖北这块土地上撞击、交融，形成了一些各具特点的文化层与文化圈。

文化人类学家发现：文化在地理空间的传播，会形成不同的文化层与文化圈。19世纪德国文化传播学派最早将这两个概念用于地域文化研究。弗里德里希·拉策尔(F·Ratzel,1844—1904)提出,可以从地理条件出发,描绘出人类地面分布与文化发展的图景。他的学生莱奥·弗罗贝纽斯(L·Frobenius,1873—1928)最早提出"文化圈"概念,用来概括在非洲一些地区发现的具有共同文化特征的地理区间,如"西非文化圈"。弗里茨·格雷布内尔(F·Graebner,1877—1934)发展和完善了他们的理论。在他1905年发表的《大洋洲的文化圈与文化层》中,以"文化圈"和"文化层"作为分析文化传播的单位。德国古典传播学派以后,"文化圈"和"文化层"的概念一直为各国文化学者袭用,至今仍是文化研究的常用范畴。

所谓"文化圈",是指具有相同文化特质、文化丛结的一个或多个文化群体构成的地理空间。这些文化特质和文化丛结首先在一个中心产生,形成某种特定的文化模式,然后向四周扩散。所谓"文化层",是指文化圈在时间上的先后次序。通过不同历史阶段文化层的比较,可以看出同一文化空间中不同文化模式发展和演变的序列,特别是文化发展中所经历的质的变化。

湖北地区存在着怎样的文化圈与文化层呢?每个文化圈与文化层的地域范围和历史变迁又是怎样的呢?我们这里试图回答这一问题。

首先,我们从历史的角度,来研究湖北地区的文化积层。

张伟然先生在《湖北历史地理文化研究》一书中,描述了湖北历史上的文化中心演进过程。他指出,湖北境内各级文化中心的形成与变迁可分三个阶段:

> 第一阶段,秦汉之前,江汉之间作为楚国疆域的核心区域,其文化中心是单一的。这一中心先位于丹阳,后位于郢都及其后继城市江陵……从汉末开始,历史进入了第二阶段,这一阶段的主要标志是鄂北兴起了一个区域性的文化中心襄阳,同时鄂东的中心也在变迁中寻求一个合理的区位……南朝以后,江汉之间的文化中心呈现三足鼎立的局面。其中以靖康南渡为界,又可为前后两期,前期重心位于西部的荆、襄,而后期重心东移至鄂(今武汉武昌)。[①]

把张伟然先生的上述观点换一种说法,我们可以把湖北文化理解为前后相继的三个文化层:一是以荆州为中心的楚文化层,二是以襄阳为中心的汉文化层,三是以武汉为中心的鄂文化层。下面分别述之:

---

① 张伟然:《湖北历史地理文化研究》,湖北教育出版社,2000年,第238页。

一、楚文化层

楚文化层是湖北文化的最早积层，时间从公元前11世纪末周成王封熊绎于楚地始，至公元前223年秦灭楚止，贯穿于楚民族形成、楚国由兴至亡的整个时期。楚文化以楚国首都为中心向外幅射，[①]以楚国疆界为文化圈的边缘。楚国极盛时期，领土曾北至山东莒城，南至湖南郴州，西北至陕西商州，东部至江苏镇江，西部至四川奉节，西南至湖南凤凰，覆盖了整个今天湖北的全境。与北方的中原文化、西北的秦晋文化、东方的齐鲁文化、南方的苗蛮文化等地方性的亚文化圈一起，并存于中国大地，发展出自己独具一格的文化模式。著名楚史学家张正明先生曾指出，楚文化有六个要素：青铜冶铸工艺、丝织工艺和刺绣工艺、髹漆工艺、老庄哲学、屈原诗歌和庄子散文、美术和乐舞。他将楚文化与周文化并列，对楚文化的特色及在中国文化史上的地位作了如下表述：

> 就方位而言，南楚北周；就流域而言，南江北河；就代表性的始祖而言，南炎北黄；就象征性的灵物而言，南凤北龙；就学术的主流而言，南道北儒；就诗歌的典范而言，南《骚》北《诗》；就文化风格而言，南奇北正。因之，对当时华夏文化的正确认识应该是：楚周同位，江河竞流，炎黄并尊，凤龙齐舞，道儒互补，《骚》《诗》争妍，奇正相合。华夏文化源远流长的秘密，就在这二元耦合的优越格局之中。[②]

二、汉文化层

时间由秦灭楚始，到北宋定都开封止。秦汉时期，汉水流域是中国文化发展的中心地区。“汉”不仅是河流的名称，还是国家、民族的名称，也成为南北文化交融后形成的新文化的名称，即我们常说的“汉文化”。从秦到宋，中国南北文化在战乱中不断融合，中国历史上三次大规模的北人南迁，都发生在这个时期。第一次是西晋时期的“永嘉南渡”，第二次是唐中叶的安史之乱，第三次是两宋之交的靖康南渡。每一次民族迁徙浪潮，都有许多来自中原地区的流民进入湖北定居。唐宋两代比较安定的社会环境中，进一步增进了南北文化的融合。总的趋

① 楚国之都城有哪些，位于何地，学界至今有不同看法。冯永轩先生认为楚都有十：丹阳、漳沮、鄂、郢、喏、鄀、西阳、陈、钜阳、寿春（《说楚都》，《江汉考古》1980年第2期），学人们在此基础上有所增减。张正明《楚都辨》认为楚国迁都共有八次（原文载《江汉论坛》1982年第4期）。

② 张正明：《楚文化及其与周文化的关系》，载《张正明学术文集》，湖北人民出版社，2007年，第471页。

势，是北方文化不断向南方推进和传播。

汉文化时期的湖北，其文化中心除荆州外，又增加了襄阳和武昌。自秦统一后，从江汉平原通往中原的南北陆上通道成为全国交通大动脉。魏晋南北朝时，数量巨大的“流民”，都沿着这条路线从北向南移民。因此，这一要道上的襄阳，成为第一等军事重镇。汉代末年，刘表领荆州牧，移治襄阳。曹魏之时，襄阳由县上升为郡。直到唐代，江淮的贡赋多由汉江溯流而上，运往关中，这些因素使襄阳迅速上升为一个区域性的文化中心。《隋书·地理志》载：“自晋氏南迁之后，南郡、襄阳皆为重镇，四方凑会，故益多衣冠之绪，稍尚礼义经籍焉。”在南朝民歌《襄阳乐》和唐诗的乐府辞中，有许多描述襄阳繁华景象和享乐生活的篇章。与此同时，长江汉水交汇处的武昌，也因其重要的战略地位和发达的水运系统，变得越来越繁荣。所以，汉文化时期的湖北文化中心，是一个从单一中心向三足鼎立发展的过程。

三、鄂文化层

时间从北宋始直到现在。“湖北”一名，得之于宋代所设置的荆湖北路，辖地也由宋以前的四分五裂，向今天的湖北省境回归。明代至今，湖北的版图基本上固定了下来。这个时期的文化中心，非武汉市莫属。

“武昌”一词，据说是孙权为了与刘备争夺荆州，在公元221年把都城从建业（今南京）迁至鄂县，取“以武治国而昌”之意而命名的，当时的武昌即今鄂州市。今天的武昌，则要追溯到公元223年孙权在蛇山修筑的夏口城。南朝时，夏口扩建为郢州，成为郢州的治所。其后汉阳和汉口也发展起来，三镇合一，更加繁荣。而与此相对应的是，原来三足鼎立的文化中心地荆州和襄阳，在南宋时由于战争而受到相当大的破坏，渐渐失去了原有的鼎盛。南宋人胡寅在《斐然集》卷一《登纪南楼》中描绘战乱后的江陵城：“遗民百存一，茨棘伏且逋”、“一县三十家，一城三百庐”，十分萧条。襄阳也是如此：

> 襄阳自兵火废乱，邑屋荡为蛇豕之囿，重以吏治不良，民俗蠹化，礼义科旨之事不复闻耳矣。[①]

武昌作为文化中心地位的稳定上升，除了未受大的兵灾外，更重要的还有交

① （宋）张嵲：《紫微集》卷32《襄阳府重修州学记》。

通路线的变化。宋代以前，历朝首都多在西北，江汉平原上的陆路交通是贯通南北的主动脉，故这一要道上的荆州、襄阳成为重镇。北宋定都开封后，全国文化中心位置东移，运河直达城下，水路变得重要起来。南宋迁都杭州，全国的南北交通变成以大运河为主动脉，于是由荆襄通中原的陆路交通开始衰落，而长江一线的交通则繁盛起来，武昌处江汉交汇之地，地位自然变得举足轻重。南宋诗人陆游在《入蜀记》中描述武昌城："市邑雄富，列肆繁错，城外南市亦数里，虽钱塘、建康不能过，隐然一大都会也。"宋人范成大《吴船录》记载：

> 鄂渚……沿江数万家，廛闬甚盛，列肆如栉，酒垆楼栏尤壮丽，外郡未见其比，盖川、广、荆、襄、淮、浙贸迁之会，货物之至者无不售，且不问多少，一日可尽。[①]

从宋代到今天，武汉一直是湖北地区政治、军事、经济和文化的中心。由于武昌原为鄂县，鄂又是湖北的简称，故我们称这一时期的文化为鄂文化层。

综上所述，楚文化层、汉文化层和鄂文化层形成了湖北文化发展的三个主要阶段。其文化模式由单一的楚文化，发展到由秦楚、晋楚、巴楚、吴楚相结合的汉文化，再发展为以荆楚为中心同时包容了晋楚、吴楚、巴楚、秦楚、土苗等亚文化圈的鄂文化，展现了从单一文化到多元一体的文化融合过程。这个过程是整个中华民族历史进程中的一个重要组成部分，对湖北民间文学的发生、发展、艺术形式和文化内涵等有着决定性的影响。

第三节　湖北的六个文化圈

在文化空间的研究中，除了文化层外，更重要的是文化圈的划分。文化圈是一个地理空间的概念，既与行政区划相关，也有相当差异。划定文化圈既要考虑政治、经济、交通、文化、方言、风俗等客观因素，还要考虑到人们的主观感受和局外人对其感受的认同。

从文化学史来看，文化圈的划定首先必须依据文化空间中共有的客观文化要素。英国传播学派的代表人物格拉夫顿·埃利奥特—斯密司（G·E·Smith，

① 孔凡礼点校：《吴船录》，见《范成大笔记六种》，中华书局，2002 年，第 226 页。

1871—1937),提出埃及是世界其他文明的源头,他将产生于古埃及的这种文明称作“日石文化”,并以割礼、产翁、按摩术、尸体防腐、巨石崇拜、缠头、纹身、太阳与蛇相联系的宗教等文化要素作为这种文化的代表。而德国学者弗罗贝纽斯则以两面坡房盖的直角房屋、植物作弦的弓、编制的盾、植物作弦的多弦乐器、沙漏式的鼓、假面具等,作为“西非文化圈”的代表。中国的萧兵教授,提出“环太平洋文化圈”有如下标志:太阳崇拜、五行、招魂仪式、龙舟、船棺葬、圆形(方形)台坛、形象墩、亚型居室、应龙和羽蛇、猎头祭、崇拜神虎、崇拜神犬、足踩日月的海神、凿齿与变形头、林神与山魈等等。这类文化圈的划定方式,都是以客观文化要素作为划分标准的。

但上述划分方式虽然注意到了一些共同文化元素,却没有注意到这些要素间的联系与整合。对此,美国文化人类学家本尼迪克特(Ruth Benedict,1887—1948)另辟蹊径,提出“文化模式”的概念。她认为:“真正把人们维系在一起的是他们的文化,即他们所共同具有的观念与准则。”“一种文化就像是一个人,是思想和行为的一个或多或少贯一的模式。每一种文化中都会形成一种并不必然是其他社会形态都有的独特的意图。”①

这种从主观意识(观念、准则、意图)的角度划分文化圈的方式,也得到不少学者赞同。在当代,一些美国学者提出“感觉文化区”的概念。张伟然先生介绍说:“感觉文化区又称乡土文化区,它是人们对于文化区域的一种体认,既存在于区域内居民的心目当中,也得到区域外人们的广泛承认。”②张先生认为:今天的湖北省境,秦时即已大体存在于“荆州”范围内,后来随着朝代更替被划分得支离破碎,但是到了明代,又戏剧性地回到了秦时的范围,并一直保持下来,其根本原因就在于人们对于这个地区的文化感觉。

总的来看,在湖北这个文化空间中,以荆州、襄阳和武汉三个文化中心构成的荆楚文化圈是湖北文化的主流。但在不同历史时期,荆楚文化圈在向外幅射过程中与来自周边的其他文化发生碰撞和交融,形成了一个个亚文化圈,它们各有其不同的历史渊源与文化特质。从地理上看,这些亚文化圈存在着中心区和边缘区两部分。一种文化特质常常在文化中心区形成发展,然后向边缘区传播。

---

① 本尼迪克特:《文化模式》,王炜等译,三联书店,1988 年,第 18 页,第 48 页。
② 张伟然:《湖北历史地理文化研究》,湖北教育出版社,2000 年,第 222 页。

正像一块石头投向平静的水塘，形成一圈圈的波纹。处在几个亚文化圈边缘的县市，常常有两种以上的文化相交汇。正如几块石头同时投向水中，它们激起的波纹圈在边缘地带会相互碰撞和交织一样。

由于湖北省的边境地区往往是两个或几个文化圈的边缘，为了命名的方便，本书以春秋时期的楚国疆域为基础，根据楚国与周围国家的关系，将湖北境内的这几种亚文化分别以"荆楚"、"秦楚"、"晋楚"、"吴楚"、"巴楚"和"土苗"命名。这里需要特别说明的是：文化区的形成是一个长期的历史过程，上述名称只是一种文化符号，不能理解为狭义的历史时段或地域范围（见下图）。

湖北境内亚文化圈分布图

大略说来，湖北文化空间中的亚文化圈，主要有以荆州为中心的荆楚文化圈，以郧阳为中心的秦楚文化圈，以襄阳、随州、黄州为中心的晋楚文化圈，以宜昌为中心的巴楚文化圈，以咸宁和黄石为中心的吴楚文化圈，以恩施为中心的土苗文化圈。[①]在这些亚文化圈中，既有整个华夏文明共有的文化，也有荆楚文化和其他地域文化的成分。

下面，我们就对上述六个亚文化圈作粗略的勾勒：

一、荆楚文化圈

荆楚文化是湖北文化的主体，形成于楚国时期。其文化中心经历了由荆州

① 笔者原拟将中原文化与楚文化交汇的区间命名为夏楚文化圈，承刘玉堂先生建议而改为晋楚，这样以统一标准来命名，更合逻辑。

向襄阳、荆州、武昌三足鼎立，再到确立武汉中心地位的发展过程。从地理空间来看，荆楚文化圈以江汉平原为中心向周边辐射，范围包括今荆州地区（含荆州、江陵、洪湖、石首、松滋、监利、公安等县市）、荆门地区（含钟祥、京山、沙洋等县市）、孝感地区（含应城、安陆、汉川、孝昌、云梦等县市）、武汉市（含潜江、天门、仙桃等市县），以及襄阳地区的宜城、南漳，宜昌地区的秭归、枝江、宜都等。这些地区大都属于西南官话的成渝片和武天片、常鹤片。[①]这一文化圈的中心区，是故楚国领地的核心地带，即江汉平原和鄂西北荆山、大洪山一带的山地。其边缘在北面和东面通过襄阳、随州和黄冈与晋楚文化圈相交，西北面通过郧阳与秦楚文化圈相接，西面通过宜昌与巴楚文化圈相联，西南面通过恩施与土苗文化圈相会，东南面通过咸宁和黄石与吴楚文化圈相通。

二、秦楚文化圈

楚国向西北的发展过程中，在秦岭和大巴山与强大的秦国相逢，双方在秦巴谷地一带反复争夺，南北文化在撞击中交融，形成了秦楚文化圈。秦楚文化圈的范围在今鄂陕渝三省（市）交界之地，文化中心区为汉水流域中段的陕西安康一带。此地号称“秦头楚尾”，范围包括陕西省的安康地区，重庆市的巫溪县，湖北境内的十堰市（原郧阳地区），包括郧县、竹山、房县、郧西、竹溪等县市和神农架林区。这里“一脚踩三省”，既是今天的湖北、陕西、重庆三省市的边界，也是古代秦、楚、巴三族犬牙交错之地。方言属于西南官话的鄂北片。此处山大人稀，为江汉平原的西北屏障，也是荆楚文化的边缘区。《郧阳府志》中在描述竹溪县的风俗时说：“民多秦晋俗，尚楚歌，信鬼而尚巫，务农而少学，依山而居，缉纺而衣，烧畲而田，栽种击鼓讴歌，出入皆负背笼。”[②]这种“多秦晋俗，尚楚歌，信鬼而尚巫”的文化，正是这个亚文化圈的特点。

三、晋楚文化圈

楚国向北扩张，以晋国为霸主的中原文化向南推进，两国在湖北北部相撞，使南北文化在此相融，经过长期的历史磨合，形成了楚文化与中原文化相交融的

① 此处和下面提到的有关方言的分布状态，均出《中国语言地图集》，中国社会科学院与澳大利亚人文科学院合编，朗文出版（远东）有限公司，1987年。

② （明）徐学谟等撰，潘彦文等校注：《郧阳府志》，长江出版社，2007年，第191页。

晋楚文化圈。这个文化圈以湖北省和河南省、安徽省交界之地为中心,范围包括河南的南阳市、信阳市,安徽省的六安市,在湖北境内主要集中于今襄阳市(含老河口、枣阳、谷城、保康等县市)、十堰市(含丹江口)、随州市(含广水县)、黄冈市(含黄州、麻城、红安、罗田、浠水、蕲春、英山、团风等县市)、孝感市的大悟县等。方言多属于西南官话鄂北片和江淮官话黄孝片。这个文化圈夹在荆楚文化与中原文化之间,是中国南北陆上交通的大动脉,融汇出了亦楚亦晋的文化特色。

四、吴楚文化圈

地处长江下游的吴文化,春秋时期开始强盛起来,与楚文化发生密切联系。公元前506年,吴国在楚国叛将伍子胥的帮助下,大举攻楚,五战皆捷,一直打到郢都(今湖北江陵)。直到秦国和越国出兵相救,吴军才退。吴国也因此成为春秋五霸之一。汉末,魏蜀吴三家争霸天下,湖北是主战场之一。吴主孙权的势力曾扩展到湖北大部,以武昌(今鄂城)为都,与刘备争夺荆州和襄阳。明清时期,历时颇久的"江西填湖广,湖广填四川"移民潮,把大量的吴地移民徙往湖北,也带来了吴地的文化。吴楚文化的融合,在鄂东南形成了一个亚文化圈。吴楚文化圈在方言上属于赣语大通片,地域范围主要包括今大冶、阳新、咸宁、赤壁、嘉鱼、通城、崇阳、通山、监利、黄石、武穴、黄梅、新洲等地。在鄂东黄冈地区,如红安、麻城等地,也有不少江西籍移民,但它们与河南省接壤,也有不少来自中原的移民,最后复合成楚晋吴三种文化交融的边缘文化。

五、巴楚文化圈

美丽的长江三峡,从四川东部穿过巫山,在巴东县进入湖北境内。湖北境内大巴山东段的荆山和巫山,是楚文化与巴文化相交的地带。

据有关研究,巴人可能是藏缅语族先民的一支或数支。他们从汉水上游至黄河上游辗转迁徙至长江上游的东部和长江中游的西部,与楚人接触和交往。早在公元前800年前后,巴人与楚人就已互通使节,相互联姻。在漫长的时间浸润中,通过移民、戍兵、商贸等等方式相融合,形成了亦楚亦巴的地域文化。家喻户晓的成语"下里巴人",指的是战国时代楚国郢都的两首流行歌曲。从歌名来看,《下里》是楚国下层庶民的歌,《巴人》是巴人的歌。巴歌在楚国都城的流行,从一个侧面说明了两个民族间文化交流关系的密切。今天,在考古发掘中,巴墓中有时会发现楚器，楚墓中也偶有巴器出土。

巴楚文化圈以宜昌市为中心，范围包括宜昌以西的巴东县、长阳县、五峰县、秭归县和兴山县，十堰市的竹溪县、竹山县，恩施市北部的建始县、利川市等。方言多属西南官话成渝片。其北与晋楚文化圈边缘相复合，其南与土苗文化圈相交融。

六、土苗文化圈

地处西南部的恩施土家族苗族自治州，和属于宜昌地区的五峰土家族自治县、长阳土家族自治县，是湖北省的民族自治地区。根据第五次全国人口普查，这里汉族约占47.2%，土家族约占45%，苗族约占5.5%。方言属西南官话成渝片，但直到不久以前，一些地方仍有少数民族语言使用。这一片地区处于鄂、湘、黔交界处，是云贵高原东北的延伸部分，长期以来一直是少数民族生活的地方。

这一地区的行政归属历代多变，春秋时期为巴子国；战国时为楚地；秦属黔中郡；汉属南郡、武陵郡；到元代，当地少数民族地区实行土司制度，先后置散毛、唐崖、金峒、龙潭、忠建、毛岭、施南等土司；明代设容美宣慰司；清雍正十三年（1735年）改土归流，置施南府；1983年8月19日，经国务院批准，成立鄂西土家族苗族自治州。从这些行政区划的变化，可以看出历代对于少数民族的政策，也表明此地由于民族差异而具有与湖北其他地区不同的文化特点。

必须特别说明的是：上述文化圈的划分，乃是指一种总体的文化格局。实际上，在不同地区之中，由于各种原因，例如移民、流放、战争等，常常形成一种非常复杂的文化生态，出现文化圈交叉、局部文化飞地、不同文化杂居等现象，因此具体到每个地区和每个文化现象，需要具体分析，不能机械地按上述文化圈划分而生搬硬套。

从对上面六个文化圈的简略描述中，我们可以看出，由于特殊的地理位置，湖北省成为中国古代几大地域文化的交会之地，是中国文化的一个名副其实的大熔炉。虽然湖北文化的根基是荆楚文化，但历史上不同时期的地域文化此消彼长，中原文化、巴蜀文化、吴越文化和土苗文化的势力，在不同历史时期以不同的强度进入今湖北境内。因此，湖北文化是以荆楚文化为主体，融合了其他地域文化元素的一种杂交文化。借用费孝通先生概括中华民族特点的一个概念,就是“多元一体”。正是由于这一历史文化背景,使湖北的民间文学呈现出一种多元并存的格局。

有关湖北各亚文化圈的历史及其与民间文学的关系,我们在后面各个相关章节中还要展开更翔实具体的论述。

第四节 湖北民间文学的采录与研究

湖北的民间文化资源很早就引起了学界的注意,许多文化工作者上山下乡,辛勤采录这些民间瑰宝。早在20世纪30年代,北京大学的《歌谣周刊》就曾发表过黄朴搜集的19首武汉蔡甸区的歌谣。出生在武昌的中共早期青年运动领导者恽代英,也搜集过一首《颠倒歌》:“倒唱歌,顺唱歌,河里石头滚上坡。先生我,后生哥。爷喜时,我抬箩。嫁娘时,我抬盒。我打家婆门前过,家婆睡摇窝,舅爷摇家婆。”土地革命战争时期,湖北两个重要的革命根据地鄂豫皖苏区和鄂豫边苏区,在传统歌谣的基础上改编新词,产生了大量的革命歌谣,这些歌谣一部分通过当时的手抄本留存下来,一部分通过口耳相传一直流传到了今天。

20世纪50年代,大批文艺工作者深入民间,采录了许多歌谣与民间故事。如《湖北文艺》刊载的苏区革命歌谣,扬子江采录的《洪湖渔歌》等。《洪湖渔歌》曾被选入中学语文课本,《老子本姓天》、《贺龙军》被视为革命歌谣的经典之作。1955年,中南人民文艺出版社出版民间故事集《种桃老人》。宋祖立、吕庆庚、夏昭明等搜集整理的民间长诗《双合莲》和孙敬文等搜集整理的《钟九闹漕》,由湖北人民出版社于1955年和1957年先后出版,在全国引起了广泛关注。1958年开始的“大跃进”民歌运动中,武汉大学、华中师范学院、武汉音乐学院和中南民族学院等大专院校的师生们纷纷投入采风活动,出版了《土家族歌谣选》、《哭嫁歌》、《一人唱歌万人和》等民间诗歌集。被选入郭沫若主编《红旗歌谣》中的湖北新民歌计有《歌唱毛泽东》、《架飞泉》、《顶住日不落》、《我是一个装卸工》等17首,反映了那个时代民众昂扬的劳动激情。

1979年,中国民间文艺研究会恢复工作后,民间文艺事业进入新的时期。

1981年12月，中国民间文艺研究会湖北分会正式成立。20世纪80年代初期，省民间文艺家协会在全省各地区举办民间文学骨干培训班，培训了300多名生活在基层、热爱民间文化又懂专业知识的队伍。在这个时期，省民协组织编写了三套丛书：一是《湖北民间文学资料汇编》14种；二是由长江文艺出版社推出的"长江民间文学丛书"——《巧媳妇》、《杜老幺》、《千古风流》、《山川佳话》、《桃花洞》等民间文学作品集；三是按歌谣、谚语、故事、传说、寓言、笑话等体裁分门别类编印的"研究资料选辑"。省民协召开的"全国机智人物故事研讨会"、刘不朽采录的《鄂西情歌》和胡崇峻采录的长诗《神农架〈黑暗传〉》等，引起了全国的热烈反响。

1983年湖北省民间文艺年会留影

20世纪80年代中期以后，根据国家安排，湖北民间文化工作者将主要精力投入《中国民间文学三套集成》的编撰工作。1984年5月，文化部、国家民委和中国民协联合下达了《关于编辑出版〈中国民间故事集成〉〈中国歌谣集成〉〈中国谚语集成〉的通知》，次年，这一通知又经中央宣传部转发。湖北省于1986年4月由省委宣传部出面召集省文化厅、省文联、省民委和省民协负责人举行联席会议，成立以吕庆庚为首的领导小组，任命了三个集成的正、副主编，并确定由省群众艺术馆、省民间文艺家协会和中南民族学院三家分别承担故事、歌谣、谚语三

1995 年在武汉市蔡甸区召开的“《贱三爷》作品研讨会”与会代表合影

部省卷的编纂任务，分头进行，密切协作。[①]从 1987 年起，民间文学普查工作在全省范围内蓬勃展开，在普查基础上以科学方法编纂地方卷和省卷本（即国家卷）。到 1991 年，据省民间文艺家协会粗略统计，湖北省在普查中共采录故事 2.4 万余篇，歌谣 15 万多首，谚语 60 多万条。编印成书的故事资料本 43 种，歌谣资料本 34 种，谚语资料本 38 种，其中正式出版的有 25 种。目前，湖北三个集成的省卷本均已完稿出版，受到人们的好评。

在民间文学普查工作过程中，许多基层文化工作者跋山涉水，深入深山老林和贫困农村，不辞劳苦，与民间艺人们同吃同住同劳动，建立深厚友谊，从而记录了大量珍贵的民间文学作品。有些人甚至为这项工作献出了生命。例如孝感市孝南区的乡镇文化站站长孔强劲，1982 年在采录董永传说时，睡在一个老农家中，夜里被老鼠咬了，得鼠疫而去世。还有许多老文化工作者，直到临终，还在为三套集成的编纂呕心沥血，涌现了很多感人事迹。

通过普查，湖北省发现了一大批杰出的民歌手和故事讲述家。如五峰县的

① 中国民间文学集成湖北卷编委会成员为：主编吕庆庚，副主编邓泽民、舒志超、江云、辜德祥、哈经雄；故事集成湖北卷的主编为江云，副主编为韩致中、刘守华、李惠芳；歌谣集成湖北卷主编为辜德祥，副主编为蔚家麟、李继尧；民间谣谚集成湖北卷主编为哈经雄，副主编为徐荣祥、陈瑾。湖北省参加全国民间文学集成总编委会成员为刘守华。

刘德培，宜昌的刘德方，咸宁的仙人爹，长阳县土家族的女故事家孙家香等。还出现了伍家沟故事村、吕家河民歌村、青林寺谜语村等民间文化资源特别丰厚的村庄。国际知名的美籍华人学者丁乃通针对上世纪80年代初期湖北民间文学事业的新发展，撰写了《民间文学民间办——一个新生事物在中国》一文，在日本《民俗研究》上刊出，给予了热情肯定。这段时期，湖北省的民间文学优秀成果获得了多项奖励，刘守华、王作栋、王老黑、周濯街、陈建宪各以其相应成果，先后获得湖北省文艺明星奖；刘守华主编的《民间文学导论》获全国高校优秀教材一等奖，所著《中国民间童话概说》、《比较故事学》，分获全国高校人文社科研究优秀成果二、三等奖；傅广典主持制作的专题片《伍家沟故事村》，获联合国教科文组织"中国优秀文化电视片"奖，三个集成编辑部均获全国艺术科学规划领导小组文艺集成志书编纂成果一等奖，等等。

进入21世纪后，中国的民间文化保护与研究工作揭开了新纪元。2004年，中国加入了联合国《非物质文化遗产保护公约》，民间文化的发掘与保护工作由国家主导，全社会参与。湖北省的民间文化采录与保护工作围绕着非物质文化遗产名录的申报工作展开。到目前为止，湖北省公布的省级非物质文化遗产项目第一批为98项，第二批为66项，第三批为106项。2009年9月，由湖北省牵头申报的中国"端午节"，被联合国教科文组织批准列入《人类非物质文化遗产代表作名录》，成为首个入选人类非物质文化遗产的中国传统节日。这些非物质文化代表作的发掘，把湖北丰厚的民间文化资源逐渐呈现在世人的面前。近年来，随着社会主义新农村建设的推进和文化旅游产业的蓬勃发展，民间文学已经成为各个地区推进文化建设和文化产业的珍贵资源。

在湖北民间文学的采录与研究工作中，许许多多热爱民族文化的各界人士，尤其是省民协培养的大批骨干，像辛勤的蜜蜂一样，长期在深山老林、田间地头、高山平原、河湖港汊不懈地工作，把湖北民间文化的精华从老百姓的口头搬到书面来，其中涌现出一些著名的采录工作者、不计名利默默工作的组织者以及长期从事湖北民间文化研究的专家学者。在他们的共同努力下，湖北的民间文学采录与研究工作在全国一直名列前茅，这也是本书能够得以形成的雄厚基础。

第五节 湖北民间文学的主要类别[①]

民间文学是集体创作、传承和享用的语言艺术，是一个群体共享的非物质文化遗产。关于非物质文化遗产，联合国教科文组织《保护非物质文化遗产公约》是这样界定的："'非物质文化遗产'指被各群体、团体、有时为个人视为其文化遗产的各种实践、表演、表现形式、知识和技能及其有关的工具、实物、工艺品和文化场所。各个群体和团体随着其所处环境、与自然界的相互关系和历史条件的变化，不断使这种代代相传的非物质文化遗产得到创新，同时使他们自己具有一种认同感和历史感，从而促进了文化多样性和人类的创造力。"

在联合国《保护非物质文化遗产公约》中，"非物质文化遗产"定义的主要内容有五项：

(a)口头传说和表述，包括作为非物质文化遗产媒介的语言；

(b)表演艺术；

(c)社会风俗、礼仪、节庆；

(d)有关自然界和宇宙的知识和实践；

(e)传统的手工艺技能。

从上述定义来看，a项中属于民间文学的部分有传说、故事和歌谣，b项中属于民间文学的有民间歌舞、说唱和小戏，d项中属于民间文学的主要是神话和民间谚语。可以毫不夸张地说，民间文学在一个民族的非物质文化遗产中占有半壁江山，是各民族非物质文化遗产中的主体部分。

湖北省的民间文学种类繁多，其中既有全国乃至全世界共有的体裁，也有独具地方特色的民间文学形式。就体裁来说，举凡神话、传说、故事、民间长诗、民间歌谣、民间说唱、民间小戏等，在湖北都有丰富的蕴藏。

民间文学可以从多角度进行分类。本书按照民间文学的表现方式，将湖北民间文学分为民间散文叙事、民间韵文和民间艺文三大类。其中，民间散文叙事

① 本节中有关内容在《湖北民间文艺50年概述》一文基础上修改而成。该文载于《湖北文艺50年》(长江文艺出版社，1999年)，文中的民间叙事部分由笔者本人执笔撰写。

包括神话、传说和民间故事，民间韵文包括民间歌谣和民间长歌，民间艺文主要指表演性作品的脚本，即文学部分，如民间曲艺与民间小戏等等。

神话，是人类共同体（氏族、部落、民族或国家）集体创造、代代相传的一种以超自然形象为主人公、以特定宗教信仰为内核并为其服务的神圣叙事。中国神话学界曾就神话定义的广狭范围进行过不少争论。苏联汉学家李福清曾对中国神话进行了这样的划分："中国神话是中国远古神话、道教神话、佛教神话与近世民间神话体系的总称。"[①]我认为这种划分合乎中国神话的实际。中国神话是一个发展的体系，只要故事主人公是受人信仰的神灵（包括与神有同等神奇能力的仙人、鬼魂和动植物精灵等），故事发生于彼岸世界，或用来解释此岸事物起源与特征的，都可叫作神话。

长沙马王堆帛画局部：天上世界

湖北的神话资源相当丰富。出自屈原笔下的《楚辞》，是中国古代神话资源的宝库。顾颉刚先生曾指出，屈原的《天问》，反映了来自中国西部的昆仑神话与东部蓬莱神话的融合。[②]从文献和考古资料看，楚地存在着显然有别于北方的信仰系统。例如《九歌》中的神灵系统，显然是相对独立的，而长沙子弹库楚墓出土

① ［苏］李福清：《中国神话故事论集》，中国民间文艺出版社，1988 年，第 84 页。

② 见顾颉刚：《庄子、楚辞中昆仑和蓬莱两个神话系统的融合》，《中华文史论丛》1979 年第 2 辑，上海古籍出版社。

帛书和马王堆帛画，都表明楚地神话的发达。

除古籍中常见的古典神话外，湖北还保留有一些稀见的民间口传神话。如神农架的丧葬歌《黑暗传》和京山县的《善歌锣鼓》，就有形态比较特异、内容自成体系的神话故事，它们源远流长而又有新意。本书后面将有专节介绍。

湖北从古至今见诸典籍和世代口传的神话都比较丰富，似乎不无原因。南国山奇水阔，气象万千，容易触发先民的奇丽幻想，神话遗存较为丰富；盛行的巫风，也有助于神话的存活与传承；以屈原为代表的历代文人对神话情有独钟，常取用以为诗文，从而增强和延长了它们的生命。最为重要的是，在湖北人的现实生活中，还存在着不少比较古老的风俗，以丧葬风俗为例，鄂西北山区盛行"孝歌"，鄂西土家族喜欢"跳丧"，鄂南有"转丧"，鄂中有"坐丧鼓"，这些习俗中都以歌唱来陪亡人度过长夜，唱词多与民间信仰相关，所以保存了不少原生态神话。鄂西的傩戏，也是神话的宝库。

民间传说是最富有地方特色的一类民间文学作品，主要分历史、风物和风俗三大类。

湖北人杰地灵，历史人物传说非常丰富。仅列入省级非物质文化遗产名录的人物就有：女娲（竹山）、炎帝神农（随州、神农架）、廪君（长阳）、伯牙、子期（武汉）、屈原（秭归）、王昭君（兴山）、尹吉甫（房县）、禅宗祖师（黄梅）、木兰（武汉）、孟宗、黄香（孝昌、云梦）、钱六姐（咸宁）、李闯王（通山）、李时珍（蕲春）、李白（安陆）、寇准（巴东）、张居正（荆州）、伍子胥（监利）、苏东坡（黄冈）、杨涟（广水）、陆羽（天门）、贱三爷（武汉）、徐苟三（天门）、十八老子（红安）、莫愁女（钟祥）等。

湖北人物传说较多集中于三个历史时期，一是楚国时期，二是三国时期，三是近代（辛亥革命和土地革命），这表明历史事件的发生与历史人物传说有一定的关联。湖北的机智人物传说特别发达。据有关资料统计，[①]机智人物传说的数量远高于各兄弟省市，这大概与楚人崇尚"惟楚有才"的价值观有关。

湖北自然风物的传说也很丰富。江汉平原和长江三峡的水味传说，与周边巴山秦岭、武陵山地的传说互为映衬，成为湖北民间传说的显著特色。

湖北与地方民俗有关的传说富有特色。《荆楚岁时记》记有不少岁时风俗，

① 详见祁连休：《智谋与妙趣——中国机智人物故事研究》中的"中国机智人物故事主人公索引"，河北教育出版社，2001年，第139页。

如端午。湖北还有大量的土特产传说，武昌鱼、孝感麻糖、东坡饼、沔阳三蒸、洪山菜薹……这些传说已成为今日品牌宣传不可缺少的资料。

两千多年来，湖北流传的民间故事，历代都有不少为人所采录和记载。春秋时期《韩非子》中的《和氏璧》，汉刘向《孝子传》中的《董永》，金王朋寿《增广类林杂说》中的《黄鹤楼》等，都是湖北有名的传说。唐人段成式的《酉阳杂俎》、宋人洪迈的《夷坚志》、明人陈士元《江汉丛谈》和王同轨的《耳谈》等，是几本记载湖北民间故事较多的文献。直到今天，湖北各地讲故事的风气仍然十分盛行。民间称讲故事为“讲古话”、“讲瞎话”、“粉白”、“说古”、“日白”等，作为老百姓喜闻乐见、随兴所至的民间文艺活动，至今依然有着勃勃生机。20世纪80年代以来，湖北采录民间故事的活动规模巨大，编印了几百种各地县故事资料集。《中国民间故事集成·湖北卷》的问世，是湖北民间故事代表性成果的一个汇集。即使这样，出版的湖北民间故事也不过是九牛一毛。

民间故事主要有幻想故事、生活故事、寓言、笑话几大类。

民间幻想故事亦称神奇故事、民间童话，是以超自然的事物和事件构成故事主干、以娱乐而非宗教为讲述旨趣的民间口头叙事。民间幻想故事的特别之处，在于人物的行动、经历、外貌等，存在着一些超人间的元素，如宝物、法术、神秘的故事氛围等等。民间幻想故事将普通民众的愿望通过幻想的手法和神奇的力量来实现，表达了民众对幸福生活的向往和追求。故事中常常蕴含着深刻的道德教训与人生哲理，形成诗意与哲理的有机结合。

中外学者有关民间幻想故事的分类各不相同。国际通行的阿尔奈—汤普森的《民间故事类型》(即“AT”分类法)中，将民间幻想故事主要集中在第300—749型中，分为“超自然的对手”、“超自然的或中了魔的丈夫(妻子)或其他亲属”、“超自然的助手”、“魔物”、“超自然的力量或知识”、“其他超自然故事”七类。德国人艾伯华在《中国民间故事类型》中指出，这类故事主要集中在“巫师、神秘的宝藏和奇迹类”，但同时也夹杂于神话和宗教类故事之中。刘守华主编的《中国民间故事类型研究》，将中国最常见的60个民间故事类型的分布、渊源及文化内涵，进行了描述和论析。[①]

民间幻想故事的最大特点，是类型化和跨时空传承。所谓类型化，就是一个

① 刘守华主编:《中国民间故事类型研究》，华中师范大学出版社，2006年，第38页。

故事会存在许多大同小异的文本，它们从主要情节看都差不多，但在情节单元和细节上常常有差别。民间故事往往流传时间极久，形成跨地域的传承，有些甚至成为全世界的故事类型，因此很难确定其原产地。在湖北地区，很多世界性的民间故事类型都有传承，它们往往在具体的讲述中被打上湖北文化的特点。例如，《狼外婆》是流传极广的故事，但在鄂西北却变成了《野人家家》；“外婆”通常所坐的桶，也变异成了饭甑。当地蒸饭用甑，坐在它上边，将尾巴装进去，更符合当地生活背景。而《早发的魔箭》，虽然也是一个世界性的故事类型，却打上了楚地鲜明的风水巫术烙印，并与湖北一些典型的山川风物地理地貌结合在一起。

湖北境内流传较广的幻想故事，主要有早发魔箭型、巫师斗法型、百鸟衣型、青蛙丈夫型、皮匠驸马型、蛇郎型、龙女型、找好运型、狗耕田型、十兄弟型、人鬼相恋型、渔夫与水鬼型、狼外婆型、狐妻型、虎妻型、宝物型等等。后面结合代表性文本作具体分析。

生活故事是以民众日常生活为主要内容，以现实中的人物为主角的故事，因此又被称为“民间写实故事”或“世俗故事”。生活故事主要反映民众的生活事件、社会现象和各种社会关系，与幻想故事相比，它的现实性较强，主要运用现实的生活素材、现实的人物与事件，通过故事情节的巧妙安排而构成的艺术创作。

人是社会的动物。每个人都像一只蜘蛛，悬挂在社会这张大网上谋生和繁衍。人们在社会生活中遭逢的种种际遇，既成为他们编织故事的情感动力，也成为他们口头创作的题材与素材。家庭生活故事则多围绕夫妻、婆媳、母子、父女、兄弟、妯娌之间的关系展开情节，也表现了民众的道德伦理观。相对于幻想故事来说，生活故事的情节较少类型性。《中国民间文学集成工作手册》将生活故事分为 19 个大类：长工地主故事、工匠斗争故事、爱情婚姻故事、巧女故事、傻婿故事、奇巧婚配故事、恶婆婆故事、恶夫恶妇故事、后母故事、孝敬老人故事、三子学艺故事、勤俭故事、公益义行故事、师徒故事、勤学故事、交友故事、生产经验故事、处世道德故事以及其他。此外，另立机智人物故事。刘守华先生认为，在艺术上显得最成熟而又流行广远的生活故事系列是：呆女婿、巧媳妇、奇巧婚姻、长工与地主、打官司和断案以及机智人物故事。[①]在湖北，所有这些生活故事类别都有传承，在民间，不经意间许多人都能张口即来。

① 刘守华主编：《中国民间故事类型研究》，华中师范大学出版社，2002 年，第 52 页。

民间笑话是一种将嘲讽与训诫蕴含于谈笑娱乐之中的短小故事。它通过巧妙的情节构思与机智的语言调侃，一针见血地揭示生活中的各种问题与矛盾，讽刺社会不良现象，批判人性中的弱点，让人们在愉快的笑声中超越自我，实现人格的净化与升华。人类社会制度的不完善，人类本性中许多可笑的劣根性，都是生长笑话的沃土。

中国古代的笑话源远流长。春秋战国时期的一些寓言，如《守株待兔》、《揠苗助长》等，就具有笑话的特点。现今所知最早的笑话集，是东汉末年邯郸淳的《笑林》三卷。此后，各种笑话专集不断涌现，如晋代的《笑林》（陆云撰），隋唐时代的《启颜录》（侯白撰）、《谐噱录》（朱揆撰）、《笑言》（无名氏），宋代的《群居解颐》（高怿撰）、《艾子杂说》和《调谑编》（传苏轼撰）、《绝倒录》（朱晖撰）、《醉翁谈录》（罗烨撰）等等；到了明代和清代，中国的笑话艺术达到鼎盛时期，大量的笑话集印行于世，其中像江盈科的《雪涛谐史》、赵南星的《笑赞》、冯梦龙的《笑府》、《广笑府》和《古今谭概》、石成金的《笑得好》、程世爵的《笑林广记》等等，都是影响深远的笑话集，其中许多笑话至今仍活在人们口头。除了专门的笑话集外，在其他笔记、野史或诗文别集中，也散布着无数笑话。

湖北地区的民间笑话数量众多，按笑话所反映的生活内容，大略有家庭生活笑话、社会斗争笑话、人性弱点笑话和语言笑话四大类，其中家庭生活笑话主要有呆女婿、傻女人、怕老婆、父教子、公公与媳妇、两亲家、姐夫与小姨子等。社会斗争笑话主要有长工斗地主、贪官污吏丑态、黑心商贩、骗人僧道与巫师等。人性弱点笑话主要是讽刺人所共有的一些本能弱点，如贪婪吝啬、好吃懒做、吹牛说谎、不良嗜好（如嗜烟酒、赌博）、爱面子与厚脸皮等。还有一些对某种爱好特别入迷以致走火入魔的笑话，如打麻将、玩扑克、看戏、唱歌等，都是编织笑话的题材。

民间寓言是一种主要以哲理或道德训诫为内核的小故事。按故事主人公来划分，主要有动植物寓言和人物寓言。按内容来分类的话，大略可分为道德寓言、经验寓言和哲理寓言三大类。各类寓言在湖北民间故事中也相当普遍。

湖北有许多民间韵文作品，篇幅短的是歌谣，以抒情为主；长的多是叙事歌。

近几年在中央电视台主办的原生态民歌青年歌手大奖赛中，湖北民歌连连拔得头筹，超过了一些歌山歌海的边疆少数民族地区和陕西、山西等民歌大省，看似出人意料，其实非常正常，湖北省有着悠久的民歌传统和丰富的民歌蕴藏，只不过不太为人所知罢了。例如湖北武当山的南神道旁的吕家河民歌村，民间文艺学家和音乐研究工作者对这个村进行了全面研究，结果十分惊人。这个只有两千来人的行政村，光是发现的民歌曲调就有18类54种，典型腔调76种。“从音乐方面讲，现已搜集的曲调达70余个，黄河流域，长江流域，甚至于东北地区民间曲调，都在这里出现。”[①]而在湖北，与吕家河差不多甚至更好的民歌村，也不在少数。

湖北民歌最早的文字记录，可能要算《诗经》里的“二南”（《周南》、《召南》）。《国风》160篇，“二南”有25首。据历代专家研究，周南大约在今陕西、河南之间，召南大约在今河南、湖北之间，分别属于秦楚文化圈和晋楚文化圈。如《汉广》中反复咏叹“汉之广矣，不可泳思，江之永矣，不可方思”，就表明歌者显然生活在汉水之滨，是流传在汉水地区的一首古老情歌。

战国时期，楚国诞生了伟大的爱国主义诗人屈原。他汲取楚国民歌的养料，创造了“楚辞”这一诗体。秦汉时代，湖北出现的“楚歌体”，在全国诗坛上占据重要地位。它和秦汉流行的“四言”旧体、“五言”新体，成为并列的诗体。楚歌的盛行，从楚霸王项羽的《垓下歌》和汉高祖刘邦的《大风歌》中也可以看出。汉代还有一大批有影响的人物如汉武帝、戚夫人、乌孙公主、张衡、蔡文姬等，都依仿民间楚歌写诗。楚地民歌的传统，在两汉《乐府》里也有记载。到南北朝，湖北民歌被称为“西曲”，又叫“荆楚西声”。据《古今乐录》记载：它有“石城乐”、“莫愁乐”、“襄阳乐”、“江陵乐”、“采桑度”等三十四曲，均出于荆、郢、樊、邓之间。[②]南北朝时，水路交通发达，从汉水入长江到扬州、金陵，是南北通商的大通道，繁荣的南北交通催生了许多水上歌谣。

唐朝以后，湖北民歌引起文人注意，进行采录汇辑，留下了一些宝贵的民歌资料。唐代诗人刘禹锡，曾被贬到“巴山楚水凄凉地”，他学习当地民歌，写了不少《竹枝词》，至今在鄂西北，如长阳和五峰等土家族自治县，都盛行《竹枝词》。宋代诗人苏轼贬官黄州，在《书鸡鸣歌》中这样写他的见闻：

> 余来黄州，闻黄人二三月皆群聚讴歌，其词固不可分，而其音亦不

---

① 李征康、屈崇丽主编：《武当山吕家河村民歌集》，学苑出版社，2003年，第31-32页。

② 李继尧：《抬轿点睛录》，青海人民出版社，2007年版，第365页。

中律吕，但宛转其声，往反高下，如鸡唱尔。与庙堂中所闻鸡人传漏，微有相似，但极鄙野耳。……余今所闻岂亦《鸡鸣》之遗声乎？土人谓之山歌云。[①]

到了近代，湖北各个文化区形成了一些有突出特点的艺术形式，如鄂西有“赶五句”和“穿号子”，鄂中流行秧歌和渔歌，鄂东多“灯歌”，鄂北和鄂南的“孝歌”盛行，鄂西北土家族则有独特的“神歌”。

湖北民歌形式丰富，有古歌、劳动歌、仪式歌、时政歌、革命歌谣、情歌、生活歌、传说故事歌、喻世歌、乞丐歌、逗趣歌、儿歌、风物歌等种类。

湖北的劳动歌非常发达。有以农耕为主的劳动歌“落田响”、“挖山鼓”、“栽秧锣鼓”、“车水锣鼓”、“薅草锣鼓”等，也有与水上劳作相关的峡江号子、清江号子、放排号子、搬运号子、汉江渔歌等，还有其他劳动生活中唱的采茶歌、背脚歌、砍柴歌、赶骡马歌、放牛歌、赶仗(打猎)歌、伐木歌、打夯歌等。农村城镇的“九佬十八匠”，各有各的手艺，也各有各的歌。“上午唱古人，中午唱花名，下午唱爱情，收工杂七夹八混。”从早唱到晚，给人以美的享受，消除劳累，提高生产效率。

湖北的生活歌也很丰富。其中苦情歌量很大，特色鲜明，除“长工苦”等反映阶级压迫的歌外，还有表现水乡或山区艰苦生活的歌，以及小媳妇或中年丧妻的歌谣。

湖北仪式歌数量多品种全。像祀典、婚嫁、丧葬、生育、建屋、寿诞等，均有成套的仪式歌。流传于荆山保康一带的沮水巫音、神农架林区的孝歌、荆门的坐丧鼓、江陵一带的鼓盆歌，都是丧仪的重要组成部分，是远古丧葬娱神仪式歌的遗留。婚礼中的撒帐歌、开脸歌、闹房歌，使婚礼充满了神圣而快乐的气氛和传宗接代的期盼。湖北仪式歌中还有一些以《诗经》为主体的特别类型，如湖北长阳的一首《请媒人》：“关关雎鸠去看亲，在河之洲看不成，窈窕淑女看成了，君子好逑请媒人，巧言令色鲜矣仁。”

湖北民歌与其他各地一样，情歌占有很大比重。鄂西山区的情歌多带有粗犷的山地特色，江汉平原的情歌则是一种优美似水的韵味。除一般的形式外，湖北的情歌还有一些特别的样式，如五句子和穿号子等等。

湖北儿歌有的以传授知识为主，有的以培养道德感为主，更多的是逗趣歌，

① 《苏轼文集》，中华书局，1986年，第2089页。

如《斗虫虫》、《排排坐》、《点脚斑斑》等。湖北各地流传的儿歌中,还有各种“古怪歌”、“希奇歌”、“荒唐歌”、“吹牛歌”、“扯谎歌”等以幽默风趣为特色的儿童歌谣,把山区生活常识颠倒过来唱,让儿童既觉得可笑又培养了逻辑思维方法。

湖北时政歌中有大量的苏区歌谣,如《黄麻起义歌》、《贺龙军》、《门外在过兵》、《一颗红心拿不去》等,都属于歌颂性的。但时政歌中更多的是批判性的,如在清代崇阳县的钟九领导的农民起义中,农民高唱:“破通城,有钱粮;破通山,有硝磺;破蒲圻,有战场;破咸宁,下武昌,打到武昌做国王。”在当代,人们对于社会上的各种不良社会现象,如腐败、官僚作风等,也有很多时政歌加以讽刺。

湖北民歌还有少数长篇巨制,如薅草锣鼓、撒叶儿嗬、哭嫁歌、送歌郎、翻田埂等。

薅草锣鼓是农民在田间劳动时唱的田歌。由于唱时伴随着锣鼓,有的还吹奏唢呐乐器,既能鼓舞农民的劳动热情,又起着指挥生产的作用,所以叫“薅草锣鼓”。敲锣打鼓歌唱的歌手称为“锣鼓匠”和“歌师傅”。歌唱形式有独唱、对唱、领唱带群唱等,曲调高亢,演唱自由;内容十分广泛,有神话、历史传说、唱古人、长篇民间叙事诗、情歌、荒年歌、生活歌、劳动歌等。情节生动,富有变化,最能活跃劳动气氛,调剂劳动节奏。因此,农民说:“薅草不打锣鼓,好比砍柴没有快斧。”“不骂不喊,不得一天到晚。”关于这一特殊民间文学形式,本书后面还要专节介绍。

在湖北西南部,特别是清江流域土家族聚居地,过去广泛流行着一种婚嫁习俗:哭嫁。即女子在出嫁前一段时间(几天到三个月不等),每到黄昏,即在家中歌哭,其父母兄嫂及邻居少女,也来陪哭陪歌。这种风俗又称“陪十姊妹”。

与哭嫁歌类似的民间抒情长歌,是土家族的丧葬歌舞《撒叶儿嗬》。笔者将以自己参加一位民间故事家葬礼的亲身经历,来具体介绍这种长篇抒情歌。

近年来,湖北还有一种正在被人发现和注目的民歌资源——长篇叙事歌。上世纪50年代,民间文学工作者在湖北崇阳发现了两部民间叙事长歌《双合莲》和《钟九闹漕》,这两部汉族近代民间长诗受到了学术界的高度评价。有人甚至认为是继东汉乐府《孔雀东南飞》之后汉民族民间叙事诗在现代的新发现。上世纪80年代,民间文学工作者在鄂西北搜集到了数量不少的长篇叙事歌,其中大多数都有手抄本或石印本。1986年湖北民间文艺家协会出版了《湖北民间叙事长诗唱本总目提要(第一集)》,其中收录了160多种长歌的故事提要。可惜由于当时的条件限制,这些唱本的原始资料没有得到保存。近十年来,湖北民间叙事长诗的整理与出版呈现出一个高潮。2002年,由胡崇峻搜集整理的神农架孝歌《黑暗传》出版,引起了学术界的极大兴趣与热烈讨论。2004年,神农架林区编印的《民间长诗》收录10部长篇叙事歌;2009年出版的《武当山南神道民间叙事诗集》、《民间唱本》、《咸宁长篇叙事山歌(第一卷)》,分别收录了31部武当山长诗、26部十堰房县长诗、9部咸宁长诗。这些作品的集中发现表明:"汉族民间叙事长诗存在着一个非常活跃的湖北传承带,集中在与陕西、重庆交界的西北、西南部山区,与江西、湖南交界的东南丘陵地区。"[①]湖北发现的这些汉族民间叙事长诗群,为我们打开了又一扇了解汉民族历史文化的窗口。

"民间艺文"一词是台湾学者金荣华先生创用的,指各种民间表演艺术中的文学部分。民间文学与普通的文学作品最大不同之处,是大多不是通过书面文字来欣赏,而是在日常生活中由人来表演。唱歌也好,讲故事也好,从本质上说,都是一种民间表演,所以西方有所谓"表演理论",强调的就是民间文艺的表演性。湖北的民间表演极为丰富,其中包含较多文学元素的形式,主要有民间歌舞、民间说唱、民间小戏三大类。本书专论这些民间表演中的文学元素,特别是它们的语言文字脚本。

民间歌舞是世界各地都存在的重要艺术形态。《诗·大序》说:"诗者,志之所之也。在心为志,发言为诗,情动于中而形于言。言之不足,故嗟叹之。嗟叹之不足,故咏歌之。咏歌之不足,不知手之舞之足之蹈之也。"民间文学与民间歌舞不可分割,某种意义上可以说,歌舞是文学的载体,文学是歌舞的内容。

湖北民间歌舞既有整个华夏文明中共有的一些常见形式,如舞龙、舞狮、踩高跷、跑旱船、打花鼓、玩灯、打莲湘、大头娃娃等,也有许多鲜明的地方风格与特点。例如,崇拜凤凰是楚文化的一个特色,在江汉平原各地县,就流行一种名叫"凤凰灯"(有的地方称作"玩凤凰")的民间歌舞。湖北多水,不少地方的民间歌舞比如彩莲船、五虾闹鲇、搭虾子、蚌壳精、白鹭戏蚌等,都与水乡人们熟悉的劳动生活相关联。江汉平原的溜老三推车、三棒鼓,是非常独特的民间艺术形式。

---

① 韩晓玲:《朴素而忘情地吟唱着——我省成为民间叙事长诗传承热土》,载《湖北日报》,2010年7月2日。

尚在鄂北流传的端公舞、沮水巫音，与楚人好巫的传统一脉相承。鄂西流传的傩舞、跳丧、摆手舞、要要等，体现的则是土苗文化的传统。

民间歌舞与节日习俗常常合为一体，其歌词须与现场情景结合，多为吉祥祈福的彩词。湖北各地风俗，春节要举行各种各样的民间文艺活动，其中少不了民间歌舞。这些歌舞除热闹外，还有实际的送吉祥、讨彩头功能。像玩狮子、舞龙灯、划彩船、耍蚌蛤精、踩高跷等，常常用来拜年和送彩。特别是正月十五的元宵节，家家户户制作各式花灯，游街比赛、展览。每种形式均要喊彩，有“金狮彩”、“龙灯彩”、“采莲船彩”、“高跷彩”等。这种喊彩的风俗，还被乞丐借用为讨钱讨饭的形式。他们沿街乞讨时，就要对各种行业、店铺和各式人物，大唱祝词和赞歌，讨人喜欢，以求得到更多的赏赐。无论是节日送彩，还是乞讨送彩，都有强烈的针对性。于是就有了七十二行的行业彩词。这些彩词以简洁的语言，生动地体现了各个行业的特点。如旧社会叫花子到食品店喊彩：“恭喜老板开勤行。做的饼子像月亮，炸的油条喷喷香。”喊过彩词，老板不给打发，叫花子立刻又接着喊起来：“时候在明天，牛死马生瘟。恭喜你的儿子死，媳妇早嫁人。”[①]

湖北各地申报的非物质文化遗产项目中，不少是民间歌舞，它们是：土家族撒叶儿嗬（五峰县、巴东县）、闹灵歌（建始县）、要要（宣恩县、恩施市）、地盘子（咸丰县）、土家族摆手舞（来凤县）、麻城花挑（麻城市）、八宝铜铃舞（宣恩县）、三节龙·跳鼓（云梦县）、肉连响（利川市）、拍打舞（通城县）、滚灯舞（松滋市）、地龙灯（来凤县）、赶象（宜城市）、凤凰灯（郧县）、端公舞（南漳县）、龙舞（鄂州市、黄冈市、恩施市）、高跷花鼓（南漳县）、五虾闹鲇（荆州市）、滚龙连厢（宣恩县）、地花鼓（兴山县、五峰县、巴东县）、搭虾子（洪湖市）、蚂虾灯（郧县）、狮舞（安陆市、潜江市）。大多数民间歌舞中都有唱词。唱词与舞蹈相结合，更加宣示主题，增加气氛和美感。有些民间歌舞中还带有戏曲的成分，如郧县的跑旱船，就有太公、后摇婆、坐船娘娘和丫环四种角色，由男性扮演的丑角后摇婆，手摇破扇，唱词戏谑，让观众乐个不停。

民间说唱又称民间曲艺，是以说唱形式来抒情和叙事的艺术。中国许多民族和地区都有民间说唱形式存在，据不完全统计，大约有300余种。大略可以分

---

① 京山县民间文学三套集成领导小组、京山县群众文化馆编印：《中国歌谣集成·湖北卷·京山县歌谣分册》第一册，1987年，第406页。

为讲故事、唱故事、说笑话几个类别。湖北民间说唱有着非常强烈的地方色彩，主要有丝弦小曲、渔鼓道情、鼓书鼓词、踏歌要唱四种形式。

湖北的丝弦小曲很有特色，主要有湖北小曲、碟子小曲、长阳五峰南曲、恩施扬琴、襄阳小曲、郧阳曲子、文曲、利川小曲等。

渔鼓道情也是湖北流传最广的一种说唱艺术，富有江汉平原的特色。道情是渔鼓的前身，源于道教宫观，原为道士演唱的道教故事，后来发展为民间曲艺。湖北的渔鼓艺人主要以一头蒙着蛇皮的竹筒来打节奏，配合云板或其他乐器，有的还有高胡、三弦等民乐伴奏，边说边唱，内容多为故事。最初只是自娱自乐，后来用于乞讨谋生，并为皮影戏伴唱。一般以短篇故事为主，为皮影戏伴唱则多是连台戏本。在湖北各地，渔鼓发展出多种地方形态，有鄂东南一带流行的高腔渔鼓、哦吙渔鼓，也有鄂西流传的竹琴、走马渔鼓，宜昌地区则流行楠管，这种艺术形态的多样变化，表明这一曲艺有着悠久的历史。与道情相似的还有善书，起源于佛教的劝善活动，在历代封建王朝的推广下，从官方走向民间。形式类似评书，道具为一方醒木，通过讲故事的方式祈福消灾，劝善行好。目前，只有汉川县还有善书表演活动，被列入国家第一批非物质文化遗产保护项目。湖北渔鼓的题材多为冤案故事，而道情和善书则以劝善为主，故事多带有宗教色彩。

鼓书鼓词也是湖北常见的说唱艺术，湖北大鼓是北方同类形式流传到本地后的变体，改用黄陂、孝感方言，并在全省形成了不同的地方风格与流派。据有关考证，清道光末年，在河南行艺的山东籍艺人来到汉口，以北方口音讲唱故事，并用左手扣击半月形钢镰，右手击堂鼓伴奏，群众称之为“打鼓京腔”。尔后在河南行艺的湖北房县籍艺人也来到汉口与之竞争，改用湖北语音讲唱，更受群众喜爱。打鼓京腔遂逐步“鄂化”。同治年间，艺人将半月形钢镰改为梯形铜镰，两块铜镰上端钻孔穿弦连接，将堂鼓改为扁形小书鼓，伴奏的打击音乐由“叮咚”变成了“当咚”。与此同时，安徽的“杯书”或“怀鼓”艺人溯江而上到汉口，丰富与补充了湖北大鼓的书目。20世纪20年代，部分艺人放下鼓板，以说为主，形成湖北评书，而另一部分艺人坚持“打鼓说书”，在唱功上锐意革新，将铜镰换成黄杨木云板，声音比较柔和动听，湖北大鼓从此定型。湖北大鼓有南派（南路子）、北派（北路子）之分，著名表演艺术家张明智集南北二派大成，是湖北大鼓的传承人。他的表演活动至今仍非常活跃，极受欢迎。湖北大鼓的传统曲目约有170多个，新编曲目约100多个，长篇鼓书多为演义、侠义和公案，短篇则多取材于民间生活。

湖北民间说唱中还有一类踏歌耍唱，代表性的形式有江汉平原流传较广的莲花落和三棒鼓、跳三鼓，江陵沙市一带的鼓盆歌、恩施的满堂音和花鼓、讲书锣鼓，鄂西北一带的郧阳花鼓子、当阳的扇子戏、随州的打锣鼓等等。

到2011年止，进入湖北省级非物质文化遗产名录的民间说唱项目有：湖北小曲（武汉市）、湖北大鼓（武汉市、团风县）、南曲（长阳县、五峰县）、恩施扬琴（恩施市）、说鼓子（公安县、松滋市）、石首跳三鼓（石首市）、湖北渔鼓（武汉市）、湖北评书（武汉市）、湖北道情（武汉市）、利川小曲（利川市）、宜城兰花筒（宜城市）、满堂音（鹤峰县）、枝江楠管（枝江市）、打锣鼓（随州市曾都区）、三棒鼓（天门市、宣恩县、来凤县）、天门渔鼓（天门市）、碟子小曲（天门市）、玉连环（鄂州市）、恩施三才板（恩施市）、当阳打鼓说书（当阳市）、郧西三弦（郧西县）、义阳大鼓（随州市曾都区）、善书（武汉市蔡甸区、仙桃市）、跳三鼓（江陵县）、公安道情（公安县）、郧阳四六句（郧县）、沔阳渔鼓（仙桃市）、沔阳道情（仙桃市）。

湖北是民间戏曲之乡，不仅是汉剧、黄梅戏的发祥地，也是京剧的重要源头之一，除了大型剧种外，各地还有许多民间小戏。过去农村文化生活匮乏，农民对戏剧的酷爱有时达到了如醉如痴的程度。湖北民谚中说："看了蔡喜儿，回家摸不到椅儿；看了余士林，回家摸不到门。""害病不吃药，只听沈三的哟哎哟。"民间笑话中也有不少戏迷戏痴的故事，可见戏曲在民间的巨大影响。下面是荆州的一例：

有一家人，父亲、儿子、媳妇三个都是戏迷。

这天吃饭，父亲要添饭，就学着戏腔："来人哪！"

儿子答应道："父帅何事？"

父亲说："锅底塞进饭。"

儿子说："孩儿得令。"

儿子端起空碗边走边唱："遵父命抓要犯厨家关进，叫一声贤德妻快快接应。"

媳妇听丈夫唱得有腔有板，就用锅盖使劲地打拍子。不料，失手把锅打破了。儿子急忙到堂前跪禀父亲："启禀父帅，大事不好，锅底寨失守。”

父亲说:“等老夫亲自出征。”

父亲拿着一支筷子,箭步来到厨房,指着媳妇说:“恶妇看枪!”

媳妇急忙拿起火叉,说:“父帅息怒,待小媳追回要犯,再到后帐与父帅赔罪。”

儿子学着跑龙套的腔调喊起来:“嗬……”①

湖北民间小戏中,属于花鼓戏系统的有东路花鼓、黄孝花鼓、天沔花鼓、襄阳花鼓、远安花鼓、随县花鼓、郧阳花鼓等;属于采茶戏系统的有黄梅采茶戏和阳新采茶戏;属于灯戏系统的有钟祥、荆门流传的梁山调,崇阳、通城的提琴戏,五峰、鹤峰的柳子戏,恩施地区的灯戏和堂戏。在鄂西南土家族中,流行着形式原始的傩戏,湖北的皮影戏主要集中在江汉平原,流行于天门、仙桃、潜江、监利、洪湖、石首、江陵、公安、京山等县市,在孝感、汉川、应城、麻城等县市也有流传。

湖北民间小戏中,最有特色的一是楚剧,一是皮影。楚剧于1850年前形成于湖北黄陂、孝感一带,旧称哦呵腔、黄孝花鼓戏、西路花鼓戏,1926年改称楚剧。在其形成初期,只在农村元宵节时演唱,故又称“灯戏”,属于业余自娱性质。后来进入城市,开设戏园,广泛吸收和移植其他剧种的剧目,影响迅速扩大,从以武汉、黄陂、孝感、黄冈为中心,扩展至鄂城、大冶、红安、麻城、云梦、应山、大悟、天门、沔阳等几十个县市。楚剧表演讲究贴切、自然,不拘一格地运用程式手段,乡土气息浓郁。既能演生活小戏、现代戏,又能演宫廷大戏和武戏,表现手段丰富多样,深受江汉平原民众的喜爱。

湖北皮影主要集中在江汉平原,流行于天门、仙桃、潜江、监利、洪湖、石首、江陵、公安、京山等县市,此外还在孝感、汉川、应城、麻城等县市流传。湖北皮影分大皮影、中皮影和小皮影。大皮影又称“门神谱”,一般影人身高73厘米左右,用牛皮雕刻,头帽分离,全身12个关节,影人面部多用实心阴刻,眉眼靠描绘;中皮影又叫“汉口皮影”,一般影人身高56厘米左右;小皮影又称“魏谱”,影人身高33厘米左右,雕工精细,走刀流畅,色彩艳丽。湖北皮影总体上讲究圆润,不像四川皮影有棱有角,也不像北方皮影重于图案。江汉皮影既讲究装饰美,也使用

① 荆州地区民间文学集成领导小组、荆州地区群众艺术馆编:《中国民间故事集成湖北卷·荆州民间故事集》,中国民间文艺出版社,1990年,第641页。

夸张浪漫的手法。湖北江汉平原过去演皮影戏的风俗是:正月闹元宵,唱《大回窑》;二月二日土地菩萨生日,唱《土地会》;三月三日是寒食节,唱《火焚绵山》;四月初八祭神,唱《箍箍阵》;五月端阳唱《汨罗江》;六月初六祭汉代杨泗将军,唱《哪吒闹海》;七月初七唱《鹊桥渡》;八月十五唱《唐明皇游月宫》。这些演出,活跃了节日气氛,丰富了群众的文化生活,也促进了皮影艺术的发展。

列入湖北省级非物质文化遗产名录的民间小戏有:傩戏(鹤峰县、恩施市)、荆河戏(荆州市)、南剧(来凤县、咸丰县)、襄阳花鼓戏(宜城市)、山二黄(竹溪县)、采茶戏(阳新县)、随州花鼓戏(随州市曾都区)、崇阳提琴戏(崇阳县)、梁山调(钟祥市)、远安花鼓戏(远安县)、东路花鼓戏(麻城市、罗田县)、恩施灯戏(恩施市)、鹤峰柳子戏(鹤峰县)、巴东堂戏(巴东县)、京剧(湖北省京剧院)、荆州花鼓戏(仙桃市)、皮影戏(云梦县、仙桃市、神农架林区)、英山采茶戏(英山县)、文曲戏(武穴市)、武当神戏(丹江口市)、郧阳二棚子戏(郧县)。

综观湖北民间文学的类别,整体上呈现鲜明的"多元一体"特点。所谓"多元",指湖北地处中部,是周边文化汇集之地,湖北民间文学中既有华夏文明的成果,也有来自周边不同地域文化的元素,使湖北民间文学呈现异常丰富多彩的格局。所谓"一体",是指湖北有自己独特的历史发展和文化积淀过程,特别是历时八百年的楚文化,形成了以荆楚文化为基础的民间文学体系。湖北民间文学的风格鲜明,如江汉平原民谣小调的水乡风情,鄂西山区阴歌和孝歌的巫风遗存等,都有明晰的地方风味。在审美追求上,也呈现神秘飘逸和惊彩绝艳的风格。李继尧先生在归纳湖北民歌的特点时,认为是四点八个字,即"奇特、强悍、融合、艳绝"。这也是对湖北所有民间文学体裁风格特点的很好概括。[①]

下面各章节中,我们将对湖北各亚文化圈中民间文学的存续状况与代表性作品做一个全面的介绍。

① 李继尧:《楚风滋润着湖北民歌》,载《抬轿点睛录》,青海人民出版社,2007年,第276页。

第二章 荆楚民间文学

第一节 概 述

荆楚民间文学，主要是指本书中划入荆楚文化圈的各地县流传的民间文学。“荆楚”有二义：广义的荆楚是湖北省的代称；狭义的荆楚，指春秋战国时期在楚国形成、并在后来的历史发展中不断强化的一种地域文化。本章的“荆楚文化圈”属于狭义，特指今湖北省辖地中历史上曾属于荆楚文化中心地带的区域。

从自然地理的角度看，这里的荆楚文化圈大体上与唐代人的观点相合，即以江汉平原为中心向周边辐射，北部止于商山，西部止于巫峡，东部止于江夏之西塞，南部止于洞庭。[①]

“荆楚”是一个在历史上不断发展的概念，其含义经历了由族名、国名向地域文化符号转化的过程。

从早期历史看，荆和楚是有差别的，“荆和楚有源流之别、早晚之差。也就是说，荆是源，楚是流；荆早出，楚晚出。殷人称之为荆，周称其一部为楚。后来周人受殷人影响，有时也以荆代楚，或者荆楚混称、荆楚连称了。荆和楚是一种植物，起初以物名地，应是由于该地多荆或楚；后来因地名族，应是由于该族住在荆地或楚地。”[②]自从楚国兴起，经过数百年时间的浸润，荆人和楚人早已融为一体了。

远自商代时，中原地区就以“荆楚”来称呼江汉流域的南方地区和南方部族，

① 张伟然：《湖北历史地理研究》，湖北教育出版社，2000年。

② 张正明：《论楚文化的渊源》，《张正明学术文集》，湖北人民出版社，2007年，第364页。

如《诗经·商颂·殷武》中就说："维女荆楚，居国南乡。"《史记·楚世家》载："当周成王之时，举文、武勤劳之后嗣，而封熊绎于楚蛮，封以子男之田，姓芈氏，居丹阳。"《左传·哀公六年》中楚昭王曾说："江汉睢漳，楚之望也。"说明楚国早期活动的区域在长江、汉水、沮水和漳水之间。

从西周初年到春秋战国时代，楚国发展为一个强大的诸侯国。《战国策·楚策一》载："楚，天下之强国也。楚地西有黔中、巫郡，东有夏州、海阳，南有洞庭、苍梧，北有汾陉之塞、郇阳，地方五千里。"楚国极盛时，领土曾北至山东莒城，南至湖南郴州，西北至陕西商州，东部至江苏镇江，西部至四川奉节，西南至湖南凤凰。楚国曾多次问鼎中原，与秦、晋等诸侯国争霸。但胜利的天平最后倒向了秦国。

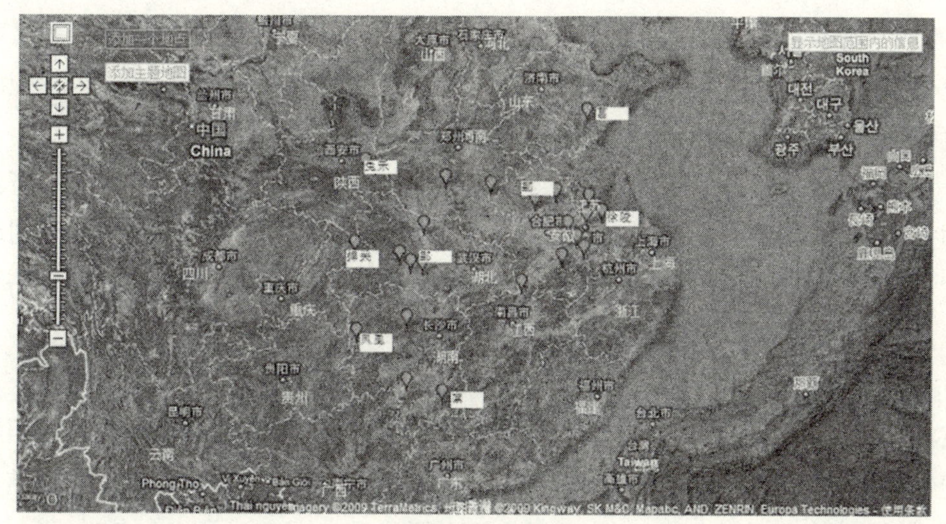

楚国疆域图

公元前223年，秦将王翦率军灭楚。楚国虽灭，楚人却有着"不服周"的性格。公元前209年，在楚国灭亡后不过十多年时间，楚人陈胜、吴广就揭竿而起。随后起兵的项羽、刘邦在两年之后，进兵咸阳，结束了秦人的统治。公元前202年，刘邦称帝，建立了以汉江的"汉"命名的汉朝，统一了中国。

在汉代400多年的统治中，南北文化不断融合，原来的诸侯国国别意识逐渐淡化。此后尽管中国历史上刀兵不断，但文化融合的趋势再也没有改变过。而荆楚地区处于南北交通的要道，"楚有二津：谓从襄阳渡沔，自南阳界出方城关，是也通周、郑、晋、卫之道；其东则从汉津渡江夏出平皋关，是也通陈、蔡、齐、宋之道。"[①]两千多年来,荆楚地区自然而然地成为兵家必争之地,也理所当然地成为东南西北文化相撞相融的大熔炉。

汉室三分,荆楚地区成为魏蜀吴争斗的主战场。周瑜火烧赤壁、刘备三顾茅庐、赵子龙长坂坡单骑救主、关云长大意失荆州……这些故事都发生在荆楚地区。三国归晋,进入中国历史上政权更迭最频繁的魏晋南北朝时期。从魏至隋的360余年间,经历了30余个大小王朝交替兴灭的过程,地处中部的荆楚屡遭兵火。北方人民也为避兵灾通过荆楚干道不断南下,许多人从此落户荆楚,带来了北方的文化与习俗。历史上第一次大移民"永嘉南渡",就发生在这一时期。人口的增多也使江汉平原的生产力不断提高,尤其是汉江和长江的水上交通发展迅速,促成了武昌(今鄂州)、江陵、襄阳、夏口(今武昌)等商业城市的兴起。《隋书·地理志下》载:"自晋氏南迁之后,南郡、襄阳皆为重镇,四方凑会。"《南齐书·州郡下》也载:"江左大镇,莫过荆、扬。"其中位居中华腹地、扼守汉水中游的襄阳,空前繁荣起来,成为荆楚地区新的文化中心。

隋唐时代,荆楚地区成为全国最重要的粮食产区之一。茶叶、柑橘等经济作物空前发展,制漆业为全国之冠,麻丝织、竹编天下闻名。京杭大运河的开通改变了南北交通的格局,夏口(今武昌)的地位日渐上升。而"安史之乱"形成的移民潮,也使更多北方人迁徙到荆楚定居。

北宋末年发生了"靖康之难",中原人民再次大规模南迁,经济和文化重心从黄河流域向长江流域转移。至今,荆楚民间传说中还有一些关于大移民的历史记忆。例如孝感流传的一则传说叫《麻城过籍》,说元朝末年,朱元璋与陈友谅争天下,杀得湖广遍无人烟。"胁下无毛刀下死。"后来观音派了一个名叫"张七相公"的巨灵神,坐在城墙上,以三丈长的旱烟袋抽烟,才吓退朱元璋的军队。逃到麻城保住性命的人,在战争结束后再迁往各地,就叫"麻城过籍"。至今孝感俗语还有的把做梦叫"到麻城去了"。[②]还有传说鄂东地区俗语将大小便叫"解手",是由于民众被押解着从江西迁往湖北时,手是被绑着的。想要大小便时,便要求

① 《太平寰宇记》卷154襄州引习凿齿《襄阳记》。

② 《麻城过籍》,王福安口述,李民生和宋虎搜集整理,载《湖北民间传说故事集·孝感卷》,中国民间文艺研究会湖北分会、湖北省群众艺术馆编,1982年,第74页。

“解手”。[①]这些传说可以说都是民间记忆中的历史。

综观荆楚地区的文化变迁,总体上始终是一种北方文化向南迁移的格局。但楚人所创造的具有鲜明特色的地域文化,并未因文化融合而丧失。对于荆楚文化的特色,王生铁先生将其归纳为“六大支柱”、“五种精神”。六大支柱为青铜冶炼、丝织与刺绣、髹漆工艺、乐舞艺术、老庄哲学、屈骚文学;五种精神为筚路蓝缕、追新逐奇、兼收并蓄、崇武爱国、和谐诚信。[②]这一归纳基本上反映了荆楚文化的主要特点。

在长期的历史过程中,荆楚文化圈的民间文学不断积累和发展,形成了自己的独特风格,留下了许多宝贵的非物质文化遗产。在全国公布的三批非物质文化遗产代表作名录中,荆楚地区列入国家级名录的相关项目有黄鹤楼传说、木兰传说、董永传说、马山民歌、潜江民歌、天门民歌、监利啰啰咚、荆州鼓盆歌、汉川善书、枝江民间吹打乐、云梦皮影、湖北评书、湖北大鼓、湖北小曲、说鼓子、薅草锣鼓、沮水呜音、京剧、汉剧、楚剧、汉调二黄、荆河戏、荆州花鼓戏等20多项。

除列入国家级的项目外,还有40多项进入省级非物质文化遗产名录,如:伯牙子期传说、三国传说(荆州)、张居正传说(荆州)、伍子胥传说(监利)、李白传说(安陆)、贱三爷的故事(汉阳)、徐苟三的故事(天门)、汤池传说(应城)、莫愁女传说(钟祥)、陆羽传说(天门)、孟宗黄香孝行故事、京山田歌、京山民歌、汉江硪歌(沙洋)、沔阳民歌、汉江磨调(宜城)、湖北渔鼓、湖北道情、善书(蔡甸、仙桃)、宜城兰花筒、枝江楠管、荆州挑担围鼓、东宝坐丧鼓、南漳阴锣鼓、南河套曲(谷城)、高跷花鼓(南漳)、天门三棒鼓、天门渔鼓、碟子小曲、当阳打鼓说书、搭虾子(洪湖)、江陵跳三鼓、公安道情、沔阳渔鼓、沔阳道情、石首跳三鼓、南漳端公舞、襄阳花鼓戏、钟祥梁山调、远安花鼓戏,等等。

下面,我们就分门别类介绍荆楚文化圈中的民间文学。

---

① 《“解手”的来历》,张海门讲述,张晓峰整理,载《民间文学选编之三·风物的传说故事》,湖北省黄冈地区群众艺术馆编印,1984年,第218页。

② 王生铁:《论荆楚文化及其对人类文明的贡献》,载《荆楚百项非物质文化遗产》,周至、吴艳荣编著,湖北教育出版社,2007年。

第二节 荆楚民间歌谣

一、荆楚民歌的历史源流

楚地远古时代的歌谣，在《吴越春秋·勾践阴谋外传》中记有一例。春秋末年，范蠡向越王勾践推荐楚国射手陈音，陈音向勾践讲述了弓箭的传承谱系："神农、黄帝弦木为弧，剡木为矢，弧矢之利，以威四方。黄帝之后，楚有弧父。弧父者，生于楚之荆山，生不见父母。为儿之时，习用弓矢，所射无脱。以其道传于羿，羿传逢蒙，逢蒙传于楚琴氏。琴氏以为弓矢不足以威天下……乃横弓著臂，施机设枢，加之以力，然后诸侯可服。琴氏传之楚三侯，所谓句亶、鄂、章，人号麋侯、翼侯、魏侯也。自楚之三侯传至灵王，自称之楚累世……。"他还吟诵了一首应为楚地流传的远古民歌：

断竹，续竹；飞土，逐宍。

这首歌在中国文学史上，常常看作是原始社会时期民间歌谣的代表作。关于歌的含意，学者们至今意见不一，较普遍的观点是将它看作狩猎歌，也有人认为这是看守尸体时唱的歌。

周初至春秋期间，是楚文化开始形成并高速挺进的黄金年代，楚歌吟唱极盛，流传极广。战国末期，宋玉在《对楚王问》中提到："客有歌于郢中者，其始曰《下里》、《巴人》，国中属而和者数千人；其为《阳阿》、《薤露》，国中属而和者数百人；其为《阳春》、《白雪》，国中属而和者不过数十人；引商刻羽，杂以流徵，国中属而和者不过数人而已。是其曲弥高，其和弥寡。"[①]从这段描述可见，不仅爱唱歌的人多，而且流传最广的皆是那些道地的民间歌曲。

楚人立国八百年，形成了独特的文化传统，喜欢音乐和舞蹈是其传统之一。楚歌的肥沃土壤滋养了伟大的诗人屈原，他不仅将楚歌提高到"骚"体的高度，也记录和传播了楚地的歌风。东汉湖北宜城人王逸，在著名的《楚辞章句》中说：楚国南之地，"其俗信鬼而好祠，其祀必作歌乐鼓舞以乐诸神"。楚人喜淫祀，在祭

① 《文选》卷十八。

祀仪式中多以歌舞娱神。屈原的《九歌》,就是将这类民间神歌改造提高而成的。有学者认为:《九歌》是夏后氏的宫廷祭神之乐,因夏桀亡命于苍梧之野而流入了沅、湘之域,逐渐成为充满南国风韵的荆楚民间娱神并自娱之歌,最后由楚国屈原“更定其词”。[①]还有学者认为:楚歌有宫廷楚歌和民间楚歌之别,《楚辞·招魂》中提到的《涉江》、《采菱》、《扬荷》、《激楚》等有钟、鼓、竽、瑟等伴奏的歌曲,气势非凡,属于宫廷楚歌。《楚辞》等古文献中大量出现《扬荷》、《扬阿》、《阳阿》之类的歌曲名,就是江汉平原杨水流域影响甚广的“田歌”。[②]

楚人爱唱歌,在文献中有许多证据。如《论语》中载有楚狂人接舆对孔子唱的歌:“凤兮凤兮,何德之衰?往者不可谏,来者犹可追。已而已而,今之从政者殆矣!”《孟子·离娄》中记有汉水流域的儿歌《孺子歌》:“沧浪之水清兮,可以濯我缨。沧浪之水浊兮,可以濯我足。”项羽兵败,在“四面楚歌”的末途,唱了悲壮的《垓下歌》:“力拔山兮气盖世,时不利兮骓不逝。骓不逝兮可奈何?虞兮虞兮奈若何!”刘邦衣锦还乡,唱了得意洋洋的《大风歌》:“大风起兮云飞扬,威加海内兮归故乡,安得猛士兮守四方。”上述这些古文献记载,都说明楚人有好歌的风俗。楚地流传的伯牙、子期的知音传说,随州擂鼓墩出土的编钟,也印证了荆楚地区古代音乐之发达。

楚地民歌的传统,在两汉《乐府》里也有记载,“相和调”中就有“楚调”《皑如山上雪》和《悲歌行》两篇。

南北朝时期,荆楚民歌被称为“西曲”,又叫“荆楚西声”。据《古今乐录》记载:它有“石城乐”、“莫愁乐”、“襄阳乐”、“江陵乐”、“采桑度”等三十四曲,均出于荆、郢、樊、邓之间。当时的石城,就是今天的湖北钟祥。传说钟祥城西莫愁村有一姓卢的姑娘,善歌谣,有忘愁声。[③]南北朝民歌反映了当时荆楚的民间生活,如下面这首《石城乐》:

闻欢远行去,相送方山亭。
风吹黄檗藩,恶闻苦篱声。

这首歌是典型的民歌风格,全歌皆白描,但以“篱”谐音“离”,巧妙而含蓄地表达了恋人间不愿离别的心情。郭茂倩《乐府诗集》中载有南朝民歌中篇幅最长

① 黄灵庚:《〈九歌〉源流丛论》,《文史》2004年,第2辑。
② 孟修祥:《先秦楚歌之滥觞与蔓衍历程》,第四届荆楚民俗研讨会论文,2010年。
③ 李继尧:《抬轿点睛录》,青海人民出版社,2007年,第365页。

的《西洲曲》，描写一位少女回忆她与情人在西洲的美好时光。"西洲"指什么地方，《乐府诗集》未说明。据唐温庭筠《西洲曲》说："西洲风色好，遥见武昌楼。"能够从西洲看见武昌黄鹤楼，说明西洲距武昌不太远。南北朝时的水上商贸，必定演出了无数悲欢离合的故事。

荆楚民歌在后世传承不绝。唐人刘禹锡(722—842)在《插田歌》中，描写流放连州时看到的场面："……农妇白纻裙，农父绿蓑衣。齐唱郢中歌，嘤咛如竹枝。"刘于805年流放中到过江陵，他诗中提到的"郢中歌"，当是他在荆楚地区所听到的田歌。宋人乐史《太平寰宇记》所引《甲乙存稿》云："扬歌，郢中田歌也。其别为三声子、五声子。一曰噍声，通谓之扬歌。一人唱，和者以百数，音节极悲，水调歌或即是类。"也提到"郢中田歌"。成书于明成化十三年(1472)，重修于清同治八年(1896)的《随州志》中，有一篇清应城进士程大中所写的《随郢行记》，描述了荆楚民间男女在田间"挎鼓踏歌"的风俗："明昌缘涧过山脊，闻郢中田歌，历历数十里不绝。其调曰噍声子，一曰扬歌。别为三声子、五声子，甚可听，然声悲哀，视安陆人所为。黄花叶落，怅然有土风之感也。""半女妇男子，挎鼓踏歌，行陇浍间，女妇从后出，曼声尾之，其词为黄花落叶调。似乐府，为乐府一章。"①这些不绝如缕的文献记载，将"郢中田歌，历历数十里不绝"的历史场面永远凝固了下来。

楚歌传统是中国诗歌史浓笔重彩的一页，这种文化基因在荆楚文化圈世代传承，是当代荆楚文化圈中民歌遗产特别丰厚的活水源头。

二、荆楚民歌的类别与特点

在湖北省非物质文化遗产名录中，属于荆楚文化圈范围的民歌项目有：马山民歌(荆州市)、潜江民歌(潜江市)、京山田歌(京山县)、啰啰咚(监利县)、汉江磨调(宜城市)、汉江硪歌(沙洋县)、大洪山民歌(随州市)、沔阳民歌(仙桃市)、沮水呜音(保康县、南漳县、远安县)、挑担围鼓(荆州市)、脚盆鼓(赤壁市)、天门民歌(天门市)、京山民歌(京山县)、坐丧鼓(荆门市)、阴锣鼓(南漳县)、南河套曲(谷城县)、火居道音乐(谷城县)等。从这些项目名称中我们可以看到荆楚民歌的特点：一是保存了远古巫风的遗留，如楚文化发源地荆山和江陵一带的祭祀歌；二

① 上述文献转引自枫波《涢山祭祀锣鼓音乐赏析》，载《涢山祭祀歌》，刘大业主编，中国电影出版社，2003年，第242页。

是反映了江汉平原的生产方式与生活方式。下面我们对荆楚民歌分类加以介绍和评述。

1. 荆楚劳动歌

劳动既是人类形成的主要条件，也是人类维系生存的前提，是人类生活中最主要的、具有决定意义的活动。劳动离不开生产方式、生产资料、自然资源等要素。因此，不同地理条件下的劳动歌，带有不同的特点。

地方教材《马山民歌集》

荆楚文化圈的中心地区为江汉平原，这里有长江、汉江，还有大量湖泽湿地。民歌中这样描述当地生活状态："湖汉汉，水洼洼，没有一块平整地，十有九步把沟跨。出门把船划，动脚把桥搭。"船上的生活是"怀抱子，足蹬妻，白水鱼汤大布衣，一担虾米五担谷，打只大雁换只鸡，辛苦劳来快活吃，早荡东来晚游西。"[①]因此，这里的劳动歌，一个重要的特点就是体现水的灵秀，被湖北民歌手王老黑称为"水味歌谣"。

水上劳动相关的歌，主要是船工号子、放簰号子、码头号子、船歌、渔网号子、鱼鹰号子等。船歌是"夜行船歌"、"太白渔歌"、"路水歌"、"采菱曲"的统称。船歌多在行船扬帆、停靠港湾时歌唱，没有伴奏，可即兴填词，也可说唱各种故事，是一种独具特色的水上歌谣。

以船工号子为例。湖北境内江河纵横，船工号子也因江河而异，品种繁多。流传在荆楚文化圈中的荆江船工号子（沙市）、汉水船工号子（汉水沿线，特别是郧阳、光化等地）等，都被列入了省级非物质文化遗产名录。船工号子有自己一

① 王老黑：《水味歌谣》，湖北省民间文艺研究会印，1993 年，第 2 页。

整套适合各项行船活路的曲目，如起航前的“活锚号子”，平水时喊的“摇橹号子”，上水喊的“拉纤号子”、“撑篙号子”，顺风时的“撑篷号子”，避浪调头时的“搬艄号子”，过险滩时的“过险滩号子”以及过码头时的“过街调”等。下面看一首划船号子：

领：齐上船罗，拿起桨啊，
齐：划！划！
领：人稳坐罗，心莫慌啊，
齐：划！划！
领：上身低哟，好出力哟，
齐：划！划！
领：桨伸直哟，莫打横哟，
齐：划！划！
……[①]

船工号子一般用来指挥共同劳动、鼓舞斗志，多采用一领众和的形式。号子的重点在节奏感，短促而激越，唱词和衬词都不多，见什么唱什么。

水上运输还有一个常见方式是放木簰或竹簰。湖北许多地方都有利用水流放木簰或竹簰的习惯，如武昌白沙洲和汉阳鹦鹉洲两地的放簰工人，每年二三月江河涨水期间，都要将从湖南常德、岳阳和其他内河送到武汉的小簰改扎成大簰后再放送南京、镇江和上海等地，其号子通称为“竹木号子”或“汉帮放簰号子”。按劳动程序可分为七种：（一）拉横平木号子；（二）摇簧号子；（三）捉簰会斗号子；（四）开簰号子；（五）出船推车号子；（六）请障号子；（七）偏簰号子。唱法也是一领众和；或分甲乙两组对歌、赛歌，或分甲唱甲组和，乙唱乙组和。领唱者被当地群众称为“家长”或“护水”，一般为年岁较大，有扎簰、放簰经验的人担任。[②]

笔者的家乡在长江一个小支流举水河边，村中不少人以放簰为生，笔者童年时也曾去河中打工洗簰，毒日热水的蒸泡，记忆犹新。家乡有一首放簰歌令人印象十分深刻：

拉簰沙泡脚难蹲，恰似蛤蟆四脚撑。

---

① 彭万鹏主编：《中国歌谣集成湖北卷 · 仙桃市歌谣分册》，1990 年，第 25 页。
② 湖北省非物质文化遗产保护中心编印：《湖北省非物质文化遗产资源目录》，2008 年，第 52 页。

从早到晚汗淋淋，走一步来哼一声。

除了水乡特点外，荆楚文化圈中的劳动歌，还有一个特点是田歌。江汉平原土地平坦肥沃，雨水充沛。所谓"沙湖沔阳洲，十年九不收，一年闹上头，粮往水里丢。""沙湖沔阳洲，十年九不收，要是收一年，狗子不吃馊气粥。"[1]说的就是只要不闹水灾，江汉平原的农业就会大丰收。在田间劳动中，人们喜欢唱田歌。"郢中田歌"在历史上多有记载，表明荆楚田歌有非常悠久的传统。

荆楚文化圈中各地的田歌非常丰富，有薅草歌（各地叫法不同，孝感地区叫"推草歌"，荆州地区和荆门地区叫"扯草歌"、"捅草歌"、"攘草歌"或"推秧草歌"，襄阳地区叫"秴秧草歌"等）、打麦歌、车水歌（车水锣鼓）、栽秧歌（又叫栽田歌、秧田号子）等等。在不同地区，田歌又有多种不同的曲牌和演唱形式。常见的有两种：一种是由歌师傅在田边演唱，用锣鼓伴奏；另一种由劳动者自唱自乐，无锣鼓伴奏。前者又叫"薅草锣鼓"，在湖北分布广泛，本书将以专节介绍；后者形式多样，有时个人信口歌唱，有时一领众和，或者对唱。

湖北的非物质文化遗产项目中，有不少属于江汉平原的田歌。如监利县插秧号子"罗罗咚"，可能就是"郢中田歌"的活化石。据一篇类似现场采录演唱情景的文章介绍，监利县柘木乡赖桥村至今保存着原生态的秧田号子。号子有一定的程式。首先由一人开头，叫"打闹台"，唱词为"打起来哟闹起来，大家打起精神来哟"。随即由一个音质很高的男人"呜叫子"："罗——耶呜——哇呜哇呜哇……罗耶也罗咚呀（群体和声：荷——荷往哪）。"紧接着由一个声音特别优雅的女人唱"讲本"："自从盘古开天地，一首田歌唱到今。""呜头声"的人鱼咬尾呜号子："荷-伙-荷-耶——罗——也罗耶罗罗咚荷荷往哩咚哎。"紧接着呜二声"咚滴罗-耶——耶耶罗耶罗耶也罗咚呀（群体和声：荷荷往哪）"。随即"助阵"（助幺锣）的高唱"好热闹啊——好热闹啊，好似将军打旗号"。"赶垄子"的人接力传唱："轻轻打起龙凤鼓；慢慢逍遥把歌轮；栽秧老二赛神仙；唱歌呐喊爽精神（群体号子：荷-伙-荷-耶罗也-罗耶罗罗咚-荷荷往哩咚啊——咚滴罗-耶——耶耶罗耶罗耶也罗咚呀荷荷往哪）。"最后是"掀蔸子"："不唱哒哟不唱哒，不把声气唱嘶哒哟（众和：罗-耶-呜-哇-呜哇呜哇……罗耶也罗咚呀荷荷往哪）。"接力"喔呵呵呵呵呵——喔呵呵呵呵呵……（群体祭风）哦——喔——"（祭风，又称唤风，表示劳

① 彭万鹏主编：《中国歌谣集成湖北卷·仙桃市歌谣分册》，1990年，第304页。

动场面太热，希望有一阵清凉的风儿吹来）。《罗罗咚》的唱词，可用地方花歌小调即兴演唱，其内容都是一些打情骂俏的情歌，这样既可提高劳动者的参与兴趣，同时又可排解劳动所带来的苦闷。如："哥哥挑秧下田来，妹在田里把秧栽。两脚忙忙赶过来，与妹并排把秧栽。哥是田中一蔸秧，妹变稗草来挨上。只怕哥的心肠狠，把妹甩到田埂上。""红颜女子一枝花，不知此女是谁家。为何不嫁读书子，免得田中把秧插。相公不必把口夸，几个读书享荣华。嫁的虽是农家子，朝在田中暮在家。"[①]栽秧歌中表现出劳动者与主流意识形态相对立的价值观念，歌颂了健康的爱情和美满的家庭生活。

荆楚劳动歌内容涉及各种各样的劳动内容，如《车水歌》："两脚忙忙踏得快，眼看滔滔水涌来。水稻田里得灌溉，旱苗见水长得快。"[②]《放牛歌》："新姑娘的手像白莲藕，新姑娘的脚像菱角；金簪子，管头发，银挖耳，随头插；新姑娘的屁股像城墙，生的儿子像霸王。"[③]《打硪歌》："会做媒的嘴会说，会做道士会钗钹，会做驴子会推磨，会打硪的会唱歌。"[④]还有赶秧雀歌、打麦歌、采茶歌、打柴歌、纺棉歌、轿夫歌、木匠歌、篾匠歌、打铁歌、剃头歌、货郎歌等等。普列汉诺夫在《没有地址的信》中说："在原始部落那里，每种劳动有自己的歌，歌的拍子总是十分精确地适应于这种劳动所特有的生产动作的节奏。"[⑤]在中国许多地方，例如荆楚，虽然早就脱离了原始社会，但劳动歌却在漫长岁月中一直伴随着劳动者，为他们助力鼓劲，为他们诉苦解忧。

2. 荆楚生活歌

生活歌在内容上可分为家庭生活与社会生活两个方面。

家庭生活以婚姻和人际关系为多。婚姻方面，男人多叹单身汉的苦恼："单身汉，真遭孽！衣裳穿得像锅铁。腊月三十换衣洗，手指搓断三半截。去找铁匠把手接，铁匠一看：我的爷！一不用钢，二不用铁，叫我铁匠怎么接？去找木匠把手接，木匠一见：我的爷！一不用木头，二不用楔，叫我木匠怎么接？……"歌者依次又找了篾匠、裁缝、窑匠、郎中，都不能接好手指，愤而唱道："坟前去找爹娘

① 赖晓平：《原生态秧田号子〈罗罗咚〉的起源及演唱特点》，http://hi.baidu.com/laixp19630419/blog/item/c65589080d926adc62d986c7.html

② 王克森主编：《中国歌谣集成湖北卷·京山县歌谣分册》第一分册，1987年，第17页。

③ 张相国主编：《湖北民间文学集成·孝感市歌谣集》上，中国民间文艺出版社，1989年，第33页。

④ 彭善梁、吴光烈主编：《中国歌谣集成湖北卷远安分卷·远安歌谣》，内部印刷本，1990年，第110页。

⑤ 普列汉诺夫：《论艺术（没有地址的信）》，三联书店，1973年，第36页。

接，爹娘哭声儿遭孽！阳世人间不能够接，我们鬼能跟你接？！"[①]女的则多骂媒人将自己说合到贫困人家："苋菜叶，叶子红，梗也红，根也红，韭菜开花虫打虫；做媒的，老杂种，把我说的船家中，脚蹬舵，手扯篷，口里喝的冷北风。"[②]

荆楚地区流传着一种奇特的民歌母题，姑且命名为"养女不嫁"。试看几例："养女不嫁拜相湾，成年累月水不干。大雨一下水围湾，行走无路钉螺趴屋檐"（京山）；[③]"养女不嫁倒灌溪，蝌蚂屙屎洗筲箕。天旱三天无水吃，下雨半天齐屋脊"（京山）；[④]"养女不嫁天星洲，出门要把裤子搂。下雨床上顶簸箕，天晴屋里出日头"（仙桃）；[⑤]"养女莫嫁北泾嘴，只见藜蒿不见米。满湾都是大肚子病，男不长来女不生"（孝感）；[⑥]"孟湖垸，一千八百石，一夜雨，淹一半，有女莫嫁孟湖垸，只见菜来不见饭"（孝感）。[⑦]这类歌谣中地名不同，生活条件各异，但中心都是极为贫苦，不能将女儿嫁到那里。它们借用一种相同的修辞模式，反映了真实的历史和民众的生活，是研究地方志的极好资料。

"童养媳"也是荆楚家庭生活歌中的主题。最有名的是江汉平原广泛流传的《小女婿》：

鸦雀子呷几呷，
老鸹哇几哇，
人家的女婿多么子大，
（我的妈妈扯）
我的女婿一丁嘎。

说他一丁嘎，
他人小鬼还大。
我与别人说闲话，

① 钟祥县民间文学集成办公室、钟祥县文化馆编：《钟祥民间文学作品选集·歌谣分册》，中国民间文艺出版社，1989年，第375页。

② 彭万鹏主编：《中国歌谣集成湖北卷·仙桃市歌谣分册》，1990年，第320页。

③ 王克森主编：《中国歌谣集成湖北卷·京山县歌谣分册》第一分册，1987年，第131页。

④ 同上，第127、130页。同一卷中尚有黄家畈、谢家湾、黄家湾、古城畈、丁家河。

⑤ 彭万鹏主编：《中国歌谣集成湖北卷·仙桃市歌谣分册》，1990年，第312页。

⑥ 张相国主编：《湖北民间文学集成·孝感市歌谣集》下，中国民间文艺出版社，1989年，第512页。

⑦ 张相国主编：《湖北民间文学集成·孝感市歌谣集》上，中国民间文艺出版社，1989年，第84页。

（我的妈妈子扯）
他鼓眼翻绿花。

他横睛鼓眼斜，
我也不怕他，
十二三岁就犯法，
（我的妈妈子扯），
难道说拿刀杀。

站在踏板上，
有得两尺长，
我说把他喂豺狼，
（我的妈妈子扯），
他吓得像鬼汪。

睡到个鸡子叫，
他扯起来一泡尿，
把我的花卧单屙湿了，
（我的妈妈子扯），
真是他娘的急着宝。

拉他爬身上，
雀雀蚕蛹样，
老娘气得肚子胀，
（我的妈妈子扯），
把他蹬下床。

隔壁的王大妈，
过来劝奴家，

一年小来两年大，

你好歹不说他。[1]

由于小女婿与他的成年妻子的巨大年龄反差，有关童养媳主题的歌，常有一些无可奈何的幽默。如有首公安民歌唱道："桃花谢哒麦儿黄，男人没能女人长，搭起板凳亲个嘴，一声媳妇一声娘，我几时长得你这么大。"歌中将小男孩的稚气，表现得惟妙惟肖。孝感民歌唱道："苦苦菜，根儿长，十八岁女子三岁郎，早上要端水洗脸，晚上要我抱上床。吃饭时候没吃饱，这时候找我要奶尝。睡到半夜一泡尿，屙湿了我的半边床……"[2]将这种男小女大家庭的日常生活刻划得活灵活现。

家庭生活歌中女性的歌特别多，大约是传统的妇女生活以家庭为中心的缘故。如"十月怀胎"歌，就流传极广，有许多异文。

在家庭人际关系方面，多反映家庭矛盾，如婆媳之间、姑嫂之间等。早在上世纪30年代，北京大学《歌谣周刊》上刊载的汉阳民歌中，就有这种生活歌。如《天上的星》："天上的星，颗颗黄；地下的小姑无爷娘。有爷有娘金活宝，无爷无娘一根草；堂屋梳头哥哥骂，厨屋洗脸嫂子嫌，哥哥你莫骂，嫂子，嫂子你莫嫌。在屋里过不到三五年！"[3]这首歌反映的就是一个父母过世后的孤女随哥嫂生活的状况。

婆媳关系从古至今都是最不易处理的一种家庭关系。处理不好，天天闹矛盾，成为女性生活中一个情结。许多民歌都唱到这个主题。如"婆婆背后背个鼓，背地里说媳妇。媳妇背后背个锣，背地里说婆婆。昨日婆婆整媳妇，今日媳妇成婆婆。"[4]"瘪嘴歪歪，千年不坏。婆婆死了，媳妇接代。"[5]后娘与继子的关系也是家庭生活歌的一个主题。如"白鹤子，颈项长，亲娘死了讨晚娘。亲娘坟前一张纸，晚娘坟前一堆屎。"[6]这类反映家庭人际关系的生活歌，既反映了生活，也有道德教育的功能，帮助人们学习如何处理这类人际关系。

---

① 彭万鹏主编：《中国歌谣集成湖北卷·仙桃市歌谣分册》，1990年，第333页。

② 张相国主编：《湖北民间文学集成·孝感市歌谣集》上，中国民间文艺出版社，1989年，第384页。

③ 李继尧：《抬轿点睛录》，青海人民出版社，2007年，第88页。

④ 王克森主编：《中国歌谣集成湖北卷·京山县歌谣分册》第一分册，1987年，第113页。

⑤ 张相国主编：《湖北民间文学集成·孝感市歌谣集》下，中国民间文艺出版社，1989年，第747页。

⑥ 钟祥县民间文学集成办公室、钟祥县文化馆编：《钟祥民间文学作品选集·歌谣分册》，中国民间文艺出版社，1989年，第510页。

七情六欲是民众生活的正常需要，由于封建社会体制的非人性化，一些处于社会下层和边缘的老百姓，在感情生活上常常不能满足，于是有一些反映寡妇、偷情、性压抑之类的歌。如《寡妇养儿河里丢》："月亮弯弯照九州，寡妇养儿河里丢。不怪为娘心肠狠，有娘无爷难出头。"[①]歌中表现出了一种极为痛苦和无奈的心情。

生活歌的另一大类是社会生活歌，多以叹苦情为主。其中一种是对物质生活贫困的悲叹。如江汉平原多水患，"茫茫七里畈，钉螺是祸患。要是发大水，人会死一半。"[②]住在水上生活的渔民："进门是水，出门是水，活是水的人，死是水的鬼。春涨水，秋涨水，活着伸不起腰，死了伸不起腿。"[③]这些歌谣都反映了自然环境对人物质生活的影响。

除了自然环境外，不公平的社会制度也给下层劳动人民带来了苦难。

"长工苦"是社会生活歌的一个重要类别，数量众多，形态各异。如著名的荆州马山民歌《伙计调》："日头落土又转东，拜上老板要收工，老板说他自己好，我们说老板是一条牛，他把月亮当日头。"[④]京山的《长工吃粥谣》："进门端起一碗粥，鼻风一吹浪悠悠。无风都有三尺浪，只缺渔翁把鱼钩。一杯清水灌下肚，财主待我太刮毒。"[⑤]孝感的《长工调》："南山一条脉，朱家的工做不得，去得早，回得黑，豆叶相饭水浠浠，半碗腌菜，半碗蛆，一碗豆渣像乌云，做工的你细点嚒，豆渣便宜要油盐。"[⑥]钟祥的山歌："天不平来地不平，半山落雨半山晴；老板田边打洋伞，长工田中挨雨淋。""太阳一出照红山，人在做活狗在玩。长工累断肋巴骨，狗子拖起尾巴转，畜牲吃的轻松饭。"[⑦]长工与地主的矛盾是中国封建社会的主要矛盾，这类歌不仅荆楚有，在全国各地都广泛流传。

除长工苦外，其他底层劳动者，都有苦情歌。如上世纪30年代汉口人力车工的歌谣："亲戚六眷你莫笑，我在洋街做马跳。说你不相信，背后有卯印。"[⑧]"手

---

① 王克森主编:《中国歌谣集成湖北卷·京山县歌谣分册》第一分册，1987年，第50页。

② 同上，第129页。

③ 王老黑:《水味歌谣》，湖北省民间文艺研究会印，1993年，第16页。

④ 荆州马山民歌研究课题组编:《马山民歌集》，荆州区文化体育局印，2007年。第7页。

⑤ 王克森主编:《中国歌谣集成湖北卷·京山县歌谣分册》第一分册，1987年，第88页。

⑥ 张相国主编:《湖北民间文学集成·孝感市歌谣集》上，中国民间文艺出版社，1989年，第75页。"相饭"，方言，指掺杂在饭中。"细点嚒"，节省着吃的意思。

⑦ 钟祥县民间文学集成办公室、钟祥县文化馆编:《钟祥民间文学作品选集·歌谣分册》，中国民间文艺出版社，1989年，第362、363页。

⑧ 洋街即外国租界，马跳即拉人力车，卯印即租界特制的"号衣"。

提车灯真惨凄，家中没有柴和米；人力车子拉在手，祖孙三代被人欺。”《搬运工人谣》：“千年扁担万年箩，压到腰弓背也驼。今夜码头睡一觉，不知明朝活不活！”“进了怡和站，人人背药罐。不是吐血死，就是筋骨断。”[①]

比较起来，社会生活歌比家庭生活歌反映的现象广阔得多。其中有的歌用来传授社会知识。如下面这首《鱼歌喜相逢》，就用拟人手法，将各种常见的鱼的名称和特性进行描绘：“×年（可灵活用当年的年号）欢庆闹轰轰，唱段鱼歌喜相逢。团鱼作媒到鲢鱼洞，扁嘴长须新郎公；黑鱼乌子迎亲如潮涌，娶来了阳阴婆水巴虫；孟春怀孕鳍头中；泥鳅肚子像黄桶，好似螃蟹爬不动，突然肚子里鼓咚咚，生下了儿子添鱼种，取名千年秧子祭祖宗；游鲇子四处把信送，惊动了鱼湾众宾朋，送祝来呀摆威风，萤火虫前面打灯笼；蛤蟆又唱又是蹦，鳝鱼摆成一条龙；螺丝奏乐敲响钟，蚌蛤精一闪挂彩虹；鳜鱼来把花缎送，白鳞绢绸抖洋葱；蚂蝗听了水响到处拱，挤满乌龟船堆齐弓篷；财鱼赶的人情重，它把乌金送鲢兄；气得胖头脸发肿，愧得那蚂脑古眼睛红；土憨巴有心磨不动，窄看了鳊子礼不通；唯有那虾子小眼孔，黄鲇也要卡喉咙；鲢鱼把鲤鱼来捉弄，翘嘴白子抢头功；鲩鱼解和来谈拢，鳜鱼这才收起篷；鸿毛千里仁义重，鲸鱼贺喜满堂红。”[②]

有的用于乞讨。如下面的《讨饭歌》：“一打铃，二打板，恭贺老板吃早饭。吃的吃，看的看，我的心像钻子钻。讨米子，真遭孽，讨到你家你就给。你不给，我不走，站在你家大门口，看你丑不丑。”[③]还有卖老鼠药的：“老鼠药，老鼠药，老鼠吃了要过脚；大的吃了蹦几蹦，小的吃了跑不脱；公的吃了死一个，母的吃了死一窝。要是不买我的药，吵得你半夜睡不着；要是不买我的药，咬烂你的箱子角；要是不买我的药，该你的谷种变粗壳。要五两，要一斤，多送一两过秤称，包你不奋只管旺，称回去分堆放到房。要放只能阴到放，老鼠看到不上当。要试灵验不灵验，一包只要两毛钱。”[④]

明代冯梦龙编辑的民歌集中，有一些描写妓女贫困生活的歌词，江汉平原也有这样的歌。如京山小调《烟花女告阴状》：

八月十五庙门开，牛头马面站两排。

① 转引自李继尧：《抬轿点睛录》，青海人民出版社，2007年，第322页。
② 彭万鹏主编：《中国歌谣集成湖北卷·仙桃市歌谣分册》，1990年，第528页。
③ 王克森主编：《中国歌谣集成湖北卷·京山县歌谣分册》第一分册，1987年，第103页。
④ 彭万鹏主编：《中国歌谣集成湖北卷·仙桃市歌谣分册》，1990年，第35页。

判官拿的生死簿，小鬼钩个魂过来。

烟花女子跪在地，叫声阎王听奴摆。
莫怪小女来告状，爹妈做事太不该。

一周两岁吃娘奶，三周四岁离娘怀。
五六周岁长成人，卖与院内把奴害。

九岁十岁正受苦，抹桌扫地端饭菜。
十一二岁学弹唱，丝弦琵琶抱在怀。

张郎有钱张郎爱，李郎有钱抱在怀。
赚到银钱妈娘用，冇赚银洋皮鞭开。

打得小女得了病，睡在牙床起不来。
三天未吃阳间饭，小女上了望魂台。

望魂台上往下看，单看爹妈怎安埋。
一床芦席来扯开，三条草腰捆起来。

一根杠子穿心过，两个叫花抬出来。
一抬抬到荒郊外，一不打开二不埋。

老天爷呀下雨来，只在躲雨哪里埋。
西边来了一群雁，先挖眼睛后挖腮。

东边来了一只船，把奴尸首拖出来。
上身出现莲蓬乳，赤身露体显在外。

阳间许多姑姨爱，死后无人哭乖乖。
阳间许多姊妹爱，死后无人烧纸来。

阳间许多嫖客爱，死后无人买棺材。
小女句句实情话，单看阎王怎安排？

阎王一听怒气发，骂声烟花太不该。
你在阳间把人害，打入地狱不脱胎。

判官上前把本奏，莫把烟花女来怪。
不是烟花把人害，前朝古人做出来。

判官奏本阎王爱，叫声烟花快起来。
你在阳间受了害，打入地狱不应该。

辨清案情来分差，叫声判官拿令牌。
烟花送到阳间去，脱男不脱女裙衩。①

这首歌谣运用奇特的想象，以一个妓女死后在阴间告状的方式，哭诉了一个女人生前被凌辱的经历，使阎王、判官也对她的命运表示同情："你在阳间受了害，打入地狱不应该。"歌者站在民众立场上，表达了与封建主流意识相对立的价值观。

总而言之，生活歌包罗万象，既有各地区特别的生活现象，也带有很大的普遍性。它们是民众"我口唱我心"的产物，记载的是正史以外人民的真实生活与情感。

3. 荆楚节令歌和仪式歌

节令歌和礼仪歌，是在由自然节令变化、人生阶段变化和祈福禳灾需要所举行的各种仪式活动中吟诵或歌唱的歌谣。在原生状态中，它依附于特定祀典和礼仪的程序而展演。今天有的祀典、礼仪虽已消失，歌谣却仍有演唱。这类歌谣

① 王克森主编：《中国歌谣集成湖北卷·京山县歌谣分册》第一分册，1987 年，第 52 页。

多带有一定的信仰观念与仪式行为，成为我们研究民众精神生活的重要资料。

顾名思义，节令歌是与节令转换和节日相联系的仪式歌。

春节时期是民俗活动最丰富的时期。中国许多地方都有相关的节令歌与祭祀歌。如："二十三，打扬尘；二十四，过小年；二十五，炸豆腐；二十六，办鱼肉；二十七，年办毕；二十八，插香蜡；二十九，百事有；三十夜，昙花谢；初一早，年拜了，拜年拜年，踝膝向前，恭喜三婆，又是一年。"[①]春节期间有许多禁忌，有不好的事发生，要念咒语禳解。如不小心打破了碗，要念："瓷碗落地，大吉大利；成了两块，买田买地。"发生了火灾，要念："发了发了，新春大发；旧的去了新的来，还要发！"小孩子说了不吉利的话，大人要念："天地阴阳，百无禁忌；童言无忌，万事顺遂！"新春提笔写字："新春提笔，笔上生花；花开结果，果然财发。"……[②]春节期间祭灶神，也有祈祷歌："九天司命，太乙府君；上天传好语，回府保平安。"[③]

春节元宵时期，江汉平原到处都有丰富多彩的民间表演，特别是彩莲船、舞龙、打莲湘、蚌蛤舞、灯舞等，十分普遍。这些将在下节介绍。

立春之日有鞭春牛风俗。在新洲，有老人身穿红袍，手拿泥塑牛，各家各户去唱《送春牛歌》，所唱内容一般是二十四节令。如："春牛拜年到家来，（顺唉呀！——每句唱都合上这词衬）二十四节唱起来，凶星退去吉星来，风调雨顺不受灾！"一个年轻人挑一空箩筐在旁边接受主人家的施舍。主人家一般会拿一盅米来，倒进箩筐，接着他们再到另一家去唱。[④]

孝感是董永的家乡，那里每年元宵节，成群的姑娘会聚在一起，捧起一个针线盒，供一把织梭，仰望天空，向七仙女求艺，唱着这样的《乞巧歌》："正月正，麦草青，请七姐，看花灯。花灯花灯真好看，一玩玩得梭罗转。左一梭，右一梭，梭得七姐笑呵呵！来一耍，去一耍，请得七姐骑白马。宰白猪，杀白羊，年年请那个七姑娘。请得七姐下凡来，教我织布缝衣裳。"[⑤]在江汉平原其他地方，如仙桃、京山、钟祥等，也有类似歌谣和仪式。

端午节在荆楚地区是个极为隆重的节日，龙舟竞渡是少不了的活动。明代

---

① 张相国主编：《湖北民间文学集成·孝感市歌谣集》上，中国民间文艺出版社，1989年，第121页。

② 钟祥县民间文学集成办公室、钟祥县文化馆编：《钟祥民间文学作品选集·歌谣分册》，中国民间文艺出版社，1989年，第219、220页。

③ 同上，第233页。

④ 李继尧：《歌谣知识问答》，湖北省民间文学"三套集成"办公室编，1987年，第47页。

⑤ 张相国主编：《湖北民间文学集成·孝感市歌谣集》上，中国民间文艺出版社，1989年，第375页。

袁宏道曾有一首《午日沙市观竞渡》诗:“金鳞折日天摇波,壮士麾旄鸣大鼍。黄头胡面锦抹额,疾风怒雨鬼神过。渴蛟饮河貌触石,健马走阪丸注波。倾城出观巷陌隘,红霞如锦汗成河。妖鬟袖底出巾冠,颠白髯下立青娥。朱阁玲珑窗窈窕,轻言倩语隔红罗。北舟丝管南舟肉,情盘景促欢奈何。云奔浪激争抚掌,亦有父老泪滂沱。渚宫自昔称繁盛,二十一万肩相磨。西酋中珰横几载,男不西成女废梭。琵琶卖去了官税,健儿半负播州戈。笙歌沸天尘卷地,光华较胜十年多,耳闻商禁渐迟缓,努力官长蠲烦苛。太平难值时难待,千金莫惜买酒醝。君看至德中兴后,几人重唱天宝歌。”[①]

许多歌谣记述了竞渡场面。下面这支歌谣是仙桃市彭杨镇的人,唱给竞争对手芦林湖的人听的:“芦林湖,紫金冠,锣打破,鼓打穿,棹一惩,船一翻,龙头下水摸藕苦。汪的汪,喊的喊,帅字斗旗河中转;水淋淋,落汤鸡,岸上人看了笑嘻嘻。”[②]端午节还是季节转换之时,有民谣唱道:“端午前,端午前,脾寒脾寒打死人。端午过,端午过,脾寒脾寒脱了脚。”[③]

除节令歌外,伴随着人生仪式所唱的歌谣更是丰富。

婴儿降生,江汉平原多盛行“祝九”,即孩子出生第九天摆酒席,亲朋好友前来祝贺。在钟祥,祝九时还要请乐队助兴:“人逢盛世喜事多,一龙一凤全家乐。亲友华堂来恭贺,敲起鼓来打起锣。爷辈勤俭人夸奖,父为家乡作栋梁。长江后浪推前浪,宝贝定比先辈强。……”[④]在京山,听说女儿在夫家生儿育女,娘家要送去鸡蛋、米面等表示祝贺,还要唱《祝米歌》:“喜鹊叫几叫,叫到园中把喜报。亲家亲家恭贺你,我在屋里打花篮。一个花篮未打起,特来送祝米。”[⑤]老人家过寿诞,除了请酒宴客,也有祝寿歌:“捷足先登贵府门,特意前来祝福君。年至六旬不见老,花甲初逾有精神。鞭炮呈祥声声脆,烛焰报喜如春雷。寿比南山不老松,福如东海长流水。太白金星下凡瞧,人问何处有仙桃。春联满悬金光照,好

① 胡朴安编:《中华全国风俗志》,上海书店,1986年,第5页。

② 彭万鹏主编:《中国歌谣集成湖北卷·仙桃市歌谣分册》,1990年,第192页。“汪”,方言,模拟狗的声音,猛烈喊叫的意思。

③ 张相国主编:《湖北民间文学集成·孝感市歌谣集》上,中国民间文艺出版社,1989年,第105页。脾寒,方言,即瘧疾,也叫打摆子。

④ 钟祥县民间文学集成办公室、钟祥县文化馆编:《钟祥民间文学作品选集·歌谣分册》,中国民间文艺出版社,1989年,第191页。

⑤ 王克森主编:《中国歌谣集成湖北卷·京山县歌谣分册》第一分册,1987年,第286页。

似天上红霞飘……”①

人生仪礼中最隆重的莫过于婚礼，传统婚礼的每一个仪程，都伴有仪式歌。从《吵嫁妆》开始，到《哭嫁歌》、《陪十兄弟》、《陪十姊妹》、②《劝姑歌》、《盘女婿》、《抬彩盒》、《上轿歌》、《下轿歌》、《迎接歌》、《拜堂歌》、《进洞房歌》、《撒帐歌》、《闹洞房歌》等等，一直到《送客歌》。人们用吉祥的歌谣伴随着婚礼的整个过程，寄托着美好的愿望。有些歌词编得非常有意思，如孝感流传的下轿揭盖头歌：“冇揭盖头糊里糊涂，揭了盖头明明白白；明媒正娶容容易易，称心如意难得难得。人坐花轿糊里糊涂，出了花轿明明白白；少年恩爱容容易易，白头到老难得难得。”③用的是民间故事中常用的对诗方式，传授的是民众关于婚姻生活的经验与感悟。

婚礼中的仪式歌，有一些显示出一种非常悠久的历史。如荆楚文化圈及周边不少地方，都发现有引用《诗经》来编歌谣主持婚仪的。下面是出自京山县的例子：

关关雎鸠在两旁，在河之洲陪新娘，
窈窕淑女生贵子，君子好逑状元郎。

在孝感采录的主持婚礼词，引用了大量《诗经》原文，如《关雎》、《桃夭》、《麟趾》、《采蘋》、《标梅》、《鹊巢》等等。有些略有增减，以适应仪程需要。④这类以《诗经》中的诗句来改编为婚仪歌的现象，在湖北其他一些地方也有发现。

荆楚文化圈流行一种奇特的闹洞房风俗，宾客们在闹房时要求新郎新娘学说“四言八句”。这种方式其实是宾客才艺大比拼，既要说得文雅，还要影射夫妻生活，让新娘子说不出口。所以有民谣：“新姐配新郎，新床配新房。说得到四句上新床，说不到四句站天亮。”⑤与其说是刁难新郎、新娘，不如说是考宾客的才学。如：“一枚红枣含口中，佳人含羞脸带红，今夜解脱罗裙带，好叫蜜蜂采花丛。”

---

① 钟祥县民间文学集成办公室、钟祥县文化馆编：《钟祥民间文学作品选集・歌谣分册》，中国民间文艺出版社，1989 年，第 192 页。

② 笔者原以为《陪十姊妹》和《陪十兄弟》为土家族特有习俗，现在发现在京山、孝感等地，也有这类习俗与相关的歌谣，值得将来进一步研究。

③ 张相国主编：《湖北民间文学集成・孝感市歌谣集》上，中国民间文艺出版社，1989 年，第 269 页。

④ 同上，第 332-342 页。

⑤ 王克森主编：《中国歌谣集成湖北卷・京山县歌谣分册》第一分册，1987 年，第 274 页。

"鲜红枣儿口中含，喜得才子叫心肝，二人干柴遇烈火，红罗帐内戏牡丹。"[1]当然也有更直白些的，但仍用比喻，如让二人对念：

（新娘）：

爹妈给我一只船，
十七八年都没有玩，
今夜落到你手里，
划了一船又一船。

（新郎）：

爹妈给我一只篙，
十七八年都没有捞，
今夜落到你手里，
撑了一篙又一篙。[2]

中国古来没有性教育，对女孩子要求"非礼勿视，非礼不听"，许多人直到婚前对性生活完全无知，心理上也存在障碍。闹洞房习俗，既是婚礼中喜庆热闹的需要，在某种程度上是一种亡羊补牢的性教育，帮助新娘子快速完成从女孩到女人的心理转型。闹洞房除了歌谣外，还常伴有动作表演，如京山的闹洞房，让新郎新娘边用筷子往筒子中插边念歌谣：

新郎：筒子插筷子，
新娘：明年生太子。
新郎：如果不生呢？
新娘：敲你几筷子。[3]

洞房"四言八句"风趣幽默，也有文采，是一种很特别的民间文学形式。笔者幼时在家乡（湖北麻城市）亲身参加过几次这样的闹洞房。洞房中，贺喜者坐了一圈，新郎、新娘二人抬着杯子，一起给每个贺喜者送糖茶，叫"喝抬茶"。众人喝完茶后，新郎、新娘再去讨回杯子，就要学说"四言八句"。每个来客，一般会以"杯子"起兴，如"一个杯子光又光"之类，编一个顺口溜，内容是当夜的房事，让新郎和新娘学说，并指定男学哪一句，女学哪一句。那时候新娘子总是很害羞，扭

① 张相国主编：《湖北民间文学集成·孝感市歌谣集》上，中国民间文艺出版社，1989年，第279页。
② 彭万鹏主编：《中国歌谣集成湖北卷·仙桃市歌谣分册》，1990年，第171页。
③ 王克森主编：《中国歌谣集成湖北卷·京山县歌谣分册》第一分册，1987年，第275页。

扭捏捏，细声细气，来客们不依，齐声起哄，多次重复后才过关。那气氛真是既热闹又优雅。

婚礼之外，湖北民间最看重的是葬礼。在荆楚文化的中心地区江陵、沙市一带，丧事流行“鼓盆歌”。传说它与“庄子妻死……鼓盆而歌”有渊源关系。据传明末清初，沙市作为长江中游重要商品集散地，其沿堤街市列巷九十九条、四十八码头、行会十三帮以及市郊乡场，都拥有自己的业余歌鼓师以及“挑鼓担子”。鼓盆歌除打鼓闹丧、吊唁死者外，亦用于高龄老人祝寿，俗称为“打鼓庆寿”，亦称“打寿鼓”，但开场词与选唱的正段曲目有严格区分。

《孟子·告子下》中有“华周杞梁之妻善哭其夫而变国俗”之句，说的是孟姜女传说的原型杞梁妻，在其夫战死后，以其善哭而改变了整个国家的风俗。后来更演变成孟姜女哭倒泰山、长城的故事。文献中未言孟姜女的哭中是否有歌，但在荆楚，亲人去世后，女性亲属的歌哭，却是普遍的传统。笔者祖母去世时，因等待父亲从新疆塔城赶回家奔丧，尸体在家中停放了半个月，每天都有亲戚朋友邻居等来吊唁，母亲常在棺前以歌哭来迎接他们。那歌哭，既有哭，也有诉，哭得声嘶力竭，诉得肝肠俱碎。歌哭的曲调，颇似楚剧的“悲迓腔”。来客中的一些妇女，也坐在棺前歌哭。那场景，令人永世难忘。有位网名叫“林深数树”的，写了篇“楚剧的悲迓，长歌当哭的歌声”，回忆他的儿时见闻：

> 我还记得我有个叫马金兰的伯妈，她善哭，一哭如歌。……那伯父死得早，当然她老人家是命运悲伤的了。……但自我记事以来，已没有这位伯父的印象——印象里全是伯母的哭声，是一夜直到天明了。到不哭，大抵是天亮了。
>
> 她的哭声有时是歌，比如数说伯父不该早走了，伯父如何如何的功德，是歌颂和赞美。当然那分歌颂和赞美也深情也凄凉。还比如教化后人，也用哭，特别是媳妇，抑或还有哥哥们所谓“顺妻灭母”（听妻子的不听母亲的），或对小妹不好，效果也是用哭声来沟通、来教化，比言语好得多。
>
> ……记得祖母死，两个姑姑也是长哭如歌长歌如哭……“我的讨米叫化的妈呀……我的遭孽受罪的妈……”……我是在祖母怀里长大的，姑姑们哭的事，是祖母原来讲了无数遍的黄安（今红安县）讨饭的

故事。这会被两个姑姑重复一遍遍了……却也感动我又一遍遍了……[①]

当代人已不会如此歌哭，一些地方就专门请人唱楚剧的“悲迓腔”来哭灵。武汉电视台曾录制过系列专题节目《哭灵》。这说明，在荆楚文化圈中，丧礼上的“歌哭”，有着深厚的传统。

亲人的歌哭之外，不少地方都请民间锣鼓班子在丧礼上演唱。湖北的丧鼓形式较多，主要有跳丧鼓（恩施州、宜昌地区和荆州地区的部分市县）、坐丧鼓（恩施、荆门等地）、转丧鼓（宜都等地）、鼓盆歌（沙市一带）、闹年歌（建始县一带）。在荆楚文化圈中以坐丧鼓为主要形式，湖北省非物质文化遗产项目的《坐丧鼓》（荆门市）、脚盆鼓（赤壁市）等为代表。如《鼓盆歌》是把一个大木盆的底朝上，一面敲打盆底一面唱歌，后来又在盆底上置一个大鼓，复鼓而歌之而得名。演唱时，歌者在丧家桌上点灯设像，围桌而唱，由一人击鼓领唱，其余人和之。丧鼓内容大都唱一些完整的故事，也叙说死者的生平，或对死者家属加以宽慰。

由于面对死亡，丧歌中充满了复杂而深刻的思考与情感。下面这样的歌词在湖北各地丧歌中是常见的：

人生世间有什么好？
不如南山一蔸草，
草死留下根还在，
人死一去不转来！[②]

荆楚地区丧仪中多请僧人、道士做法事，其中不少并非出家修行者，而是火居道士，他们的丧仪歌中有许多属于民间信仰的东西。如这首《过十三关歌》：“接你来，你就来，鬼门关前哭哀哀；我与鬼使化钱纸，早放亡人过关来。接你来，你就来，奈何桥上哭哀哀；我与鬼使化钱纸，早接亡人过关来。……”[③]歌中依次讲到鬼门关、奈何桥、滑油山、滚油锅、寒冰幽、剥皮幽、娑婆箭关、孽箭台、望乡台、拔舌幽、磨盘幽、转轮车、血湖池等，都是民间信仰中的阴间世界。

荆楚之地，巫风盛行，民间俗信认为万物皆有灵魂，并能影响人间生活。下面来自荆门市的一首《菜园歌》，形象地表达了这种万物有灵观：“老萵苣本是一

① http://bbs.cnhubei.com/thread-2274717-1-1.html

② 钟祥县民间文学集成办公室、钟祥县文化馆编：《钟祥民间文学作品选集·歌谣分册》，中国民间文艺出版社，1989 年，第 172 页。

③ 王克森主编：《中国歌谣集成湖北卷·京山县歌谣分册》第一分册，1987 年，第 247 页。

光棍，调戏了白菜一家人。苋菜见到红了脸，扯起南瓜要成亲。去请媒婆白萝卜，生姜大葱作礼品。一脚走进西瓜府，媒婆提亲走错门。浑身吓成马齿苋，一场恶病上了身。立刻身变茄子色，从此一命归了阴。”[①]在这种民间信仰的背景下，荆楚地区的民间日常生活中信奉许多神灵。家神方面除祖先神外，还有财神、灶神、门神、簸箕神、茅厕神、井神、筷子神、剪刀神等；天神方面名目更加繁杂，有土地神、山神、雷神、谷神、牛王神、猎神，还朝娘娘、请七姑、敬毛姑等。为了禳灾辟邪，生活中流行很多诀术和咒语。如《杀鸡咒》“鸡子鸡子你莫怪，你是阳间一碗菜，今年早些去，明年早些来”，就流传很广。这些歌谣显然带有巫风遗响。

4.荆楚情歌

情歌在传统歌谣中是数量最多、艺术性最高的一类民歌。大约人在恋爱之时，激情汹涌，想象丰富，所以歌也特别美好。过去有“无郎无姐不成歌，山歌无姐唱不成”之说，情歌那奇特的想象、巧妙的比喻、誓死相恋的意志、悲欢离合的情怀、朴素真切的白描手法、细腻的心理描写……给人以自然而清新的美的享受。

世界各地的情歌主题都是一样的，无非是青年男女的相见、相识、相恋、相思、相诫、相誓、失恋等等。这些情歌主题在荆楚文化圈亦普遍流行。下面是随手抄出的一些例子。相识——“太阳渐渐往上升，来姐门口放风筝，郎说风筝放得好，姐说风筝放得高，风筝只怕线不牢。”（荆州）相爱——“太阳当顶正当中，姐儿晒得脸通红，情哥打把日照伞，把姐拉到伞当中，好比荷叶遮芙蓉。”（孝感）“桃子没有李子圆，郎嘴没有姐嘴甜，那年中秋亲过嘴，今年十五还在甜。前后甜了两三年。”（钟祥）相思——“郎欠妹来妹欠郎，欠来欠去脸发黄。十字街口杀猪卖，郎割心肝妹割肠！”（钟祥）“太阳落山又落坡，筲箕淘米用手搓。心想留郎吃晚饭，筛子关门眼睛多。”（公安）“小女绣花闺房坐，十指尖尖如穿梭。绣了云霞绣丹凤，绣了石榴绣白果。绣幅孔雀戏牡丹，绣对鸳鸯飞下河。绣得小妹脸似火，绣得情妹想哥哥。”（孝感）相誓——“爱哥爱在心里头，钉下钉子回了头。跟着哥哥身影走，不怕东水往西流。大浪掀得天调（diào，翻过来）地，只要有你心不愁。”（汉川）相诫——“妹送哥哥到河边，满河船儿任你选。坐船就要坐到底，不要脚踏两只船。”（京山）“情哥打鱼看波纹，哥见我，先瞄人，我见哥，先试心，莫

① 转引自李继尧：《抬轿点睛录》，青海人民出版社，2007年，第262页。

学菱花八角美，要像莲藕连到根。”（汉川）失恋——“太阳落土黑了天，情哥把妹丢一边，妹的蜜糖他说苦，人家黄连他称甜，脸也翻来心也变。”（仙桃）“女儿心，门兜钉，变起心来一早晨。”（孝感）

青年男女的相爱源于生物本能，对性感身体的欣赏，是情歌的重要主题。如“见妹生得实在乖，蓝袄汗衫红花鞋。两眼好比青铜镜，抬头照亮九条街。”（京山）“姐儿生的秀，眉像新月钩；一对鹞子眼，眼珠黑黝黝，魂都勾得走。”（松滋）一些写实的情歌，虽不太文雅，却真实地反映了这种人的本能。如这首《十爱》：

一爱姐的头，
抹的生发油，
红绿卡子卡披头。

二爱姐的脸，
脸是桃红脸，
香粉抹来胭脂点。

三爱姐的嘴，
小嘴樱桃艳，
说起话来蜂蜜甜。

四爱姐的妈（mà，指乳房），
妈妈酒盅大，
好似莲蓬开荷花。

五爱姐的身，
身子圆滚滚，
好似冬瓜上白粉。

六爱姐的腰，
腰身细又娇，

扭动好像银蛇飘。

七爱姐的肚，
肚皮松软柔，
好比豆腐裹丝绸。

八爱姐的手，
两节白莲藕，
雪白光溜玉笋粗。

九爱姐的眼，
眼是鸹子眼，
好似湖水流清泉。

十爱姐的脚，
雀移三寸多，
好似织女弄银梭。[①]

虽然荆楚情歌具有各地民歌主题相同的共性，但毕竟处在特定的地理环境和不同的生活方式中，因此荆楚情歌在选择曲式、意象、比喻、衬词等方面，也有自己的特点。

荆楚情歌的第一个特点，是与水相关的意象较多，即所谓的“水味”。如下面这样一些歌：“荷花出水朵朵鲜，荷花爱藕藕爱莲，荷花爱藕生生白，藕爱荷花朵朵鲜。去年想哥到今年。”[②]“秧田唱歌口里渴，妹在河边捧水喝，哥到荷塘挖嫩藕，折节嫩藕甩过河，妹吃甜藕歌更多。”[③]“走出门来一条河，河里放满鸭和鹅，麻鸭戏水上下翻，白鹅交颈叫呵呵。扁毛畜牲也跳窝，逗得情妹想情哥。”“妹是桨来哥是船，日里同出夜同还。有桨无船桨放烂，有船无桨船搁穿。驾船划桨共生

① 彭万鹏主编:《中国歌谣集成湖北卷·仙桃市歌谣分册》，1990 年，第 208 页。
② 彭万鹏主编:《中国歌谣集成湖北卷·仙桃市歌谣分册》，1990 年，第 277 页。
③ 王克森主编:《中国歌谣集成湖北卷·京山县歌谣分册》第一分册，1987 年，第 141 页。

死，五百年前金银滩。”[①]这些歌都充满江汉平原水乡的气息，反映了当地的生活环境，表达了水乡青年男女的情爱观。

荆楚情歌的第二个特点，是与当地生活与劳动的情境紧密结合，充满了生活情境。如“月亮圆，月亮弯，哥哥砍柴下了山。肚子饿，腿子软，歇在山下水路边，我跟哥哥挑一肩。”（钟祥）“郎在屋外学鸟叫，妹在屋内把手招。娘问女儿招什么，织完棉纱伸懒腰。”（京山）江汉平原的江陵、公安、京山等地广泛流传的民歌《喊我的情哥吃火烧》，更是从一个细节反映了荆楚地区的日常爱情生活：

郎在高山薅粟苗，
姐在家中把火烧。
磨子推，箩筛摇，
冷水调，猪油包，
锅里烙，灶里烧，
长棍打，短棍捞。
脚踏门坎手叉腰，
口里喊，手一招，
喊我的情哥回来吃火烧，
看我的火烧泡不泡！[②]

情歌描写的是青年男女的爱情生活，与肉体的激情密不可分。因此，对性压抑和性生活的描写，也是情歌的重要内容。过去人们站在封建阶级的价值立场，对这部分内容以“黄色”、“荤”之类的标签将其一律屏蔽，缺乏研究。其实，这类情歌反映了人类的真情实感与真实心理，也没有人们想象的那样露骨下流，或有强烈直接的感官刺激，绝大多数还是借助比兴、以非常含蓄的方式加以表达的。

下面这首《闹五更》，就属于这类以比兴手法表达女性性欲的作品：“一更里来，实是难得挨，忽然间想起了筛子簸箕来，这筛呀筛坏人呐，我的郎，来把这人筛坏。二更里来，实是难得挨，忽然间想起了纺花车子来，这搞啊搞坏人，我的郎，来把这人搞坏。三更里来，实是难得挨，忽然间想起了豆腐干子来，这压呀压坏人，我的郎啊来把这人压坏。四更里来，实是难得挨，忽然想起了醪滓粑粑来，

① 王老黑：《水味歌谣》，湖北省民间文艺研究会印，1993年，第89、95页。
② 荆州马山民歌研究课题组编：《马山民歌集》，荆州区文化体育局印，2007年，第16页。

这捏呀捏坏人,我的郎啊来把这人捏坏。五更里来,实是难挨,忽然间想起了发面包子来,这揉哇揉坏人,我的郎啊来把这人揉坏。"[①]情歌运用日常劳动生活常见的一些意象,比拟健康的性生活场面,表现了一个劳动妇女对性生活的回味与渴望。

情歌中描写性生活场面的篇目不少,但大多具有浓厚的生活气息。如"小河涨水大河浑,情郎哥哥把船撑。船儿撑到河中心,水中看见两个人。情哥哥握长竹竿,情妹脸上起红云,想起昨夜竹林里,背心还有几条梗。"(远安)即使一些描写偷情的歌,也很含蓄。如江汉平原一首流传广泛的《闹五更》:"一更子里什么响叮当,小情哥摸进了姐的绣房,娘问女儿什么事唧当响,风吹门款响叮当。二更子里什么响叮当,小情哥摸到了姐的踏板上,娘问女儿什么事唧当响,夜里寒冷加衣裳。三更子里什么响叮当,小情哥爬上了姐的牙床,娘问女儿什么事唧当响,肚子饿了吃冰糖。四更子里什么响叮当,小情哥爬到了姐的身上,娘问女儿什么事唧当响,隔壁的猫儿舔米汤。五更子里什么响叮当,小情哥下了姐的牙床,娘问女儿什么事唧当响,隔壁的和尚烧早香。"[②]这类情歌在民俗活动中,往往能激起参与者的巨大兴趣,把现场气氛推至高潮。

5.荆楚儿歌

荆楚儿歌是孩子们童年生活的保姆和伙伴。这些儿歌根据不同年龄阶段,有不同的内容与形式。主要有如下几类:

摇篮曲:摇篮曲以节奏为主,歌词不复杂。如"摇篮摇,过高桥,粘米饭,肉汤淘,吃了喝了再来摇。"(钟祥)"小宝宝,睡觉觉,姆妈在山里赶猫猫。赶几个?赶三个,赶回来,煨汤喝。"(仙桃)

练习语言的歌:荆楚各地都有"绕口令儿歌",如"一条裤子九条缝,缝了直缝缝横缝。""会飞的老鸦飞顺风,不会飞的老鸦飞横风。飞了横风飞顺风,不能飞了顺风再飞横风。"(新洲)

练习智力的谜语歌:如京山流传的《十个哥》:"大哥树上高声叫,二哥把灯一照,三哥只会睡觉,四哥来赶强盗,五哥织绫罗,六哥戴的绿褡帽,七哥一身粉,八哥一身刺,九哥一身毛,十哥背着红担子跑。"谜底是十个常见动物:蝉、萤火虫、

① 彭万鹏主编:《中国歌谣集成湖北卷·仙桃市歌谣分册》,1990年,第280页。

② 流传于麻城、孝感、远安等地,异文有细微差异。

猪、狗、蚕、绿头苍蝇、蜘蛛、刺猬、兔子、猴子。[①]又如江汉平原的《湖乡谣》说的是湖中四物："爹爹憨厚水里睏，婆婆拄拐棍，姑娘出水擦花粉，儿子出世鼓眼睛。"它的谜底是：藕、荷叶、荷花、莲蓬。

有的歌并没有什么特别的意义，只是一种充满童趣的顺口溜。如仙桃流传的《新姑娘的脚》："新姑娘的脚，菱果角；新姑娘的手，白莲藕；新姑娘的屁股像芭篓。"还有："张三的妈，不当家，油盐豌豆用手抓。巴巴（婴儿尿片）片子包粑粑；潲缸的水，做煮粑；脑壳上的虱子当芝麻。老子看到一嘴巴，儿子看到一胡叉（扬叉）。"武昌的："树叶子绿，树叶子黄，扬州来了胖大娘。梳的头，簸箕大，绾的簪子扁担长。黄鹤楼上坐一坐，压死四十八个老和尚。"这些歌谣主要以逗乐为主，反映了儿童的天性。

在荆楚各地，流传着一种好玩的《颠倒歌》，这类歌故意将常识颠倒起来唱，孩子们非常喜欢。如"月亮哥，半边梭，打铜锣，倒唱歌，爹爹完婚我打锣，姆妈出阁我抬盒。一人抬轿八人坐，抬到家家门口过，家婆还在摇窝坐，拱呵拱呵要妈索（吃奶）。我抱家公敦过敦敦过（将小儿立在一只手上），一只脚站在我手心窝。"（京山）"鼓煞，鼓煞，听我说句白话，三十的早晨，初一的黑哒。一点昏昏子月亮，一个老头来捡我的棉花。什么人看见的？瞎子看见的；什么人说的？哑巴说的；什么人撵的？瘫子撵的；什么人捉的？伢子捉的。……捉到辫搭子一揪，拉出来是个和尚。捉到胡子一揪，拉出来是个婆娘。我呼她几嘴巴，过细一看，还是个姑娘。劈她的腿巴肚子一枪，打哒肠子流几粪筐搭几箩筐。……"（远安）

儿歌很多是伴随着游戏而唱的。江汉平原流行的儿童游戏，有年龄大小之分，男孩女孩之分。有的游戏，据笔者所知，仅流行于荆楚文化圈中，如《打麻城》，见于仙桃、孝感、麻城等地。玩时需要较多儿童，分成两队，手牵手对面站成两横排，中间相距约十步左右，由一边先唱：

天上雾雾尘，
地下打麻城，
要得麻城开，
单要××跑过来！[②]

---

① 王克森主编：《中国歌谣集成湖北卷·京山县歌谣分册》第一分册，1987年，第256页。

② 此儿歌流传很广，此处选用的歌词出自彭万鹏主编：《中国歌谣集成湖北卷·仙桃市歌谣分册》，1990年，第399页。

一方唱完此歌，最后一句点到××过来，对方队伍中的××就跑过来撞此方挽着的手；撞开了，就将被撞一方的人拉一个转回自己一方；撞不开，自己也“被俘”加入被撞的一方。笔者儿时，在村里常玩这个游戏。还有一个游戏也常玩，叫《打豆腐》。由两人面对面，手拉手，一边抬高，一边放低，一问一答：

哪边高，这边高
哪边矮，这边矮，
一升豆子打几块？
打×块，打×块……
再把豆腐卖。
卖——豆——腐啊——①

当答到“打×块”时，两人同时把“高”那边的手从头上绕过去，开始转身，“低”那边的手也接着绕过去，转360°后，还原成面对面，这就算是“打了一块”，一直把答的“×”块打完，再接唱“卖——豆——腐啊——”

《牵羊》是江汉平原常见的儿童游戏，一人扮抓羊的，一人扮放羊的，放羊者挡在抓羊者前面。其他孩子装做羊，依次牵着放羊者的后衣摆，成一条龙状，然后对唱：

跑：过河！
挡：过河做么事？
跑：买针。
挡：买针做么事？
跑：缝口袋。
挡：缝口袋做么事？
跑：装石头。
挡：装石头做么事？
跑：磨刀。
挡：磨刀做么事？
跑：杀羊。

① 鹤峰县也有同样的游戏，歌词是：“那边高，这边高，那边矮，这边矮，东一踩，西一踩，踩个梅花儿过海海，一个豆腐划四块。”见向端生主编：《鹤峰民间歌谣集》，湖北人民出版社，2011年，第453页。

挡:杀哪个的羊哇?

跑:杀你的羊。

挡:是杀笼(龙)中的还是杀笼尾的呀?

跑:杀笼中的(亦可答成"杀笼尾的")

挡:笼中长了刺啊!

跑:下你的势。

挡:地下一根草啊,

跑:捡起来两边跑!

挡、跑、羊:嗬——[①]

笔者儿时常常玩这些游戏,那一到天黑时的兴奋和期盼,满村呼儿唤女的声音,如在耳边。在没有电视机、电脑这些现代游戏工具的时代,孩子们更多的是在户外进行集体性的游戏,这些游戏既培养了智力和体力,又锻炼了集体配合的精神,值得当代的儿童教育工作者借鉴。

6.荆楚时政歌

时政歌是人民有感于切身的政治状况而创作的歌谣。它反映了劳动人民对政治事件、政治措施、政治人物以及与此有关的政治局势的认识和态度,表现了劳动人民的政治理想和斗争精神。荆楚地处中国中部,历来是南北交通中枢、兵家必争之地,关乎历代统治者的统治基础,故管治很严。在封建统治的压迫下,荆楚人民创作了许多时政歌。

荆楚时政歌谣的最早代表,应当算是战国末期的民谣"楚虽三户,亡秦必楚",中国第一次农民起义时唱的那首"大楚兴,陈胜王",事件虽发生于故楚国地安徽宿县,但从歌中的"大楚",到成立的政权"张楚",都显示出强烈的楚人情结。

三国时期,湖北境内是主战场,产生了大量反映三国人物和事件的传说歌,如《借荆州》("花开柳来叶儿绿,刘备拜上借荆州。周瑜就把荆州让,刘备坐下一荆州,再想荆州不能够")、《唱东吴》、《骂曹魏》、《摆三国》等等,展现了三国鼎立的历史画卷。这些"野三国"和其他传说歌,以"单唱古人"和"串唱古人"的表现方式,不以成败论英雄,突出了扶弱除暴的楚地民族精神。

在漫长的封建时代,荆楚地区处在皇权统治之下,深受痛苦,产生了许多时

① 彭万鹏主编:《中国歌谣集成湖北卷·仙桃市歌谣分册》,1990年,第405页。

政歌。如石首流传着清代的民歌:“巡抚,巡抚,只巡不抚。专寻皇上的钱粮,不抚百姓的痛苦。”远安县采录到清代的《点兵歌》,用传统的十二月歌形式描述了清末征兵的状况:“正月点兵百花开,朝廷圣旨昼夜来;家有三个抽一个,家有五个抽一双。二月点兵百花开,朝廷圣旨点刀枪;长枪短枪都点过,缺少鞋袜扎马草。……冬月点兵下扬州,逢到吉日摆阵头;大喊三声洋毛子,小喊三声血直流。腊月点兵到了屋,娃儿大小一场哭;左手提的弓与箭,右手提的死人头。”[①]在封建王朝的严酷镇压下,人民挺身反抗,“杀的杀来反的反,金榜十字滚潼关;人马喝断长江水,钢刀扫平太阳山。”[②]

湖北是太平天国前期主要根据地之一。太平军曾三次攻克武昌城,四次攻克汉阳、汉口,活动遍及湖北省绝大部分州县,留下了不少歌谣。如太平军曾在武昌设立了“圣库”,一些富绅妄图用金钱美女腐蚀守“圣库”的太平军,受到了抵制,就有一首《反十送》的武昌歌谣传下来:“富家送了女姣娘,太平哥哥用枪挡;富家送了一段绸,太平哥哥皱眉头;富家送了一匹马,太平哥哥举手打;富家送了一担米,太平哥哥用脚踢;富家送了大皮袄,太平哥哥火上烧;富家送了一担金,太平哥哥掼到河中心。”

辛亥革命前夜,湖北又响起“楚有三烈,覆清必楚,三烈在前,我们继后”的时政歌谣,其精神与“楚虽三户,亡秦必楚”的呐喊一脉相承。江汉平原流传的《新十绣》,描述了辛亥革命的过程:“一绣武昌城,汉兵起反心,剪了辫子赶旗人。二绣城门紧,旗人赶干净,瑞澂制台逃活命。三绣是张彪,剪了辫子逃,逃到北京把兵招。四绣北兵到,扎了三道桥,烧得汉口成荒郊。五绣龟山高,顶上安大炮,一炮打到刘家庙。六绣站墙台,子弹过不来,好生北兵过河来。七绣黄兴高,四路把兵招,吓得北兵往转跑。八绣是孙文,智谋大得很,外国称他是圣人。九绣黎元洪,做事大不同,掌到帅印往前拥。十绣袁世凯,做事大不该,不该带兵湖北来。”[③]

新民主主义革命时期,湖北建立了几个重要的革命根据地。一是湘鄂西革命根据地,1928年由贺龙、周逸群、段德昌等人创立,是红军三大主力之一红二军团的发源地。其影响涵盖洪湖、石首、监利、沔阳(今仙桃)、江陵、公安、潜江、

① 彭善梁、吴光烈主编:《中国歌谣集成湖北卷远安分卷·远安歌谣》,1990年,第136页。
② 同上,第135页。
③ 张相国主编:《湖北民间文学集成·孝感市歌谣集》下,中国民间文艺出版社,1989年,第515-517页。

天门、京山、汉川、汉阳、应城、云梦、孝感、荆门、当阳、远安、南漳、松滋、枝江、宜都、襄阳、枣阳、宜城、钟祥等属于荆楚文化圈中的县市。二是鄂豫皖革命根据地，这里是红四方面军的故乡，影响涵盖红安、麻城、大悟、孝感、英山、罗田等县市。三是范围包括湖北大冶和阳新的湘鄂赣革命根据地。此外，还有湘鄂川黔革命根据地、鄂豫陕革命根据地和华中抗日根据地等。湖北人民为新中国的建立浴血奋战，作出了很大的贡献与牺牲，留下了大量红色革命歌谣。

中国革命是由贫困农民、工人和其他下层阶级作主力的，他们大多数目不识丁，因此红色歌谣在当时是唤醒民众、发动革命、鼓舞士气、动员力量的有力武器，也是民众自我教育和学习的主要工具。笔者的家乡在革命老区，上大学期间和参加工作以后又多次在鄂东和鄂西采风，拜访了许多当时的老战士和宣传队员，他们在与笔者的交谈中，演唱起当时流行的革命歌谣来，仍是充满激情，让人无比感动。[①]

荆楚地区的革命歌谣主要有诉苦歌（如洪湖的“县长梳，土匪篦，乡长剪，保长剃，百姓整光，只剩一口气”）、发动歌（如仙桃“穷人面前三杆铳，租子重，猴子蹦，抓了壮丁把命送。穷人眼前三条道：逃荒乞讨，投河上吊，跟着共产党打土豪”）、战斗歌（如“老子本姓天，家住洪湖边，有人来捉我，除非是神仙。枪口对枪口，刀尖对刀尖，有我就无你，你死我见天”）、妇女歌（如宜城的“一思念我的郎当红军，有三载没回家奴挂在心，我的郎打冲锋勇敢向前进，为穷人不怕那流血和牺牲”）、气节歌（如“要脑袋，你就取；姑娘岂肯把头低。山前山后去打听，谁不知我是红军妻”）和其他红歌。这些歌谣在荆楚文化圈的革命根据地广泛流传。

土地革命战争中，荆楚大地发生了许多可歌可泣的事迹，这些事迹也被民歌记载了下来，成了人民口头传诵的历史。这里举一个极为感人的例子。在土地革命时期，被誉为“农民大王”的中共潜江县委书记胡幼松，发动群众闹革命，他大义灭亲，亲手处决了为国民党县保安团当坐探的舅兄周昌植，并派人枪杀了贪污和挥霍公款并屡教不改的胞弟胡小松。歌谣这样唱他：“胡幼松，有真理，革命先从自家起；和盘托出大家分，自己不留一把米。处决坐探周昌植，杀了贪污的

① 笔者曾于1981年、2002年到麻城、红安等县对革命歌谣进行过多次专题调查，采访了许多革命老人和群众，同时在湖北省档案馆查阅过大量当时留下的歌谣手抄本。此外，在其他县市调查非物质文化遗产时，也多次接触到红色歌谣，深感这是本省一份非常珍贵的精神遗产。

亲弟弟。大义灭亲赤诚意，不为名来不为利。”[①]1930年夏，胡幼松为掩护群众和游击队突围被捕，壮烈牺牲，年仅32岁。他的头被敌人砍去示众，他的妻子李幺姑请乡亲偷回无头尸体，用面粉做了一个头，接在丈夫遗体上，用当地传统的歌哭方式，痛哭自己的亲人。她的哭诉词被人们记了下来，成为一份难得的革命史料和民歌史料：

上孝堂见血灵珠泪滚滚，
哭一声胡幼松奴的夫君。
大前天到谢市游动农民，
作鼓动开演讲激动人心。
人讲到当红军大有上进，
奴的夫舍学业参加革命。
恐四乡群众们呼唤不醒，
每夜晚作宣传熬费精神。
一心心都只想发动革命，
打土豪杀劣绅除暴安民。
几十人挎盒子威风凛凛，
哪一时哪一刻不随夫行。
划地点办工作三区已定，
奴的夫当县委可算能人。
三区的反动多团体紧，
陈樵松发队伍抵抗夫君。
千不该在谢场把会开定，
雷斗成包围急无处逃生，
七营人开演讲军威大振，
有几个不该死拖枪出营。
实指望奴的夫逃脱性命，
又谁知老天爷降下瘟神。
四方面打包围夫君受困，

① 彭万鹏主编:《中国歌谣集成湖北卷·仙桃市歌谣分册》,1990年,第49页。

将夫君解潜江壮烈牺牲。
耳听得奴的夫铡刀丧命，
你的妻请乡亲偷尸回程。
小女子见夫君身无头影，
无奈何做面头斗在夫身。
生身母到潜江将夫查寻，
见夫头悬挂在潜江西门。
八个月小娇儿腹内滚滚，
未知男未知女皂白难分。
久日后生一男胡家有后，
等只等儿长大替夫报仇。
直等得两个月皇天开眼，
纵然是生一女也有后尘。
家丢得你的妻孤单苦闷，
上无兄下无弟何人看承。
作的孽受的苦谁人知晓，
一无公二无婆身靠何人。
仁义夫你待奴真心实意，
你死在九泉下妻怎甘心。
可怜奴三八女披麻戴孝，
年轻轻死丈夫天地寒心。
只等得大红军各处占定，
为妻的请同志来把冤伸。
你的妻只哭得咽喉哽哽，
我的夫在阴世怎知详情。[①]

抗日战争时期，湖北也是一个重要的主战场。国民党抗战名将张自忠将军，就牺牲在湖北宜城，当地有不少关于他的歌谣。如《将军禁烟》："集团三十三，官兵抽大烟，昨天来了李长官，下令禁鸦片。将军张自忠，是个血性汉。听了长官

① 彭万鹏主编：《中国歌谣集成湖北卷·仙桃市歌谣分册》，1990 年，第 370 页。

戒烟令，说办就要办。先交自己(烟)枪，后搜师和团，三天之内全禁绝，真是不简单。”[①]又如《白鹤子一飞往上升》：“白鹤子一飞往上升，唱个抗日的张将军，手拿穿山透海镜，仗仗打败日本兵。白鹤子一飞往上飙，张将军抗日是英豪。杀得鬼子尸遍野，臭肉黑血肥芳草。……”[②]

新中国建立之后，歌谣伴随着共和国的历史和民众的喜怒哀乐前行。人民公社时期全民吃大食堂，不少市县流传着这样的歌：“走进食堂门，稀饭一大盆。沿转起波浪，中间淹死人。一瞑拱扎到底，摸不到一颗米。一步三泡尿，一屙屙到鸡子叫。刚刚来睡觉，食堂又在打锣。”[③]20世纪60年代运动一个接着一个，“社教”运动、“四清”运动直到“文化大革命”，老百姓无所适从，动辄得咎。于是他们编出这样的歌谣：

要得安，居深山，
不入党，不当官，
睡我的瞌睡打我的鼾，
屁事没得我相干。[④]

“文化大革命”时期怪事多。全国到处流传这样的歌谣：“爬雪山，过草地，不如唱个‘样板戏’；红军长征二万五，不如跳个‘忠字舞’。”湖北也有不少。如仙桃流传的《知青生活歌》：“一天到黑，二就二愿，三餐不饱，事(四)做不完，五心不定，六神无主，吃(七)穿冒得，八字不好，久(九)在农村，实(在)难熬。”[⑤]

改革开放以来，民间歌谣进入了一新的繁荣时期。原因是人民群众的经济生活虽不断改善，但在社会急剧转型过程存在的许多问题，也引起群众的不满，特别是分配不公、贪污腐败和官僚作风，成为歌谣中最集中的主题。“大盖帽，两头翘，吃了原告吃被告”这类全国都流行的歌谣，在荆楚大地也流传甚广。

荆楚文化圈的民歌一直陪伴着这里的人民，成为他们“我口唱我歌”的情感寄托，也成为荆楚文化的百科全书。正如俄罗斯著名作家车尔尼雪夫斯基所说的那样：“民间诗歌只有在精力充沛、朝气蓬勃、充满沸腾的生活、真挚的感情、尊

---

① 宜城县民间文学三套集成领导小组、宜城县文化馆编印：《中国民间歌谣集成湖北卷·宜城县民间歌谣集》，1989年，第310页。

② 同上，第313页。

③ 枝江县三民集成领导小组编印：《中国民间歌谣集成湖北卷·枝江县民间歌谣集》，1989年，第401页。

④ 彭善梁、吴光烈主编：《中国歌谣集成湖北卷远安分卷·远安歌谣》，1990年，第185页。

⑤ 彭万鹏主编：《中国歌谣集成湖北卷·仙桃市歌谣分册》，1990年，第119页。

严和高尚情操的民族中才能欣欣向荣。所以它永远崇高、贞洁，……民间诗歌属于全民族，所以它与一切浅薄与空虚无缘……民间诗歌一般说来，总都充满生气，精力充沛，朴素、真挚，表现了精神的健全。它的内容怎么样，它的形式也就怎么样：单纯、朴素、优雅、有力。”①

第三节 荆楚民间叙事

在荆楚文化圈中，民间叙事源远流长。《楚辞》中记载的荆楚神话，如《九歌》中的神灵系统，与中原文化有很大差别，带有鲜明的南方文化色彩。《天问》中的神话系统，既有来自西部的昆仑神话，又有来自东部的蓬莱神话，反映了中国古代神话的融合。保存中国神话资料最多的典籍《山海经》，很可能出自战国时期的楚人之手。

南朝时江陵人宗懔的《荆楚岁时记》，是保存到现在的我国最早的一部专门记载古代岁时节令的专著。书中记述了与荆楚岁时节令相关的各种民俗活动，如门神、年画、木雕、绘画、土牛、彩塑、剪纸、镂金箔、首饰、彩蛋画、印染、刺绣等民间工艺美术以及乐舞等，也保存了一些古代的神话、传说和风物故事。

荆楚地区文化发达，流传到今天的古代笔记小说，如唐人段成式撰写的《酉阳杂俎》、宋人洪迈撰写的《夷坚志》、明代应城人陈士元的《江汉丛谈》和黄冈人王同轨的《耳谈》，都记载了大量的荆楚故事。

一、荆楚神话

楚人重巫，对神秘奇异的事物有浓厚的兴趣，不像中原文化那样“敬鬼神而远之”，这种地域文化特点，从他们对神话的爱好中可见一斑。

中国古籍中保存的神话资料，很大一部分都出自于楚人之手。首先是千古奇书《山海经》，根据中国最有影响的神话学家袁珂先生的研究，此书是从战国初年到汉代初年的楚国或楚地人所作，其中《大荒经》成书最早，大约在战国初期到

① 《车尔尼雪夫斯基全集》第2卷第294-317页，苏联国家大学出版社，1949年。李帮媛译，选自《俄国作家论民间文学》，中国民间文艺出版社，1986年。

战国中期;《山经》和《海外经》稍迟,约在战国中期以后;《海内经》大约成书于汉初。[①]

《山海经》涉及地域很广,其中当然应该也有来自楚地的神话。以人们最熟悉的口头禅"天上九头鸟,地下湖北佬"为例,九头鸟与荆楚地区最早的渊源关系,在《山海经》中就可看到。《大荒北经》载:"大荒之中有山,名曰北极天柜,海水北注焉。有神,九首人面鸟身,名曰九凤"。这里的"九凤",目前所知是记载九头鸟形象的最早文献。"九凤"所居的"大荒之中",现在我们虽不知其确切范围,却可以肯定包括楚地在内。因为楚人之先帝颛顼,与他的九个嫔妃皆葬于此。《山海经·大荒北经》开篇就说:"东北海之外,大荒之中,河水之间,附禺之山,帝颛顼与九嫔葬焉。"该书《海内东经》则说:"汉水出鲋鱼之山,帝颛顼葬于阳,九嫔葬于阴,四蛇卫之。"附禺即鲋鱼,古字通用。楚人血统的屈原,在《离骚》中说自己是"帝高阳之苗裔",这高阳即帝颛顼。颛顼葬于汉水,九凤又与颛顼同在一地,可见九凤是楚人所崇拜的九头神鸟。

古籍中保存荆楚神话的另一个宝库是《楚辞》,特别是屈原的《离骚》、《天问》、《九歌》等篇。根据顾颉刚先生的研究,在《庄子》和《楚辞》中,体现了中国东西两大神话系统(昆仑神话和蓬莱神话)的融合。[②]张正明认为:楚国的贵族出自中原,而楚国庶民则是土著,楚人信奉的神大致可分三类:第一类是楚人之神,即风伯、雨师、日御、月御、山神、水神、厉神、司祸、地宇、土伯、东城夫人等;第二类是北方诸夏之神,即高辛、轩辕、海若、河伯(冯夷)、雒嫔(宓妃);第三类是南方夷越之神,即伏戏、女娲、湘君、湘夫人等。[③]虽然有些神灵的地域归属尚可再讨论,但楚人信仰的神灵来自多个地区,应该是没有疑义的。

根据现代从民间口头采录到的资料,比较奇特的是一种与古文献传统完全不同的神话系统。这个系统以神农架《黑暗传》、随州《涢山祭祀歌》和《善歌锣鼓》以及江汉平原流传的一些孝歌为代表,其中的创世过程与水紧密相关,而一

---

① 袁珂:《中国神话学史》,上海文艺出版社,1988年,第17页。按:关于《山海经》的作者问题,历来有各种不同的说法。汉代的校书官刘向认为,该书出自唐虞之际,是大禹在治水后与他的臣子益所作。可是,由于书中有的地方记载了禹以后的事情,所以从南北朝起就有人怀疑刘向的说法。颜之推、晁公武、陈振孙、朱熹、王应麟等人提出,《山海经》是"有本于古,秦汉增益之书"。到近现代,人们普遍认为,《山海经》是一本"在相当长一段时期内,众多的无名氏的作品"。

② 顾颉刚:《〈庄子〉和〈楚辞〉中昆仑和蓬莱两个神话系统的融合》,《中华文史论丛》,1979年第2期。

③ 张正明:《楚文化史》,上海人民出版社,1987年,第296-297页。

些神灵的名字，如鸿濛、混沌、江沽、江泡、浪荡子、奇妙子等，以及神话中的代际关系与创世经过，极为奇特。神话讲到了多次洪水泡天，荷叶上的水珠化成天地，多次创世，各代神祖等等，非常复杂。关于这个神话体系，我们将在《黑暗传》专节中加以介绍。

荆楚神话的主要内容，除了《黑暗传》外，大略分为两类：一类是文献上所载远古神话在今天的演绎，一类是民间信仰中对事物起源的神话式解释。下面分别举几个例子。

远古神话在荆楚地区流传较广的主要有盘古、伏羲、女娲的神话。关于盘古，主要是开天辟地的事迹，与三国时期徐整《三五历记》等书中的记载差别不大，但也有一些不同的地方。如洪湖市的一个文本中说：盘古开天后，大地光秃秃的，于是叫儿子盘生去划分大地上的山水田地花草树木。但盘生懒惰，不愿察看地形，拿笔随手一划，结果划成了"三山六水一分田"。[①]这个神话将江汉平原的地形特点，联系到盘古神话来解释，富有荆楚特色。

伏羲、女娲在大洪水后兄妹婚配再传人类的神话，在中国许多民族和地区中都有流传。北到东北，南到云贵川，都发现了许多文本。湖北的这类神话，一个非常鲜明的特色是"死了丈夫哭姊妹"。例如江陵流传的一个文本，结尾这样讲：

> 女娲和伏羲成亲后，怀了三年身孕，一胎生下个肉球。伏羲怕是怪物，照着肉球就是一菜刀。哪晓得，里面一下炸出一百个小伢子，一半男，一半女，活蹦乱跳。伏羲和女娲好喜欢，怕日后分不清白，就给他们一人取了一个姓。伢子们长大，成双配对，各立门户，养的后代，各取各的姓，就传下了"百家姓"。再往后，夫妻死了哪一个，一个就哭："我的亲人哪，我的姊妹吔！"这就叫"哭姊妹"。[②]

这个神话的变异之处，是与江汉平原的哭丧风俗联系在一起。在湖北许多地方，过去，女人们在亲人死去停丧的阶段，都要"歌哭"，以一种凄惨的长调，边

① 《盘生划地》，见《中国民间故事集成湖北卷·荆州民间故事集》，中国民间文艺出版社，1990年，第2页。

② 《女娲配伏羲》，杨士景讲述，舒齐全采录，载《中国民间故事集成湖北卷·荆州民间故事集》，中国民间文艺出版社，1990年，第7页。亦见《死了丈夫哭姊妹》，程素珍讲述，程素珍、屈明仙整理，载《中国民间故事集成湖北卷·嘉鱼县民间故事集》，1988年，第2页。亦见《姻缘份》，王祥庭讲述，李晓艳采录，载《中国故事集成湖北卷·京山民间故事集》，中国民间文艺出版社，1990年，第8-9页。

哭边诉死者生前的种种好处以及与死者一起生活过程中的值得回想的事。这时，不少年纪相似的女性亲朋或邻居就会过来劝慰，哭丧者在边哭边诉的过程中，会将劝慰者作为倾诉对象，歌哭中常常夹着"姊妹吔"这样的呼唤。笔者多年研究洪水再造型神话，并以500多篇文本为基础对这个故事类型进行故事圈研究，写作了博士论文《论中国洪水神话圈》，发现以"哭姊妹"方式作故事结尾的，仅仅只见于湖北，可见这是该神话的一个非常典型的地区变体。湖北造人神话中有一个重要的角色——乌龟。《女娲配伏羲》中说，乌龟帮助兄妹成婚后，背被踩碎，得到救治后重新长拢，龟背的花纹启发伏羲发明了八卦。该神话的流传地江陵，至今还有玩乌龟精的民间舞蹈，其中积淀着古老的文化观念。

遍检湖北出版的各种民间文学资料集，源自典籍记载的现代口头神话作品不多，这从一个侧面说明了荆楚文化对中原文化的排斥性。这个特点，只要与相邻的河南省相比，就可以看得非常清楚了。在河南各地，与汉文古籍记载相关的口头神话作品非常丰富，不少河南籍的学人对此已有很多调查和研究。[①]

在荆楚地区，更为流行的神话作品，是一些民间信仰中对事物起源的解释性故事。其中被解释的对象主要有太阳、月亮、牛、谷种、狗、蚕、蚊子、蚯蚓、马齿苋等等，这些都是江汉平原最常见的动植物。例如关于太阳和月亮的来历，一般都将其视为一家人：

> 相传太阳和月亮是姑嫂两人，太阳是小姑，月亮是嫂嫂。太阳很勤快，一早就起床干活，人人都喜欢她，她却不喜欢别人偷眼看她。谁看她一眼，她就用一千根绣花针刺谁的眼睛。月亮脾气恰恰相反，白天在家扯起胯子睡懒觉，晚上打扮得水灵灵的，像个游神鬼，东边逛到西边，你越望她，她越变着姿态来媚你。[②]

不过，有关太阳月亮的关系，却有许多不同说法。在上引故事的同一书中，就有另一篇说是太阳哥哥月亮妹妹；江陵的一篇异文则说他们是双胞胎兄妹。[③]

---

① 参见张振犁：《中原古典神话流变论考》，上海文艺出版社，1991年。

② 《月亮是嫂嫂，太阳是小姑》，王婆婆讲，宋晓英搜集整理，载中国民间文艺研究会湖北分会、湖北省群众艺术馆编印：《湖北民间故事传说集·孝感卷》，1982年，第59页。

③ 《太阳和月亮》，冯朝玉讲，李志生采录，载《中国民间故事集成湖北卷·荆州民间故事集》，中国民间文艺出版社，1990年，第4页。

关于牛的来历，荆楚地区多说是从天上来，是犯了错误被贬下凡的。[①]谷种是狗为人们带来的，这与南方许多地方的普遍说法是一致的。[②]非常有意思的是一篇关于人体特点解释的故事，讲述男人胡须的来历：据说，过去男女都没有胡须，后来有个小媳妇，由于婆婆每天要她纺一斤纱，她完不成，挨打受骂。八月十五的夜半，天门开了，一个神仙把小媳妇领进天门，让她随便拿天宫的宝贝，小媳妇只要了一个金锭子，以后每天能纺二斤纱。这事被隔壁一男人知道，他也照此办理，结果进了天门后，一看里面到处是宝贝，他不知要什么好，急得只摸下巴。神仙以为他要胡须，就给他安上了。从此以后，男人就有了胡须。[③]

锄草是人们干得最多的农活，关于野草的来历流传较广。一般都是说人们锄完草后无事干，喜欢到天上玩，惹烦了某个神仙，于是让草变成"回头青"。如孝感的一个文本讲：天地之间从前有天梯，天上七个仙女常从天梯下凡玩，被人们看到了。于是有几个胆大的女人爬上天梯，到天上玩，叽叽喳喳地吵得王母娘娘不得安生，王母娘娘于是送了女人们一件围裙，女人们围上围裙后就变蠢了。王母娘娘又撒了一把草籽到地上，说："前头薅，后头生，累死你个女妖精。"她还命令巨灵神将天梯截断了。从此地上长满野草，薅也薅不尽。[④]神话中的"天梯"母题，在中国神话传统中是源远流长的，后羿登昆仑山见西王母，颛顼派大神重与黎"绝地天通"，都属于此类。"天梯"母题在世界其他地区的神话中也存在。

荆楚地区巫风传统很深，成为近代口传神话发展的温床。例如，江汉平原最怕水患，由于近代神话体系中水神为龙，所以颇多关于龙与水的神话。如江陵的一个神话，说东海龙王逼瑶姬嫁给他，瑶姬不愿，双方大战。瑶姬获胜，将一条小白龙安排在荆江，保护长堤，白龙所在处就叫龙洲。但雷公、电母用酒灌醉了巨灵神，叫他用宣花斧劈死了白龙。从此，荆江大堤就经常溃口，龙洲年年淹水。

---

① 《牛从天上来》，翁立元讲述，袁胜华搜集整理，载中国民间文艺研究会湖北分会、湖北省群众艺术馆编：《湖北民间故事传说集 · 黄冈卷》，1981 年，第 32 页。《水牛与蚕》，陈婆婆讲，熊翰亭采录，载《中国民间故事集成湖北卷 · 荆州民间故事集》，中国民间文艺出版社，1990 年，第 285 页。

② 《狗子为什么吃大粪》，周补秀讲，袁宗雅采录；《抬狗爷》，柳成清讲，龚进采录，载《中国民间故事集成湖北卷 · 荆州民间故事集》，中国民间文艺出版社，1990 年，第 299、382 页。

③ 《胡须的来历》，李民生搜集，李元清整理，载中国民间文艺研究会湖北分会、湖北省群众艺术馆编印：《湖北民间故事传说集 · 孝感卷》，1982 年，第 62 页。

④ 《七姐的天梯》，汤文咏、杨翠菊讲，李端阳搜集，宋虎整理，载中国民间文艺研究会湖北分会、湖北省群众艺术馆编印：《湖北民间故事传说集 · 孝感卷》，1982 年，第 25-26 页。

后来老百姓修了座白龙庙，并将白龙死后留下的深沟叫“冤枉沟”。[①]

二、荆楚民间传说

荆楚地区的民间传说非常丰富，特点也十分鲜明。主要有人物传说、风物传说和风俗传说三大类。

中日民间故事联合考察团在荆州（1994年）

在黄州当过团练使的宋代大诗人苏轼，对荆楚地区曾作过这样的描述：“江陵之地，实楚之故国，巴蜀、瓯越、三吴之出入者，皆取道于是，为一都会，其山川之胜，盖历代所尝用武焉。……其人才之秀，风物之美，有屈、宋、伍、祢之赋咏存焉。”[②]的确，荆楚是历代人才荟萃之地，历史上涌现了许多优秀的人物，其中有政治家、军事家、文学家、艺术家，也有许多民间机智人物。

在荆楚人物传说中，一些楚国时期的人物特别引人注目。江陵是楚国故都，许多地名都与故楚国相关，像纪南城、擂鼓台、梳妆台、章华台等，都有关于楚庄王、楚怀王的传说。一些历史上的著名人物与事件，如和氏璧、令尹子文、优孟与孙叔敖、伍子胥的逃难与报仇等等，都有现代口头传说流行。例如有一组传说，说楚庄王有个妃子叫樊姬，是个贤内助。她死后庄王常常思念她，眼泪滴到地上，长出了绿叶。庄王将叶子采回去，经常看这叶子，但时间长了叶子枯黄，庄王烧这叶子时，觉得那烟就像樊姬身上的香味，于是思念樊姬就烧叶子，这种叶子

① 《龙洲》，载《中国民间故事集成湖北卷·荆州民间故事集》，中国民间文艺出版社，1990年，第243页。
② 《苏东坡全集·续集》卷11《上王刑部书》。

就是后来的烟叶。[①]

有关伍子胥的传说,在荆楚地区不仅流传较多,而且特别能反映楚人的审美倾向与性格。《金毛犬下凡》讲伍子胥是玉皇大帝驾前的爱犬,因为偷吃了王母娘娘的蟠桃被贬下凡。《锁白龙》讲有次东海龙王化为乞丐,把伍子胥院中的井水几口喝干,想将井中一条修炼成龙的白蛇喝在肚中带往东海,被伍子胥打得说了实话,并将白龙还回井中,伍子胥怕白龙飞走井水干涸,就在井口上修了一座白龙寺。《临潼斗宝》讲伍子胥的牙齿是两整条的,肋巴骨连成一块,头发硬如钢针,力拔千斤。在临潼关各诸侯国斗宝时,秦王有一根万年烛,能点一万年,呼呼的北风吹来纹丝不动,结果被伍子胥在丈把远就一口吹灭了。秦王叫人用暗箭射他,那箭却断为两截。秦王只好将他的幺女儿给楚平王做媳妇。伍子胥逃离楚国的故事是人们特别津津乐道的。在逃往吴国的路上,伍子胥得到了摆渡女、蜘蛛、土地菩萨、太白金星等的救助。那个摆渡女为了让伍子胥相信她不会出卖他,当着伍子胥的面跳水自杀。在《谋反》中,伍子胥成为"早发的神箭"型故事中的主角。这类故事在后面还要专门讲到。[②]

在故楚国人物传说中,屈原的传说也很多。主要流传于他的故乡秭归县,与当地的一些地名,如读书洞、照面井、濯缨泉等连在一起。当地的一种鸟叫"我哥回",传说是屈原之姊等待屈原尸体回乡所化。还有不少地方的端午节俗,如挂艾蒿、吃粽子,都与屈原的传说相关。[③]从这些传说中,我们可以看到楚人不惧强敌、敢于反抗、忠贞坚定、性格刚烈的文化个性。

"每言三国事,必欲到荆州。"荆楚地区在三国时期是主战场,著名的赤壁之战、夷陵之战皆发生于荆楚文化圈中。这里至今仍流传着大量的三国人物传说,多以散文和讲唱文学形式存在,内容是"摆三国"、"借荆州"、"赞蜀汉"、"唱东吴"、"骂曹魏"等。[④]这些"野三国",不仅再现了波澜壮阔的历史画卷,而且以荆楚老百姓的立场来评价人物,不以成败论英雄。

---

① 《望妃台》,载《中国民间故事集成湖北卷·荆州民间故事集》,中国民间文艺出版社,1990年,第210页。

② 在《中国民间故事集成湖北卷·荆州民间故事集》、《中国民间故事全书·湖北当阳卷》(知识产权出版社,2007年)、《湖北民间故事传说集·孝感卷》、《沙市民间传说故事集》(湖北省沙市市群众艺术馆编印)、《武汉民间故事传说集》(武汉市群众艺术馆编印)等作品集中,各有一组关于楚国历史与人物的传说。

③ 《湖北民间故事传说集·宜昌卷》(中国民间文艺研究会湖北分会、湖北省群众艺术馆编印,1980年)中,收录了这组关于屈原的传说。

④ 三国传说不仅在荆楚文化圈中流传很广,在吴楚、晋楚和秦楚文化圈中也多见。

荆楚三国人物传说在艺术上体现了楚人充满神异色彩的浪漫主义风格。这里举两例。

在《关羽出世》中，露水龙王为了缓解湖广的旱情，违反天规把一年的露水全降下来，遭玉皇大帝斩首，它的血被神机妙算的荆州老和尚接在一口钟中，用佛钟封住。老和尚要徒弟们过二十年后再打开。后来小和尚们提前打开了佛钟，里面长出了个肉球，从肉球中炸出个红脸婴儿。老和尚知是露水龙转世，将其洗净用袈裟包好，但时辰还差一天，脸上的血洗不干净，所以关羽是个红脸。后来地方官知道寺庙私藏来历不明的婴儿，认为有伤风化，命人将婴儿丢进河里。但一群曾被露水龙救过性命的仙鹤飞来，将羽毛做成一条船，婴儿在船中安然无恙地漂到下游，被一个姓关的打豆腐老头拾起，取名"关羽"。[①]这个故事，属于一个世界著名的民间文学母题——"英雄幼小时受迫害在水中漂流"。同类母题的资料在萧兵先生《中国文化的精英——太阳英雄神话比较研究》中搜罗甚多。[②]

在《鹅毛扇和八卦衣》中，诸葛亮年轻时每天晚上读书都有一个来历不明的姑娘来陪同。有个和尚发现他气色不对，就告诉他那姑娘是个麻鹅精，并说她要将诸葛亮缠死。诸葛亮按照和尚教的法子，让姑娘喝了雄黄酒，从交给姑娘拄的竹棍中撒出的石灰迹，找到了现原形的麻鹅精。麻鹅精临死前，告诉诸葛亮将她的毛拔下来做成扇子，遇到难事把扇子摇三下就会想出办法来，并送了诸葛亮一颗宝珠，使他变得更聪明。麻鹅精还说那和尚是乌龟精变的，本想来吸诸葛亮的元气，由于她陪着不能下手，叫诸葛亮也给和尚喝雄黄酒。后来和尚中计现出原形，死前将他的八卦衣送给了诸葛亮，穿上后刀枪不入，逢凶化吉。所以诸葛亮后来在战场总是摇鹅毛扇，穿八卦衣。[③]

上述两个三国故事，皆不见诸文献，都是所谓的"野三国"。从这两个例子中，我们可以了解荆楚地区喜欢神异事物、追求浪漫色彩的文化传统。

历史人物传说在人们口头常常传千年而不衰。例如诸葛亮的婚姻传说，早在《三国志》裴松之注引的《襄阳记》中，就有相关记载："黄承彦者，高爽开列，为

---

① 《关羽出世》，培绪能讲，万武怀采录于潜江市，载《中国民间故事集成湖北卷·荆州民间故事集》，中国民间文艺出版社，1990年，第44-45页。

② 萧兵：《中国文化的精英——太阳英雄神话比较研究》，上海文艺出版社，1989。

③ 《鹅毛扇和八卦衣》，陈国桥讲，白云采录于洪湖市，载《中国民间故事集成湖北卷·荆州民间故事集》，中国民间文艺出版社，1990年，第44-45页。

沔南名士，谓诸葛孔明曰：‘闻君择妇，身有丑女，黄头黑色，而才堪相配。’孔明许，即载送之。时人以为笑乐，乡里为之谚曰：‘莫学孔明择妇，正得阿承丑女。’”南宋范成大的《桂海虞衡志》所载有关传说，情节已很丰富。如今还在民间流传的《诸葛亮娶媳妇》又有新的变异，说所谓“丑女”，原来是对“楚女”传讹的结果，所以将她一变而为才貌双全了。人们对民间传说及其中的人物一往情深，因此在流传的过程中不断为之添光增色。

人物传说在民间文学中是极具地方性的体裁，传说的主人公多是当地名人。这些名人或生于本地，或曾活动于本地，他们都有着不同程度的知名度。其中有的是世界名人，如屈原；有的是全国知名的人物，如钟祥的嘉靖皇帝、江陵的张居正、天门沙市的陆羽、黄陂的花木兰、襄阳的诸葛亮和米芾、公安的三袁、汉阳的伯牙子期、孝感的董永、孝昌的黄香孟宗、安陆的李白、石首的解缙以及汉阳的张之洞、仙桃的张难先、洪湖的贺龙等等；也有一些是在比较小的地域范围中有名的人物，这些人物有的曾经做官，如监利的朱道台、应山的杨涟、黄陂的熊阁老，有的是农民起义领袖，如嘉鱼的杨幺；还有各种各样的其他名人，他们的故事都在特定地区中流传。

例如，明神宗时期的宰相张居正，出生于江陵，至今他的家乡流传的许多传说，讲述他小时候的逸事和他当官后的廉明及断案智慧，也有的讲他在朝中的权谋与对家乡的特别照顾。如有的传说讲他家境贫寒，但从小资质非凡。他小时以一竹棍作马，骑竹马上学，后来放在城隍庙的竹棍被人扔了，他就以纸为枷，枷住城隍爷，甚至将城隍充军十五里，使得后来江陵四百年没有了城隍庙。[①]《罚跪》、《张居正认义父》、《帮义父分忧》、《府台绕道》、《巧联对》等传说，均运用中国传统文化中对对联的方式，表现张居正上学时的才思。这些妙联大多广泛流传于民间，如“宝塔巍巍七层四方八面，玉掌平平五指三长两短”等，被附会在不同地区的名人身上。有意思的是，传说中还描述神宗皇帝即位时，由于年幼而由张居正摄政，张居正经常找神宗皇帝的母亲商量国事。有人在小皇帝面前使坏，说张居正与娘娘有暧昧关系。小皇帝便在皇太后寝宫门外撒了一层石灰，正好当夜张居正有急事奏请皇太后，第二天早朝时，小皇帝看到他的朝靴上沾了石灰，就相信了谣传。后来皇帝请张居正喝酒，喝多了，小皇帝搀扶他时，他又酒后失

① 《骑竹马》，载《中国民间故事集成湖北卷·荆州民间故事集》，中国民间文艺出版社，1990年，第79页。

言，说："父子过金桥。"神宗答："长大定不饶。"张居正酒吓醒了，跪在神宗前请罪："老臣罪该死！"神宗答："死后过钢刀。"所以后来张居正死后被挖尸。[①]传说的情节虽然荒诞，但与史书中有关张居正的事迹，却十分契合。《明史卷二百一十三列传一百一》载："居正为人，颀面秀眉目，须长至腹。勇敢任事，豪杰自许。然沉深有城府，莫能测也。"神宗年幼，张居正摄政，同时也是小皇帝的老师，他为官傲慢，手段严厉，铁腕推行"一条鞭法"等改革，病死后被皇帝清算，抄家掘墓。可见传说与历史间，有着深刻的联系，互相补充。

被誉为"茶神"的陆羽，唐代人，生于湖北天门，以《茶经》三卷传世，是世界上最早介绍茶叶源流、茶艺和茶道的人。《新唐书》有他的传记，开篇即说他"不知所生，或言有僧得诸水滨，畜之"。可见当时就有关于陆羽生平的传说。今天天门流传的一组陆羽传说，丰富了史书的记载，说他是一个弃儿，被一名叫积公的和尚在芦苇中发现，有三只大雁为他喂食。积公为他取名，想到大雁哺育的情景，故取名"陆羽"，意为三只鸿雁六个翅膀。[②]史籍中所载陆羽煮茶辨水的传说，在民间仍广泛流传。传说陆羽与湖州刺史李秀卿品茶，派两军士去镇江的中冷泉取南零水，军士途中不小心洒了半桶，就以江水加满。陆羽一看，就说这是附近的江水，军士说他们取水时有许多人可作证，陆羽将水倒掉半桶，说桶中剩下的才是真正的南零水，军士只好说明真情。后来，茶铺的老板卖茶都供陆羽的像，尊他为"茶神"。[③]

在荆楚地区的民间传说中，机智人物故事非常有特点，几乎每个市县都有这样的人物。如汉阳的贱三爷，荆州、沔阳的费散人，天门、京山的徐苟三，公安的魏国贞，京山的谢安三，江陵的谢迂子，嘉鱼的李太清、肖德儿、吉二爹，汉川的何三麻子，等等。

在荆楚地区，也流传着不少全国流行的民间传说，如朱元璋、包公、鲁班等等。即便是荆楚地区特有的人物，他们的传说中有的也属于普遍流传的故事类型。例如，蕲春县流传的《蕲蛇酒的传说》，说一个长工得了麻疯病，其妻将他放

① 《酒后留祸根》，载《中国民间故事集成湖北卷·荆州民间故事集》，中国民间文艺出版社，1990年，第93-94页。

② 中国民间文艺研究会湖北分会、湖北省群众艺术馆编印：《湖北民间故事传说集·荆州地区专集》，1981年，第49页。

③ 《南零水》，载《中国民间故事集成湖北卷·荆州民间故事集》，中国民间文艺出版社，1990年，第51-52页。

在别人的猪圈中，以讨饭来供养丈夫。长工想自杀，喝了一个有死蛇的坛子中的酒，不想却将病治好了。李时珍听到此事，作了实地考察，发现确实如此，就将它记在《本草纲目》中。[①]这个传说的情节其实并非专属李时珍，而是在很多地方都有流传，如仙桃市的《周道平》，就是同样的情节。主人公换成了沔阳人周道平的妻子，故事的结尾是周道平开了个大药铺。[②]目前所知这个故事的最早版本，是清代宣鼎笔记小说《夜雨秋灯录》中的名篇《麻疯女邱丽玉》。

荆楚地区的风物传说，有的描绘自然风光，有的介绍历史胜迹，有的赞美特产工艺。这类传说在每个地方的民间文学资料集中都占有大量篇幅，地方性十分强烈。例如荆州地区的许多地名，都与楚国和三国时期的一些重大历史事件相联，反映了荆楚的区域史；同时，荆楚地区的各市县，同样有自己的区域特点。比如沙市的地名传说，就多与水灾相关，大多讲述民众与害龙的斗争，如《沙石锁青龙》、《镇龙记》、《宝塔镇河妖》等。[③]武汉市的传说，更多的是关于商铺和老字号的，如《叶开泰药铺》、《苏恒泰雨伞》、《鲫鱼膏药》等。[④]

每个地区带有地标性质的风物，在民间几乎都会演绎出传说，其中有些会在民间流传许久。以著名的黄鹤楼传说为例，据刘守华先生介绍，最早的记载见于南北朝时期梁任昉（460—508）所撰的《述异记》中。讲的是一位“好属文及道术”的名士荀环在江夏黄鹤楼上接待跨鹤仙人的异事。其中还讲到“黄鹤”的来历：“鹄（鹤）生五百年而红，五百年而黄，又五百年始苍，又五百年而白，寿三千岁。”金代王朋寿《增广类林杂说》卷 12 中的《幸氏酒店》，讲仙人化为混迹尘世的道士，贫贱得连酒钱也付不起，好在幸氏小酒馆主人免费招待。好心终获好报，道士辞行时以橘皮画黄鹤于酒店墙壁之上，只要唱歌击掌相招，黄鹤就会下地翩翩起舞以助酒兴。这一奇迹立即轰动江城，使幸氏酒店生意兴隆。十年后道士再次过此，幸氏盛情挽留相谢，道士却跨鹤乘云而去。幸氏不忘仙家恩惠，遂在此建黄鹤楼存留至今。现今民间口头流传的黄鹤楼传说，在 20 世纪 80 年代采录到许多文本，其中由兰蔚在武昌蛇山黄鹤楼旧址居民口中采录而写定的《黄鹤

---

① 《蕲蛇酒的传说》，徐远富讲，盛广全整理，载中国民间文艺研究会湖北分会、湖北省群众艺术馆编印：《湖北民间故事传说集 · 黄冈卷》，1981 年，第 24-25 页。

② 《周道平》，符号讲，符其实采录，载《湖北民间故事集成 · 荆州卷》，中国民间文艺出版社，1990 年，第 538 页。

③ 见湖北省沙市市群众艺术馆编印：《沙市民间传说故事集》，无印刷时间。

④ 见武汉市群众艺术馆编：《武汉市民间故事传说集》，1983 年。

楼》可视为代表作。故事开头与《辛氏酒店》相同,但后面却增加了新的情节。这位道士不但能使画在墙上的黄鹤走下来为客人跳舞助兴,还将井水变成了取用不尽的美酒。但意想不到的是,当道士一年后再次云游至此时,辛氏婆婆竟然还不满足:"好倒好,就是喂猪冇得糟吃。"道士听了不禁举杯长叹:"天高不为高,人心第一高,井水当酒卖,还嫌猪无糟。"于是招下墙上的黄鹤跨鹤而去,那口井的水也回复到老样子了。[①]

武汉市汉阳区著名的"高山流水知音传说",也扎根于社区的文化传承。据《吕氏春秋》所载:"伯牙子鼓琴,其友钟子期听之,方鼓而志在泰山,钟子期曰:'善哉乎鼓琴,巍巍乎若泰山!'少选之间,而志在流水,钟子期复曰:'善哉乎鼓琴,汤汤乎若流水!'钟子期死,伯牙破琴绝弦,终身不复鼓琴,以为世无足为鼓琴者。"[②]其后史不绝书。明代冯梦龙的《警世通言》和后来的《今古奇观》,使"知音"故事流传更广。为纪念这个传说而建立的古琴台,成为武汉名胜之一,对这个传说的传播起了重要的作用。

荆楚地区流传的陷湖传说,是一个古老的故事。例如京山采录的关于天生堰的来历,就是其中一个异文:

> 从前有个财主,对人刻薄,对讨饭的人不是骂就是打,但他家丫环却心地善良,常以饭菜接济穷人。观音娘娘下凡变一讨饭婆婆暗访,对给她饭的丫环说,看到东家水缸旁长出一对竹笋时,赶快离开此地。后来果然水缸边长出竹笋,丫环没在意,突然有条狗窜来扑她,吓得她往外跑,狗紧追不放。当她跑到山顶时,雷雨大作,地动天摇,村子变成一片汪洋。当地将它取名"天生堰"。[③]

陷湖故事亦称"陆沉故事"。《楚辞·天问》、《吕氏春秋·本味篇》、《论衡·吉验》等文献中记载的伊尹传说,当是这一故事的源头。如《楚辞·天问》王逸注:"伊尹母妊身,梦神女告之曰:'臼灶生蛙,亟去无顾。'居无几何,臼灶中生蛙,母去,东走,顾视其邑,尽为大水。"东汉高诱为《淮南子·俶真训》"夫历阳之都,一夕反而为湖"作注时说:"昔有老妪,常行仁义,有二诸生过之,谓曰:'此国当没

---

① 刘守华:《仙鹤凌云留胜迹——黄鹤楼传说试解》,载《长江商报》,2010年7月25日。

② 《吕氏春秋》卷十四。

③ 京山县民间文学三套集成领导小组、京山县群众文化馆编:《京山民间故事集》,中国民间文艺出版社,1990年,第167页。

为湖。'谓妪视东城门阃有血,便走上北山,勿顾也。自此,妪便往视门阃。阍者问之,妪对曰如是。其暮,门吏故杀鸡血涂门阃。明旦,老妪早往视门,见血,便上北山,国没为湖。与门吏言其事,适一宿耳。一夕,旦而为湖也。勇怯同命,无遗脱也。"[①]陷湖故事在晋代及其后显然很流行,干宝《搜神记》中记有好几篇异文。马昌仪先生指出,从中国东南沿海,主要是江浙一带的河汉湖海地区,经安徽、河南、山东,一直到辽宁、吉林的沿海地区,广泛流传着陆地突然沉陷而为湖泊的传说。这个传说的情节大致呈现出两种模式,其共同的核心是预告和陆沉。[②]荆楚地区这类故事异文的出现,反映了这一故事类型流布的广度。

荆楚风物传说中一种传统文化比较突出的类型是风水传说。如公安县流传的"公安三袁"传说,说"三袁"的母亲罗婆婆在公公死后,偷听了阴阳先生与徒弟的话,逼使阴阳先生说出凤凰山的真脉。阴阳先生还说要有五样东西到场才能下葬:人戴铁帽,马骑人,鱼上树,铁树开花,黄龙掉井。结果在看热闹的人中,有一人买了口锅顶在头上,应了第一条;有一木匠将木马扛在肩上,应了第二条;一个买鱼的人顺手将买的鱼挂在树上,应了第三条;一个杀猪佬将杀猪用的梃杖插在地上,挂了块猪腰花,应了第四条;最后是一个鱼鹰嘴里叼的黄鳝落入坟井中,应了第五条。由于袁家得到了凤凰山的真脉,所以才能"一母三进士,南北两天官"。[③]传说还解释了为什么袁家只出一代人才的原因,说是阴阳先生说出凤凰山真脉后瞎了眼,袁家人先对他不错,后来"三袁"的母亲去了京城,袁家人对阴阳先生就态度不好了。于是阴阳先生叫他的徒弟在凤凰山上建了两个榨房,把凤凰给打死了,袁家的好运气就再也没有了。[④]

荆楚地区的土特产非常多,像"荆州三少有:八宝饭、九皇饼、外加小曲酒"、"沙市有三宝:米圆子、靠饺子和雪枣"、"沔阳有三宝:沙湖盐蛋、红庙萝卜、沔城藕"、"应城有三宝:汤池、石膏、灵芝草"等,各地都有土特产谚语。许多土特产都有相关的民间传说,如江陵鱼糕、孝感麻糖、云梦鱼面、监利龙凤喜饼、潜江的二回头和水麻酥、应城金漆梅花和黄滩酱油、嘉鱼的簰洲芦席、钟祥蟠龙菜、石首笔

① 参见刘守华:《〈淮南子〉中的'地陷为湖'及其演变》,载《中国民间故事史》,湖北教育出版社,1999年,第71页以下。刘锡诚:《陆沉传说再探》,载《民间文学论坛》1997年第1期。

② 马昌仪:《石狮子的象征与陆沉神话》,载《首都师范大学学报》,1993年第4期。

③ 《智葬凤凰山》,载《中国民间故事集成湖北卷·荆州民间故事集》,中国民间文艺出版社,1990年,第98-100页。

④ 同上,第107-108页。

架鱼肚、武汉的洪山菜薹、黄州的东坡饼和东坡肉等等，打开各地的民间故事集，就能看到这些土特产的动人故事。

荆楚民间传说的第三大类是风俗传说。这类传说中有一些属于全国性的，如《过年的来历》与“年”是吃人怪兽相关，端午划龙舟、吃粽子与屈原相关等等。但荆楚风俗传说也有显著的地方特点。比如说送灶神，中国大多数地方皆流行灶神名张单的传说，许多地方戏都演绎这个从唐代《酉阳杂俎》就有记载的著名故事（如楚剧连台本《郭丁香》），但江陵的灶神故事却以杨修为主角，说是杨修小时上学要过河，别人都脱鞋袜蹚水，他却有土地菩萨背，并说他将来要当皇帝。杨修的母亲正在做饭，知道此事后忍不住自言自语地骂那些曾欺负她们孤儿寡母的人，边骂边在锅沿上敲，结果每一下都打在灶神身上。灶神于是向玉帝告状，玉帝派人挖掉了杨修的龙脉。所以杨修没当成皇帝，而人们也由此知道灶神是不能得罪的，于是就有了每年腊月二十四的祭灶。[①]传统婚礼上的“拦车马”与撒帐，被追溯到楚平王纳儿媳为妃的故事。妇女们戴戒指，附会为赵子龙用其为手指遮伤。连打夯号子也带有秦楚之间的历史恩怨，说打夯时喊的号子“呼儿咳，胡嗨”，其实是骂胡亥，本来喊的是“胡儿亥，祸害！”[②]

三、荆楚民间故事

民间故事与神话传说不同，后者更有地域性，前者却更有普遍性，因此也更具有类型性。篇幅较大的民间故事主要有神奇故事（亦称幻想故事）和写实故事两类，篇幅较小的则多为笑话与寓言。

1.荆楚神奇故事

（1）老稚獭型

湖北多水，水獭是渔民常见的动物。在民间故事中，獭精幻化成人主动寻求人间情爱的故事，是一个流传广泛的类型。根据相关研究，这个类型在中国历史上的记录可以追溯到南北朝时的《搜神记》和《异苑》，如南朝刘宋时期刘敬叔所撰《异苑》卷八《张道香》载：

---

① 《送灶神》，裴锦炎讲，赵虹采录，载《湖北民间故事集成·荆州卷》，中国民间文艺出版社，1990年，第351页。

② 《“呼儿咳，胡嗨”》，佚名讲，陈锦海采录，载《湖北民间故事集成·荆州卷》，中国民间文艺出版社，1990年，第384页。

> 元嘉十八年，广陵下市县人张方女道香送其夫婿北行，日暮宿祠门下，夜有一物假作其婿来，云："离情难遣，不能便去。"道香俄昏惑失常。时有海陵王纂者，能疗邪，疑道香被魅，请治之。始下一针，有一獭从女被内走入前港，道香疾便愈。[①]

广陵即古代扬州，与湖北通过长江水道相连，商贸发达，成为故事相互传播的通道。上述故事情节简单，一女为獭精所惑生病，巫师驱走獭精，女子的病就好了。

但此类故事后来在古代文献中却不绝如缕，唐人陈劭所撰《通幽记》中的《薛二娘》，明代王同轨《耳谈》一书所载《宝应獭妖》，都是著名的文本。"早在20世纪初叶，朝鲜的今西龙和日本的稻叶君山、鸟居龙藏以及松本信广等就撰文作过介绍与评论。钟敬文先生于20世纪30年代前往邻国日本研习民俗学时，特地花气力撰写了《老獭稚型传说的发生地——三个分布于朝鲜、越南及中国的同型传说的发生地域试论》的长篇论文，通过比较三国此类传说的结构形态及其历史文化内涵，最后'把它们共同的起源断说在中国'。当时对中日学界曾发生过震撼性的影响，在某些方面也引起一些争议。"[②]刘守华先生在《中国民间故事》和《百年再议"老獭稚"》中，也对这个故事类型作了精彩的研究。根据他们的研究，这类故事已在东亚各国广泛流行，其源头当在中国。故事的中心，一是风水，二是宝贝。主人公借助神奇的父亲，后来当上了皇帝。民间传说宋太祖赵匡胤、明太祖朱元璋，都是这样得到江山的。

在中国当代老百姓口头上，老稚獭故事仍流传甚广，而且情节有了很多发展。来看江陵县采录到的一例：少女香儿在长江上打鱼，獭精变为一美貌少年，与她同宿。后来香儿父母教她将鱼钩钩住少年背心，循迹找到獭精洞穴，将他打死。香儿后来生一子取名鳅儿，长大后看中了一家员外的小姐。员外提出难题：海龙王的金车一部，海龙王的胡须三根，筛子大的鱼眼一对，簸箕大的鱼心一个，夜明珠一颗，金瓜两个。獭精托梦鳅儿，自己脚头有个火葫芦，用它可以向龙王讨到宝贝。后来鳅儿在宝贝和观世音的帮助下，找到员外要的东西。最后万岁抢走了鳅儿的妻子，二人用计斩了皇帝，鳅儿当了皇帝。[③]

---

① （南朝宋）刘敬叔：《异苑》，中华书局，1996年，第78页。

② 见刘守华：《百年再议"老獭稚"》，载《民族文学研究》，2003年第3期。

③ 《水獭精》，载《湖北民间故事集成·荆州卷》，中国民间文艺出版社，1990年，第463-467页。

这个故事中除了獭精与人的异类婚外，又叠加了“寻好运”型故事中的难题考验与“百鸟衣”型故事中以穿皇帝衣取代皇帝的情节。表明这个故事在流传中与其他类型正在黏合。“老稚獭”型故事在湖北其他地区也有记录，如京山的《脚鱼精葬龙口》，就以当地更常见的脚鱼来代替了水獭。[①]

(2)龙女故事

在荆楚大地上，也广泛流传着众多的龙女故事，其中的代表作《河东与河西》，在荆州、神农架、丹江口、宜昌、老河口等十几个县市广泛流传着。这个故事属于龙女报恩故事的亚型。故事讲河东和河西二人，河东富有但贪婪奸诈，河西贫穷却为人忠厚。河西迫于生计到河东家帮忙，一年忙到头，却没有挣到多少钱。在回家的路上，看到一个打鱼的，提着一条漂亮的鲤鱼，河西就用他所有的钱买下了这条金鱼。这只金鱼不是普通的金鱼，而是龙王的女儿所变成的。为了报答河西的救命之恩，龙女变成了一个美丽的姑娘，嫁给了河西。在龙女的帮助下，河西的母亲重返光明，并且河西也发家致富了。这一来，就引起了河东的嫉妒，要来陷害河西，企图取而代之。最后，在龙女的帮助下，河西保住了自己的财富，而河东却遇上灾难，鸡飞蛋打。这也就是所谓的“三十年河东，四十年河西”这句话的来历。然而在湖北不同地区，这个故事又呈现不同的特点。恩施地区的《三十年河东，四十年河西》故事中，[②]讲河东与和河西是两兄弟。两兄弟分家，哥哥河东发了财，而弟弟则和母亲相依为命，很穷。这个故事融合了“两兄弟”的故事，而后面又和龙女的故事相结合。而宜昌地区的这个故事中，河东与河西并不是两兄弟，而是一个住在河东、一个住在河西的两个人。在湖北这类故事中，龙女都具有超凡的本领，她会给男主人公的命运带来转机，呈现典型的女强男弱特征。在遭遇困难或危机时，小伙子往往一筹莫展，唉声叹气。龙女则无所畏惧，无所不能。同时，人们又将热爱劳动、不嫌贫爱富、富有反抗精神等性格特点赋予龙女，使她成为无懈可击的完美女性。

(3)“偷听话”型

这个故事类型又被称为“长鼻子”或“学样失败”，在丁乃通《中国民间故事类型索引》中被列为第613A型，是一个宝物故事。故事讲两兄弟一好一坏(或一

① 《脚鱼精葬龙口》，载《京山民间故事集》，中国民间文艺出版社，1990年，第395-396页。

② 《湖北民间故事传说集·恩施地区专辑》，1982年编印，第359页。

贫一富),坏兄弟谋害好兄弟,好兄弟却因祸得福。其最早记录,是唐代笔记小说《酉阳杂俎》中的《旁㐌》。千年以来,它融汇在中国民间故事的汪洋大海之中,在许多地方流传。陈岗龙在《蒙藏〈尸语故事〉比较研究》中,就列举了中国各族的几十篇异文。[①]美国著名学者汤普森在《民间故事研究》中,认为这个故事的历史不少于1500年,见诸公元9世纪的汉文佛教文献、印度教和耆那教著作、希伯来文献、《一千零一夜》等,是一个欧亚大陆广泛流传的故事。刘守华《中国民间故事类型研究》中的《因祸得福的旅伴》,对这一类型进行了全面的分析。

湖北钟祥采录的《俩老庚》是一个典型的文本。两老庚一穷一富,二人结伴去河南做生意,路途中富老庚谋杀不成,弄瞎了穷老庚的眼睛。穷老庚在八哥的帮助下,偷听到老虎们的对话,获得了宝物灵芝和仙人棋盘,治好了眼睛,还娶了员外的女儿为二房,并且做了进宝状元,娶了三公主为第三房妻子。富老庚见穷老庚因祸得福,于是去学样,结果被老虎吃了。[②]而公安县采录的一则传说,则将这个故事当地化了。说善良的弟弟由于救小白虎而得到金银,狠毒的哥嫂将弟弟杀死,穿上弟弟的衣服去学样,结果被白虎扔到河中,而弟弟也被白虎救活。于是白虎背弟弟过河处就叫做"虎渡口"。[③]

(4)田螺姑娘型

中国是一个农业社会,田螺是农民田间劳作中接触最多的软体动物之一,所以关于田螺姑娘的故事特别流行。在钟敬文《中国民间故事型式》的45个常见类型中,就列有"螺女型"。丁乃通《中国民间故事类型索引》将"田螺姑娘"列为400C型,收录古今异文30余例。

这个故事早在魏晋时期即已成熟定型。陶潜(365—427)《搜神后记》中的《白水素女》(或题为《谢端》),是该故事一个有名的文本。[④]故事主要由四个情节单元复合而成:男主人公谢端拾得一异螺;螺精幻化成女子为之"守舍炊烹",操持家务;谢端违犯禁忌窥视其本相,迫使螺女离去;女主人公留下含有魔力的螺壳,贮米谷可取用不尽,谢端因而致富。这个故事与后世口头传诵的同类型故事众多文本十分接近。这个故事在唐人皇甫氏的《原化记》中又有发展。男主人公

① 陈岗龙:《蒙藏〈尸语故事〉比较研究》,中央民族大学硕士学位论文,1994年5月印,第51页。
② 《俩老庚》,载《湖北民间故事集成·荆州卷》,中国民间文艺出版社,1990年,第445-449页。
③ 同上,第248-249页。
④ (晋)陶潜:《搜神后记》,中华书局,1981年,第30-31页。

姓名改称“吴堪”，故事后半截，男人窥视螺精化身为女人后，螺女并没有离去，而是与他建立了一个美满的小家庭。可是霸道的县官妄图借故强占螺女，接二连三地给吴堪出难题。最后螺女出面破解难题，直至用一把大火埋葬恶人，故事的结局大快人心。

20世纪以来，中国采录发表的螺女故事至少达100篇以上。仅《中国民间故事集成》省卷和地方资料卷中就多达60多篇。故事仍围绕螺女的离去或去而复归以及男女主人公同邪恶势力抗争这两大主干情节展开，并与“百鸟衣”型、“龙女”型、“两兄弟”型、“张郎休妻”型相混合，有的还附会在自然风物之上，演化为优美的风物传说。这个故事的流布，至少已达汉、畲、苗、毛南、布朗、布依、壮、达斡尔、朝鲜、高山等族之中。[①]

荆楚地区的田螺姑娘故事，多发生变异。洪湖采录到一个与当地风俗结合得非常紧密的异文：一穷小伙得到一只大蚌壳，蚌壳中出来个美女成为他的妻子。口吐珍珠改变了他的命运，但后来那幸运儿富后变坏，游手好闲，寻花问柳，姑娘愤而离他而去。故事结局是小伙子知错改错，蚌壳姑娘与他重归于好。所以，每到过年，人们就要跳蚌壳精的舞蹈。[②]江陵县流传的一则异文，说有个猎人梦见一老头告诉他有人接他吃早饭，并要送他金银，但他只能要桌上的第三个瓶子。第二天果然如此。后来，他一出门，瓶子里就出现个漂亮姑娘为他做饭。他通过偷窥发现秘密后，藏起了瓶子，与姑娘结婚。有个员外想强占他的妻子，向他出难题：赛马、一夜锯满山松树、弄干堰里的水。难题被猎人的妻子一一破解，最后将员外淹死。[③]远安县的一则异文，则说一打柴的行善放生乌龟，后来每当他出门打柴，一只乌龟就从水缸里爬出来，变为一个漂亮姑娘为他做饭。他藏起了乌龟壳，与姑娘结婚。后来他富裕了，对妻子也冷淡了，妻子就钻进乌龟壳中走了。[④]上述湖北异文说明，“田螺姑娘”型故事在湖北流传时间很长，以致产生了多种与当地风物相联系的变体。

荆楚地区的类型性故事很多，难以一一描述。总体来说，下列神奇故事类型在荆楚多见：各种异类婚故事，如羽衣仙女型、青蛙王子型等；各类神奇宝物故

① 刘守华主编：《中国民间故事类型研究》，华中师范大学出版社，2002年，第368-369页。
② 《蚌壳精》，载《湖北民间故事集成·荆州卷》，中国民间文艺出版社，1990年，第478页。
③ 《宝瓶的故事》，载《湖北民间故事集成·荆州卷》，中国民间文艺出版社，1990年，第422页。
④ 彭善良主编：《中国民间故事全书·湖北·远安卷》，知识产权出版社，2007年。

事，各种鬼狐精怪故事，等等。

荆楚地区重巫信鬼，有许多关于鬼和阴间的故事。潜江的《阎王审殿》，说阎王审妓女时，妓女说他在阳间只是给娶不起媳妇的光棍作伴，陪公子和有钱人散心，于是阎王恕她无罪。审小偷时，小偷说，他在阳间因干不了农活，因此只好给人收拾衣服和钱财，又被阎王放去投生。最后审一郎中，那郎中实话实说，说自己救过不少人，阎王却将他打入十八层地狱。故事巧妙地影射了人间官僚的是非不分。[①]

石首流传的一个故事，说当地有个李木匠，在外与一张木匠结为兄弟。那张木匠却是鬼，本来要将李木匠做替身，但见他是忠厚老实的人，不忍加害，并后来托梦送他四句话："遇坎不登舟，遇油不洗头，斗谷三升米，苍蝇抱笔头。"李木匠按他的预言，首先躲过了崩崖砸船之祸，后来又躲过了杀身之祸，最后终于抓到了与他妻子有奸情想杀死他的康七升。故事情节安排得十分精巧。[②]

狐狸精的故事也是普遍的。洪湖一篇异文讲：一狐狸精爱上相公，被相公的嫂子看出，请法师施法。狐狸精在离开相公时送了他三件宝：隐身帽、千里鞋和起死回生扇。后来相公用这三件宝，与一个小姐偷情，生下儿子。相公被发现打死，其子中状元，在狐狸精的帮助下使父亲复活。[③]

荆楚地区巫风盛行，许多地区流传着法术故事。如石首采录的《鸡母精》，讲一男子误入山洞，遇母女二人，皆野鸡成精。女儿爱上男子，用法术帮助他多次躲避母亲的毒害，最后二人逃跑，女子不惜用法术杀死追赶他们的鸡母精与鸡公精。回家后哥嫂迫害他们，请来法师试图杀死女子，女子又在丈夫的帮助下战胜法师，夫妻俩过上了幸福的生活。[④]

神奇故事常常寄寓着老百姓的美好理想，也有不少是生活哲理。如有关"人心不足蛇吞象"这个成语的故事，就强调贪婪者的下场。丁乃通《中国民间故事索引》中，这类故事被列为 AT285D，收录了近 30 篇异文。这类故事主要内容是：一青年偶然间救了一条蛇并把它养大（或直接放生），临别前，蛇对青年说，日

① 《阎王审殿》，载《湖北民间故事集成 · 荆州卷》，中国民间文艺出版社，1990 年，第 459 页。

② 《康七升》，载《湖北民间故事集成 · 荆州卷》，中国民间文艺出版社，1990 年，第 435-437 页。亦见王作栋整理：《民间故事第二集 · 刘德培民间故事选》，五峰土家族自治县民族民间文学艺术集成小组编印本，1987 年，第 64 页。

③ 《狐狸与相公》，载《湖北民间故事集成 · 荆州卷》，中国民间文艺出版社，1990 年，第 461 页。

④ 《鸡母精》，载《湖北民间故事集成 · 荆州卷》，中国民间文艺出版社，1990 年，第 469-473 页。

后如果遇到困难找它帮忙。后来青年为了满足他升官发财的贪欲，多次向蛇索取宝物，蛇为了报答青年的救命之恩，忍痛将自己的眼睛取出给青年，青年因此当上了宰相。后来，青年为了当上皇帝，再次向蛇索要致命的肝，蛇就把青年给吃了。[①]这个故事显然具有强烈的道德教化意义，故事始于主人公的善举而得到蛇的帮助，终于主人公的恶行而得到报应。前后对比强烈，给人留下难忘印象。

2.荆楚生活故事

生活故事是以生活现实为故事背景，不依赖神秘幻想而创作的各种写实故事。生活故事大多具有现实功能，主要是歌颂美德、传授生活经验，可以说是民众自我教育的有力手段。在荆楚文化圈中，这类故事流传较多的有长工地主故事、巧女（巧媳妇）故事、爱情故事、孝道故事、交友故事、戒贪戒色故事、反抗暴政故事等等。

（1）长工地主故事

在封建社会，长工和地主是最常见的一类社会关系。由于意识形态的原因，这类故事在湖北的采录活动中也得到特别关注，因而数量众多。这类故事多言长工地主间的斗争，故事中的地主都是贪财、吝啬、小气、愚蠢，而长工们则处处主动，有勇有谋，故事都以地主的失败为结局。例如荆门和京山收集到的几个故事，都是讲长工地主谈条件，如只吃饭不要钱、不挑软扁担、事情不做完不停等等，地主以为占了便宜，结果却吃了大亏。[②]过去西方有一种看法，认为这类故事是由于政治原因而捏造出来的，后来美籍华人丁乃通先生找出古籍上的一些这类故事，证明这类故事在中国之所以很多，是中国农耕时代土地所有制条件下必然的现象。相当令人信服。

（2）巧女故事

巧女故事在故楚地（湖北和湖南北部）分布极广，可能与楚人崇尚智慧有关。仅《荆州民间故事集》中，就收录了来自石首、江陵、公安、潜江、监利等地的六篇。如《秀姐救夫》、《考媳妇》、《新官选媳妇》等等。这类故事或突出巧女操持家务的能力，或表现巧女出口成章的才华，或颂扬巧女敢于对抗强暴势力的勇气，或描写巧女遇事不慌妙解难题的机敏。例如，江陵采录的《考媳妇》，说婆婆给新媳妇

① 湖北省群众艺术馆编：《湖北民间故事传说集·武汉地区专集（下）》，1981年，第208-210页。

② 《三条保证》和《只吃饭不给工钱》，分别见中国民间文艺研究会湖北分会、湖北省群众艺术馆编印：《湖北民间故事传说集·荆州地区专集》，1981年，第381页和第383页。

出两个难题，一是要她卖鸡蛋后买一个天长地久的东西回来，二是要她从娘家回来时带四样东西：骨包肉、肉包骨、纸包火、纸招风。新媳妇将鸡蛋送了孤老，买的是天长地久的“好心”，另外四样东西是鸡蛋红枣灯笼和扇子。婆婆对这样的巧媳妇当然是极为满意。[①]民间故事在现实生活中有着特定的功能。对老百姓来说，家庭是最重要的生活空间，柴米油盐是生活的主要内容，家庭和谐是生活幸福的基本保证。所以，故事中的智慧，常常出现在考儿媳等日常生活的场景中，是人民自我教育的极好教材。

（3）交友故事

生活故事常常具有教育意义，故事中的人物成为现实生活的榜样。例如“暗报友恩”型故事，在荆楚地区就流传较广。这个故事是AT890“秘密的慈善行为”型中的一个异文。[②]故事讲一对好朋友，一富一穷，富朋友仗义疏财，穷朋友虽然穷，也乐于做善事。穷朋友向富朋友借了三百两银子做生意，不料路上几次遇到修桥补路或有人遭难，穷朋友就以富朋友的名义将银子全部捐了出去，自己落得流落他乡。后来，穷朋友偶然获得一笔财宝，过上了富裕的日子。数年后，富朋友家因为伙计的粗心而遭火灾家境破败了，得知当日的穷朋友发家了，就去投奔穷朋友。富朋友讲述了家中变故，不料，穷朋友却并没有相助之意，也不提还银子一事。富朋友暗恨自己交错了朋友，住了几个月，只好返乡。回到家，却见自家已经盖起了高宅大院，典当的家产也全部赎回来了。这时，家人告诉他是穷朋友派人操办的，富朋友才知道错怪了穷朋友。湖北的代表性文本是荆州钟祥的《春风夏雨》、兴山的《黄金与铁哥》等。据有关研究，这类故事在我国许多地区也很常见，可分作三种亚型：暗报友恩型、洞房误会型和以计助友型。[③]

像这类教化性质的故事，在写实故事中占很大比重，有劝告人们要能“忍”的，如《张百忍得金宝》；有告诫后辈要讲孝道的，如《恶媳变牛》；还有戒贪戒吝的，不一而足。在民间寓言和民间笑话中，这类故事的教育功能显得更为突出。限于篇幅，这里不能一一细述。

从艺术特点来看，写实故事虽然不以神奇幻想作为叙事手段，但照样能通过各种技巧使故事生动有趣。比如巧合，就是写实故事常用到的手法。例如京山

① 《考媳妇》，载《湖北民间故事集成·荆州卷》，中国民间文艺出版社，1990年，第497-498页。

② [美]丁乃通编著：《中国民间故事类型索引》，华中师范大学出版社，2008年，第191页。

③ 刘守华主编：《中国民间故事类型研究》，华中师范大学出版社，2006年，第596-600页。

搜集的一篇《箭箭射屁股》,就设计了许多悬念,并采用一些匪夷所思的巧合:一穷猎人为了获得员外小姐芳心,买了只野鸡,在野鸡的屁股中塞入竹箭,扔入员外院中,然后以找猎物为名进员外家,称自己箭法高强,“箭箭射屁股”。连续骗了几次后,得到员外信任,被招为女婿。但后来出现了伤人老虎,官府布告杀虎有奖,穷猎人被员外送去射虎,结果阴差阳错,杀了老虎得了赏金。后来又有强盗来盗,也是通过巧合赶跑。结尾时强盗为防射屁股而戴一铜锣,被棉桃打得铛铛响,以为是“箭箭射屁股”,富有喜剧色彩。这个典型的“三迭式”故事,没有用一点超自然的手法,却仍是引人入胜,反映了民间艺人讲故事的高超技巧。

第四节　荆楚民间艺文

民间艺文,指民间表演艺术中的文学文本。荆楚地区的民间表演形式丰富多彩,既有一些全国各地都有的普遍形式,更有鲜明的特色。这些特色表现在两个方面:一是江汉平原广为流传的渔歌、田歌、祭祀歌舞、民间曲艺、民间小戏;二是荆山、大洪山一带的山歌和祭祀歌舞。前一类作品的代表项目有楚剧、汉剧、皮影戏、湖北大鼓、湖北小曲、湖北渔鼓、荆州马山民歌、潜江民歌、天门民歌和江汉平原碟子曲、京山田歌、监利啰啰咚和三棒鼓、罗田畈腔、荆州挑担围鼓以及流传较广的采莲船、打蚌精、竹莲湘、五虾闹鲇等;后一类项目,如保康等地的沮水呜音、南漳的端公舞和阴锣鼓、荆门市的坐丧鼓、荆州市的鼓盆歌等。目前这些项目大都已列入了国家非物质文化代表作名录。

在前面的荆楚民歌部分,我们已经介绍过不少民间歌舞的文本。为避免重复,这里主要介绍荆楚民间曲艺与小戏。

一、荆楚民间曲艺

民间曲艺分唱故事与说故事两大类。荆楚地区唱故事的形式主要有湖北大鼓、湖北渔鼓、湖北小曲、善书、说鼓子、漳河大鼓、宜都梆鼓、东路啰嗬腔渔鼓等等,说故事则主要是湖北评书。下面介绍其中一些影响较大、作品较多的曲艺形式。

1.湖北大鼓

湖北大鼓是流行于孝感、黄冈和武汉一带的说唱艺术,原来叫做"鼓书"、"打鼓说书"、"打鼓京腔"等。1950年武汉鼓书名艺人王鸣乐在湖北电台录音时,与电台人员商量将其定名为"湖北大鼓"。

湖北鼓书与北方的鼓词类传统说唱艺术有同宗关系,与说书(评书)的历史也密不可分。关于说书的历史,西汉刘向《列女传》中瞽人向妇女"诵诗、道正事"的记载,可能是最早的了。隋代《启颜录》中,有"侯秀才可与玄感说一个好话"的事,"说话",就是讲故事。在唐代,佛教高僧向信徒讲解经卷的活动,称为"俗讲",其中有不少也讲历史和民间故事。佛教的"俗讲"被民间艺人发展为说唱艺术,称"变文",如《伍子胥变文》、《张义潮变文》等。到了宋代,"变文"衍变为鼓词。南宋诗人陆游曾有一诗《小舟游近村,舍舟步归》:"斜阳古柳赵家庄,负鼓盲翁正作场。身后是非谁管得,满村听说蔡中郎。"可见当时鼓书的流行。

由明入清,鼓词日益盛行于北方,形成许多分支流派,如京韵大鼓、梅花大鼓、乐亭大鼓、犁铧大鼓等,同时也逐渐传播到南方。湖北鼓书的传承情况文献记载甚少,只能从鼓书艺人的师徒相承关系去追溯推测。至少在清道光末年,就有名鼓书艺人卖艺授徒。如早期名艺人丁海洲(丁铁板),据说是由山东经河南来武汉献艺谋生,他传授了黄玉山等五个徒弟,继有匡玉山、潘汉池、王鸣乐、陈谦闻、张明智等,共经历七代师徒传承。与此同时,相继来湖北行艺、授徒的,还有河南的魏元宗(光山)、刘元中(潢川),以及龚伯庭、刘源鹏等鼓书名艺人。早期的北来艺人,说唱时仍保持北方鼓词的特点,用北方口音,一手执两块月牙形钢镰(或铁制、铜制),一手执木签,击鼓说唱。后来,为了易为湖北人接受,逐渐改用湖北口音演唱,唱腔也逐渐采用当地人喜爱的腔调,用云板代替了钢镰,把大鼓改为小鼓,说唱也用本地腔调。这样,鼓书便在湖北生根、开花、定型,成为湖北的一个重要曲种。

关于鼓书的源起,还有不少传说。黄陂老艺人乐志云说是邱长春传道时所用的方法,由常和斌继承,用来"说善书"。孝感老艺人李耀南则说,鼓书源于刘邦项羽成皋之战时,张良所用的计策"一说二鼓三皮影"。①

① 参见何远志《湖北大鼓(鼓书)》,见湖北省群众艺术馆编印:《湖北说唱音乐集成》第一集,1980年,第1-100页。

湖北大鼓的曲目非常丰富，据老艺人估计在三百个以上，已统计到的有170余个。

早期鼓书以宣讲"圣谕"为主，劝人尽忠行孝，又称"说善书"。但这种"说善书"与汉川、汉阳等地"善书"的表演形式是不一样的，汉川、汉阳的"善书"没有鼓、板伴唱。湖北大鼓的"善书"曲目主要有：《宣讲大全》、《闺阁十二段锦》、《雷神显应》、《韩湘子化斋》、《一口血》、《九人头》、《黑狗伸冤》、《四下河南》、《安安送米》、《王祥卧冰》、《董永卖身》、《孟宗哭竹》、《香九龄温絮》、《孔融四岁让梨》、《朱氏割肝》、《王兰英割股》等。

汉川善书现场（2007年）

据何远志介绍，湖北大鼓的主要曲目为各类故事，分长篇、中篇、短篇和段子几种，传统曲目以中、长篇居多。

湖北大鼓的长篇曲目有：《封神演义》、《列国志》、《陈胜、吴广起义》、《斩蛇起义》、《三国演义》、《唐明皇游月宫》、《西游记》、《响马传》、《水浒》、《后水浒》、《七侠五义》、《小五义》、《续小五义》、《岳飞传》、《乌盆记》、《昭君和番》、《天宝图》、《七剑十三侠》、《三门街》、《双剑奇侠》、《雷公案》、《义侠传》、《李自成》、《大明奇侠》、《江湖剑侠》、《太湖大侠》、《西厢记》、《二十八侠》、《云剑侠》、《红衣女侠》、《江湖豪侠》、《雍正剑侠》、《明清大侠》、《彭公案》、《施公案》、《徐公案》、《包公案》、

《济公案》、《祝公案》、《五公案》、《庞公案》、《乔公案》、《刘公案》、《三侠五义》、《王莽忠效图》、《八门斗智》、《龙虎斗》、《大访贤》、《雌雄剑》、《红书剑》等等。长篇曲目一般要演二至三个月之久。

中篇曲目有:《柳下跖起义》、《说唐》、《薛仁贵征东》、《薛丁山征西》、《薛刚反唐》、《粉妆楼》、《罗通扫北》、《三请樊梨花》、《大红袍》、《五虎平西》、《五虎平南》、《大八义》、《小八义》、《十二寡妇征西》、《杨门女将》、《四姐闹东京》、《八宝山》、《地宝图》、《飞仙剑侠传》、《飞仙天豹图》、《万花楼》、《八美图》、《蝴蝶杯》、《穿金扇》、《绿牡丹》、《八窍珠》、《陈杏元和番》、《十三妹》、《五虎六狼》、《五英传》、《九人头》、《药茶记》、《孟丽君》、《白蛇传》、《宝莲灯》、《双凤印》等等。中篇鼓书一般演出时间为半个月到一个月不等。

短篇曲目有:《孟姜女》、《巫江逼霸》、《马武打朝》、《陆地行舟》、《四美图》、《五美图》、《大闹怀安》、《小红袍》、《三关排宴》、《蜜蜂记》、《千里驹》、《双锁柜》、《雕龙扇》、《金镯玉环记》、《金鞭记》、《贤妇登目》、《审财神》、《和尚犯奸》、《木兰从军》、《泼水记》、《卖花记》、《巧打严嵩》、《黄召进打擂》、《拉骡记》、《乌金记》、《朱洪武放牛》、《拦马》、《滴血鸳鸯珠》、《牙痕记》等。演出时间一般为三至五天。

湖北大鼓还有一些段子及鼓书帽,一般十分钟到半小时不等,作为开场或中场调节气氛用。曲目主要有:《罗成代嫁》、《罗成打混》、《罗成算命》、《吕蒙正赶斋》、《吕蒙正游学》、《桃花村》、《鲁达除霸》、《快活岭》、《武松打虎》、《武松杀嫂》、《十字坡》、《整财主》、《装新娘》、《三婿拜寿》、《拜财神》、《懒老婆》、《苦肉计》、《程咬金》、《东岳庙》、《菜园纠纷》、《吃麻糖》、《巧嘴婆》、《一文钱》、《大老王剃头》、《秦香莲琵琶调》、《一年忙》、《渔家乐》、《婆媳顶嘴》、《千家诗》、《洞宾戏牡丹》、《富欺穷》等。

1949年后,鼓书艺人创造了大量的鼓书新段子,如《迷路记》、《王大妈学文化》、《亲生的儿子闹洞房》、《新儿女英雄传》、《敌后武工队》、《血泪仇》、《无底债》、《千年铁树开了花》、《如此媳妇》等等。

湖北大鼓的文学脚本大都由师傅口传心授,有些人用手抄本记录。鼓书脚本的文学特点,一是故事情节丰富曲折,扣人心弦,二是人物性格的塑造十分鲜明生动,引人入胜。笔者幼时曾在家乡亲自领略过湖北大鼓的魅力。那是在"文革”以前，生产队每家收两角钱，请来一个鼓书艺人，每晚在稻场上说书。稻场上用男人晚上尿尿的夜壶，装满柴油，夜壶嘴上塞入布团为灯芯，挂在大树下燃烧，用来照明。稻场上泼了水，人们搬着小凳子，手里啪啪地摇着蒲扇，听那请来的民间艺人唱大鼓。那人只有一桌一椅一鼓一板一惊堂木，一会儿说，一会儿唱。当时年幼，听不懂艺人唱的什么，只是在稻场到处乱钻。大人们却聚精会神，一连七八天，每天都早早赶到稻场占座。有时看到那些老太婆热泪盈眶，有时又见她们喜笑颜开。终于有一天晚上，听到一个妇女在感叹：“穿头了！团圆了！”于是第二天那艺人就离开了，去了河那边的另一个村子。村里不少人又每天过河赶到那个村子里去听书。我一直不记得那人讲的是什么段子，但那全村狂欢的情形，至今印象深刻。

2. 湖北渔鼓

湖北渔鼓历史悠久，相传为宋代伴奏道情而制，因此与道情关系密切。民间对二者有时混称，有时直接叫“渔鼓道情”，更多的地方根据其伴奏用的“筒子”，将其称为“筒子腔”。湖北的渔鼓种类很多，如沔阳渔鼓、麻城渔鼓、长阳渔鼓、襄阳渔鼓、来凤渔鼓等。清末以来，其他地方的渔鼓都已衰微，只有沔阳渔鼓保存着职业班底，世代相传，形成丰富的传统曲目和唱腔。1952 年以后，沔阳渔鼓演唱活动遍及全省，1958 年定名为湖北渔鼓。

渔鼓起源的传说很多。有的说渔鼓是“八仙”所传，因此每年渔鼓艺人都要隆重聚会，焚香礼拜八仙祖师。有的传说为唐代老郎王所传，传说老郎王生于阴历三月十八，卒于冬月十三，所以旧时渔鼓皮影艺人每年这两天都要祭祀老郎王祖师，神案以朱笔书“唐朝敕封老郎王神位”，左右两联分别为“青音童子，鼓板郎君”①。在湖北天门，传说渔鼓是八仙之一的汉钟离发明的，他杀死东海的鳌鱼，用鱼骨做成圆筒，蒙上鱼皮，做成渔鼓，在蟠桃大会上与蓝采和、韩湘子一起为王母娘娘庆寿。后来鼓被孙悟空打烂了，由鲁班用天上的紫竹做筒，王母娘娘的手镯做箍，再蒙上鳌鱼皮，重新做成，并传到了人间。②

大约在清嘉庆初年，沔阳渔鼓已在鄂中流传。最初没有职业艺人，只是农民在农闲时自我娱乐。鸦片战争前后出现了职业艺人，比较有名的是张洪显、皮思

① 参见徐世康：《湖北渔鼓》，见湖北省群众艺术馆编印：《湖北说唱音乐集成》第一集，1980 年，第 101-236 页。

② 《渔鼓》，载《湖北民间故事集成·荆州卷》，中国民间文艺出版社，1990 年，第 394 页。

金、皮思银和刘泡,人称“三根半筒子”。艺人们或游乡串户沿门小唱,或茶馆酒楼打坐唱,或红白喜事赶酒卖唱等。后来与皮影戏合流,用渔鼓伴唱皮影,其演唱形式、曲目、唱腔都得到了发展。旧时天门、沔阳、潜江等地还产生了渔鼓“行会”,沔阳有以陈焕玉为首的“八派”,潜江有陈国壮为首的“八仙”,每逢荒年,这些艺人就搭伙外出卖唱。

湖北渔鼓有单口唱、对口唱和伴唱皮影三种形式。早期的单口唱,主要为男性艺人单独游乡串户,沿门乞唱。肩上背着缝有两个口袋的“搭子”,一个装鼓板,一个用来装群众酬劳之谷米。除唱些传统的叙事小段外,大多为即兴创作,有较大的随意性。对口唱以短篇故事为主,过去均为坐唱,人物进出全仗说表,现在改为站唱,最常见的是,男演员执渔鼓和云板击节,女演员敲碟子予以配合。用渔鼓伴唱皮影的形式,现在和过去一样,都是两人操作皮影并讲唱,一人操渔鼓、云板,二或三人奏“五件头”(鼓、钹、大锣、小锣、马锣),拖腔、甩腔由众人帮和。皮影戏多是连台本,演出时间少则数天,多则半月以上。为吸引不同观众,艺人常常临时调整曲本情节,变化唱腔。

湖北渔鼓传统曲目丰富,题材广泛。早期主要是荒年沿门小唱来讨饭,即兴编词。如下面这首《荒年歌》:

壬戌癸亥年,
年成大改变。
只恨皇天瞎了眼,
淹了半边天。

潜江该遭败,
倒堤是龙头拐。
漫天大水劈头来,
冲坏了几条街。

淹水一条线,
先淹雪花垸。
后淹黄中和古垸,

深江垸没树巅。

淹水淹得苦，
一直抵排湖，
不知该淹死好多谷，
流跑了好多屋。

有钱的做生意，
无钱的去讨米，
娃儿老小东逃西，
弄不到一口吃。①

湖北渔鼓的曲目，据老艺人讲，仅张洪显一人就能唱三百余本。曲目中冤案故事占比最大，群众称之谓“冤枉戏”。其次是由演义小说、戏曲、民间故事改编。冤案戏中影响较大的有《谋考案》、《篾刀案》、《包公案》、《四下河南》、《双掉印》、《女拐男》、《酥饼案》、《石玉打樵》、《施公案》、《乌盆记》、《双珠球》、《五美图》等。取材于传奇、演义小说的剧目有《西游记》、《封神榜》、《并吞六国》、《三国志》、《孙庞斗智》、《隋唐演义》、《薛仁贵征东》、《薛刚反唐》、《罗通扫北》、《残唐五代》、《五虎平西》、《五虎平南》、《南宋飞虎传》、《三下南唐》、《七侠五义》、《杨家将演义》、《武松赶会》、《武松打店》、《英烈传》、《张四姐游东京》、《游龟山》、《八宝山》等；取材于历史的剧目有《昭君和番》、《岳飞传》、《洪秀全》、《乾隆游江南》等；取材于戏曲故事的剧目有《吴汉杀妻》、《吕蒙正赶斋》、《二度梅》、《孟丽君》、《瓦车棚》、《吴汉杀妻》等；取材于二十四孝故事的剧目有《一家贤》、《董婆教女》、《晚母不贤》等；取材于民间故事的剧目有《双头驴》、《高坡岭》、《三门街》、《十三款》等。现代题材的作品都是短篇，影响较大的有《迷路记》、《大刀风云》、《送胶鞋》、《放蛙记》等。

与湖北渔鼓联系密切的湖北道情，是1949年后发展起来的一个新曲种。与渔鼓不同的是，道情的伴奏虽也使用渔鼓筒，但手上打的不是竹板，而是长约三

① 彭万鹏主编：《中国歌谣集成湖北卷·仙桃市歌谣分册》，1990年，第308页。其中“倒堤”即江堤溃口。“龙头”为地名，是汉江南岸大堤一险段处，现在仙桃市郑场镇垸内。“雪花垸”现在仙桃市郑场镇境内。黄中、古垸、深江垸都是地名，现在仙桃市毛咀镇境内。

市尺的竹筒。其曲目主要从其他剧种移植而来。[①]

3. 湖北小曲

湖北小曲由“汉滩小曲”和“天沔小曲”合流而成。汉滩小曲又称“汉口滩小曲”、“外江小曲”，主要流行于湖北境内的汉口、沙市、宜昌等大中城市，以坐唱折子戏为主。天沔小曲也叫“内河小曲”，主要流行于汉水沿岸湖北境内的天门、潜江、沔阳、汉阳、汉川等县镇及农村，以敲碟子演唱民间小调著称。

湖北小曲源于何时无考，据现存曲牌曲目的流传情况看，它与明清俗曲、民歌及地方戏有密切联系。如唐宋教坊曲中的《虞美人》、《浪淘沙》等曲名，在汉滩小曲中也有。明代沈德符在《万历野获编》中提到的《闹五更》、《银纽丝》、《罗江怨》等，亦为湖北小曲常用。

湖北小曲演唱方式自由灵活，可一人自拉自唱，也可二人或多人坐唱、站唱、走唱，一生（兼拉四胡）一旦（执板击节）对唱方式较为常见。

湖北小曲有三百多种唱腔曲牌，传统曲目也有三百多个，其中有近二百个曲目传承了下来。其中不乏长篇故事，如《白蛇传》、《西厢记》、《梁祝》、《水浒》、《三国演义》、《薛仁贵征东》、《薛丁山征西》、《昭君和番》、《云楼会》、《秋江》、《武家坡》、《游龙戏凤》、《双下山》、《湘子化斋》、《赵颜求寿》、《三官堂》、《珍珠塔》等，更有许多短小动听的小调，如《十二月想郎》、《十月怀胎》、《十八扯》、《逃水荒》、《小女婿》、《绊根子草》、《掐菜薹》、《泗洲调》、《闹五更》、《报花名》、《九连环》、《十想》、《十绣》等。[②]1949 年以后，专业文艺团体创作了大量作品，如《唱春花》等，通过广播电台流行一时。

由于湖北小曲主要是在街巷里弄、厅堂宅院演唱，所以风格婉约，刚少柔多，以优美和抒情见长。

荆楚地区的说唱故事还有许多其他形式，如江汉平原流传的“敲碟子”、“三棒鼓”、“莲花落”，都是外出逃荒时乞讨卖艺用的。天门、沔阳、潜江等地流行的“歌腔”，当阳的“打鼓说书”，枝江的“楠管”（兰花筒），宜都的“梆鼓”，南漳的“漳河大鼓”，汉川、汉阳的“善书”，公安、石首、松滋、江陵、监利等县的“说鼓子”，阳

① 参见毛侠：《湖北道情》，见湖北省群众艺术馆编印：《湖北说唱音乐集成》第一集，1980 年，第 249 页。

② 参见湖北省非物质文化遗产保护中心编印：《湖北省非物质文化遗产资源目录》，2008 年，第 433 页。毛侠、胡曼、朱传迪：《湖北小曲简介》，见湖北省群众艺术馆编印：《湖北说唱音乐集成》第二集，1980 年，第 1-300 页。

新的“东路啰嗬腔渔鼓”和“龙港道情”，石首、公安、江陵、松滋等县的“跳三鼓”，等等，都是这类以叙述各类故事为中心的说唱艺术。

4.湖北评书

湖北评书是“说”故事类的曲艺形式。一人表演，用方言讲故事，以一块惊堂木为道具，每到关键时刻，就猛击惊堂木，以加强效果。湖北评书流布于武汉、沙市、宜昌等长江沿岸城市，与之相近的荆州、孝感、黄冈、宜昌等地区也有这种表演活动。

据民国初年《夏口县志·建置志》记载，1635年（明崇祯八年），汉阳通判袁焻在夏口督修拦水长堤时，有艺人胡某在民工、船夫中说书，很受欢迎。19世纪中期，山东艺人丁海洲（丁铁板）由河南来汉演出打鼓说书。光绪年间，武汉因洋务运动而人口大增，使评书有了大量听众，茶馆争相邀请评书艺人演出。当时汉口以说书驰名的有任春山、顾轩南，后来他们各收艺徒，各立门户。20世纪20年代，打鼓说书部分艺人丢下铜镰和鼓槌，专事评讲，于是评、鼓分流而形成湖北评书。

湖北评书早期著名的民间艺人为童雪松、王丹普、刘维舟、夏秀峰，被称为评书“四杆旗”，孝感何玉山、天门蒋春山、应城徐振山被称为评书“三大山”。后来又出现了以容宗圣、陈树堂、江云卿为代表的容、陈、江三大流派。李少霆吸收三派之长成为武汉著名评书艺人，沈邦寿的评书则善于营造舞台效果而深受欢迎。武汉市民间文艺家协会主席、著名湖北评书表演艺术家何祚欢师承李少霆，博采众长，成为当代湖北评书的代表人物，其成名作为《双枪老太婆》。

湖北评书的脚本分两类：一是根据演义小说讲述的“底子书”和在这种基础上加工发展的“雨夹雪”，如《三国》、《水浒》、《隋唐》、《岳飞传》等；二是艺人自编自演的“路子书”，如《五蟒忠孝图》、《八门斗智》等。由于“路子书”自编自演，艺人可以扬长避短，促进了艺术流派的形成和发展。这些艺术流派各有看家本领，如童雪松的《水浒》、王端甫的《杨家将》、李兰阶的《岳飞传》、夏秀峰的《七侠五义》，当时都很有名。稍后，容宗圣说《五蟒忠孝图》、陈树棠说《五老图》、刘绍文说《彭公案》、易子文说《呼家将》、徐培之说《封神榜》，被称为书坛五虎将。从文学上看，湖北评书善于塑造玩弄权贵豪强于股掌之间的草莽英雄形象，讲述风格幽默酣畅，描绘景物时常用韵律回旋有致的骈体，与叙述、对话时使用的生动口语辉映成趣。有研究者指出，评书主要使用了七种笔法：明笔、暗笔、伏笔、惊人笔、倒插笔、补笔、掩笔，这些传统的笔法叙事效果极好，值得认真研究。

二、荆楚民间小戏

湖北是民间戏曲之乡，不仅是汉剧、黄梅戏的发祥地，也是京剧的重要源头之一，除了大型剧种外，各地还有许多民间小戏。其中属于荆楚文化圈的，有花鼓戏系统的东路花鼓、黄孝花鼓、天沔花鼓、襄阳花鼓、远安花鼓等；属于灯戏系统的有钟祥、荆门流传的梁山调，等等。湖北的皮影戏主要集中在江汉平原，流行于天门、仙桃、潜江、监利、洪湖、石首、江陵、公安、京山等县市，在孝感、汉川、应城、麻城等县市也有流传。在湖北民间小戏中，最有特色的一是楚剧，二是皮影。

1. 楚剧

楚剧于1850年前形成于湖北黄陂、孝感一带，旧称哦呵腔、黄孝花鼓戏、西路花鼓戏，1926年改称楚剧。现已列入国家级非物质文化遗产保护名录。

楚剧的历史至少可追溯到1850年以前。叶调元是年所著《汉口竹枝词》卷五中，就有“俗人偏自爱风情，浪语油腔最喜听；土荡约看花鼓戏，开场总在两三更”的描述。黄孝花鼓初期只在农村元宵节时演唱，属于自娱性质。最早的戏班，是光绪年间黄陂的艾九爹和张面糊筹组的两个戏班。一个戏班七八个人，常演剧目不多，唱腔只有一些简单的小调。光绪二十六年（1900），戏班进入汉口附近的沙口、水口两镇，在茶园清唱，两年之后（1902年）进入汉口德租界的清正茶园。辛亥革命后，最先演唱黄孝花鼓戏的租界戏园有“四海升平楼”、“共和升平楼”、“玉壶春”等。最受欢迎的演员有小宝宝（花旦，后改名江秋屏）、小官宝（旦角，后改名李百川）和小双红（花旦兼小生）。黄孝花鼓戏进入城市后，广泛吸收和移植其他剧种的剧目，影响迅速扩展至以江汉平原为中心的几十个县市，涌现出许多优秀演员，如熊剑啸、张巧珍、彭青莲、陈长喜等。

楚剧现存剧目约五百个，常演的有两百多个，如《葛麻》、《蔡鸣凤辞店》、《郭丁香》、《四下河南》、《七侠五义》、《水泊梁山》、《济公传》、《花木兰》、《薛仁贵征西》、《玉堂春》、《杜十娘》、《三世仇》、《吕蒙正赶斋》、《百日缘》、《九件衣》、《宝莲灯》、《乌金记》、《恩仇记》、《白扇记》、《打金枝》、《蝴蝶杯》、《秦香莲》、《珍珠塔》、《送友》、《访友》、《孟姜女》、《红娘下书》、《银屏公主》、《包公赔情》、《董永卖身》、

《蓝桥会》、《西楼会》、《酒醉花魁》、《穆桂英休夫》、《尼姑思凡》、《杀狗惊妻》、《吴汉杀妻》、《秦雪梅吊孝》、《卖棉纱》、《大清官》、《小清官》、《保业保写状》、《二堂审子》、《祭棒槌》、《赖婚》、《玉莲汲水》、《花子闹年》、《游春》、《赶会》、《四季忙》、《打豆腐》、《掐菜薹》、《王大娘补缸》、《吵嫁妆》、《张德和休妻》、《小姑贤》、《何氏劝姑》、《叶五过门》、《讹舅子》、《探亲家》、《寡妇算命》、《倒栽麻》、《赵五娘吃糠》、《常文进卖妻》、《打懒婆》、《喻老四拜年》、《送香茶》、《安安送米》、《双怕妻》、《荞麦馍赶寿》、《讨学钱》、《杨绊讨亲》、《王婆骂鸡》、《卖鸡》、《血债血还》、《刘介梅》、《双教子》、《追报表》、《桃花扇》、《太平天国》、《不称心的女婿》、《中原突围》、《狱卒平冤》、《养命的儿子》、《悠悠柳叶河》、《东方税官》、《哑女告状》等等。在这些剧本中,既有许多大型的连台"本戏",也有许多折子戏,还有不少楚剧歌舞小调。

根据笔者本人观看楚剧的感性认识,楚剧的最大特点是大悲大喜。悲也极致,喜也极致。产生这种效果的原因,一是情感因素,一是音乐因素。从情感因素看,笔者认识的一些楚剧作家与演员,都极为朴素,没有任何明星或大腕的那种优越感。他们离生活底层近,在感情上与一般民众感同身受,不像有些已进入象牙塔的剧种受封建统治阶级的思想浸染那么深。他们同情民众的生活苦难,也能从凡人小事中体会到许多生活乐趣,可以说真正是戏如人生,人生如戏,演出时情感十分投入。从音乐角度看,楚剧的悲迓,撕心裂肺,长歌当哭,极具感染力,听者无不落泪。而楚剧的小调又十分欢快,特别是在表现青年人自然的爱情时,又轻松又有幽默感。

楚剧的剧本,多从民众的生活与情感出发,再进行艺术的升华。笔者只举一例亲身经历,来说明楚剧对民众的熏陶。我的母亲是童养媳,没上过学,后来靠自学成为医生。她在世时话语不多,但有一次对我讲起楚剧,却是眉飞色舞。她讲起《白扇记》中的小渔网,并一字不漏地背诵其中庵堂认母时的那段唱词:

小渔网困单房心中不爽,
怀抱着渔鼓简板略解愁肠。
……
前辈的古人我比不上,
想起我渔网的痛断我的肝肠。
表家住在洞庭湖上,

西南角流水畈有我的家乡,
老恩父叫刘金荣在洞庭湖上撒网,
浪头中打起来了一个小小的包裹行囊,
只说是打起来珠宝银两,
被难的小渔网在内面包藏,
猴毛毡裹了好几层丝带子紧绑,
金杯盏犀牛角还有牙筷一双,
老恩父把我抱回家恩母娘将我抚养,
我实指望跟随父母地久天长,
不料想今天落在洪升典当,
但不知何日里得会我的亲娘。

《白扇记》写陕西知府胡神州,在洞庭湖被强盗打劫杀害。强盗还要杀其子胡金元,胡夫人百般求情,才被允许将孩子扔入湖中。胡夫人将孩子红绫裹身,并将传家宝白扇随儿身抛入湖中,其子后被渔夫刘金荣救起,取名"小渔网"。胡夫人与小姐胡金莲被强盗头子赵大霸占为妻妾带到潜江。多年后,小渔网得知刘家非亲生父母,决计四处卖唱寻找爹娘。后来在潜江被母亲和姐姐认出,胡夫人让他带白扇去找外公黄相国派兵来救。黄相国发兵抓住了强盗。胡夫人报仇后自尽,胡金莲出家为尼。故事离奇曲折,其中对当时的社会动乱、母子骨肉亲情表现得淋漓尽致。母亲念这段唱词眼含泪花的情景,永远刻在我的心中。我想:她一生对子女和周围的人洒满关爱,这与她从楚剧中受到的教育一定有很大关系。我这种经历并非孤例,我在博客上也看到一些同样的自述。[①]

与悲情戏相比,楚剧中反映日常生活的小戏,又格外朴素可爱,乡土气息浓郁,充满喜剧色彩。人们多以《葛麻》为这类戏的代表,不过在我看来,《葛麻》中不少地方比较受意识形态影响,而像《赶会》、《王婆骂鸡》、《卖棉纱》、《讨学钱》、《打懒婆》等小戏,更接近生活的原真形态,更自然,更富喜剧色彩。

2. 湖北皮影

据笔者了解,皮影戏在湖北省流传很广,除了江汉平原各县如天门、仙桃、云梦、应城、潜江、监利、洪湖、石首、江陵、公安、京山等外,在麻城、红安、黄陂、孝

① 林深数树:《楚剧的悲逛,长歌当哭的歌声》,见 http://blog.ifeng.com/article/4387964.html? flag=1

感、汉川、随州、秭归、保康、谷城、襄阳、竹溪、竹山、远安、南漳等县市也有流传，它们风格不一，渊源也不尽相同。其中江汉平原和鄂东主要为“门神谱”（大皮影），而鄂北与鄂西北则为“魏谱”（小皮影）。“江汉平原皮影”已列入国家级非物质文化遗产保护名录。

江汉平原皮影戏十分风行。据《沔阳县志》记载，明末清初，沔阳一带凡办会事、酬神就有唱皮影的习俗。清嘉庆年间，沔南绣花堤渔鼓艺人皮思金、皮思银兄弟因家乡十年九水、流落他乡，沿门卖唱乞讨不得温饱，用布鞋壳仿外地皮影以沔阳渔鼓腔伴奏做皮影表演，初步形成了沔阳皮影的地方特色。云梦据说旧时有 26 台皮影戏。生于皮影世家的老艺人陆春元能唱唐、宋、元、明、清等各朝历史故事。即使在当今影视电脑如此发达的时代，云梦县仍保持着皮影戏的日常演出。潜江汤玉堂、郭大彪等名艺人，分别创立江汉平原皮影的“汤格”和“郭格”，在江汉平原一带拥有不少传人和弟子。汉口皮影融黄陂西乡影戏、孝感东乡影戏和沔阳渔鼓皮影于一炉。艺人周忠全祖籍沔阳，师傅刘修保系沔阳渔鼓皮影直系传人。

皮影曲目来自历史、小说和民间故事。脚本一般很简短，表演者根据故事情节，即兴作词，以方言道白，夹杂民间俗语、谚语、歇后语、方言土语等，幽默风趣诙谐，充满乡土气息。皮影剧目十分丰富，按湖北省曲协统计，取材于传奇、演义小说的皮影剧目有《封神榜》、《并吞六国》、《孙庞斗智》、《三国志》、《隋唐演义》、《西游记》、《薛仁贵征东》、《薛刚反唐》、《罗通扫北》、《五虎平西》、《五虎平南》、《七侠五义》、《杨家将演义》、《武松打店》、《英烈传》等；取材于历史故事的皮影戏剧目有《昭君和番》、《岳飞传》、《洪秀全》、《乾隆游江南》等；取材于案卷的皮影剧目有《包公案》、《施公案》、《四下河南》、《五美图》等；取材于戏曲故事的皮影剧目有《吴汉杀妻》、《吕蒙正赶斋》、《二度梅》、《孟丽君》、《瓦车棚》等；取材于二十四孝故事的皮影剧目有《一家贤》、《董婆教女》等；取材于民间故事的皮影剧目有《双头驴》、《三门街》、《十三款》等。

皮影戏的唱词有一定的套路，对人物身份和性格进行定位，非常富有文学性。例如远安皮影中对奸臣的描述：

唇如蜂蜜舌赛刀，
心如虎狼未生毛，

杀人不用龙泉剑，
只要羊毫笔一条。

头戴乌纱双翅飘，
红黑二带安得高，
杀人不用利刀快，
只要七寸水羊毫。

三寸青竹竿，
七寸水羊毫，
口赛蜜蜂剑，
舌似杀人刀。[①]

荆楚地区戏曲艺术发达，除楚剧和皮影戏外，还有曾对京剧形成影响很大的汉剧、发源于省境内的黄梅戏，以及许多流传范围较小的地方戏种，如流传于荆州地区的荆州花鼓戏和荆河戏、流行于江汉平原及鄂东南一带的“溜老三推车”、钟祥和荆门的“梁山调”、崇阳和通城的提琴戏、当阳的“扇子戏”、远安花鼓戏、随县花鼓戏等等，这些地方戏曲各有特色，渊源有自，历史长短不一，影响范围不等，剧目多少不同，限于篇幅，这里不展开论述。

① 彭善梁、吴光烈主编:《中国歌谣集成湖北卷远安分卷·远安歌谣》，1990 年，第 161 页。

第三章 秦楚民间文学

第一节 概 述

秦楚文化圈在今鄂陕渝三省(市)交界之地,夹于秦岭和大巴山脉之间,地理上称为“秦巴谷地”。这里俗称“一脚踩三省”,方言属于西南官话的鄂北片。

从地理结构上看,武当山所代表的秦岭山脉,与神农架所代表的大巴山脉,在今鄂陕渝交界处,即两条山脉的最东部相接,使得整个秦巴谷地东部像一个世外桃源般封闭起来,形成了一个相对独立的地理板块。在这个板块中,汉水及其支流在高山脚下蜿蜒流过,冲刷出大大小小的盆地,其中较大的是汉中盆地、安康盆地和秦巴谷地。春秋战国时期秦楚文化的博弈与交融,就在秦巴谷地及其周边区域展开。这个地理板块涉及今湖北境内的区划,主要是以十堰市(郧阳

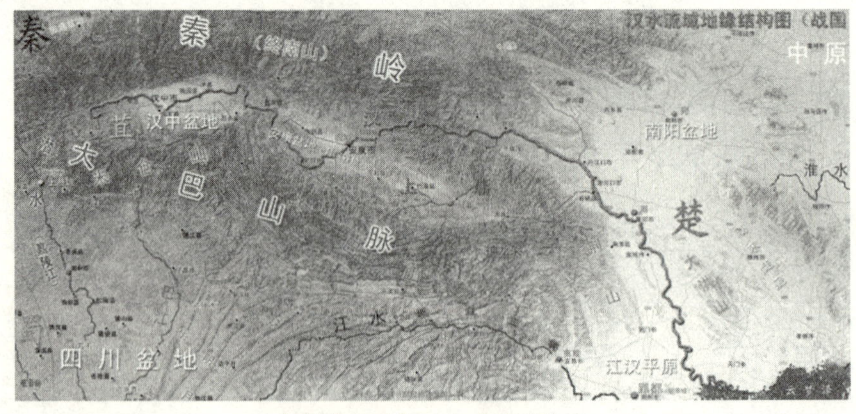

春秋战国时期汉水流域形势图

地区)为中心的竹溪、竹山、房县、保康、郧县、郧西等县市和神农架林区(古属房县)。

对中华民族的形成来说,汉水具有独特的重要性。不仅汉族的族名源于汉水,而且这条以"汉"为名的河流,将黄河流域和长江流域连接在一起,使黄河文明与长江文明融合了起来。黄河文明的代表是"秦",长江文明的代表是"楚",两大文明的博弈与融合,奠定了华夏文明的坚实根基。而秦楚两大古文明的交汇地,就在秦巴谷地。

秦巴谷地很早就有人类活动。在这个地区东部的郧县,曾出土过一百多万年前的古猿人牙齿化石。早在秦楚势力到达秦巴谷地之前,这里散落着许多大大小小的族群,其中控制着秦巴谷地东部、汉水以南的是庸国。庸国历史悠久,在周武王与纣王决战的阵前誓言《尚书·牧誓》中提到的八支盟军,首先就是"庸":

> 嗟!我友邦冢君御事,司徒、司马、司空,亚旅、师氏,千夫长、百夫长,及庸、蜀、羌、髳、微、卢、彭、濮人。称尔戈,比尔干,立尔矛,予其誓。[①]

庸国在汉文化中的影响,从汉语中有不少带"庸"的词汇可见一斑,如"中庸"、"平庸"、"庸人自扰"等。周朝封庸于今竹山县、竹溪县一带,封彭(八盟之一)为"麇",在今房县、郧县、丹江口市一带。庸、麇两国夹在秦、巴、楚三个大国之间,难以自保,终于在公元前611年和前616年分别为楚所灭。楚人在今竹山县西南设立了"上庸县",势力扩展到秦巴谷地。而秦人则从蜀国手中夺得了汉中盆地,秦楚两强在安康盆地成犬牙交错之势。

秦楚相争,是中华民族融合史上极精彩的一个篇章。根据张正明先生的研究,这两个族群的根源都在中原,"秦国公族的始祖与楚国公族的始祖,当初的居址不会关山遥隔,他们不是'小同乡',也是'大同乡'。"他们原来相距甚远,"当时嬴姓与芈姓天各一方,彼此全然是陌生的。可是,他们分布在一个自然地理区域的两头。这个地理区域就是当今所谓秦巴山地,北有秦岭,南有米仓山、大巴山,嬴姓在西北头芈姓在东南头。"[②]

秦楚战争的开始非常有戏剧性。秦人先用张仪之计,许诺楚国如与齐国断

---

① 江灏、钱宗武译注:《今古文尚书全译》,贵州人民出版社,1990年,219页。

② 张正明:《秦与楚》,华中师范大学出版社,2007年,第21、36页。

交，就送楚国以商於之地六百里。等楚国真的与齐断交，秦国却改口为“六里”。公元前311年，恼羞成怒的楚国在丹阳与早有准备的秦国决战，结果大败。以汉中盆地为基地的秦军，乘势夺取了原来由楚国控制的安康盆地，将楚国的“西城”变为秦国的“西城县”。不过第二年，楚国展开反击，与秦军战于蓝田，恰逢这年秦惠文王死，秦武王继位，秦遂与楚停火，又将安康盆地还给了楚国。

秦楚在秦巴谷地的你进我退，你退我进，使鄂西北和陕南、川东一带成为“秦头楚尾”。双方争战，十分激烈。《战国策·楚策一》中楚威王曾言：“寡人之国，西与秦接境，秦有举巴蜀并汉中之心。秦，虎狼之国，不可亲也。……寡人自料，以楚当秦，未见胜焉。”因此楚国将主要力量用于向东和向南扩张，将领域扩大到整个洞庭湖，征服了吴越，势力发展到徐州，在中原占领了整个南阳盆地。但在秦巴谷地，楚却居于守势。因为楚人喜欢平原之地，他们在秦巴谷地设巫郡和汉中郡，只是为了防巴备蜀阻秦，保证巴盐东运楚地。结果，秦人在秦巴谷地后来居上，最终打败楚国，将汉中盆地、安康盆地和秦巴谷地统统划入自己的“汉中郡”。

秦楚在秦巴谷地的拉锯，以及后来楚人刘邦在汉中地区的长期经营，使这个地区的文化呈现南北两大古老文明融合的鲜明特点。从民风来看，正如张正明在《秦与楚》一书中所言：“秦人和楚人都是有一技之长的族群，都是既能忍辱负重又能历险涉远的族群，都是在历史风涛中养成了沉稳与机敏兼备的性格的族群。”[①]他们身处僻壤，自称蛮夷，却有统一整个国家的担当。但他们的族群性格又有不同特点：

> 温饱之余，楚人喜欢在个性得到尊重的氛围中，过有人情味和艺术性的生活。对于秦人的生活模式，平时如苦行僧，战时如敢死队，他们是不能理解的。为了卫国保家，他们也可以出生入死。可是，他们完全没有斩敌首以立军功的兴趣。楚国记录战争的胜利，只要写一句“败某师于某地”就够了。
>
> 对于秦人动辄斩首数千或数万，津津乐道，楚人一定以为他们已经没有多少人性了。楚人确实珍爱个性，春秋晚期有过遁世者老莱子和佯狂者接舆，战国早期有过剑架在脖子上也神色不变、弄丸不辍的

① 张正明：《秦与楚》，华中师范大学出版社，2007年，第55页。

市南宜僚，战国中期又出了视高官如敝屣的庄周，毕生特立独行而做起诗来如有神助的屈原，以及有著作传世而身世不明、姓名不详的鹖冠子。假如绳以卫鞅之法，他们恐怕多半沦为隶臣了。[①]

从秦楚相持前线的竹溪、竹山、郧西诸县向南，是一个颇为神秘的地区：神农架。神农架古属房县地界。以房县为中心的秦楚文化圈，处川陕鄂三省交界的深山密林之中，高度封闭，高湿高温，古称"瘴痍之地"。这里是一个特别的文化"冰箱"，保存着许多中国古文化的遗留物，是秦楚文化圈的主体。而在这个地区东南部的郧县和武当山地区，则以中原文化为主体，杂糅晋、楚、秦、巴诸文化，形成了一个古文化高地。为了叙述方便，我们将武当山地区的民间文学，放在晋楚文化圈中详述，这里主要描述以房县为中心的秦楚民间文化。

据现有研究，秦楚文化圈的总体特征，大约表现在三个方面：流放文化、移民文化、盐道文化。

房县远离封建统治中心，成为中国年代最早、规模最大、历史最长久的流放地，史载流放帝王达14位之多。传说上古时代，尧禅位于舜，尧之子丹朱就迁于房县，死后亦葬于房。秦始皇十七年（前240年），秦始皇迁嫪毐余党4000余家及吕不韦万余家于房陵。秦始皇二十五年（前222年），秦灭代后，将代王也流放于房陵。西汉时期，刘邦的女婿张敖、济川王刘明与济东王刘彭离两兄弟、清河王刘年和河间王刘元等被流放到房陵。唐代，梁王李忠、广武王李承宏、庐陵王李显皆贬谪房陵。五代两宋时期，后梁刺史惠王朱友能、南宋周恭帝等帝王被贬谪房陵。这些人将当时京城和外地的文化带到房县，由于交通和信息闭塞，这些文化积淀于民间，成为远古文化的活化石。

除流放文化外，移民文化也是秦楚文化圈的一个突出特色。傅广典先生在论述房陵文化时曾说："房陵地域多部落，多方国……商周之后有中原部族迁入，自秦开始不断有移民进入，这些移民多为流放式移民、战乱式移民、逃亡式移民和迁移式移民。"[②]这里山大人稀，交通阻塞，一遇战乱，就成为四方流民避难之所。外地移民是这个地区的人口主体。如竹溪在明成化十二年（1476）建县时，总共编为七社，其中的土著民仅占一社。两年后，又以移民建两社。可见，原住

① 张正明：《秦与楚》，华中师范大学出版社，2007年，第152页。
② 傅广典：《房陵文化丛书》序言，见该丛书各册卷首，长江出版社，2007年。

民只占九分之一。明代《郧阳府志》称：

> 房竹之境，山谷旷邈以千里计，昔人谓房陵为逋逃渊薮，鸷悍难驯。而郧、保、竹、津，大半江陕人流寓其中，事淫永溺师巫，任侠使气，转相凌轹。贤者未必熏，而良不肖者已习而化。陕西之民五，江西之民四，德、黄、吴、蜀、山东、河南北之民二，土著民二，皆各以其俗为俗焉。①

封建时代战乱频繁，秦巴山地未能幸免。明末李自成、张献忠起义时，曾四次攻陷竹溪，最后一次竟将县城夷为平地。明军对义军进行残酷镇压时，更是滥杀无辜，割民头以充兵首。相邻的四川天府之国，一省青壮男力竟不足十万。清政府为了从长江中下游地区移民入川，颁布了“凡外省客民将土地垦熟，许其占有，原主不得复问”的垦荒政策，导致“湖广填四川”的人口大迁徙。秦巴山地是入川必经之道，也有大量的湖南、河南、江西、湖北黄州等地的移民进入。

秦楚文化圈的第三个文化特点是盐道文化。此处离海很远，过去人们生活中不可缺少的食盐，主要靠地下的井盐，而这个地区西部的大宁盐场(今属重庆市巫溪县)，就是川盐的主要生产地。鄂、豫、川、陕、云、贵等内地食盐，全靠川盐供应。据巫溪县政协1996年编辑出版的文史资料记载，新中国成立之初，来大宁厂从事制盐、运盐的外来人员涉及全国22省，人数达1万余人。道光年间著名策士严如煜，在《三省边防备览》的《道路考》卷中关于大宁盐道的描述是：“东连房竹，北接汉兴，崇山巨壑，鸟道旁通……山中路路相通，飞鸟不到，人可渡越。”“山内重岗叠巘，官盐运行不至，山民之肩挑背负，赴厂(大宁)买盐者，冬春之间，日常数千人。”书中还记有以大宁盐场为中心的八条盐路，辐射到川、陕、鄂各地。②明安生《秦巴古盐道》一书中，对于盐道及其文化，有非常详细的介绍。正如书中所言，盐道承载着当地特殊的民俗文化，既是一条商道，也是一条故事之道、移民之道、歌舞之道、风俗之道、艺术之道、曲艺之道。③

由于上述三种文化的汇集，秦巴文化圈形成了艰苦开拓和兼收并蓄的文化特质，融汇自中国南方和北方的文化元素，在闭塞的民俗环境中得到了保存。就像一坛好酒，在密闭的山洞中慢慢发酵，最后散发出醉人的浓香。例如神农架丧葬习俗所唱的《黑暗传》，就是一个典型代表。

---

① 徐学谟等撰，潘彦文等校注：《郧阳府志》，长江出版社，2007年，第190页。

② 《庸巴盐道：秦巴山间的“丝绸之路”》，见 http://www.zsedz.gov.cn/News_View.asp? NewsID=505

③ 明安生编著：《秦巴古盐道》，长江出版社，2008年。

秦楚文化圈的民间文学，具有巴、楚、秦和中原古文化杂糅的特点。其中既有历史悠久的《诗经》传统，又有大量的民俗元素。明万历六年的《郧阳府志》中说："民多秦晋俗，尚楚歌。"[①]可以说，"楚调、巴音、秦韵"，是秦楚文化圈民间文学的基本特色。

在当代的非物质文化保护活动中，秦楚文化圈列入国家和省一级的民间文艺项目主要是：炎帝神农传说、女娲传说、《黑暗传》、房县尹吉甫传说、薅草锣鼓、沮水鸣音、郧阳凤凰灯、竹溪山二黄、神农架皮影、郧西三弦、竹山官渡民歌、堵河皮影戏、郧阳二棚子戏、郧县蚂虾灯、郧阳四六句等等。在近年的非物质文化遗产普查工作中，更有大量的资源得到了发掘，如郧县在普查中就搜集到 1135 项，其中民间文学 194 项，民间音乐 176 项，民间舞蹈 29 项，民间戏曲 4 项，民间曲艺 28 项。[②]由于交通不便、专业人才缺乏、调查工作时间不长等原因，秦楚文化圈中未列入名录的非物质文化遗产项目当有更多，这是个刚采出一点样本就令人赞叹的富矿，正等待着识宝者的深入开采。

第二节　秦楚民间歌谣

一、秦楚民歌的语境

德国诗人赫尔德曾说："一个民族越是粗犷，这就是说，它越是活泼，就越富于创作的自由；它如果有歌谣的话，那么它的歌谣也就必然粗犷，这就是说，它的歌谣越活泼，越奔放，越具体，越富于抒情意味！"[③]近几年，笔者有机会到神农架、竹溪、竹山、房县和郧县的深山之中，亲身观察乡民艰苦的生存环境，感受他们豪放的性格，欣赏他们粗犷的歌声。联系到文献上对秦巴谷地的记载，对赫尔德在两百多年所说的话深有同感。

秦楚文化圈相对封闭的人文地理环境，使当地文化传统得以较好地保存。山里人干活，都以民歌相伴。打猎有"猎人歌"，薅草有"锣鼓歌"，上山有"砍柴

① 徐学谟等撰，潘彦文等校注：《郧阳府志》，长江出版社，2007 年，第 191 页。
② 中共郧县县委、郧县人民政府：《郧县文化生态保护区申报材料汇编》，2010 年，油印本。
③ 伍蠡甫等：《西方文论选》上册，上海译文出版社，1988 年。

歌”,放牛有“牛郎歌”,放排有“堵河号子”,绣花有“绣花曲”,抽烟有“烟袋歌”,做寿有“祝酒歌”,婚礼有“闹房歌”,年节有“彩船歌”,丧礼有“打待尸”。其中最为流行的是薅草锣鼓。《竹山县志》载:当地“栽种则击鼓讴歌”。《房县志》载:“防(房)渚多山林,少原隰,厥民刀耕火种,厥性刚烈躁急。厥声近秦,厥歌好楚……”《郧阳府志》载:郧县“男妇插秧,击鼓而歌”。[①]有“薅草锣鼓”相伴,人们在田间劳动增加了许多乐趣。如房县开工锣鼓唱道:“树恋青山鸟爱林,山里喜欢锣鼓声,追星赶月打哟嗬,锣鼓一响添精神,越敲越响越有劲。”2009 年笔者在竹溪和房县调查时,看到农民们表演起薅草锣鼓来,一个个都吼得脸膛发红,果然是精气神十足。[②]

竹溪县农民唱锣鼓歌(2009 年)

秦巴山地交通不便,汉江及其支流是繁忙的大动脉,市镇村庄多集中在沿江一线。至今沿江古道上,纤夫们在山石上留下了深达十几公分的纤绳痕。与纤痕相伴的是无数的水上号子,它们反映了纤夫的悲欢,记录了血汗的历史。这些号子多由“哟、嗬”等助力之声构成,其中夹杂少许歌词,见什么唱什么。如这首《堵河船工号子》:

① 徐学谟等撰,潘彦文等校注:《郧阳府志》卷十四“风俗”,长江出版社,2007 年。

② 考虑到薅草锣鼓在湖北的普遍性,本书在后面的章节中将作专论。

左啰嗬嗯呀，扒下去呀！

左啰嗬嗯呀，好家伙呀！

红脸反子，左啰嗬嗯呀！

后边的嗯呀，未攒劲呀！

扽到拉嗨呀，船打顿呀……①

除生产劳动外，保存传统民俗的另一个场合是节日。清同治版《郧西县志》载："元夕，众咸张灯度曲，步月踏歌，亦有扎竹糊纸象龙为乐。十三、四、五、六等日，锣鼓震耳，到处争迎，沿街爆声不绝，俗以为弭火灾，逐瘟疫也。二月……二日，福德神诞日。城市征优演剧，农家为报赛会，酒食丰设，尽醉饱焉。四月八日为佛生日，赛佛会。是月，农家始布谷，或具酒食招亲故听田歌，传为插秧酒。六月六日……是日为杨泗将军诞辰。沿河祀神演剧，各舟子赛会争胜。十月……二十八日为城隍诞辰。征优演剧，香火满道，士女杂踏，糜费不资(赀)。"②节日中多有民歌民舞表演。如竹溪县的春节玩灯，人们会舞着龙灯家家户户送歌："一进门来把脚拍，朱红对子二面贴；左边贴的秦叔宝，右边也贴胡敬德；手拿钢鞭十二节……"③

人生仪礼也是民歌演唱最常见的场合。秦楚山地之民，天高皇帝远，日常生活中的婚丧嫁娶，才是最为重大的事。举凡婚姻、葬礼、添子、庆寿，都有歌声伴随着仪式。如这首《铺床歌》："喜洋洋，笑洋洋，一步走进新人房，新人请我来铺床。说铺床，就铺床，铺床铺床儿孙满堂，先生学生后生姑娘。生学生进学堂，生姑娘进绣房，学生在学做文章，姑娘绣房绣鸳鸯。鸳鸯枕，枕鸳鸯，绣对锦鸡配凤凰。大儿子做丞相，二儿子做中堂，三儿子带四官，四儿子状元郎，五儿子年纪小，留家照顾二爹娘。大姑娘在朝廷摆设迎宴，二姑娘在县衙跃马扬鞭，三姑娘在州府招兵引荐，四姑娘进京城考状元抽签，五姑娘年纪小，留家照顾二爹娘很周全。铺床四只角，恩爱夫妻来配合。枕头一对，荣华富贵，枕巾一双，夫妻和睦万年长。床儿四方角，说个地久与天长，说个荣华多富贵，说个金银与满堂。床儿支的美，全靠四块金砖支床腿，蚊帐二面挂，今年办喜事，明年生个胖娃娃。"④

---

① 王启云、肖鸿主编：《房县民间歌曲集》，长江出版社，2007年，第91页。

② 《中国地方志民俗资料汇编·中南卷》，书目文献出版社，1990年，第456-457页。

③ 湖北省文化局、中国音乐家协会武汉分会编：《湖北民间歌曲集》下册，1962年，第475页。

④ 张歌莺、杜明亮主编：《房县民歌集》，长江出版社，2007年，第185页。

歌中配合着铺床的程序，对新婚夫妇表达了最美好的祝愿。

多年来，随着国家一系列有关民族民间文化调查和保护工作的深入，秦楚地区的民歌资源已越来越多地被挖掘出来。以竹溪县向坝乡为例，自上世纪80年代以来，经多次普查，一个小小的乡镇，就发现了2000多名民歌手，161种民歌曲牌，并记录下了6100多首完整歌词。[①]以向坝村为例，这里平均海拔850米，西与秦岭交界，南与川陕渝接壤，站在主峰老爷顶上，可以一脚踏四省，放眼观十县。这里的民歌既有川、渝麻辣味，又具秦楚酸甜感。全村331户1246人中，半数以上的村民喜欢唱民歌。内容大多以山歌、情歌对唱为主，已出版《竹溪民歌精选一百首》和《向坝民歌集》两本集子。像向坝这样的例子，在秦楚文化圈并不稀见。如房县，近年就有多本民歌集和故事集出版面世，内容十分精彩。

在整个秦楚文化圈中，民歌在风俗中都占有重要地位。一些旧方志中对这里的民歌传统都有记录。如明万历《郧阳府志》中就载："（郧县）民多秦音，俗尚楚歌，男力于耕，女力于织，有古淳朴风。""上津县俗尚朴陋，民性狡，率好楚歌，而半秦音。""郧西县人民朴野，多秦音，好楚歌，劲悍决裂，力耕勤织。"……方志多由地方官和文人所写，这些记载表明，秦楚民歌具有悠久的时间积淀，并且民众有很高的参与度，以致成为当地独特的文化景观，甚至给那些受正统教育的士子与官员也都留下了深刻的印象。

二、独特的《诗经》传统

秦楚民歌的一个非常独特之处，是《诗经》传统至今仍存活于生活之中。

众所周知，《诗经》是中国最早的诗歌总集。其中收入自西周初年至春秋中叶大约五百多年的诗歌（前11世纪至前6世纪）。这本诗集的来源，据说就是采集的当时民歌。《左传》中的《孔丛子·巡狩篇》载："古者天子命史采歌谣，以观民风。"《汉书·食货志》也说："孟春之月，群居者将散，行人振木铎，徇于路以采诗，献之太师，比其音律，以闻于天子。故曰王者不出牖户而知天下。"《诗经》分为《风》、《雅》、《颂》三部分，其中的《风》包括了十五个地方的民歌，也称"十五国风"，有160篇，是《诗经》的核心内容。

《诗经》的编者，据说名叫尹吉甫。据有关资料，尹吉甫姓兮名甲，字吉甫，尹

---

① 中共向坝乡委员会、向坝乡人民政府:《湖北竹溪向坝原生态民歌概况》，2009年，打印本。

是官名。后人以官为姓，称作尹吉甫。他是周宣王时的名臣，曾于周宣王五年（公元前823年）奉命出征猃狁，取得胜利。还曾奉命在成周一带征收南淮夷等族的贡赋。有一件很有名的青铜器兮甲盘，记载了尹吉甫征伐猃狁有功受赏及向淮夷征贡赋事。《诗经·六月》也详细记载了尹吉甫伐猃狁之事。有人认为，《诗经》有些篇章是尹吉甫所作，如《大雅》中的《崧高》、《烝民》、《韩奕》、《江汉》等。台湾的李辰冬先生，甚至认为《诗经》为尹吉甫一人所作，当然这种说法仅是一家之言。关于尹吉甫的出生地共有四说，大多数人赞同湖北房县。至今房县有大量尹吉甫文化遗存，包括他的庙宇和墓葬。

在房县一带，《诗经》中的歌词在民歌中时有所见。有的编进《丧鼓歌》、《待尸歌》、《还阳歌》，有的融进民间小唱、诗歌散文，就连过世老人的碑记中也有《诗经》的影子。许多《诗经》歌词都被改编为当地流行的五句子歌形式。如门古寺镇草池村六十多岁的邓发鼎唱的一组“姐儿歌”：“关关雎鸠往前走，在河之洲求配偶，窈窕淑女洗衣服，君子好逑往拢绣，姐儿见了低了头。”房县农民杨家管唱的则是：“关关雎鸠一双鞋，在河之洲送起来，窈窕淑女难为你，君子好逑大不该，年年难为姐做鞋。”[①]邓发鼎演唱的《野有死麕》是：“野有死麕（麇）荡漾春，白茅包之近姐身，有女怀春美如玉，吉诱之女动围裙，惹得小狗叫连声。”[②]有一首《余可久哭五更》的民歌，其中的一更、二更、四更都引了《诗经》如“二更”是：“二更里叹妻受孤凄，口口声声叫贤妻，糍粑难会热糯米。夫妻好比同林鸟，大限来时各自飞。逃之夭夭了无音，其叶蓁蓁两下分。之子于归进房门，宜其家人命归阴。中年不幸失了亲，看我伤心不伤心？”[③]

据有关统计，目前在房县的八个乡镇中已收集到受《诗经》影响的民歌100多首。即使同一首《关雎》，也并不都是“五句子山歌”调。如九道乡学堂村冉启春就是用“陪十姊妹”调来唱的：

关（哪）关（的）雎（呀）鸠声闻天（哪），
在（呀）河之洲（咿呀嗬咳）欲团圆（哪），
佛（哇）祖会上鸳鸯配，

① 蒋显福：《尹吉甫与房县》，载周玉洁、曹明权主编：《房陵文化论坛》，湖北人民出版社，2010年，第49页。
② 谢祥麟总编：《望佛山民歌集（一）》，第56页。
③ 霍中南：《〈诗经〉与房县民歌》，载周玉洁、曹明权主编：《房陵文化论谈》，湖北人民出版社，2010年，第68页。

君(哪)子好逑(咿呀嗬咳)万万年(哪)。[①]

《诗经》在房县广为流传的现象,究竟是什么原因形成的呢?据陈连山先生调查:"歌词中引用《诗经》原作句子最多的是前边说到的邓发鼎。邓先生是1944年生人,门古寺镇草池村村民。他的民歌师傅是杨均轩,1967年去世,享年83岁。邓先生的'《诗经》民歌'据说是从师傅那里学来的。但是,邓先生高中文化,曾经在房县文工团工作,并到某中专进修过,是我所认识的众多歌师中文化水平最高的一位,阅读《诗经》没有很大障碍。在采访过程中,邓先生表示,现在流传的'《诗经》民歌'太少,他准备进一步发扬光大,唱100首。我们知道,《诗经》全部作品不过305首。按照邓先生的计划,他实际上要把将近三分之一的《诗经》作品都改编为民歌。我毫无责备邓先生的意思,只是邓先生的想法正好说明这些'《诗经》民歌'实际上是从古籍通过乡村知识分子倒流回民间的。"他还认为:"房县民歌如此频繁地歌唱《关雎》,当然说明《关雎》在传统社会中具有巨大影响力。那么,上述七种与《关雎》有关的民歌是否是周代民歌口头流传下来的?我以为未必。"[②]这种来自实际调查后作出的判断,是很有道理的。

三、丧歌"打待尸"

如果说《诗经》仅在房县周围遗存的话,那么老人去世后的"打待尸",则是整个神农架和郧阳地区都普遍流行的独特丧葬歌。

秦楚文化圈中的丧歌,郧西、郧县、丹江口和十堰称为"待尸歌"或"打待尸",也叫"阴歌";竹溪、竹山、房县和神农架则称为"代思歌"或"打代思";也有称为"代诗歌"或"打代诗"的。鄂西北丧歌的起源民间传说不一。其一说:丧歌起源于唐朝,据说唐太宗李世民游地府时,丞相魏征派人守住李世民的尸体,为防止守夜人打瞌睡,就敲打乐器,唱歌提神。其二说:待尸歌起源于三国,传说诸葛亮临终前算定司马懿会来盗尸,令军士在他死后守尸三夜,击鼓讴歌,下葬后护坟三夜,篝火通宵,使司马懿无从下手。后人沿习成风。传说之三就是庄子的"鼓盆而歌"。

从文献看,人死后停丧以待吊唁的风俗源远流长。《吴越春秋·勾践阴谋外

---

① 王启云、肖鸿主编:《房县民间歌曲集》,长江出版社,2007年,第235页。

② 陈连山:《现代民歌中蕴涵的古代文化——对湖北房县民歌与古代典籍之间关系的考察》,载《广西师范大学学报(哲学社会科学版)》,2010年,第1期。

传》载楚射手陈音向越王介绍弓箭起源时说："古者人民朴质，饥食鸟兽，渴饮雾露，死则裹以白茅，投于中野。孝子不忍见父母为禽兽所食，故作弹以守之，绝鸟兽之害。故歌曰：'断竹，续竹；飞土，逐宍'。"[①]这说明楚地很早就有守尸而歌的风俗。屈原的《九歌》、《招魂》，皆是祭祀歌。庄子也是楚人，其"鼓盆而歌"的事被后世津津乐道。据清同治六年《竹溪县志》载："丧礼。父母卒，袒而擗踊，设位成服，哭于棺，哭之意。……细民家亲朋或醵钱击鼓赛歌，谓之守夜，犹是挽唱之遗。"[②]可见这种葬礼上的击鼓唱歌活动由来已久。

据《房县夜锣鼓》一书介绍，当地老人去世后要停丧几天，在家里打一或三夜"丧鼓"（传统规矩是"打单不打双"，即要么打一夜，要么打三夜）。前来唱丧歌的歌师分两类：一类为业余歌师，唱歌不是为了挣钱，而是为过瘾。有时听说哪里死人，会打着火把走几十里山路赶去唱歌。还有一类是比较专业的歌师，他们组成松散的团队，把唱歌当生意做。后一类人往往水平较稳定，但要求报酬和款待。歌师的乐器非常简单，一般也就一锣一鼓（有时加钹和板）。

"打待尸"的演唱地点是孝家，亡者棺木停放堂前，棺前设灵位，摆供品，点有一盏长明灯，还有香火碗盆各一，香烟袅袅。"阴阳先生"念经超度完毕，歌师们从孝家院外路口吹打《开路歌》至灵前，开始闹夜。现在的孝家，一般请三至五位专业歌手，轮流上场唱歌。每次至少两名歌手上场，前者掌鼓，后者打锣，按逆时针方向绕棺而歌，歌手迈着"八"字步慢慢走，绕着棺材转圈，边走，边敲，边唱。有时围观者也加入对歌。一般来说，丧鼓歌场的听众少则几十人，多则上百人，将灵堂堵得水泄不通。[③]

"打待尸"作为丧葬仪式歌，有一套特定的演唱程式。一般说来，按其内容和演唱时间的不同，大致可以划分成引唱、正曲、尾声三大部分，引唱又叫"起歌头"，正曲则有"开歌路"、"孝歌"、"盘歌"、"四游八传"、"翻田埂"及山歌小调、戏曲故事等等，尾声又叫"还阳歌"（亦称"还阳锣鼓"）。

"起歌头"又叫"三百六十句"，以阴阳先生念白为主，每念一句，孝子就烧一张纸磕一个头，并向家门口后跪一步。当念完三百六十句歌词，孝子刚好跪到家

① 事见《吴越春秋》卷九。

② 《中国地方志民俗资料汇编·中南卷》，书目文献出版社，1990年，第455页。

③ 周玉洁、沈明云主编：《房县夜锣鼓》，湖北人民出版社，2010年。下引歌词无特别注明，皆引自此书和张歌莺、杜明亮主编的《房县民歌集》，长江出版社，2007年。

门口。歌词基本固定，如"请神"："孝家请上歌鼓，歌鼓请上神将，一请水府三宫，二请日月三光，三请当方土地，四请本县城隍，五请五龙捧圣，六请王母娘娘，七请七天大圣，八请八大金刚，九请九天仙女，十请十殿阎王，各路神将都请到，跟我一路进孝堂，好给亡人打鼓闹丧……"

唱完歌头，接着是"开歌路"，通常是孝子跪到家门口，由德高望重的老歌师执"引魂幡"而唱。内容主要是孝家状况、历代兴亡、劝慰生者等。如"斗大黄金印，天高日月长，未读书万卷，时来伴君王，起寿起寿，天长地久，西天佛祖，混元老祖。脚登黄土头顶天，得罪歌师我最先，头顶青天脚踏地，得罪歌师我赔罪，月儿弯弯照九州，孝家请我开歌路，歌路不是容易起，未从开口汗长流。"还有一些吉祥语，如"一进门来抬头望，孝家住的好屋场，住在盘龙山顶上。前朱雀，后玄武，左青龙，右白虎，青龙白虎两边排，天鹤仙子把门开，乌鸦迎接凤凰来。"

歌路一开，接下来就是"转鼓"："开罢了歌路转了鼓，灵前燃完香一柱，转鼓正是这时候。转罢了鼓来抬头望，孝堂灵前放豪光，一缕祥云从天降，要接亡魂上天堂。走也走得急，来也来得快，有请歌师莫慢怠，我们把'待尸'打起来。"

转鼓时，歌师首先会代孝家留客："会唱歌的你唱歌，不会唱歌都请坐，烟由你们吸，茶由你们喝，你若冷了去烤火，明早把亡人送上坡，转来孝子把头磕。"

"转鼓"之后常常要唱"孝歌"，亦称"劝善歌"，由歌师引领，孝子绕棺木左右各转三圈，孝子焚香烧纸，众人落座后开始演唱。主要唱父母含辛茹苦养育子女的过程，劝慰活着的人要多行善以报答父母。如："孩儿出世娘怀抱，日夜啼哭娘不眠。左边尿湿换右边，右边尿湿换左边。左右两边都尿湿，娇儿睡在娘胸前。十冬腊月北风寒，打开冰块洗尿片。若是天晴还好说，阴天雨雪火烤干。父母恩情大似天，披麻戴孝儿当然……"①

孝歌之后，各种类型的歌谣就登场了。鄂西北的丧歌，内容与类别丰富多彩。举凡名山大川、飞禽走兽、神仙鬼怪、帝王将相、能工巧匠、才子佳人、神话传说、故事笑话、答题破谜、谈情说爱、赛歌斗智等等，无所不包。

长篇的歌本中，最著名的是"四游八传"，房县歌师张明六用歌来介绍其内容："来到丧前朝里转，手拿书本看一看，想唱四游并八传。第一传是《黑暗传》，

---

① 引自百度文库《问道鄂西北，赏析葬俗礼乐"待尸歌"》，网址：http://wenku.baidu.com/view/27019391daef5ef7ba0d3cf0.html。

盘古开天无人烟。第二传是《封神传》，子牙钓鱼渭水边，春秋列国不上算。《双凤奇缘》第三传，说的是昭君和北番。第四传是《火龙传》，伍子胥领兵过昭关。第五传是《说唐传》，秦琼保驾临潼山。第六传是《飞龙传》，李孝领兵定江山。第七传是《精忠传》，大鹏金翅临了凡。第八传是《英烈传》，朱洪武登基住后传。这八传，数出头，转过身来说四游。第一游是《东游》，王母娘娘把行修，张果老倒骑毛驴走，云阳板，曹国舅，铁拐李，火葫芦，汉钟离下凡破阵头。吕洞宾醉破岳阳楼，湘子采药上山头，仙姑修行山上游。第二游是《南游》，观音老母把行修，十磨九难山中住，斩断飞蛇无娘父。第三游是《西游》，唐僧取经多辛苦，沙和尚，背包袱，猪八戒，会拱土，唐僧会念紧箍咒，齐天大圣栽跟头。第四游是《北游》，祖师老爷把行修，两边站的是母舅，龟蛇二将在脚下头。”

不是所有歌师都能唱全这些大部头叙事歌的，其中有些作品，如《黑暗传》，内容涉及远古神话，只有高手中的高手，才敢开口唱这样的作品，显示他不同寻常的学问。[①]除这些大部头外，比较多的是一些中篇的叙事歌，如《书生情缘》、《山伯访友》、《吕蒙正讨饭》、《小寡妇闹五更》、《袁天罡算卦》、《孟姜女哭长城》等，此外就是较短的小调。

漫漫长夜需要唱大量的歌，特别是后半夜，守灵人渐少，若歌手唱得好，就能吸引住更多守灵人，这对歌手水平是一个考验，也给他们提供了大显身手的机会。这时，歌手们往往唱起了“盘歌”。“盘歌”内容广泛，天文地理都有涉及，采用互相盘问回答的方式，激发人们的思考和兴趣。如一人唱“歌师唱歌我也喜，我打一个盘头来问你，不知歌师你喜不喜。天上黄河几条沟，哪条沟里出铁牛，牛头搭在什么山，牛尾搁在什么洲。吃了什么山上的草不长，喝了什么河的水不流。什么人放什么人收，什么人置下铁笼头。什么拉在长街上卖，拴在什么人的绣花楼。闯掉了几十几匹琉璃瓦，闯倒了几十几根金柱头。什么人出来高声骂，什么人出来作对头，什么桥什么人修，玉石栏杆什么人留，什么人骑驴桥上过，什么人桥下翻跟头，谁把这个盘头与我说清楚，鼓场拜他为师父。”一人答：“双扇门，单扇开，开个缝缝儿我进来，你这个哑谜我来猜。天上黄河九条沟，中间沟里出铁牛，牛头搭在昆仑山，牛尾搁在浪沙洲。吃了昆仑山上的草不长，喝了黄河的水断流。文王放武王收，老君置下铁笼头。铁拐李拉到长街上卖，拴在王母娘

① 《黑暗传》的情况比较复杂，后面将以专节述之。

娘的屋后头。闯倒了王母娘娘的绣花楼，闯掉了三十三匹琉璃瓦，闯倒了九十九根金柱头。王母娘娘出来高声骂，哪吒出来作对头，洛阳桥古人修，玉石栏杆鲁班留，张果老骑驴桥上过，孙悟空桥下翻跟头，这个盘头我与你说得清楚，二回赶鼓一路走。”

唱至后半夜，歌师们为提神，有时会唱点带“色”的歌。还有更火爆的斗歌，也叫“战歌”或“翻田埂”。两歌手间一问一答，互相刁难，或以委婉含蓄的方式巧妙地讥讽，或以诙谐的比喻辱骂，直到对方接答失误或无歌可答。这种斗歌十分激烈，使听者兴致盎然。由于这部分资料比较难得，这里辑录一些例子。

最初的挑衅往往是礼貌的。如：“歌师唱歌声音长，好比笙箫与琴簧，我想前来陪歌郎。我想陪歌师把歌唱，又怕才学跟不上，五黄六月晒太阳，烤得我来热难挡，管它难挡不难挡，放开胆子闯一闯，你有你的杀手锏，我有我的回马枪，大风吹倒梧桐树，自有别人论短长。”“久闻歌师古典广，我跋山涉水把你访。好比文王访姜尚，卧龙岗上访孔明，洪武访的刘伯温，胡金德访的薛将军。前朝古人访古人，我今又访歌先生。”

随着斗歌的激烈，歌师的语言越来越尖刻起来：“歌师唱歌来得猛，城墙不怕你母猪拱，青皮南瓜你做了种。麻秆解板搭不得桥，灯草倒多烧不得窑，洞庭湖里栽杨柳，根深不怕你风来摇。”“歌师唱歌莫讲战，你是铁我是炭，放到炉上试试看。我风箱一拉火一红，烧你个皮焦骨头熔，钳子夹住使锤崩，今晚上要卸卸你的威风。”

再进一步，就是相互打比方了：“歌师唱歌莫用比，要讲比来我就比，二人越比越欢喜。你把我比个打枪的，我把你比个麻野鸡，你在对门叫一叫，我在屋里把枪佬（捞），你在对门叽一叽，我在这边把枪举，我枪一举火一捏，把你打个直拉蹶。捡起来把你别到裤腰里，回家塞到尿罐里，遇住我老婆没注意，尿一泡热尿烫死你。”“歌师唱歌叫人气，你为啥不把别的比，单把我比个麻野鸡。我是你屋里的老公鸡，你是个不要脸的老母鸡。那一天你把我性撩起，我从堂屋里把你撵到房屋的，从房屋撵到磨道里，我揪住了你的顶瓜皮，双脚踩着你的背，扑嗵就是几个屁，放到你的屁眼里，你后辈子孙是我的。”

斗到后来往往骂得更为粗俗：“歌师唱歌我也喜，没有什么来谢你，把你接到我家里。把你请到茅厕里，茅厕里头有好吃的，你吃干的我喂你，你喝稀的我灌你，叫你吃的饱饱的，又不饿来又不饥，你还想吃些好东西，二回赶鼓我约你。”

当歌师斗得失和气时，就会有别的歌师来解劝：“来到孝家抬头看，两位歌师在交战，我上前一步来解劝，听我劝我就劝，不听劝我转回还，兵对兵来将对将，你们谁肯把江山让，我将你们来劝住，免得二人结怨仇，要学桃园三结义，莫学孙庞失和气，要学松柏常年青，共同玩耍到明早起。”一场“翻田埂”，就此和平结束，听众过了瘾，歌师又多了朋友。

天微亮，歌师们唱起了“还阳歌”。如：“还了阳来还了阳，阴歌当成阳歌唱，落了月亮换太阳，月亮照在鬼门关，太阳照在阳关大道上。”这时孝家准备抬死者棺椁上山掩埋。歌师以歌来陪伴整个出殡的仪程。如“孝子泪如梭，亡魂辞香火，灵棚高扎起，早唱还阳歌”。“孝子把纸烧，一家哭号啕，可怜父和母，何日把恩报……”最后将请来的神灵送回府，“打待尸”结束。

作为丧歌，“打待尸”中会有许多对生命的朴素思考。如：“花花世界把人留，几度春来几度秋，匆匆忙忙白了头，糊糊涂涂往前走，巴巴结结往前游，轰轰烈烈直到老，奔奔波波苦中求，烦烦恼恼熬冬夏，忧忧愁愁抛脑后，潇潇洒洒过人生，欢欢喜喜人长久。”“人生在世有啥错和对，一辈子到老受劳累，受尽人间苦和难，面朝黄土背朝天，吃尽了苦来受尽了累，奔死奔活为张嘴，有了今日想明日，有了吃的想富贵，苍天降下无情剑，将你阳间路斩断，阎王爷叫你去相会，派来小鬼把你催，昨天你还在田里受劳累，今日却睡在棺材内，问一声歌师和诸位，人生有啥错和对，等到自己明白了，人在阳间只一回。”

一场“打待尸”，既是一场歌的盛宴，也是一堂深刻的人生哲理课。

四、盐道情歌

《乾隆一统志》记载了一个传说：“在大宁县北宝源山下，相传有袁氏逐白鹿于此，得盐泉，故名(白鹿盐井)。有盐井二眼，设锅一百一。”[①]这里所说的大宁县，就是今天重庆市所属的巫溪县。巫溪地处大巴山东段，东接湖北神农架和竹溪县，北连重庆城口县和陕西镇坪县，是渝、陕、鄂三省市的结合部。其结合点为鸡心岭，俗称“走上鸡心岭，一脚踏三省”。该岭处于北纬31度，东经109度，不仅是三省交界点，也是中国地理上的“自然国心”，即处于鸡形地图的心脏位置。

① （晋）常璩撰，任乃强校注：《华阳国志校补图注》卷十三注17，上海古籍出版社，1987年，第40页。

任乃强先生《说盐》一文，论证过食盐对人类生存的重要性。他认为：产盐地区或食盐供应方便的地区，就是早期人类聚集的地区，人类文化是从产盐地发展起来的。考古材料支持了任先生的观点：以巫溪盐泉为中心，先后发现古人类遗址十余个。其中最著名的是距大宁盐泉30多公里的巫山县庙宇镇龙坪村距今200万年的"巫山猿人"，以及200公里外湖北郧县距今100万年的"郧县猿人"。

巫溪盐业历史悠久，古文献多有记录。这里今称大宁河，古称"盐溪"（见《水经注》）。盐是重要战略资源，此地在战国时是秦楚相争，三国时是吴蜀魏相争，都是为了争夺盐的控制权。1942年，中国地理研究所组派"大巴山地理考察队"勘察这里后的《简报》说："矿产中最重要者，当推巫溪县大宁厂之盐。产生三叠纪石灰岩中，成一泉水。每年产约二十万石，销川东、陕南、鄂西（包括长江南北）各地。"[①]大宁厂熬盐业之发达，以致数十里的灌木、树林、竹子都被砍光做了柴火。所以民谣说："大宁厂开盐行，三道沟、九道梁，打竹子打在黄土上。"

据明安生《秦巴古盐道》一书介绍：在海盐大规模兴起之前，鄂、豫、川、陕、云、贵等内地食盐，全靠川盐供应。以巫溪大宁盐场为中心，向四面八方辐射出八条盐道，其东进入湖北和河南，其北到达陕西，其西进入四川盆地，其南到达湖南、贵州，甚至远达云南。

盐是战略资源，历代官府均严加控制。或只准官营，或课以重税。盐的价格十分昂贵。民谣说："斗米难换一斤盐，想吃咸点等过年，索索吊起舔一舔，娃娃哭得泪涟涟。"为了躲开课税，牟取暴利，民间开辟了私盐贸易。这样就形成了两类盐道，一类是"官盐大道"，多由青石板和麻石块铺成，与漕运相连，向四方辐射，延绵上千里。一类是"盐背子"为避开官府设立的关卡，翻越崇山峻岭，用脚板踩出的人迹罕至的羊肠小道。

正是在盐道之上，上演了多少悲欢离合的故事。伴随着运盐队伍的，是那充满野性、肉感与深情的歌谣。

来凤腊壁司村的土家族歌手田冬元，口述了一段他父亲的真实经历。解放前，他父亲随挑盐帮上云阳万县挑盐，有次与客栈老板娘对歌，二人打赌：老板娘对答不上，一桌酒饭不给钱，盐客对不上，加倍付账。老板娘开口就唱："背时挑盐痴心汉，天天肩上不离担。与那驮马没区别，活在世上枉为男。"田父马上接

---

① （晋）常璩撰，任乃强校注：《华阳国志校补图注》卷十三注17，上海古籍出版社，1987年，第40页。

唱:"背时开店老板娘,赚钱全靠挑盐男。白天供我酒肉饭,晚上陪我又上床。"老板娘一听没占到便宜,接嘴又唱:"放你娘的臭狗屁,无中生有把人伤,不是老娘把店开,吃睡都没好廊场。"老板娘一落板,田父马上接唱:"狗屁要放你各放,你不风流无钱赚。就是这帮挑盐汉,养你全家儿和郎。"老板娘一时气得无法接唱,心甘情愿拜下风,送他们一桌酒菜。从此对来凤挑盐客敬佩几分,在酒菜上也照顾得周到一些。[①]

盐道歌谣中最常见的是情歌。试想,能去挑盐的,都是身强力壮的汉子。而秦巴山谷中,有的是美丽村姑与农妇。更兼贩盐是个有暴利的活,盐道上那些商铺、客栈和勾栏,多少双眼睛盯着盐商、盐工和"盐背子"的钱袋。行男坐女,没有不擦出火花的。这些火热的情感,必然会变成歌谣,陪伴着大山中寂寞行走的贩盐人。

贩盐风险很高。离家之前,情人会反复叮咛:"正月是新年,小郎上四川。要到四川玩一玩,看看女娇莲。姐儿你莫怪,四川做买卖。鲜花莫要别人采,要等我回来。二月是花朝,情哥听根苗。你上四川道还好,莫把奴忘了。送哥一汗帕,带着奴牵挂。我等情哥早回家,路上莫贪花……"[②]

深山中的一次陌路相逢,常常成为青年男女相爱相思的起点。且看这首《我是四川的》:"对门杉树坡,杉树苗苗多。路上下来是那一个,实在爱坏我。身穿翠蓝衫,裤儿绣牡丹。一双绣鞋花瓣开,越看越好看。下河接到起,妹妹哪里去。你要下街我同路,过河我背你。小妹笑嘻嘻,骂声要死的。姑娘从不认识你,送我有何意?小妹你何必,背你我愿意。你到向坝去,花钱是我的。一到向坝街,饭店为你开。叫声店老板,啥菜端上来。小妹笑嘻嘻,今天多谢你。不知哥哥是何意,能不能告诉妹。妹妹我问你,家住哪里的。爱我点点头,空路我不去。小妹告诉你,我是四川的。家住白鹿镇,你在山上我在沟里。我在白鹿街,天天盼哥来,街头厢房边,那是我住宅。进门向左拐,房在里边挨。莫让我妈晓得,悄悄你绕来。"

短暂的欢娱很快过去,贩盐人还得出门挣辛苦钱,于是有不少送别歌:"送情人,直送到门儿外,千叮咛,万嘱咐,早早回来。你晓得我家中没个亲人在,我身

① 向代元、向义和收集整理:《来凤土家族长篇叙事情歌》,湖北人民出版社,2006年,第248页。
② 本节下引民歌,如未注明出处,均引自明安生:《秦巴古盐道》,长江出版社,2008年。

子又病，腹内又有了胎，就是要吃些咸酸哟，哪一个与我买。送情人，直送到花园沟，禁不住泪汪汪，滴下眼梢头，长途全靠神灵佑。逢桥须下马，有路莫登舟，夜晚的孤单哟，要少饮些酒。送情人，直送到城隍庙，叫道人，开庙门就把香烧，深深下拜低低告，情人儿在心上转，签筒儿在手内摇，若得到底的团圆，菩萨，你便把上上的签来报。送情人，直送到两河口，你也哭，我也哭，赶脚的也是哭，赶脚的，你哭是因何故，道是去的不肯去，哭的只管哭，你两下里调情哟，我的驴儿受了苦。送情人，送到田家坝，泪珠儿湿透了罗裳，他那里频回首空添惆怅，水儿流得紧，风儿吹得狂，那狠心的梢公哟，又加上一把桨。送情人，直送到庸城边，说不尽，话不尽，只得放他上船，船开好似离弦箭。堵河风又大，孤舟浪里颠，远望船桅杆，渐渐去得远。”

情人走了后，民歌就成了隔不断的相思：

郎到四川去挑盐，
一去去了两三年。
床上眼泪洗得澡，
地下眼泪撑得船。①

挑盐的路上千辛万苦，又是土匪又是兵，还有许多险道，如“百步梯”、“好汉坡”、“一线天”、“鬼见愁”、“夜嚎溪”等等，稍不留神，就会滚下悬崖。2009年笔者在竹溪县丰溪村调查，时年71岁的老“盐背子”贺进修说，“盐背子”用背篓背着180斤盐翻山越岭，每走几步，就用打杵撑着背篓休息一下，口诀是：“上七下八平十一，多走一步是狗日的。”有时遇到土匪朱二疤拉肥(绑票)，不给钱就割耳朵，赚不到钱，连命都难保。走水路，照样危险，民谣说：“没奈何，走堵河，手把舵，腿哆嗦。七百水路三百滩，龙王争来阎王夺。”

盐工能回到家，等于捡了条命。所以对回家的期盼是“盐背子”最大的安慰：“挑盐到大宁，二月才回村。三星又高照，四更到五更。六合又同春，七个巧，八个马，披挂到九门。十个好美女，提壶把酒酙……”

盐客回来时，情妹正想得心焦：“一声号子响船头，情妹还在灶背后。听见小郎号子响，锅铲刷子一起丢。”

山里向外运盐，多靠水运。住在水边的山民，常以戏水来调情：“郎从对河撑

① 张歌莺、杜明亮主编：《房县民歌集》，长江出版社，2007年，第31页。

船来，竹篱打水洒姐怀。打湿奴家绣花鞋，洗也不好洗，晒也不好晒。郎是奴家心上爱，忍不住骂郎是狗仔仔。”

行船也常被比作男女之事。如“郎把舵，姐撑篙，郎若撑时姐便摇。姐道郎呀，逆水篙子要撑好。郎要头歪姐便艄。郎撑船，姐摇船，要个花样颠一颠，姐摇橹呀郎打水，郎越撑篙姐越欢。”又如：“新打的船儿其实妙，下了篙，搭上了跳，把客招。上船时落在他圈套，舵儿拿得稳，橹儿慢慢摇，叫一声弯腰的，弯腰还要往前跑。”还有一首《女艄公》，也是格外别致：“柳叶儿青两岸，桃花杏花儿红，清风阵阵送船行，红粉佳人作艄公，小小的舟船扯满篷。二八娇娘把舵松，三寸金莲放在艄上，樱桃小口唤东风，高叫客官身坐稳，乌云里面现金龙，霎时一刻东风起，唬的个娇娘面通红。忙忙下了篷，下了篷儿将身转，软怯怯的身子又把锚儿弄，嗳呀，天哪，往常刮的风儿，比今日不相同。”

盐道上的青楼，常常让盐客囊中如洗，而且性病传染严重。当地民谣说：“长大疮，真遭殃，塌鼻子，烂上堂，骨头痛，小便痒，妇得梅，身不孕，悻怀胎，婴夭亡。男染毒，不健康，代代传，万年脏。”

一条条盐道，也是一条条歌道。盐夫不唱歌不走路，莽莽空山中回荡着他们的歌声，就有了生气，有了情感，有了灵魂。

五、粗犷幽默的山地风格

秦巴文化圈歌谣被归纳为“楚调、巴音、秦韵”，是三种区域文化交流融合的产物。其种类与其他地方一样，也有劳动歌、生活歌、仪式歌、情歌、儿歌、时政歌等，但其风格却有自己的鲜明特点，一是粗犷，二是幽默。

从歌谣内容看，民歌描述的山地生活活灵活现。如《打猎歌》：“今日打猎好运气，遇住野猪在交配，瞄准屁股打一枪，两个野猪死一对，你看稀奇不稀奇。”

又如《烧炭歌》：“我在深山烧银炭，一截粗树劈两半，茬子未划开，狗熊骑到树上玩，楔子掉了夹熊卵，痛的它在那直叫唤。”

再如《表树名》，专门介绍各种树木的特征和用途：“要唱的树木可不少，矮的矮来高的高。矮的便是千年矮，高的便是钻天杨；钻天杨站在公路旁，过路行人乘荫凉；棕树打了一把伞，槐树穿的是黄衣裳；榆树算得是救命粮，可以剥皮度春荒；千秋万载八百杉，刺柏树做扁担还可捆木缸……”

秦巴山地遍地药材，民歌成了学习草药知识的教材，《采药歌》不仅介绍了上百种药名，还分老头、老婆、中年、姑娘几个不同人群的常见病，介绍了各种草药的适应症。[①]

《百虫吊孝》唱的是灰蚂蚱生病死了后，山中百虫来哭丧，歌中以拟人手法，数了许多小昆虫的名字。[②]

还有《雀鸟动刀兵》，说鸟中之王凤凰听到鸿雁报告，九头鸟霸占了它们的地盘，于是派百鸟去征讨，歌中唱了许多鸟名。[③]

即使情歌，也有鲜明的山地特点。如："俺跟乖姐隔道岗，隔岗听见棒槌响。只当乖姐在捶衣，一气翻过九道岗，原来是啄木鸟啄树桩。""姐叫情哥你莫撩，我是山中葫芦包。[④]有朝一日撩动我，把你蜇得满头包，今年肿来明年消。"

秦巴山地民歌的粗犷风格，还体现在数量不少的荤歌上，如"姐儿生的白漂漂，担起水桶把水挑。站在河边看蹊跷，一对蛤蟆水上漂。公蛤蟆见了母蛤蟆叫，母蛤蟆连忙把手招。公蛤蟆抱住母蛤蟆头，母蛤蟆抱住公蛤蟆腰。姐儿看的抿嘴笑，骂声蛤蟆急作包"。[⑤]这首歌就是一种典型的山地风格：自然、率真，带一点儿粗野，将少女怀春的情怀，通过蛤蟆交配的山区常见现象淋漓尽致地表现出来。

秦楚山歌中，还有一些对野合的回味，甚至有少数赤裸裸的乱伦内容。如："郎是上山虎，妹是嫩豆腐，紧紧抱住郎的腰，活像猫儿去上树，玩罢忙坐起，干妹不过意，骂一声干哥你个要死的。"又如："儿媳妇灶台把菜炒，公公灶下把火烧。两眼盯住儿媳妇瞄，挤眉弄眼抿嘴笑。儿媳妇手指捣眉梢，二球巴鸡你烧着包，多少年轻男子汉，偏偏便宜你个老挨刀。"

秦楚民歌的另一个特点，是偏爱幽默风趣的歌。如《两徒弟》，描述尼姑庙中有一个师傅两徒弟，大徒弟怀抱一胖小子，二徒弟抱着个胖闺女。师傅骂她二人没出息："落发为僧在静地，丫头小子哪来的？我恨不得下床将你们打，可惜我正在月子里。"又如《骂秃子》："闲下无事下河西，遇住一群苍蝇到处飞。我问苍蝇哪里去？苍蝇说秃子头上赶酒席。秃子一听起了气，带了二百钱上街去，买了一

① 张歌莺、杜明亮主编：《房县民歌集》，长江出版社，2007 年，第 210 页。
②③ 同上，第 197 页。
④ 葫芦包，方言，即黄蜂窝。
⑤ 蒋学武唱，见张歌莺、杜明亮主编：《房县民歌集》，长江出版社，2007 年，第 27 页。

个尿包皮,脑壳箍的紧紧的,叫你苍蝇拱不进去。茅厕道里约伙计,伙计约得多多的,在你秃子头上出出气。打几个洞贩些蛆,活活拱死你个秃日的。”不难想见,这类歌谣一唱起来,那气氛是何等的轻松愉快!

综上所述,秦楚文化圈山大人稀、交通不便的地理环境,秦、巴、楚三种地域文化的交流,通过流放而使宫廷文化与民间文化的紧密结合,独特的婚俗和丧俗等,形成了这个地区独特的民歌风格,并且借助这一“文化冰箱”而得到了良好的保存。

第三节 秦楚民间叙事

秦楚文化圈地广人稀,遍布高山大川和原始森林,人们生活在大自然的怀抱,文化生活的主要方式是喊山歌、讲故事,这里的民间故事十分丰富,具有鲜明的山区特色。

一、秦楚神话

秦楚文化圈中最有名的神话作品是《黑暗传》。这部主要演唱于“打待尸”丧仪中的长篇祭祀歌,融历史纲鉴、通俗文学、民间宗教和当地传说为一体,形成了独特的汉民族创世神话系列。它从宇宙一片黑暗说起,讲述了黑暗生黑蛋,黑蛋孕育诸神,诸神多次创世,盘古开天画万物,洪水多次泡天与人类再造等内容。这部作品在本书后面有专论。

秦楚文化圈中对一些汉族古代神话也作了本土化的改造。

太阳月亮是孪生姐妹的神话,在郧县一带流行。由于这对孪生姐妹太漂亮,出门就有许多人围观,两人自缢死后魂飞上天,成了太阳月亮。为了避开围观,太阳姐姐用绣花针扎人的眼睛,月亮妹妹则只在夜晚出来。[①]

竹山县有不少关于女娲的神话传说。唐五代《录异记》卷八载:“房州上庸界有伏羲女娲庙,云是抟土为人民之所,古迹在焉。”《康熙字典》里“娲”字义释第三

① 郧阳地区民间文学集成办公室、郧阳地区群众艺术馆编:《中国民间故事集成湖北卷·郧阳地区民间故事集》,1988 年,第 2 页。

条:“女娲山,在郧阳竹山县西,相传炼石补天处。”《古今图书集成》载:“女娲山,去县(竹山)西九十里俗传女娲炼石补天处,下有女娲庙。”这些记载表明竹山县有久远的女娲信仰传统。

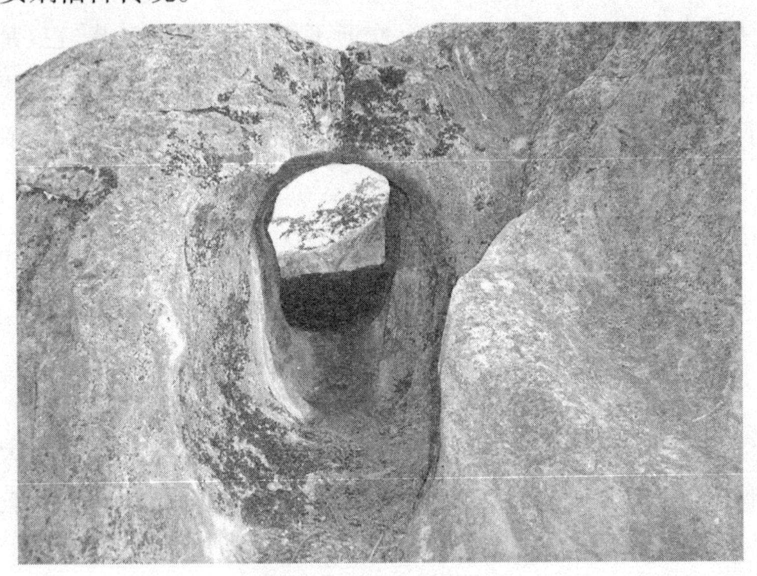

竹山县女娲山上的生殖崇拜石

竹山县关于女娲的风物和遗迹很多。如女娲山、圣母山、圣水寺、女娲庙遗址、女娲碑、打儿窝、大席场、仙狐洞、双龙洞、摇钱树、转运桥、九里岗、女娲青锁、石头干老等。该县文化馆“女娲传说”申报非物质文化遗产名录的资料,附有女娲故事34篇,内容多为解释人类、人种、残疾人、阴阳人、痴呆人及指婚、洞房、红盖头、闹房听房、夫妻称姊妹以及地名等的来历。其中不少古籍不载。如说人种不同是由于女娲造人用的泥土颜色不同;阴阳人是泥人遭雨淋,女娲抢收时将男泥人的下身粘到女泥人身上了;等等。还有大量地名,都粘附于女娲神话上,形成了庞大的传说群。[①]在郧县,也有类似的伏羲女娲造人的神话。秦楚文化圈中的这些伏羲女娲兄妹洪水遗民神话,与汉籍记载有一定关系,受中原文化影响较深。但从其情节与当地地名构成的稳定关联看,流入的时间应该比较久远。

神农架以炎帝神农氏命名,那里流传着大量炎帝神农传说。相传神农架就是他尝百草的地方,因此有许多与神农相关的药草传说。如《仙鹤一枝花》说神农年老体弱时仍在采药,南极仙翁让仙鹤扔下一根羽毛变成草药,为他治气喘

① 竹山县文化馆:《湖北省非物质文化遗产名录项目申报书·女娲传说》附件。

病。《竹叶一枝花》说，神农将百合与竹子嫁接在一起，长活后成了一种新药。《洗药泉》说神农用手挖出一股清泉，长期洗药，泉水有了药香，流成了香溪。《神农氏与薅草锣鼓》说，神农氏用百味良药炼金丹，结果金丹结成了金盘一块，成为百草之精，名为聚草金锣。只要神农一敲锣，奇花异草叫来就来，叫走就走。后来神农常与一个叫伍谷的老人下棋，有一次老人说要去薅草，没时间。神农就把"聚草金锣"和"驱草皮鼓"借给他。后来山里人到了薅草季节，就喜欢打锣鼓鼓舞士气，同时唱山歌和号子。①

在明代的《郧阳府志》中，有一个难得的关于地下仙境的神话：

> 房州竹山县阴隐客家浚井千余尺而无水。工人扪壁，忽见别一天地日月世界，署牌曰："天柱山。"门内两童，皓齿垂发，跣足金冠，问："汝胡为至此？"工人具陈本末。须臾，有青绯衣传敕曰："以礼导之。"引至清泉洗浴。白泉漱饮，甘美似醉。行半日，有一国，城宫室皆金玉，城楼题云："梯仙国。"工人询曰："此国是何处？"答曰："诸仙初得仙者，送此国行七十万日，然后至诸天，或玉京、蓬莱、昆阆、姑射。"工遂上山寻路，门人曰："汝来此顷刻，人间已百余年。欲其旧穴，应不可得，当奏请通天关钥匙，送卿引上天门。"须臾云开，已在房州，询阴家，云："已三世矣。"工自后不食五谷，莫知所终。②

人类关于彼岸世界的想象，以天上、海外、山顶、地下为多。然而地底多为冥界，阴森恐怖。这个故事中的地下仙境，却是天地日月山脉均有，是道教中修行得仙者上天的中间站，非常特别。其中也包含了"烂柯山"这个著名的道教神话母题。

二、秦楚民间传说

秦楚文化圈中的民间传说中，最引人注目的是野人传说。清代袁枚的笔记小说《子不语》中，有不少"野人"记载。如《秦毛人》："湖广郧阳房县，高险幽远。四面石洞如房，多毛人，长丈余，遍体生毛，往往出山食人鸡犬，拒之者，必遭攫搏，以枪炮击之，铅子背落地，不能伤。"（卷六）在房县神农架一带，据有关统计，人们目击"野人"已达 114 次，约有 260 多人看到 138 个/次"野人"或少数几个被

① 师永学、李相斌主编：《房县民间故事集》，长江出版社，2007 年。
② （明）徐学谟等撰，潘彦文等校注：《郧阳府志》，长江出版社，2007 年，第 329 页。

打死的“野人”。[①]

袁枚的《黑苗洞》记载了一个房县野人传说：

湖北房县，在万山中，西北八百里，皆丛山怪岭，苗洞以千数，无人敢入。有采药者，误入洞，迷路不能出。见数黑人，浑身生毛，以草结巢，栖于树巅，见药人，喜，以藤缚其手足，挂于树梢。药者自分死矣。俄而一老妪从巢中来，白发高又颡，似人形，言语犹作楚声，谓药者曰：“汝何误入此洞耶，我亦房县城中人，某年乞食，迷入此洞。诸黑苗初欲食我，后摸我下体，知为女，遂留居巢中为妻。”指二黑毛人曰：“此我儿也，尚听我话，我当救汝。”亲解其缚，袖中出栗枣数枚，曰：“为汝疗饥”，随向二黑毛人耳语良久，语呶呶莫辨。手树枝一条，缚布巾于上，曰：“有尔等同类，欲害我乡邻者，以此示之，俾知我意。”二毛人送药人行三日许，才得原路归。路人皆曰：“此黑苗洞也。迷入者都被其啖，从无归者。”[②]

当代口头文学中，“野人”传说也一直为人津津乐道。如《野人抢亲》中说，野人偷听了姑嫂对话，假扮嫂子磨磨，抢走了姑娘。其母在猎狗的带领下找到野人洞中，借口给女儿送吃的，用石灰打瞎了野人眼睛，将女儿救了出来。《野人招亲》中说，一个士兵被母野人抢去关在洞中，与野人生了一子。野人娃长大后，士兵让他打开洞门的巨石，背着他攀下悬崖。母野人追到河边过不了河，用手撕开自己胸膛而死。《野人报恩》中说，一家人用蜂蜜掺酒抓住了两个野人，准备拿刀杀了，但看见野人流泪，又将其放走，后来野人经常在门口放一些野物报恩。这类故事，还有《野人抢枪》、《野人鼓掌》、《野人笑人》等等。[③]

秦巴谷地是动植物的天堂，人与自然和谐相处，流传着大量关于动物和植物的传说。例如郧西把布谷鸟叫“我儿错剁”，说一个后母趁丈夫出门做生意，夜里用斧头去剁前娘生的儿子，谁知当晚两个孩子换了枕头，她将自己亲生儿子给剁了。于是她变成了鸟，每天喊着“我儿错剁！我儿错剁！”还有一个故事讲漆树

① 黄宝富：《浅谈房县历史文化瑰宝的开发与利用》，载《房陵文化论谈》，周玉洁、曹明权主编，湖北人民出版社，2010年，第138页。

② （清）袁枚：《子不语》卷十八。

③ 郧阳地区民间文学集成办公室、郧阳地区群众艺术馆编：《中国民间故事集成湖北卷·郧阳地区民间故事集》，1988年，第471-478页。

来历，说志公和尚听人说有妖怪变女子吃人，就装作樵夫进山，找到那个化身为女人的千年树怪，当女子变形要吞他时，志公和尚以禅杖扎入树怪胸膛，使它现了原形，伤口处流出乌黑的血。志公和尚让它以血还血，一生一世受人割，流出的血浆就是今天的生漆。[①]

秦巴谷地生长着大量奇特的药草，如《叶上一枝花》、《头顶一颗珠》、《见蛇一支箭》、《江边一碗水》等等，这些药草大都有相关的传说。

秦楚文化圈特殊的地形地貌，使这里的风物传说格外发达。

有的风物传说围绕着特别的传说核，形成自己的体系。郧西县的天河两岸，有不少与牛郎织女相关的风物。如天河口、牛郎庙、织女庙，涧池娘娘山、天河坪，县城周围的悬鼓观、天池庵、石公公、石婆婆、美女河、牛郎追妻石、牛郎山、织女山、娘娘庙、天桥（陕西境内）、织女洞等。

在以大宁盐厂为中心辐射出的各条盐道上，许多地名和传说与贩盐有关。如竹溪好汉坡的传说：一川籍逃婚女在竹溪好汉坡遇一盐背子，盐背子为了展示自己的力量，背着两百斤盐，一口气不歇地爬上了近两千米长的好汉坡，但在坡上与逃婚女风流时死去，盐背子死后被大批蚂蚁衔泥掩埋，女子后来回川生子。据说1960年代还见有人清明节时来祭蚁冢。[②]还有鳖仙盗金船的故事，说古盐道上挑夫累死、摔死的不计其数。一个修行了三千年的鳖仙十分同情，想把玉皇大帝的金船盗下凡间为挑夫造福。七月半，天宫开。“百仙宴”那天，鳖仙盗了金船一只，冲出南天门。从狭沟里东碰西撞，费力地往河里推，快到大河边时，被玉帝派的天兵用霹雳击死。鳖仙变成了大石鳖，金船也变成了石船。[③]

神秘的高山深潭，极容易激发人们的想象力，打开《房县民间故事集》，几乎每一个地名，如赛武当、望夫山、五龙口、宝石店、珠藏洞、锣鼓洞、牯牛洞、天葬坟、化鱼河、关门山、金牛山、白马潭……都会引发人们的好奇，背后都有动人的传说。

深山有宝藏，如锣鼓洞传说：房县南山九龙沟脚下有个簸箩大的洞口，洞里

---

① 郧阳地区民间文学集成办公室、郧阳地区群众艺术馆编：《中国民间故事集成湖北卷·郧阳地区民间故事集》，1988年，第304、479页。

② 湖北十八里长峡自然保护区管理局：《湖北十八里长峡省级自然保护区地域文化情况介绍》，2009年，油印本。

③ 师永学、李相斌主编：《房县民间故事集》，长江出版社，2007年，第170页。

流水不断，细听就像锣鼓声。传说从前洞里住着个美丽姑娘，观音老母化一穷太婆，昏倒在洞口，姑娘将她背进洞中精心照料，老母送她一套金锣金鼓，悄悄走了。方圆几十里的百姓，有婚丧嫁娶的事就找姑娘借锣鼓。后来一个坏人想调戏姑娘，姑娘跳入深潭自杀。她死后金鼓金锣就变成石鼓石锣，泉水碰击石锣石鼓，就发出打锣鼓似的咚咚响声。[①]

有借锣鼓的，也有借碗的。如房县城南有个黑龙洞，里面住的黑龙常为百姓着想。有次一个小伙子成亲，拿不出钱买细花瓷碗待客，很发愁，在水潭前自言自语把这事说了。哪晓得黑龙公主听了，就在泉边的平台上摆了一篮子细花瓷碗。小伙子拿了回家办完喜事，又还回来。从那以后，这一带百姓办红白喜事都到潭边借碗。后来一个小伙子想看龙王小姐长得怎样，还碗后悄悄回头看，吓着了公主，从此就借不到碗了。[②]借碗传说流传较广，2009 年笔者在竹溪县考察，也听到了这样的传说。

有宝物传说，必有识宝传说。

房县白马潭和香草坪的传说，讲白马潭边有家农户发现，自家水缸里每天早上都少了半缸水，门前草坪上的草也被吃去不少。后来他藏起来，发现潭中有一匹白马，夜晚上岸来喝水吃草。有个识宝人来到这里，半夜割了把青草朝潭中晃了晃，那匹白马从潭中跃出，见草就吃。识宝人一手喂马，一手趁马不注意抓住马鬃。那马扭头就逃，识宝人抽出腰刀一砍，只听"哗啦"一声，白马的尾巴梢落下一串铜钱来。白马跳入潭中，从此不再露面，潭前巨石上留下了深深的马蹄印。[③]

竹溪县的双竹园乡有首民谣："石门沟，石门沟，石门里头有金牛。金牛拉的金碾子，碾子磨的金豆豆。要把石门开，除非有双竹。"这首民谣是一个关于"石门开"的传说。一个老篾匠竹园中长出了双竹，他知道这是开山钥匙，但不知如何用。一个云游道人想买双竹，篾匠不卖，二人最后说好由道人教篾匠开山门，得到的宝物平分。但老篾匠的徒弟偷听了道人教篾匠的开山诀窍，盗走双竹开了石门，见到了金牛金碾金豆豆，被看守的金老头和金狗追赶，连人带竹关在石门里了。竹山县的金牛洞传说与这个故事类似，不过那金牛却是在潭中拉碾，吸

① 师永学、李相斌主编:《房县民间故事集》，长江出版社，2007 年，第 114 页。
② 同上，第 155 页。
③ 同上，第 135 页。

引它的是屋顶上的一棵灵芝草。[①]

灵山秀水，吸引了许多修行的宗教信徒，因此留下了许多有关僧道的遗迹与传说。

《郧阳府志》卷二十八载：郧县有个狗陪僧，住县北堰沟寺，在明洪武年间有一云游僧自蜀来，携一狗，朝夕呼狗与之同食，修行三十余年，后来成仙，与狗俱倏然而去，惟遗一狗皮在寺中，这个寺从此改名狗皮寺。房县费长房好仙术，遇仙翁，想随之求道，又怕家人为他担忧，就砍二青竹悬在房中，变成他的形状，家人以为他自缢，葬之。费长房随仙翁入深山，仙翁让他在群虎中独处，费长房不惧。又让他卧于空石，以朽索悬万斤石于其上，又有众蛇来侵，费长房也坚持不移。仙翁说："子可教。"最后让他吃粪中之虫，极臭，费长房吃不下去。仙翁说："你差一点就得道了，可惜没过这一关。"费长房辞归，仙翁给其一竹杖，说："骑此任所往。"费长房骑上竹杖，果然须臾归家，但离家虽只几日，人间已十余年了。他以杖投入陂中，杖化为龙飞走了。[②]

口头传说中也有许多修仙故事。如神农架有个三座庵与椿树垭，传说从前有个女人在这里出家。有个老太婆大雪天来讨吃的，这尼姑一毛不拔，将老婆婆关在山门外。其实这婆婆是神农皇帝手下的貔貅将军变的。貔貅将军吃了尼姑，放出一个怪屁来，把这座木庵堂给烧了。后来又来了第二个修仙女子，她比第一个尼姑要心善些。有一次来了个挖药人，在庵里搭火吃饭，临走时把背篓一抖，掉出一块金砣子。尼姑见钱眼开，把金子揣进怀里，关了山门，进房拿出金砣子左看右看，金砣子上金光一闪，长出个金头，又长出对眼睛。眼珠咕噜噜一转，从眼眶子中掉出来，滚在地上变成了两砣小金子。正当尼姑高兴时，金砣子头变成了一大两小三只大老虎，把尼姑吃了。第三个尼姑心善也不爱财，但后来见到一个标致的少年哥儿，动了凡心。两人上床后，公子哥变为大椿树，将尼姑压死。这里从此就有了三座庵与椿树垭的地名。[③]这个故事与费长房故事相似之处，都是以人性弱点难以战胜来说明修行的艰难，反映了这个地区大量的修行人所面对的种种挑战和考验。

---

① 郧阳地区民间文学集成办公室、郧阳地区群众艺术馆编：《中国民间故事集成湖北卷·郧阳地区民间故事集》，1988年，第287-289、294页。

② （明）徐学谟等撰，潘彦文等校注：《郧阳府志》，长江出版社，2007年，第315、316页。

③ 师永学、李相斌主编：《房县民间故事集》，长江出版社，2007年，第14页。

虽然修行不易，但奇山异水还是吸引着历代大量修行者，也流传着许多法术高强的僧道传说。如竹山秦古镇有一个龙池庵，过去缺水。传说某年一个叫张法官的道人经过，向庵中道人讨水喝。庵中道人卖弄本事，用篾编的器具舀水给张，哪知张法官本事更大，用手在水中划开，喝一半留一半。庵中道人知道遇到高人，倒身下拜，请求道人传授常年得水的办法。张法官说："这有何难！我今夜就给你牵一条龙来。不过你要多找些人给我打锣鼓助威。"当晚果然将一条龙拉到庵边。本来张法官准备将龙拉到山顶，但打锣鼓的人看热闹忘了打锣，结果只拉到半山腰鸡子就叫了，从此半山腰就有了一股泉水，长年不断。①

斗法传说中的对立双方，除了修行者外，更多的是神妖斗法。如竹溪县有个滴水岩，岩下是个无底深潭，传说潭中有个乌龟精，吃人无数。后来阿弥陀佛从这里经过，见潭中恶浪翻腾，知道有妖怪，就在旁边找个地方住下来修炼。有天前来朝拜的人突然被黑雾罩住，乌龟精又出来吃人。阿弥陀佛急忙将帽子扔出，变成一个巨大的镇龟石，将乌龟精砸烂。从此后滴水岩太平了，但阿弥陀佛没了帽子，至今是光脑壳。②

美丽的风光造就了大量风物传说，特定的历史过程则留下了富有特色的人物传说和事件传说。

秦巴谷地是历代帝王流放之所，相关传说很多。如唐中宗李显曾贬谪房县，这里有许多相关的传说。房县有个特殊的饮酒习俗，叫"劝人喝酒自先尝"，即敬酒前自己先要喝一大碗再敬别人，据说就来自李显。传说庐陵王到房州后，疑神疑鬼，生怕有人杀他。每逢长安来人，总是亲自接待。由于官员们互相提防，怕酒中有毒不敢喝，庐陵王就说："劝人喝酒自先尝。"自己先喝一大碗，再给客人倒酒。这样的饮酒习俗一直流传到现在。③当地还传说李显的老婆韦皇后极为聪明，有个叫金奎的老和尚，多次想占她的便宜，都吃了大亏。一个故事讲，老和尚金奎与另一和尚下棋，看到韦皇后来进香。金奎和尚随口说出一个上联："一女子走路横直两张嘴。"韦皇后顺口就是一下联："两和尚下棋上下四光头。"骂得金

① 郧阳地区民间文学集成办公室、郧阳地区群众艺术馆编：《中国民间故事集成湖北卷·郧阳地区民间故事集》，1988年，第300页。

② 同上，第570页。

③ 师永学、李相斌主编：《房县民间故事集》，长江出版社，2007年，第61页。

奎和尚哑口无言。[①]

秦巴谷地历史上有较大影响的人物，如周太师尹吉甫、汉高祖刘邦、闯王李自成等，都有相关传说，地方的名人的故事也不少。如竹溪县明万历年间有个叫徐成楚的人，官至兵科给事中，民间传说他脖子上长有瘿疱，人称"徐瘿子"。当时竹溪县给朝廷上贡大米，弄得百姓民不聊生，徐瘿子常想帮助家乡人解除困难。有次神宗问徐成楚："人家都叫你瘿子，你那东西是怎么来的，是不是生下来就有了？"徐成楚灵光一现，答道："微臣这东西并不是一生下来就有，是后来长出来的。"神宗问："为什么会长这东西？"徐成楚说是因为吃家乡稻米所致。并说这米虽好吃，吃多了不仅会长瘿疱，而且多侏儒。他暗地嘱咐当地县令，交贡米时专挑长有瘿疱的矮个民夫运送。皇帝一看果然如此，下诏从此免征竹溪贡米。[②]

秦巴谷地多流民，传说当地有四个怪姓：系、庹、灰、多，都是由于逃避镇压，改名换姓从平原地区逃入山中的，"系"表示没断根，"庹"表示逃脱，"灰"表示死灰复燃，"多"表示子孙满堂。[③]还传说当地把上厕所叫"解手"，就是官府强制移民，用绳索把人们双手朝后捆绑，押解来房县，所以留下了这个风俗。

山民为反抗压迫进行了多次起义，至今仍留下大量的古寨古堡，还有许多传说故事。

三、秦楚民间故事

秦楚文化圈的民间故事很多，比较有特色的，一是农民起义故事，二是鬼狐精怪故事，三是生活故事。

秦巴谷地山高皇帝远，是流民逃荒避难之所。一遇灾年或战乱，周边各省民众就逃往山中开荒度命。但官府对他们并不放过，不断派员进行稽查，将他们编入户口，强收捐税和拉壮丁。如明洪武年间都御史原杰，在其《处置流民疏》中提到，仅一次稽查，就"遍历山谷，取勘流民共十一万三千三百七十一户，男妇共四十三万八千六百四十四丁口，审系山东、山西、陕西、江西、四川并本省军民等籍"。

---

① 师永学、李相斌主编：《房县民间故事集》，长江出版社，2007年，第70页。

② 郧阳地区民间文学集成办公室、郧阳地区群众艺术馆编：《中国民间故事集成湖北卷·郧阳地区民间故事集》，1988年，第73页。

③ 同上，第423页。

可见逃亡者之多。官府将流民一部分押回原籍，一部分就地编入保甲，课以重赋。[①]都御史孙应鳌《议加兵备职衔疏》中，历数了从明成化到嘉靖不至百年时间，当地就发生了刘千斤、石和尚，李胡子、小王，唐、邓，野王刚，何淮，蓝、鄢，廖时贵、喻思俸，徐学，杨文正，郭仲才，田世爵、张万友，桂佳，匡悟车，刘孟湖，刘本川，常自良，汤济民等 20 多起“作乱”。可见农民造反的事经常发生。[②]明清两代，席卷湖北、陕西、四川、河南、山东等省的白莲教大起义，秦巴谷地也是中心区域。在这样的背景下，当地流传许多造反故事就不足为奇了。

如竹溪县流传的《塔儿湾》，说的是过去有座八宝山，有两条龙脉，一叫青龙山，一叫赤龙山，活龙吐气，把东海遣来的水吐成一汪池塘。一户姓邹的风水先生住在塘边，临终时告诉两个儿子，在他死后，将草绳捆在他腰上顺着池塘拖，左三圈右三圈，然后丢进水塘，闭门百日后，用桃弓柳箭向东方连射三箭，便有大军接他们去京城当皇帝。但他们的母亲在第 99 天时便要儿子出门卖柴换钱来“做百日”，结果三只箭都没射中皇帝，而山后竹林的竹节全炸开了，每个竹节中都装着竹人竹马，有的一只脚已跨上马镫，因火候未到全都死了。京城中的徐茂公掐指一算，知道刺客在上庸郡柳州城北，于是捉拿了两兄弟，并派尉迟敬德督军来到池塘边，建了一座高塔，把活龙压成死龙，绝了地气。这里从此改名叫塔儿湾，并且把耍竹马的游戏流传至今。[③]

与竹溪县相邻的房县，也有类似传说。如《天子坟》的故事说，一风水先生临终之前吩咐儿子：“我死之后，葬于挖断岗下，火星庙后的岩嘴前，依我这三个红包行事，不得有差误，千万！千万！”风水先生死后长子撕开红包，第一个上面写道：“裸体稻草卷，土填石头掩。悄悄抬出门，赶在天亮前。坟前赶修三眼塘，九九三分柳插边。”第二个上写：“待到三口塘水满，再备桃弓柳木箭，柳叶垂地复生起，三事办成乾坤转。”最后的红包写的是：“骥板坡上修栈道，九十九拐一夜造，一拐一桃鸡不叫，射死陵王自登朝。”后来还是南海观音发觉事情危急，学鸡叫引来许多鸡叫，使他们误以为天亮了，提前行动而招致失败。[④]

---

① （明）彭遵古等撰，潘彦文等校注：《郧台志》，长江出版社，2006 年，第 309 页。

② 同上，第 353 页。

③ 《塔儿湾》故事文本见陈登山搜集：《竹溪民间故事传说集》，湖北竹溪县文艺创作组编印，1984 年 4 月，第 162-166 页。

④ 师永学、李相斌主编：《房县民间故事集》，长江出版社，2007 年，第 63-65 页。

上述传说属于一个名叫“早发的神箭”的故事类型。丁乃通先生在《中国民间故事类型索引》中，将这个类型列为AT592的中国亚型，著录异文16篇。刘守华先生在《楚文化中的民间故事——〈早发的神箭〉文化形态剖析》一文中，又发现了23篇。根据其中32篇的地理分布（湖北12、湖南4、广东4、广西2、贵州6、四川2），刘先生认为：“《早发的神箭》所流布的地区，大体上就在楚地范围之内。”“故事里的神弓神箭具有穿透重重障碍，直射皇帝宝座的魔力。故事讲述人说它是懂法术的人练出来的，实际上它是楚地一种古代巫术的遗留。”[①]

高山大川人烟稀少的自然条件，使山民与自然亲密接触，产生了许多鬼狐精怪故事。

在山区，猴子是人们常见的动物，关于猴子的故事很多。如《老猴精》讲：猴子不仅糟蹋庄稼，而且抢走了一老太婆的女儿。老太婆的儿子回来，拿着猎枪到山中，在猴子面前将枪放在嘴里，再假装吸烟点火纸。猴子果然学样，结果打死了猴子首领，救出了姐姐。还有的故事讲，为了对付害人的猴子，用酒醉翻猴子，然后将猴子活捉。[②]

除猴子外，山中常见的动物，如狐狸、野猪、蟒蛇、蛤蟆、蜈蚣等等，都会变成精怪，产生许许多多神奇的故事。山民甚至还有一些非常原始的思维，如有篇《人变狼》，说有个叫张老三的人，常常变成狼偷牲畜吃。人们发现后，一撵到他家大门前，恶狼就不见了。后来他的父母发现了张老三偷吃小孩的手指，就注意起他的行为。有天他出门脱衣变狼后，两老抱走了他的衣裤，等他回到家时，一斧子砍下了一截狼尾巴，从此张三成了秃尾巴狼。[③]

山里除动物精怪故事多外，鬼故事也多。房县有篇《人鬼两世缘》的故事讲：一秀才与野鬼成亲，生了个儿子。后来被当法师的秀才舅舅赶走，走时秀才妻子在儿子背上写道：“我儿生得苦，三岁失了母，要想见娘面，待到南阳府。”后来其子点了头名状元，招为驸马，披红挂彩回乡省亲。路过南阳府时，一位年轻姑娘拦轿高喊：“我儿下轿，来见你娘。”跟班都觉得好笑，一个黄毛丫头，居然说是当

① 刘守华：《楚文化中的民间故事——〈早发的神箭〉文化形态剖析》，载《比较故事学》，上海文艺出版社，1995年，第269页。

② 郧阳地区民间文学集成办公室、郧阳地区群众艺术馆编：《中国民间故事集成湖北卷·郧阳地区民间故事集》，1988年，第361、362页。

③ 同上，第576页。

今状元的亲娘。姑娘说:“空口无凭,有字为证。”他儿子下轿,姑娘果然讲出了她的前世姻缘,又念出状元背上鲜为人知的四句话,状元听了泪如雨下,当即跪下认了亲娘。[①]

还有个《有钱能使鬼推磨》的故事,也挺好玩。说有两个鬼:一个肥鬼,一个瘦鬼。瘦鬼见肥鬼肥壮,问他吃了什么。肥鬼拍拍大肚子洋洋得意答道:“我给人家推磨,人家给我饭吃。”瘦鬼马上钻进一家穷人的磨房里,抱住磨杠转起来。穷人老两口听到了说:“不管它,为人不做亏心事,不怕半夜鬼叫门。”瘦鬼弄不到吃的,找肥鬼问原因,肥鬼告诉他要找富人家。瘦鬼到了一家财主去半夜推磨,果然财主全家惊骇万分,马上就摆上了酒肉供品。从此就有了“有钱能使鬼推磨”的口头禅。[②]

秦巴山地民间信仰中,有“还人头愿”的习俗。有个故事说:一个单身汉跪在土地庙门前许愿:“土地土地,我年过三十还没媳妇,如果你两年内让我娶妻生子,我就还个人头愿。”没想到他当年真娶到了媳妇,而且一连生了三个孩子。后来想起还有个人头愿要还,这人头哪里找呢?还是媳妇给他出了主意:弄张桌子,桌子中间挖个窟眼,弄个娃子站到桌子下边,把人头从桌子窟眼里伸出来,把桌子抬去供土地神,不就还了愿吗!那人真的这样去还原。没想到土地奶奶说:还愿的猪头我倒吃的不少,就是还愿的人头还没吃过,让我来尝尝人头是个啥味道。就拿筷子去夹桌子中间伸出来的那娃子的头,那娃子突然感到头上有什么东西戳了一下,吓得缩到桌子底下去了,倒把土地奶奶吓了一跳。这样人头愿就算是还了,皆大欢喜。[③]

在秦楚文化圈中,同样也有一些国内外广泛流传的故事类型,如“蛇郎型”、“云中落绣鞋型”、“羽衣仙女型”、“鬼母育儿型”、“石门开型”、“当良心型”等。由于这些类型比较常见,这里就不作详细介绍。

秦楚文化圈的生活故事也有自己的特色。如山区生活中常碰见动物,有个《王安救虎》的故事说,一只小老虎不小心脚上扎上根刺,母老虎急得乱转。后来母老虎在南山发现了个樵夫,叼着他的衣服将他拖到洞中,直到他把小虎脚上的

---

① 师永学、李相斌主编:《房县民间故事集》,长江出版社,2007年,第296-297页。这个故事也见于《巴东民间故事》,民族出版社,2007年,第160页。

② 同上,第297页。

③ 同上,第357-358页。

刺挑出，才把他驼在背上送回家，以后还经常给他送野物。[①]还有个《蛇当家神》，说的是有个王老大家里供的家神牌位下藏了条小黑蛇，他们认为是家神显灵。几十年后，黑蛇长到头有升子大，将王家几十只鸡下的蛋都吃了。王老大后来用檀树车成鸡蛋模样，蛇偷吃后不能消化，死了。[②]

动物多，自然有许多狩猎的故事。竹溪县有个叫聂胆大的猎户，有不少打猎故事。他的耳朵只剩下一小半，那一大半就是被熊撕掉的。后来他摸准了熊的脾气，观察到熊（当地叫“黑子”）爱拔木桩，就在树林里砍来一棵又粗又大的毛栗树，用斧头把树劈开一头，在树中间钉上木桩，把树楔开一条缝，黑子来了后骑在树上拔，一下就把木桩拔掉了。裂开的缝猛地合拢，把黑子的卵子紧紧夹住，疼得“嗷嗷”直叫，掀不掉，拽不脱，活活叫聂胆大给逮住了。[③]同类的故事还有猎人捉金钱豹、野猪、野鸡、猴子等，这些故事既好玩，也是一些山区生活经验的传授。

男性是狩猎故事的主角，女性则是巧女故事的主角。在秦巴山区，特别是房县，巧媳妇故事比较多，如《巧媳妇和巧篾匠》，讲的是一个聪明的篾匠说他“天上飞的地上爬的”都会编，一个巧女就给他出了难题，要他“编一个水井缸中插，编一个乌龟墙上爬，编一对凤凰渍地飞，编一个丈夫一脸麻”。篾匠一听，说：“我有媳妇了。”三天后他编出酒抽子、筲箕、粪筐和筛子来。巧姑一看，非常满意，两人结为夫妻。[④]又如《三石苞谷》，说兄弟俩各有口头禅，老大爱说“岂有此理”，老二爱说“哪有此事”。两人打赌，谁先说出口头禅就输三石苞谷。有天老大告诉老二：水井被人偷了，老二顺口说：“哪有此事！”老大说他输了，第二天要去他家挑苞谷。此事让老二媳妇知道了，说：“让他来吧，我收拾他。”第二天老大挑着箩筐上门，弟媳将一口棺材放在堂屋中大哭。老大惊问为什么事，弟媳说：“你弟弟早上去放鸭子，被鸭子一脚踩死了。”老大听了脱口说：“岂有此理！”老二从棺材中爬出来说：“三石苞谷，哥你输了。”[⑤]

与其他地方一样，民间故事中还有许多道德故事。如故事《寸草不挨偷金炉》说：古时候有个人叫寸草不挨。有一次，他在一个庙中借宿，老道因为庙里有

① 师永学、李相斌主编：《房县民间故事集》，长江出版社，2007年，第192页。

② 郧阳地区民间文学集成办公室、郧阳地区群众艺术馆编：《中国民间故事集成湖北卷·郧阳地区民间故事集》，1988年，第649页。

③ 同上，第354-356页。

④ 师永学、李相斌主编：《房县民间故事集》，长江出版社，2007年，第337页。

⑤ 同上，第348页。

许多宝贝不允许，他就说自己叫“寸草不挨”，要老道放心。第二天他离开后，发现身上有一根草，便走回去把那根草还给了老道。老道见他真的寸草不挨，便把他留了下来，还特地带他去观看了前殿和后殿。结果，寸草不挨看到一个纯金的檀香炉，第二天早上就很早起来把檀香炉拿走了。老道发现檀香炉不见了后，便去追赶寸草不挨。路上发现门前挂着贞洁牌的女子，在送一个美貌公子。又见到一个吃斋行善的人，要别人借一斗粮食还四斗。最后，又见到两个修仙的人在吃狗肉，因此大悟，再也不去追赶寸草不挨了。[①]这个故事以愤世嫉俗的方式，揭穿了假道德的嘴脸。

秦楚文化圈也流传不少笑话。有的“文革”笑话，至今还在流传。如有个送鳖的笑话，说公社革委会主任用鳖送礼，在鳖背上贴了×主任、×部长、×干事等的条子，被发现后说他是辱骂领导，将他抓了起来。这个笑话是1985年记录于竹溪县的，但到今天，类似的笑话已流传到全国了。[②]

综上所述，秦楚文化圈的民间故事，由于当地封闭的山地环境，富有山区生活特色，因此风物传说、动物精怪故事特别发达；同时，修仙、流放、移民、农民起义等方面的传说故事，也呈现出一部当地文化和历史的“口述档案”。

第四节 秦楚民间艺文

秦楚文化圈民间文艺活动形式多样，尤其是节日期间，非常热闹。清同治版《房县志》载：“立春，农夫击社鼓，鸣大锣，唱秧歌数阕”、“元宵，作灯神前墓道及门庭井灶……有龙、虎、狮、麟、车船、竹马、软索、节节高、鳌山等灯，自初十日起，结彩张筵，灯影与星月交辉，爆声与歌管竞沸，至二十后，乃罢。”“中秋节……又有摸秋之戏，人人家蔬圃摘瓜抱归，鼓乐送至亲友家”、“冬至日……演戏”、“除夕……炙炭满屋，或添香，或放爆，或歌吹”。[③]可见山民的生活并不单调。

除了伴随日常生活中的民歌和讲故事外，山民的娱乐形式还有节日期间的

① 师永学、李相斌主编：《房县民间故事集》，长江出版社，2007年，第385页。

② 郧阳地区民间文学集成办公室、郧阳地区群众艺术馆编：《中国民间故事集成湖北卷·郧阳地区民间故事集》，1988年，第678页。

③ 丁世良、赵放主编：《中国地方志民俗资料汇编·中南卷》上，书目文献出版社，1991年，第453页。

各种民间表演，以及民间曲艺和小戏。其中，富有当地特色的有“郧阳四六句”、“郧阳曲子”、“山二黄”、“郧阳花鼓子”等，这些曲艺和小戏，包括民间的“阳锣鼓”和“阴锣鼓”，都需要演唱的底本；特别是长篇叙事性的作品，少不了剧本和唱本。

山村锁呐艺人（2009年）

在神农架和房县一带，由于“打待尸”和打薅草锣鼓的时间比较长，需要大量歌词，所以除短篇抒情歌外，更有许多长篇的故事唱本。房县一位民间文化工作者陈宏斌先生撰文说，他奶奶是个酷爱民间唱本的乡村妇女，家里收藏有《荒年记》、《金镯玉环记》、《曹安杀子》、《安安送米》等多种唱本。但她并不识字，闲下之余就把本地歌手请到家里来唱，以酒饭相待。她对唱本百听不厌，能把唱本里的许多情节讲述甚至背诵下来。有感于此，陈先生花了15年时间，收集到民间唱本25部之多，而已知的有60多部。根据他的研究，民间唱本种类很多，一是历史故事，如《黑暗传》、《纲鉴》、《三国传》、《隋唐传》、《辕门斩子》等，这类唱本主要讲人类历史和歌颂历朝历代的英雄豪杰。二是爱情故事，如《梁祝姻缘》、《马胡芦换妻》、《柳荫记》等，这类唱本以爱情为主线。三是道德风尚，如《小姑贤》、《安安送米》等，重点是歌颂传统美德。四是神话传说和民间故事，如《刘海砍柴》、《司马茂断案》、《罗成算卦》、《孟姜女》、《荒年记》、《方四娘》等。[①]

① 陈宏斌：《民间唱本——珍贵的民间文化遗产》，载《房陵文化论坛》，周玉洁、曹明权主编，湖北人民出版社，2010年，第158页。

湖北省民间文艺研究会1986年整理的《湖北民间叙事长诗唱本总目提要》中，也收有不少秦楚文化圈流传的作品，如《奇缘传》（又名《昭君和番》）、《荒年记》、《薛刚反唐》、《火龙传》、《马胡林讨亲》、《百花楼》、《杜季兰哭监》、《张孝打凤》等等。

民间唱本内容复杂，有长篇讲史，也有传统故事，还有一些是反映现实的作品。例如《王金川卖妻》，讲的是明崇祯年间接连出现天旱、水灾和虫灾，老百姓饿死无数。一个叫王金川的山东人，被逼无奈，为了不致饿死一双儿女，与妻商量将她卖掉换点银两救子。"开言叫声贤惠妻，我有句话儿商量你，将你卖上几两银，好救儿女的性命，饿死你我是小事，饿死了儿女断了根。"妻子听后双泪直流，开始问自己有什么过错，后来誓言"拖棒讨米奴情愿，饿死不肯来拆散"，可是看到"一双儿女拉住我，喊声妈来要吃饭，我心中好似乱箭穿。娘哭儿来肝肠断，儿哭娘来泪不干。"最后下定决心，"思前想后无主见，好似钢刀割心肝，不如早死早闭眼，母子阴间再团圆。"离家时情景催人泪下："娘子跟着金川走，眼望家乡泪双流，自从今日分别后，再想团圆不能够，再不能与夫共饮酒，再不能与夫同走路，再不能与丈夫同床共枕，再不能给儿女洗脚梳头，一路走来一路哭，一直哭到大街头。"字字血泪，极富感染力。[①]

秦楚文化圈中流行的曲艺形式，主要是"郧阳四六句"和"郧阳曲子"。

"郧阳四六句"又叫"郧阳花鼓子"，是由锣鼓曲和灯歌结合发展出的说唱艺术，主要流传于郧县、郧西、均县（今丹江口市）、十堰市、房县、竹山、竹溪县及与鄂西北接壤的河南、陕西两省边界地区。据传源自明代，至今已有500多年历史。其主要特色是唱词常以四句或六句为一段，故又称之为"四六句"。演唱时，若是小段曲目，就由三人边唱边舞，若是长篇"本头"，就是坐唱。主要传统剧目有《吃火炭》、《想女婿》、《懒大嫂》、《绕口令》、《教夫回头》、《小菜造反》、《梁祝记》、《卖绒线》、《夫妻观灯》、《高高山上一庙堂》、《两姊妹》，还有现代曲目《丫丫和花花》、《老刘进大楼》等。

郧阳"四六句"的剧目富有浓郁的民间气息。如《教夫回头》唱的是一个女子嫁了个爱赌博的男人："女子生来命不强，一辈子没嫁个好儿郎。找了个男人好

① 《王金川卖妻》，载周玉洁、沈明云主编：《房县夜锣鼓》，湖北长江出版集团、湖北人民出版社，2010年，第169-177页。

抹牌，家当输了个净打光。”眼看要过年了，女子决定好好教训一下男人。那男人却满不在乎：“怨声爹来怨声娘，不该给我说个花婆娘。花了银钱还不说，说了个老婆子管住了我。若把银钱给了我，赌博桌上多快活。”两人斗了一阵嘴后，男人认识到要不是老婆勤俭持家、精打细算，早就没有吃的和穿的了，这时老婆提出不跟他过了，他才着急起来，决心再也不赌博了，与老婆一起劳动致富。[①]

“郧阳曲子”又叫“郧西三弦”，流传于郧西、竹山、房县一带。是明代荆襄流民逆汉水而上，来到鄂西北居住后，在继承明清俗曲和说唱音乐传统基础上，汲取地方音乐营养，结合当地风俗和方言，培育出的一个曲艺品种。郧阳曲子的演唱形式灵活自由，多为坐唱。伴奏乐器以三弦为主。可以一个人自弹自唱，也可以弹唱分工，互相配合，一唱众帮。每当农闲期间，年节或生辰、嫁娶等喜事时，不管室内室外，楼阁庭院，五六个人坐在一起，不需锣鼓家什，也不用化妆，弹起三弦就唱起来。主要曲目有《刘皇叔访贤》、《三顾茅庐》、《西厢记》、《红娘定计》、《秦琼观阵》、《渔樵耕读》、《画纱灯》、《闺阁女子做梦》、《小寡妇上坟》、《武家坡》、《王大娘补缸》、《四季相思》、《空城记》、《桃花庵》、《祭塔》、《伯牙访贤》等等。

秦楚文化圈流行的剧种很多，据统计达到40多种。如汉剧、黄梅戏、秦腔、京剧、越调、河南梆子、花鼓戏、二黄、郧阳花鼓、皮影戏、木偶戏、彩船调、河南曲子、闹地凹等，但地方特色比较显著的，主要是“山二黄”、郧阳花鼓戏和皮影戏。

“山二黄”又名“汉调二黄”，俗称“靠山黄”，流行于十堰市郧县、郧西、丹江口、房县、竹溪、竹山、神龙架林区等地，以及与竹溪毗邻的陕西南部的平利、安康、商洛、汉阴、紫阳等地。有关研究认为：“山二黄”是由清代乾、嘉年间随荆、襄移民带进山里的楚调，与鄂西北方言和当地民歌、号子、薅草锣鼓、竹溪高腔、皮影戏、八岔子戏等民间音乐合流后形成的一个地方剧种。“山二黄”无论唱腔、念白均为地地道道的汉腔汉调，主要唱腔为“西皮”“二黄”。

“山二黄”的传统剧目约有四百出，常唱剧目有所谓“十大台”（《一捧雪》、《二度梅》、《三奏本》、《四进士》、《五月图》、《六月雪》、《七人贤》、《八义图》、《九更天》和《十道本》）；“四大逼宫”（《黑逼宫》、《黄逼宫》、《白逼宫》和《红逼宫》）；“四大家人”（《莫成替死》、《吴承恩保主》、《马义滚钉》、《红书宝剑》）；“四大刺客”（《荆轲刺秦》、《要离刺庆》、《豫让剁袍》、《专诸刺僚》）；“四大征”（《雷振海征北》、《薛仁

① 湖北省群众艺术馆编印：《湖北说唱音乐集成》，第二集，1983年，第378-385页。

贵征东》、《樊梨花征西》、《姚刚征南》)。

“山二黄”这个曾经辉煌的剧种已濒临消亡，目前只有竹溪县有一个专业剧团在坚持演出。

郧阳花鼓戏，亦称“二棚子戏”、“琴子腔”、“八岔戏”等，也是秦楚文化圈流行的戏曲之一。据有关研究，明成化年间，荆州、襄阳地区大规模移民到郧阳，荆襄流行之梁山调和花鼓，溯汉水而上，在郧阳一带逐渐衍变、发展成具有当地语言特色和艺术风采的郧阳花鼓戏。到清光绪时，剧种已相当兴盛，郧县、郧西等地职业戏班就有十余个，在鄂、豫、陕边境演出。有些与山二黄或越调合班，称为“三条腿”。

郧阳花鼓戏的传统剧目据说有近200个。湖北文化工作者1962年曾挖掘出剧本104个，其中琴子戏63个，以整本戏居多；八岔戏41个，以折子戏为多。琴子戏重唱，八岔戏以歌舞见长。在各种行当中，丑角具有重要位置，以念白取胜。代表性剧目有《太平村》、《白兔记》、《白蛇传》、《打芦花》、《打金银·店子会》《侯奇杀母》、《送友访友》、《送寒衣》、《秦雪梅》、《清风亭》、《雪山放羊》、《蓝桥会》、《吴三宝游园》、《卖翠花》、《王大娘钉缸》、《金镯玉环记》、《倒转莲》等。郧阳花鼓戏欢快、朴实、活泼，行当以小生、小旦、小丑为主。

秦楚文化圈也盛行皮影戏，有名的如郧阳皮影、堵河皮影、上津皮影等。郧阳皮影戏的传统剧目以历史和传说戏为多。例如《新龙会》、《会龙角》、《铁查山》、《青龙会》、《对花亭》、《乌盆记》，以及《罗成投唐》、《韩信算卦》、《九莲灯》、《别窑》、《夜打邓州》、《玉台山》、《郭大蛇盘山》、《铁堂关》、《王宝钏全剧》等。除正装戏外，还有反映百姓生活的外装戏，风格多以幽默诙谐为主，如《小姑贤》、《老来福》等。

第四章　巴楚民间文学

第一节　概　述

巴人是中国历史上一个十分重要的族群，土家族主体就出自巴人。但巴人活动区域远不止今土家族的范围，更不限于清江和酉水流域。从湖北情况来看，除了土苗文化圈直接延续了巴文化传统外，在鄂西和鄂北山区，巴文化与楚文化相互交融，形成了巴楚文化圈。

从地理上看，巴楚文化圈以拥有长江三峡的巫山山脉为中心，北接大巴山余脉的神农架林区，南与云贵高原东延部分武陵山脉相连。大巴山、巫山、武陵山

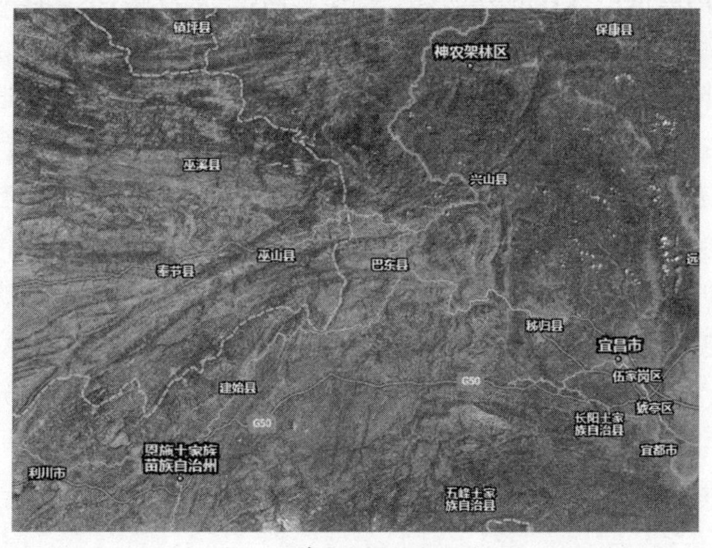

巴楚文化圈地貌

三个山脉贯穿南北，长江、清江二水连通西东。巫山山脉自重庆市巫山县起，至湖北巴东县止，是中国二、三级阶梯的界线，西为四川盆地，东为长江中下游平原。在这里，来自江汉平原的楚文化与来自成都平原的巴蜀文化相遇，双方龙争虎斗，在漫长的历史中混血融合。

巴楚文化圈处于宜昌市、神农架林区和恩施州构成的大三角区，范围波及属于宜昌地区的巴东县、长阳县、五峰县、秭归县和兴山县，属于恩施地区北部的建始县，属于十堰市的神农架、房县、竹山、竹溪等。方言多属西南官话成渝片。其北与秦楚文化圈边缘相交，其南与土苗文化圈相叠。

巴文化历史渊源悠久。考古学上发现有200万年前的"巫山人"、19万年前的"长阳人"，以及长阳桅杆坪、宜城城背溪等新石器时代遗址。"巴"字小篆如蟒蛇蜿蜒状。《说文·十四》云："巴，虫也，或曰食象蛇，象形也。"《山海经·大荒北经》云："西南有巴国，有黑蛇，青首，食象。"《山海经·海内经》："西南有巴国。太皞生咸鸟，咸鸟生乘厘，乘厘生后照，后照是始为巴人。"《殷墟文字丙编》："武丁妇好伐巴方。"从这些记载可以看出：巴人是以蛇为图腾的民族，远在殷商时期，就与中原有战争。晋人常璩《华阳国志·巴志》载："周武王伐纣，实得巴蜀之师，著乎《尚书》。巴师勇锐，歌舞以凌殷人，(殷人)倒戈。"可见巴人参加武王伐纣战争时，不仅勇敢无畏，而且善歌舞，他们在阵前唱歌跳舞，使得殷人不战而降。

巴、楚两国很早就有密切的来往。两地水路交通顺畅，从长江顺流而下，巴人几天就能到达楚国的郢都。从巴国的汉中到楚，在清江上坐几天船也可抵达楚都。在长阳、宜都等地考古发掘中，既有巴文化遗址，也有楚文化遗址，可见这些地方自古就巴楚杂居。《华阳国志》载：巴人"战国时尝与楚婚"。《左传·昭公十三年》载有楚共王与巴姬秘密埋璧于太室的事，证明巴楚上层早有婚姻关系。

巴人参加武王伐纣战争后，与中原地区保持着联系。春秋时期，巴国达到鼎盛阶段，"其地东至鱼复，西至僰道，北接汉中，南极黔涪。"巴国跨汉水，打败邓国。"其后巴师、楚师伐申，楚子惊巴师。"在巴国发生内乱时，巴将军蔓子曾到楚国求救，楚王救巴后，巴蔓子以头谢楚，楚国以上卿礼葬其头。[①]公元前611年，楚、秦、巴三国联合灭了庸国。巴国控制了巫山盐泉，如虎添翼。但巴国在秦、楚两个大国进逼下，无论向东还是向北发展，都力不从心，不过巴人始终控制着清

① 引文均出《华阳国志·巴志》，齐鲁书社，1998年。

江水道。直到公元前377年即楚肃王四年,巴蜀联军发动对楚的进攻,占领兹方(即今湖北松滋)后,楚国还击,乘胜攻入清江中游,一直到巴山附近设置“捍关”,巴人才失去清江腹地。此后,楚人只用了不到10年时间,就拥有了黔中郡和巫郡,将巴国封锁于川东一隅。公元前316年,巴国终被秦国灭亡。

巴楚两种文化的长期交流,使这一地区的文化一直呈现亦巴亦楚的文化叠合状态。如有一首民谣《秭归八大怪》,前面两句就是:“生在湖北爱川菜,县城方言两大派。”原因是秭归人的饮食习惯和四川人口味一样,爱好麻辣。秭归县以链子岩为界,链子岩以上的人说话与四川话相近,链子岩以下的人说话与武汉话相近,出现了一城有两种方言的怪现象。[①]在兴山、巴东等县,也常见这种巴楚文化相杂的现象。

巴楚文化圈受荆楚和巴蜀两大地域文化的浸润,民间文学传统十分丰厚。南北朝文献对此地的民歌多有记录。如:“巴东三峡巫峡长,猿鸣三声泪沾裳。巴东三峡猿鸣悲,猿鸣三声泪沾衣。”(《乐府诗集》)“朝发黄牛,暮宿黄牛。三朝三暮,黄牛如故。”(《水经注·江水注》)唐代诗人刘禹锡在永贞革新失败以后,先后被贬到朗州、连州、夔州、和州等地。夔州古属巴国,其他地方大都属楚国。所以他说“巴山楚水凄凉地,二十三年弃置身”。但流放对于诗人来说是“塞翁失马”,他学习民歌,革新诗体,写了不少《竹枝词》,在唐诗中别开生面。如:“江南江北望烟波,入夜行人相应歌。桃叶传情竹枝怨,水流无限月明多。”“杨柳青青江水平,闻郎岸上踏歌声。东边日出西边雨,道是无晴却有晴。”等等,都是脍炙人口的名篇。他还开创了用竹枝体歌咏风土人情的先河,如:“山上层层桃李花,云间烟火是人家。银钏金钗来负水,长刀短笠去烧畲。”

巴楚民歌中的“竹枝词”,本来是有领有和、有歌有舞的一种歌体,很可能是手执竹枝而舞。《太平寰宇记》载:“巴之风俗……男女皆唱竹枝词。”历代诗人对民间竹枝词多有赞美。如白居易《竹枝词》:“竹枝苦怨怨何人,夜静山空歌又闻,蛮儿巴女齐声唱,愁杀江楼病使君。”他还有“唱到竹枝声咽处,寒猿暗鸟一时啼”、“江畔谁人唱竹枝,前声断咽后声迟”等佳句。顾况的《竹枝曲》也很有名:“帝子苍梧不复归,洞庭叶下荆云飞。巴人夜唱竹枝后,肠断晓猿声渐稀。”

---

① 周建华:《秭归八大怪》,见《三峡秭归在线》。网址:http://www.zigui.gov.cn/2011-04/08/cms447460article.shtml.

“竹枝体”作为巴楚文化的特色，历代一直延续，佳作层出不穷。胡朴安《中华全国风俗志》载：“夷陵元夕，连袂唱竹枝歌、采茶歌。”①可见唱竹枝歌已成为当地新年风俗了。长阳县清代著名诗人彭秋潭记述当地哭嫁习俗中的“十姊妹歌”时，写道：“十姊妹歌歌太悲，别娘顿足泪沾衣。宁山地近巫山峡，犹似巴娘唱竹枝。”

巴文化与楚文化相互撞击、渗透和融合，使巴楚文化圈形成了丰富多彩的民间文艺形式和深厚的民俗传统。经过民间文化工作者的长期艰苦努力，许多民间文学作品得到了良好的记录和保存，其中不少在当代生活中还充满了活力。对此，毕生工作在这一地区的优秀民间文艺工作者王作栋，曾作了这样的介绍：“在传统的民间口头文学方面，迄今流布有故事（含神话、传说、笑话和历史故事、生活故事、机智人物故事、幻想故事、动植物故事、精怪故事等类型）、歌谣（含谜歌），谜语、俗谚，歇后语；民歌方面，有号子（如峡江船工号子、龙船号子、打硪号子、抬灵柩号子等），山歌（如五句子歌），田歌（如薅草锣鼓），灯歌，小调，风俗歌（如哭嫁歌、丧歌），儿歌；民间器乐方面，有巫音，枝江吹打乐，宜昌细乐，道教音乐，玉泉寺佛乐；民间曲艺方面，有长阳南曲，兴山围鼓，宜都梆鼓，漳河大鼓，枝江楠管，五峰吹锣鼓，满堂音等；民间戏曲方面，有傩愿戏，皮影戏，远安花鼓戏，秭归建东花鼓戏，五峰柳子戏，踩堂戏，当阳杀故事；民间舞蹈方面，有跳丧舞，地花鼓，高跷，龙灯，狮子，采莲船，蚌壳精，滚灯舞，扇子舞，推车舞，插秧舞，采茶舞，九子鞭，板凳龙，茅古斯，虾子灯，大头罗汉（一名大头和尚），老背少等。”②

在巴楚文化圈中，列入国家级非物质文化遗产名录的有长江峡江号子、屈原传说、王昭君传说、都镇湾民间故事、下堡坪民间故事、青林寺谜语、兴山民歌、宜昌丝竹、宜昌堂鼓、屈原故里端午节、薅草锣鼓、撒叶儿嗬、枝江民间吹打乐等，列入省县两级名录的就更多了，难以尽列。在巴楚文化圈中，涌现了许多优秀的民间文艺传承人，如五峰县的民间故事家刘德培、长阳县女故事家孙家香、宜昌市夷陵区杰出民间文艺传承人刘德方等，还发现了中国谜语之村——青林寺村。长期以来，三峡地区抢救保护民间文化遗产工作持久不懈，除发现上述“三家一村”外，2002年宜昌市创建了民间文化电子资源库，2003年设立了宜昌市民间文

① 胡朴安编：《中华全国风俗志》，上海书店，1986年，第33页。

② 王作栋：《痴情三峡　投身民间》，《中国民间故事全书·湖北·远安卷》，知识产权出版社，第5页。

化高龄人扶助金。2006年，长阳土家族自治县通过了《民族民间传统文化保护条例》，出版了大量相关资料集和研究著作，举措均开全国先河，是与云南省、浙江省一起被确定的全国抢救保护民间文化遗产的3个综合试点之一（2003年）。

这个地区在当代民间文艺的发展与应用的模式创新方面，走在全国前列。20世纪90年代中期的土家族婚俗舞剧《土里巴人》，曾荣获国家级文艺大奖“文华奖”。长阳县将传统丧仪的“跳丧舞”改编为群众健身舞“巴山舞”，由国家体育总局向全国推荐。长阳县选送的“土苗兄弟组合”民歌演唱，巴东县选送的“撒叶儿嗬”，两次夺得中央电视台“青歌赛”金奖，令世界对这个地区的民间文化传统刮目相看，使这里成为不少艺术家和研究者注目的焦点。

第二节　巴楚民间歌谣

巴楚歌谣源远流长，从《尚书》所载巴人协助周人征商时的军前之舞，到唐代诗人白居易、刘禹锡等人诗作中的描述，再到清代诗人彭秋潭等人的竹枝词，以及方志等历史文献上对巴楚歌谣活动的记录，历代不绝如缕。在当代，巴楚民歌在全国多次引起轰动。在非物质文化遗产保护活动中，这个地区的撒叶儿嗬、兴山民歌、长江峡江号子、宜昌堂调、雾都河民歌等，都列入了国家保护名录。

巴楚民歌有非常鲜明的区域特色，如峡江号子和清江号子、跳丧、哭嫁、花鼓子、锣鼓歌、竹枝词、五句子、穿号子等等，这些民歌有的来自巴人风俗，有的来自历史传统，有的是当地特有风物与生活的产物。

长江峡江号子在巴楚民歌中具有代表性。三峡一带水急滩险，船工每一次行船至此都是一次生死考验。有首宜昌民歌唱道：“自古瞿塘一把锁，锁住代代船工脖。脖上挂着生死牌，牌上写着阎王锁。”对船工来说，号子是他们在群体劳动中迸发的生命呼喊。这些号子包括行船号子、码头号子和搬运号子等。行船号子有拖扛、搬艄、推桡、拉纤、收纤、撑帆、摇橹、唤风、慢板等；搬运号子有起舱、出舱、发签、踩花包、抬大件、扯铅丝、上跳板、平路、上坡、下坡、摇车和数数等。峡江号子大都一领众合，音乐节奏视活计而定，表现气势磅礴的力度感。

峡江号子的歌词多为出力时的吆喝，如咳、呀、嘿等，也有少数号子有丰富的歌词。如秭归县的扳桡号子《数板》，只有一段不断循环的旋律，每段两句歌词："搂一下搂一下（哟吙咳）再搂一下（咳咳）。夔府开头把艄出（哦吙），咳呀呀嘿嘿，咳呀呀嘿嘿！"以下每段，只改变有内容的那一句歌词，细数从奉节到宜昌经过的地名与风景，如："夔府开头把艄出，臭盐碛摆的八阵图，旱八阵，水八阵，生罗阵，死罗阵，遇到陆逊来破阵，他今破的死罗阵……推黑石，望黛溪，一声号子下猫须……好一个巴东倒，衙门赛猪圈，大堂打板子，河下大听见……巫山有个孤王舵，喊得号子打不得锣，龚家坊的猴子多，跳石的豆腐下不得河……晒花碛，磨刀滩，牛脑壳石在河中间。牛口三漩不算恶，八斗滩滩要撞砣……人头石，生得恶，庙河地方好靠船，大二三柱把河拦，岭岭赛过鬼门关……窑湾溪，灯盏窝，香溪的煤炭真是多。木乃河，要和尚，兵书宝剑抬头望……鸡尖石，生得高，豆子石上浪滔滔。凤凰展翅珍珠角，牛肝马肺生得确……不紧不觉出了川，尊声客人请听话，西坝靠头把税查，到哒宜昌把街耍。"[①]这段歌词，可以说是船工的一幅航行指南，对三峡沿途的水道和风俗都进行了形象的描述。

巴楚文化圈中除长江外，另一条重要的河流是清江。清江是土家族的母亲河，古称夷水，是鄂西南最大的河流，也是省内第二大长江支流，仅次于汉水。清江以江水清澈而得名，其主航道在湖北宜都至湖北长阳资丘镇一段，民谣说"七拦八屿共九洲，七十二滩上资丘"，船工要经过"九湾十八沱"，才能完成这段航行。为战胜凶滩恶水，船工们创造了多种多样的劳动号子。如《划桡》："起了风和云，船儿当江行，双膝跪下许诸神。息了风和浪，船儿当江上，双膝跪下许猪羊。脚踩二十四块莲花板，手扳二十四块花桡片，前三桡，后三桡，左三桡，右三桡，急水滩上再三桡，划桡划桡又划桡，花船上来了。"又如《纤夫谣》："三尺白布四两麻，脚蹬石头嘴啃沙。打起风来像公子，爬起桅来像猴子，拉起纤来像孝子。"[②]有的号子还富有神话和历史意蕴，如"向王天子一支角，吹出一条清江河。声音高，洪水涨，声音低，洪水落，牛角弯，弯牛角，吹成一条弯弯拐拐的清江河。"[③]

巴楚山地是重要的盐道，有不少《背脚歌》流传。如"早晨三杵慢慢悠，黑哒三杵赶栈口；宁走三里多，不爬一里坡，前头望路，后头望杵；前头开，后头挨；掉

① 秭归县文化旅游局、秭归县非物质文化遗产保护中心编印：《秭归民间音乐集》①，2011年，第12-13页。
② 王新祝主编：《土家民歌》，湖北人民出版社，2003年，第146、148页。
③ 长阳土家族自治县文化局编印：《中国歌谣集成·长阳土家族自治县歌谣分册》，1988年，第1页。

杵不掉梢,上七下八,平路一十一;多走一步是个狗日的。”[1]

这里劳动歌很普遍,各种活路都有歌。如宜昌县有个叫陈明刚的篾匠,一个人口述的民歌有228首,涉及50多种唱腔,出版了一本《陈篾匠民歌选》。采录者问他什么时候唱歌,他说:“一个人做篾货的时候,唱。自己哼嘿。每年除了忙季,经常做的。从天亮到天黑,旁边又经常没得人跟你说话,不哼歌子,一个人闷到做啊?‘口里讲古,手里摇撸’嘿,那又不耽误工。”[2]这番话很实在地说出了民歌与劳动之间的关系。他唱的《采桑歌》很有情趣:“姐儿生得好双手,采桑就像绣绣球;单手采像虎摇尾,双手采像狮捧球;上采就像蜜蜂采,下采就像鸳鸯游;左采就像龙闹海,右采就像爬树猴……”[3]像陈篾匠这样的人,在巴楚地区很多,如著名的民间艺人刘德方,还有民间故事家刘德培、孙家香等,他们口述的民间文学一被人记录下来发表,很快就享誉全国。

三峡地区流行的田歌是“锣鼓歌”。栽秧打锣鼓叫“栽秧锣鼓”;扯草打锣鼓叫“扯草锣鼓”;薅草打锣鼓叫“薅草锣鼓”;砍柴打锣鼓则叫“砍柴锣鼓”。锣鼓歌伴随着一天的劳作,演唱方式一般是“早晨唱花名,中午唱古人,晚上唱交情”,内容包罗万象。“锣是青铜打,鼓是牛皮扎,拿在田中打,免得人说话。”打锣鼓唱锣鼓歌的作用是让人们集中精力干活,提高劳动效率。关于锣鼓歌,后面还有专节详论。

巴土文化圈的生活歌中,最富特点的是仪式歌,如丧礼中的跳丧,婚礼中的哭嫁,祭祀仪式中的神歌等。

“跳丧”是清江流域土家族人一种很特别的祭祀歌舞,也叫“打丧鼓”或“撒叶儿嗬”。每当有人去世时,他们的亲朋好友就要在当天晚上,为死者举行一场歌舞。一般来说,跳丧者既有丧家的亲属、朋友、邻居、同事,也有请来的歌师和路过的人。当地民谚说:“人死众家丧,一打丧鼓二帮忙。”实际上,跳丧也是一种深山中难得的文娱活动。丧鼓歌中这样唱:“撒黑听到丧鼓响,不知丧鼓在何方,你在南山我要走,你在北山我要行,打不起豆腐送不起情,打一夜丧鼓送人情。”“跳丧舞,跳丧舞,跳破鞋儿无人补,隔壁二嫂会补鞋,旧的补出新的来。跳丧舞,跳

① 王新祝主编:《土家民歌》,湖北人民出版社,2003年,第150页。
② 陈明刚唱述,苏宗源搜集整理:《陈篾匠民歌选》,大众文艺出版社,2005年,序言第7页。
③ 同上,第369页。

丧舞,跳起堂前三寸土,孝官见到一场哭,明早挑土填堂屋。”[①]在跳丧现场,人们常常如痴如醉,情绪极为亢奋。

“跳丧”是在死者灵柩前进行的。入夜,死者的灵柩停在堂屋(或停在屋外空地),人们在灵柩前击鼓放歌狂舞。由一人掌鼓发歌,舞者两两相对,载歌载舞,围观者接声帮腔。“跳丧”舞步法很多,有“四大步”、“滚身子”、“么姑姐”、“么连嗬”、“撒叶儿嗬”、“摇丧”、“打丧”、“哭丧”、“杨柳”、“燕儿含泥”、“虎包头”、“凤展翅”、“狗撒尿”等二十多种,多表现生产生活,或模仿飞禽走兽,歌舞通宵达旦,十分热闹。

“跳丧”这种古老的丧葬仪式,是一种分布区域极小的活动,仅仅流行于长阳、巴东、五峰、建始、鹤峰及湖南石门等县离清江不超过50公里的范围内,方圆不过百里左右。长阳资丘镇、火烧坪和巴东野三关、清太坪、水布垭、金果坪、五龙溪等乡镇,是跳丧习俗的中心区。以资丘镇为界,上游为“跳丧”,下游为“坐丧”(一人坐堂击鼓,众歌师排坐)。北部的秭归县、兴山县为“转丧”,即鼓师、歌师绕棺而唱,与神农架“打待尸”相同。从这些不同的丧葬仪礼,可见这个地区是几种不同文化的交汇之地。

长阳土家族自治县跳丧现场(1997年)

人们对跳丧活动的源头众说纷纭,莫衷一是。有人追溯到武王伐纣时巴人的“军前舞”,有人追溯到屈原的《九歌·礼魂》的“成礼兮会鼓,传芭兮代舞,姱女

① 田从海主编:《巴东民间歌谣》,民族出版社,2007年,第240页。

倡兮容与。春兰兮秋菊，长无绝兮终古”，还有人将其附会到庄子的“鼓盆而歌”。最早记载跳丧习俗起源的文献可能是《隋书·地理志》：“南郡、夷陵……清江诸郡多杂蛮左”，“其左人则又不同，无哀服，不复魄。始死，置尸馆舍，邻里少年，各持弓箭，绕尸而歌，以扣弓箭为节，其歌词说平生之乐事，以至终卒，大抵亦犹今之挽歌也。”唐樊绰《蛮书》引《夔府图经》载：“初丧，鼙鼓以道哀，其歌必号，其众必跳，此乃盘瓠白虎之勇也。”清朝《巴东县志》记载：“旧俗，殁之日，其家置酒食，邀亲友，鸣金伐鼓，歌舞达旦，或一夕或三五夕。”同治《长阳县志》记载：“临葬夜，诸客群挤丧次，擂大鼓唱曲，或一唱众和，或问答古今，皆稗官演义语，谓之‘打丧鼓’，唱‘丧歌’。”长阳县清代诗人彭秋潭《竹枝词》：“家礼亲丧儒士称，僧巫法不到书生。谁家开路添新鬼，一夜丧歌唱到明。”[①]这些记载表明跳丧风俗有着深远的历史渊源。

“跳丧”时所唱的歌词，涉及内容十分广泛：有死者生平事迹、历史传奇、爱情故事，也有生活趣事，还有表现男女爱情和生育信仰的。由于是丧歌，不少歌词富含朴素的人生哲理，如：“不要哭，不要哭，老人是个顺头路。阎王制定三更死，不能留人到五更。活在世上人又老，一嘴牙齿也没得。人又老，牙没得，硬的东西吃不得。山中只有千年树，世上哪有百岁人？不要哭，不要哭，老人死哒享天福。”[②]从中可以看出土家族对于生老病死的达观态度。

也有的富有生活情趣，如两人对唱的《螃蟹歌》：

甲：正月好唱螃蟹歌，撒叶儿嗬！
乙：我问螃蟹几只脚？撒叶儿嗬！
甲：一个螃蟹八只脚，撒叶儿嗬！
乙：两个大夹夹，撒叶儿嗬！
甲：六个小脚脚，撒叶儿嗬！
乙：老鸦子头上叫，撒叶儿嗬！
甲：像一个乌龟壳，撒叶儿嗬！
乙：躲在岩壳壳，撒叶儿嗬！
甲：找一个棒棒戳，撒叶儿嗬！

---

① 杨发兴、陈金祥编注：《彭秋潭诗注》，中国三峡出版社，1997年，第184页。
② 田从海主编：《巴东民间歌谣》，民族出版社，2007年，第243页。

乙：夹又夹的紧，扯又扯不脱，撒叶儿嗬！①

在跳丧舞蹈流行的地区，一个人如果不会跳这种舞蹈，是被人瞧不起的。跳丧舞的歌词中唱道："不会跳丧的巴门站，眼睛鼓起像鸡蛋，厨屋里一声喊吃饭，肚子胀哒像油罐，亏他还是个男子汉！"②形象地描述了这样的笨人。实际上，根据我们的现场考察，在当地，几乎没有人不会跳这种舞，高手还能跳出许多花样。笔者 1987 年在长阳县调查时，首次见识这种奇特的舞蹈。1990 年代，笔者指导的研究生罗鹏以长阳县桃山镇赵家冲村一家人的丧事仪式为例，写了一篇实地考察跳丧的硕士论文。2000 年，五峰县著名的故事老人刘德培去世，笔者与武汉、宜昌的一些学者专程赶赴山中，参加了一夜跳丧。后面有专节记录这次活动，我们可以现场感受跳丧风俗的细节。

除跳丧外，长阳县以东地区与荆楚文化圈相接，也流行坐丧鼓。形式是一人坐堂击鼓，众歌师排坐吃茶抽烟，互相对歌。歌词多为七言上下句，有中长篇，也有五句子。内容以唱古人为多，歌师间多看重歌才。关于坐丧鼓的情况，可参见荆楚民歌一节。

巴楚地区传统人生仪礼歌中特色鲜明的除跳丧外，还有婚礼中的哭嫁和"花鼓子"。

哭嫁风俗源远流长。《礼记·曾子问》载："嫁女之家，三夜不息烛，思相离也；取妇之家，三日不举乐，思嗣亲也。"宋代周去非《岭外代答》中描述南方民族的伴嫁歌："嫁女之夕，新人盛饰庙坐，女伴亦盛饰夹辅之，叠相歌和，含情凄婉。"旧时的中国，汉、土家、藏、苗、畲、彝、壮、撒拉、仡佬等民族都有出嫁时的哭唱仪式。

在湖北，"哭嫁歌"主要保留在土家族的婚俗之中。清乾隆时期鄂西土家族诗人彭秋潭有首记述土家哭嫁歌的《竹枝词》："十姊妹歌歌太悲，别娘顿足泪沾衣。宁乡地近巫山峡，犹似巴娘唱竹枝。"诗人还注解说："恋亲恩，伤别离，歌为曼声，甚哀，泪随声下，是'竹枝'遗意也。其词有曰：'长大成人要别离，别娘一去几时归；别娘纵有归来日，能得归来住几时？妹妹去，哥也伤心嫂伤心。门前一

① 引自陈红、田强：《土家丧俗"撒叶尔嗬"中的生育崇拜》，载《贵州民族研究》2009 年第 1 期。

② 龚发达主编：《中国歌谣集成湖北卷·长阳土家族自治县歌谣分册》，长阳土家族自治县文化局，1988 年，第 313 页。

道清江水，妹来看娘莫怕深……'"[①]从他这些记述，可以看到清代时的"哭嫁"歌词。

哭嫁歌深情凄婉，诉说新娘离家前的复杂心情。其中有对父母的眷念："一根竹子十二节，爹娘养我十二月。十字路上点盏灯，爹娘养女真担心。小时不知娘辛苦，长大才知父母恩。姊妹悲，姊妹伤，爹娘空养奴一场。我今一旦出了门，父母恩情报不成。侍候人家爹和娘，自己爹娘在哪方。"有对从小一起长大的伙伴的依依不舍："姊妹亲，姊妹亲，摘个石榴平半分。打开石榴十二格，亲生姊妹怎舍得。"有对家乡的留恋："姊妹哀，姊妹哀，扯根桃树门前栽。桃树长来我也长，一早一晚侍候娘。桃树成林我成人，桃树结果奴出门。"[②]歌中也表达了亲人们的哀伤："绣花盖头头上蒙，哥子嫂子把亲送。别家忙的金满斗，爹妈忙的一场空，脸哭肿来眼哭红。"[③]

巴楚地区人生仪礼歌中，还有一个奇特的品种"花鼓子"。1987年笔者在长阳县招来河进行田野调查时，有天晚上碰巧一家人为孙子满月举行"花鼓子"仪式，我们全程观察了一夜。整个晚上，除半夜有一个祭祀过去死难产妇的仪式，及早晨主家与儿媳娘家来的歌手对歌外，乡民们在主家堂屋中以一男一女两两相对的方式，拈一只手帕，边歌边舞。"花鼓子"的内容，有短篇叙事性的，如"正月里来正月八，爹娘择期把奴嫁，择期腊月二十八。请起木匠把柜打，请起裁缝忙赶嫁，请起乐队吹喇叭。吹长的来是喇叭，吹短的来是唢呐，喇叭子吹的嘟嘟哒嘟哒，唢呐子吹的哒哒的哒的，嘟嘟哒嘟哒哒哒的哒的，吹吹打打婆家去。……二月里来是花朝，想起女婿真可恼，站到像个痴汉子，坐到像个大头苕。头发结得像鸡窝，鼻涕口水流成河，裤子挎在屁股下，鞋子半头不见哒，嫁给这个憨家伙，你看怄我不怄我……"[④]更多的是情歌小调，如："斑鸠树上叫咕咕，姐在屋里把床铺，斑鸠斑鸠你该死，成双成对咕什么，耻笑奴家无丈夫？"[⑤]长阳县的"花鼓子"句式较整齐，多五言四句，如："情哥来得稀，没得什么子吃，炒碗包白菜，烧几

① 杨发兴、陈金祥编注：《彭秋潭诗注》，中国三峡出版社，1997年，第186页。

② 田从海主编：《巴东民间歌谣》，民族出版社，2007年，第252页。

③ 龚发达主编：《中国歌谣集成湖北卷·长阳土家族自治县歌谣分册》，长阳土家族自治县文化局，1988年，第256页。

④ 袁维华采录，彭明吉整理：《憨女婿》，载《郎啊姐——民间文艺家刘德方传唱的三峡情歌选集》，中国三峡出版社，2004年，第58页。

⑤ 同上，第7页，第18页。

个大洋芋。”“门口一树柏,白鹤飞来歇,白鹤飞去了,闪断枝和叶。”“高粱叶儿青,猫儿在喊春,咪吆咪吆叫,叫得心里疼。”[①]

“花鼓子”仪式歌中常常出现激烈的斗歌。与秦楚文化圈中的“翻田埂”不同,这种斗歌不是歌师之间,而是普通的参加者。笔者那晚看到的斗歌,在两种场合下发生:一是边歌边舞之时,忽然一对舞伴斗起歌来,吸引起大家注意。这时有其他舞伴会主动参与进来。跳“花鼓子”多一男一女对面而跳,唱完一段后两人位置对转,但斗歌多是两个男子对舞,规矩是:“五句子歌儿五句子对,只准上前不准退,上头不许伤大人,下头不许骂姊妹,亲亲热热唱拢堆。”歌词以“讲狠”为内容,如:“牡丹开花叶叶大,你是歌师我不怕,老虎是我的看门狗,锦鸡是我的报晓鸡,皇帝佬是给我牵马的。”“你在唱来我在收,把你收到鞋里头,沿山架岭到处跑,几天几夜不脱鞋,压出你的肠子来。”[②]又如:“五句子歌儿五句子对,只许上前不许退,上前三步是好汉,退后一步是乌龟,生成是个下贱坯。”“说讲狠,就讲狠,早上吃了个大石磙,你也有来我也有,相陪兄弟唱几首。你会升子我会斗,你会爬来我会走,你会戥子我会秤,你有八两我半斤。今日唱歌不长论,相陪先生到天明。”[③]第二个斗歌的场合是天将明前,两亲家方面的歌师对唱。儿媳娘家专门带来歌师,婆家人更多,两边歌手坐在两张八仙桌的对面。娘家来的是三个四五十岁的女歌手,她们不慌不忙,落落大方,很有大将风度,三人不时小声商量。婆家则人多势众,一会儿这个挑战,一会儿那个叫阵,斗得十分激烈。正当笔者担心双方伤了和气时,两边的男亲家出面,各唱了两首和气歌,最后皆大欢喜结束。

除人生仪式外,巴楚山区巫风盛行,人与自然亲密接触,也流传着许多巫术歌和祭祀歌。巴人崇虎,至今流传《白虎歌》:“栋上白虎,栋下白虎,一切凶煞,嚎啼大哭。”[④]土家人信奉五谷神,视五谷神为种田人的主神之一。相传古历八月二十四日是五谷神的生日,这一天土家人要祭祀五谷神,他们在门外设天台,唱这样的祭祀歌:“五谷神,五谷神,天下没有你,世上没有人,八月二十四,本是你降

① 龚发达主编:《中国歌谣集成湖北卷·长阳土家族自治县歌谣分册》,长阳土家族自治县文化局,1988年,第492-495页。

② 田从海主编:《巴东民间歌谣》,民族出版社,2007年,第82、87页。

③ 王新祝主编:《土家民歌》,湖北人民出版社,2003年,第244、245页。

④ 同上,第379页。

生，锅里我不煮，甑子我不蒸，磨子我不推，怕你失魄落了魂……把你请到平地里，五谷平地生，将你请到荒坡上，五谷荒坡生。有人把你踩脚下，要受五雷劈全身；有人把你火里丢，瞎得双眼失光明……"[①]

巴楚地区与其他地方一样，情歌在所有歌谣中占有绝大多数，且艺术性极高。情歌当然少不了姐和郎，著名传承人刘德方的歌集，就叫《郎啊姐》。有首巴东歌谣是这样唱的："东边河里的水，西边河里的秧，秧也离不开水，水也离不开秧，十七八岁的幺姐儿，离不开少年郎。"[②]

青年男女之间的爱情故事，过程都是一样的。首先是对异性外表的赞美。如："眼看姐儿在门庭，手纳鞋底笑盈盈，樱桃小嘴糯米牙，一双眼睛亮晶晶，姐儿长得像观音。"[③]然后是日常生活中的挑逗："郎在树上摘枇杷，姐在树下绣荷花。郎摘枇杷打姐手，打得姐儿肉一麻，浑身上下像针扎。""想不到姐儿我没个法，跳到井里变蛤蟆。早晨她挑水呱三声，晚上她挑水三声呱。姐儿的心也呱软哒。"接着是痴心的追求："姐儿住在高山岩，黑里去了黑里来，碰见老虎当花狗，碰见花蛇当根柴，舍起性命把姐爱。"[④]"两人聊完把手分，情哥对姐动真情。每天姐家跑三遍，相思缠人难进门。茅草坝里走成路，房前屋后站成坑。站着又怕人看见，蹲着又怕腿抽筋。站着飞来蚊虫咬，蹲着又是蚂蚁叮。蚊虫咬得血淋淋，蚂蚁叮得钻心疼。叮叮咬来咬叮叮，情哥急得心如焚！大起胆子走过去，轻轻敲起姐的门。"[⑤]追求不得则疯狂相思："郎害相思害得恶，想姐头发冲水喝，你要头发我给你剪，你要心肝我给你割，只要你病好记得我。"终于感动了神灵，二人相亲相爱："一床席子布包边，姐睡中间郎睡边，睡到半夜身一翻，两个舌头对舌尖，蜂糖也没得这么甜。"可是，有时也会闹翻，于是分手："石板上栽花花又黄，姐儿带信要丢郎，你要丢来黑个什么脸？说几句好话我下场，东方不亮有西方。""石板上栽花花又白，姐说丢来我跑不撤，六月的凉水到处有，哪有草里饿死蛇？火烧蓑衣脱不撤。"[⑥]

---

① 王新祝主编：《土家民歌》，湖北人民出版社，2003年，第389-390页。

② 田从海主编：《巴东民间歌谣》，民族出版社，2007年，第123页。

③ 袁维华采录，彭明吉整理：《郎啊姐——民间文艺家刘德方传唱的三峡情歌选集》，中国三峡出版社，2004年，第7页。

④ 王新祝主编：《土家民歌》，湖北人民出版社，2003年，第22、12、50页。

⑤ 陈明刚唱述，苏宗源搜集整理：《陈篾匠民歌选》，大众文艺出版社，2005年，第36页。

⑥ 田从海主编：《巴东民间歌谣》，民族出版社，2007年，第138、87、97页。

毫不奇怪，情歌中当然少不了一些纯粹出自生理需要的“荤歌”：“对门大姐穿身蓝，怀里抱个腌菜坛。辣椒豇豆腌不满，一条黄瓜腌满坛，不知腌的咸不咸。”“对门大姐穿身黑，一对妈子白如雪。大姐蹦跳它蹦跳，进进出出等不得，情哥带信今来歇。”[①]山民们对这些歌并不排斥，但多是在夜深人静时为驱赶瞌睡或劳动中战胜疲乏时而唱，他们唱这些歌的时机是很有分寸的。

巴楚地区的儿歌同样源远流长。清同治时期的《长阳县志》载有这样的儿歌：“杨柳青、放风筝，杨柳活、打得螺，杨柳黄、放响网，杨柳死、踢毽子。”[②]从这首歌可以知道当时儿童游戏的方式。山区的儿歌自有山区的特点，多是山区常见的事物。如《蛇来哒》：“金叉叉，银叉叉，蛇来哒，我不怕，蛇去哒，我送它，蛇死哒，我埋它，娃儿来哒不咬他。”[③]当地传说，娃儿见了蛇只要一边唱此歌，一边双手合拢十指交叉，蛇就害怕，不咬小孩了。

巴楚地区歌谣的形式极为丰富。有人研究过清江民歌的歌词格式，发现曲牌有100多种，其中在句式上有一句的，也有二、三、四、五句直到数十数百句的，从字数讲，从二字句到十字以上的句式都有。[④]有的山歌很自由，如：“张郎去打猎，狗子把火接，一铳打哒，一翅飞在广东、广西、云南、贵州，岩凸上歇，长声、短声、高声、低声，嘀嘀嘎的，古的古怪的号子，好叫不好接。”又如：“姐住在架山、架岭、架梁、井架边，情哥住在背山、背岭、背塝、塝背尖。有朝一日打你的架山、架岭、架梁、井架边上过，听我唱一个精精巧巧、巧巧精精的五句子歌，唱得你脚瘫手软、手软脚瘫踩不得绫罗、织不得梭，眼泪汪汪望情哥。”[⑤]但是占绝大多数的，还是五句子歌。毕其一生研究五句子歌的梁前刚先生曾总结说：“关于湖北的五句子歌流传分布，应该说，可以分为三个区域：一是鄂西，主要包括恩施、十堰、襄樊、宜昌四个市州。其中，除襄樊市部分县区五句子略少些外，其他各市县传播都较广泛，尤其以长阳县为代表，成为其民歌流传的主要形式。”[⑥]凡熟悉五句子

---

① 陈明刚唱述，苏宗源搜集整理：《陈篾匠民歌选》，大众文艺出版社，2005年，第365页。

② 龚发达主编：《中国歌谣集成湖北卷·长阳土家族自治县歌谣分册》，长阳土家族自治县文化局，1988年，第596页。

③ 同上，第620页。

④ 来层林：《清江民歌是巴楚文化的硕果》，载王峻峰主编：《清江文化与现代文明》，武汉出版社，2001年，第136页。

⑤ 王新祝主编：《土家民歌》，湖北人民出版社，2003年，第146、32页。

⑥ 梁前刚著：《五句子概说》，湖北人民出版社，2007年，第26页。

的人都知道，五句子最难写的是第五句，这一句是全歌的点睛之笔，如："狗子打架嘴咬嘴，驴子打架腿碰腿，鸭子打架撮几撮，水牛打架角碰角，夫妻打架各睡各。"（兴山民歌）最后这一句歌词，将整个歌的主题鲜明地揭示了出来。

巴楚地区还有一种非常富有特色的歌谣形式"穿号子"。"穿号子"由"梗子"、"叶子"两首歌词组成，分别为"四句"五言一首和"四句"（也有"五句"的）七言一首。它们单独成篇，意义完整，但两首穿插唱起来又能浑然一体，具有很高的艺术美和音乐美。"梗子"一句，"叶子"一句，形成一种奇特的艺术效果。如一首歌的"梗子"为："一树樱桃花，开在岩脚下，蜜蜂不来采，空开一树花。""叶子"的歌词是："一个姑娘十七八，哭哭啼啼回娘家。娘问女儿哭什么？女婿太小难当家。"这首歌穿起来就是这样的："一个姑娘十七八，一树樱桃花。哭哭啼啼回娘家，开在岩脚下，娘问女儿哭什么？蜜蜂不来采。女婿太小难当家，空开一树花。"又如《一条菜花蛇》："（梗子）一条菜花蛇，两条蛇菜花，拜上小情姐，蛇儿又来哒。（叶子）吃了中饭下河玩，一条花蛇顺路盘，见蛇不打三分罪，见姐不爱是一憨，讨到人骂心喜欢。"[①]再如："（梗子）头发三股辫，对郎发誓言，若是变了心，死在郎面前。（叶子）红漆棺材黑当头，情哥要死奴难留，你今要死一路死，你今要埋一路埋，阎王面前脱双胎。"[②]读者自己可尝试着将它们"穿"起来，一定会发现别有情趣。

过去演唱"穿号子"，多半是一人"喊"一人"穿"。农业合作化和人民公社化之后，在集体劳动中唱"穿号子"，大多一人"喊"众人"穿"。"穿号子"节奏自由，音调悠长。歌手们用高腔演唱，声音嘹亮，气质豪放而粗犷。这是全国民歌中一种少见的样式。

在长阳县，对情歌有一种类似《诗经》的民间分类方式，叫做"排"，如"姐儿排"、"太阳排"、"一字排"、"石榴排"、"高山排"、"昨日排"、"郎在排"、"开花排"、"情哥排"、"隔河排"、"月儿排"、"栀花排"、"吃哒排"等，以每首歌起兴的两个字来命名一组同类歌词。如"姐儿排"："姐儿生得黑又黑，四两石灰擦不白，陡然一下擦白了，还是一个茄子色，马马虎虎不认得。""姐儿生得白如银，好似仙女下凡尘，瞒到师傅铁拐李，洛阳桥上去交情，引动凡间世上人。"再如"太阳排"："太阳

① 田从海主编：《巴东民间歌谣》，民族出版社，2007年，第12页。

② 龚发达主编：《中国歌谣集成湖北卷·长阳土家族自治县歌谣分册》，长阳土家族自治县文化局，1988年，第490页。

当顶又偏西，牛儿拖犁要回去，牛儿只想路边草，野猫只想笼中鸡，情哥只想姐为妻。”“太阳出来四山黄，老虎吃了负心郎，梭罗树上挂根筋，紫荆树上挂根肠，负心没得好下场。”再如“石榴排”：“石榴结果圆又圆，情哥情姐发誓愿，不分哪个在先死，奈何桥上等三年，同游地府同升天。”“石榴花开红纠纠，生不丢来死不丢，砍得头来换得气，哪怕阎王把簿勾，奈何桥上一路游。”[①]这种分类方式使数量众多的情歌变成一串串的，如同葡萄一样，是一种非常实用的记忆方式。

第三节 巴楚民间叙事

自古以来，巴楚地区有“日白”、“讲古”、“摆龙门阵”的习俗。这里山高水险，劳作繁重，人们茶余饭后，喜欢摆说各地的奇闻异事，涌现出了许多善讲故事的民间传承人。其中，在全国乃至全世界都闻名的故事家有三个：刘德培、刘德方和孙家香。

五峰县珍珠乡白鹿庄的故事老人刘德培，是个有眼疾的普通山民。他以务农为主，也从事过放排、背脚、酿酒、唱皮影戏、代人跑邮差、检瓦、会计、代销员、赤脚医生等营生。20世纪70年代被文化馆员王作栋发现并开始记录和发表他讲述的民间故事，1983年被中国民间文艺家协会评为“国宝”，1989年出版了个人故事集《新笑府》，1998年联合国教科文组织和中国民间文艺家协会将其列为“中国十大民间故事家”榜首，并为他拍了纪录片，赠送到世界各国展演。他的发现很偶然。听王作栋讲，1976年，有一天宜都县文化馆因房子漏雨请人检瓦，他给几个检瓦师傅送茶水，听到其中有个老人非常会说笑话，当晚就去拜访老人，发现他的故事讲得特别好。这个老人就是刘德培。这年春节，王作栋就到刘德培家去拜访他。从此二人紧密合作，将刘德培的故事、山歌、俗谚、谜语、皮影戏文等系统录音，并逐渐整理发表出来。据统计，共有笑话512则，民歌1000余首，俗谚2000条，谜语800则，皮影戏文5本。[②]从这个普通的农民身上，我们可

① 龚发达主编：《中国歌谣集成湖北卷·长阳土家族自治县歌谣分册》，长阳土家族自治县文化局，1988年，这类情歌见第407-480页。

② 王永红主编：《中国民间故事全书·湖北·五峰卷》，知识产权出版社，2007年，第353页。

以看到巴楚民间故事蕴藏多么丰富。笔者也多次采访刘德培老人,并在他去世后到他家参加了跳丧。后面有专节记述。

长阳县的女故事家孙家香,与走南闯北的刘德培不同,她不识字,也绝少出门,在出名前,只到过一次五十里外的渔洋关。她的侄子萧国松就职于长阳县文化馆。1988 年 7 月,在"中国民间文学三套集成"搜集整理工作中,开始记录和发表她讲的故事。1995 年,《湖北日报》发表了《土家山寨故事王》的报道,后来被《人民日报》(海外版)转载,自此被人知晓。1998 年,萧国松整理的《孙家香故事集》出版,共收录故事 252 个,计 25 万字。2007 年 5 月,中国民间文艺家协会授予孙家香"中国民间文化杰出传承人"称号。作为女性,孙家香的故事主要来自四个方面:母亲、婆婆、丈夫和乡邻,其中绝大多数为鬼狐精怪故事。

宜昌市夷陵区下堡坪乡的刘德方,许多人都以为是刘德培的弟弟,其实他与刘德培毫无关系。刘德方所在的下堡坪乡,只有两万四千人,但能讲 200 个以上民间故事的有 4 人,讲 100 个以上的有 20 人,讲 50 个以上的有 100 多人,刘德方是其中的杰出代表。[①]他是一个地地道道的农民,家庭成分不好,身世坎坷。但他性格开朗,记忆力强,并爱好皮影戏表演。他能讲 400 多个故事,还会唱民歌、演皮影戏和花鼓戏、打薅草锣鼓。他的故事中占比例最大的是笑话,讲起来风趣幽默,引人发笑。

本书作者访问刘德方(2004 年)

① 吴正彪:《乡村口承叙事与地方乡民的文化生活空间——下堡坪民间故事传说的田野考察札记》,中国书籍出版社,2009 年,第 4 页。

上述三个故事家在巴楚地区的集中出现，说明这里悠久的故事讲述活动，蕴藏着大批善讲故事的人和大量优秀的民间故事作品。

一、巴楚神话

在巴楚神话中，首当其冲的是巴人祖先廪君的神话。清代长阳诗人彭秋潭在《长阳竹枝词》中写道："土船夷水射盐神，巴姓君王有旧闻。向王何许称天子，务相当年号廪君。"[①]说的就是这个神话。

廪君神话传说最早见于先秦时的《世本》：

> 廪君之先，故出巫诞巴郡南郡蛮。本有五姓：巴氏、樊氏、瞫氏、相氏、郑氏，皆出于五落钟离山。其山有赤、黑二穴。巴氏之子生于赤穴，四姓之子皆生黑穴，未有君长，俱事鬼神。廪君名曰务相，姓巴氏，与樊氏、瞫氏、相氏、郑氏凡五姓，俱出争神。乃共掷剑于石，约能中者，奉以为君。巴氏子务相，乃独中之，众皆叹。又令各乘土船，雕文画之，而浮水中，约能浮者，当以为君。余姓悉沉，惟务相独浮，因共立之，是为廪君。乃乘土船从夷水至盐阳。盐阳水有神女，谓廪君曰："此地广大，鱼盐所出，愿留共居。"廪君不许。盐神暮辄来取宿，旦即化为飞虫，与诸虫群飞，掩蔽日光，天地晦冥，积十余日。廪君不知东西所向，七日七夜。使人操青缕以遗盐神曰："缨此即相宜，云与女俱生，宜将去。"盐神受而缨之。廪君即立阳石上，应青缕而射之，中盐神。盐神死，天乃大开。廪君于是君乎夷城，四姓皆臣之。

这个神话的基本情节为五姓争神、掷剑浮舟、射杀盐神、君临夷城、化为白虎等。后世历代文献（如《后汉书·南蛮西南夷列传》等）辗转传抄。据考证，夷水就是今天的清江，但武落钟离山、盐阳和夷城的确切地点尚存疑义，一说在恩施，一说在长阳，一说在四川。最早认为廪君神话发生在今长阳的，是晋代盛弘之的《荆州记》，并被后世典籍如《水经注》、《太平寰宇记》等援引。如唐代李贤等的《后汉书注》引《荆州图志》："夷陵县西有温泉。古老相传，此泉元出盐，于今水有盐气。县西一独山有石穴，有二大石并立穴中，俗名阴阳石。阴石常湿，阳石常燥。"虽然武落钟离山的具体地点还有分歧，但清江中游的巴东、长阳一带，的确

---

① 杨发兴、陈金祥编注：《彭秋潭诗注》，中国三峡出版社，1997 年，第 190 页。

有不少关于廪君的传说与遗迹。如《向王天子翻船》说：廪君率部众逆水而上，到今长阳渔峡口一带，为救落水者，自己却沉没了。在安葬时，他“变成了一只白虎飞去”。后来，人们把淹没向王的回水沱，叫做“巴王沱”；向王尸体的起水滩，叫做“向王滩”；向王变为白虎飞去的地方叫做“白虎陇”。[①]巴人以白虎为图腾，有大量证据，如不断出土的虎纽錞于、虎纹金杯、虎纹锡环等文物，还有白虎堂、白虎寺等。长阳人称老虎为“老巴子”，也含有这样的民俗信仰。

在巴东县的口传故事中，有一个关于“洛阳秀才”的系列，其中讲到“洛阳秀才”是紫微星下凡，金口玉言，并将许多事物的来历，如豆瓣菜为何晒不死，为何人老死蛇脱皮，蛇为何长牙齿，野草为何回头青，马桑树为何长不高等，都归结为洛阳秀才的语言所致。[②]这个故事系列虽是广泛流传于中国南方的“罗隐秀才”的变体，但显然通过“洛阳秀才”将当地一些关于万物起源的民间神话连缀了起来。五峰县流传的关于《牛为什么被贬下人间》和夷陵区的《人为什么不长尾巴》等，也属于这种关于事物起源的民间神话。

巴楚地区的一些故事还将事物起源与洪水神话相关联，如《采莲船的来历》，说大洪水时，观音菩萨撒下千瓣莲花，化作一千条船来救人，但水势太大，船都被打翻，只有一条船幸存。水退后，船上的艄公留在地上。每到新年时，他就想念家乡，后来夫妇俩和女儿就用竹条和纸扎了条船玩起来，这成为过年玩采莲船的起源。[③]宜昌流传的故事说：人类是洪水后的兄妹俩用泥捏的，所以现在无论人怎样洗，身上的泥也洗不干净。[④]

二、巴楚民间传说

巴楚地处三峡，风光雄奇，留下了大量风物传说。[⑤]

三峡传说在文献上早有文人记述，最著名的是《高唐赋》与《神女赋》，见于南

---

① 参见长阳土家族自治县民族文化研究会、长阳土家族自治县民族事务委员会合编：《廪君的传说》，1995年印。

② 邹天毅主编：《巴东民间故事》，民族出版社，2007年，第177-184页。

③ 王永红主编：《中国民间故事全书·湖北·五峰卷》，知识产权出版社，2007年，第10页。

④ 杨建章：《中国民间故事全书·湖北·夷陵卷》，知识产权出版社，2007年，第5页。

⑤ 由中国三峡出版社出版的《中国三峡民间传说故事》全套十部，包括：《中国三峡神话传说》、《中国三峡名人故事》、《中国三峡风物传说》、《中国三峡鬼故事》、《中国三峡幻想故事》、《中国三峡动物传说》、《中国三峡植物传说》、《中国三峡机智人物故事》、《中国三峡笑话故事》、《中国三峡生活故事》。其中，收录了大量三峡民间传说。

朝萧统的《昭明文选》，著录为宋玉作品。这两首赋都是有关神女峰的传说。《高唐赋》言：

> 昔者楚襄王与宋玉游于云梦之台，望高唐之观，其上独有云气，崪兮直上，忽兮改容，须臾之间，变化无穷。王问玉曰："此何气也？"玉对曰："所谓朝云者也。"王曰："何谓朝云？"玉曰："昔者先王尝游高唐，怠而昼寝，梦见一妇人曰：'妾，巫山之女也。为高唐之客。闻君游高唐，愿荐枕席。'王因幸之。去而辞曰：'妾在巫山之阳，高丘之阻，旦为朝云，暮为行雨。朝朝暮暮，阳台之下。'旦朝视之，如言。故为立庙，号曰'朝云'。"

在这篇赋中，宋玉对楚襄王讲了一个传说，将神女峰的云气称为"朝云"，说这是巫山之女的化身，并与楚怀王在梦中风流一度。而在《神女赋》中，继续讲到宋玉写了《高唐赋》后，当夜真的梦见与神女相遇，被其美貌所震撼。第二天将梦境告诉楚襄王，襄王叫他将神女的模样写下来，于是他仔细记录了神女的状貌。这两篇赋感动了后来两千多年的文人们，从此形成一个特别的"神女"母题。从东汉的傅毅始，到三国的曹植、南朝谢朓、唐代的李白、骆宾王……从诗歌到戏曲，有非常多的作品传世。

"自荐枕席"的巫山神女传说，受到文人们的青睐。但民间传说中的神女峰，却是另外一番景象。在秭归县的传说中，神女是西天王母最小的女儿，名叫瑶姬。她与姐妹们在游览人间时，看到九条恶龙正在兴风作浪，堵住江水，要淹死人民，做水晶宫。瑶姬将头上的簪子化为宝剑，先斩了六条恶龙，后来又在大姐偷出的天上神剑帮助下，杀了所有恶龙。恶龙的骸骨化为巨石阻断了三峡，后来大禹父子开三峡时，瑶姬又偷了天帝的天书给他们，助他们疏通了峡江，最后被天帝变成了一尊石峰。①

与巫山神女传说同样有名的，还有望夫石的传说。这类故事依风物而流传，全国许多地方都有，如《幽明录》、《嘉庆一统志》、《广东新语》等文献，分别载有辽宁、宁夏、江西、贵州、广东等地的望夫石传说。但最早见于文献的望夫石传说，是魏晋时期的《列异传》。原文是："武昌新县北山上有望夫石，状若人立者。传云：昔有贞妇，其夫从役，远赴国难；妇携幼子饯送此山，立望而形化为石。"在《中

① 周凌云主编：《中国民间故事全书·湖北·秭归卷》，知识产权出版社，2007年，第217页。

国民间故事全书·湖北·秭归卷》中，收有《望夫石》和《望夫垭》两则。《望夫石》讲的是有个妇女背着孩子去找丈夫，由于突发洪水的围困，后来变成了石头。《望夫垭》则讲一个叫兰英的女子，与同窗王文秀订婚，后来王家败落，父亲又将她另外许配他家。兰英宁死不嫁，暗中资助王文秀进京赶考，并每天到岭上守望，希望王文秀早点回来。后来婚期已到，有天兰英听到鼓乐喧天，以为是接她的花轿到了，长叹一声跳下悬崖，但这其实是王文秀中了状元，前来接她进京的。从此，这里就改名叫"望夫垭"了。①唐诗中有不少咏望夫石的作品，如王建："望夫处，江悠悠，化为石，不回头。山头日日风复雨，行人归来石应语。"刘禹锡："终日望夫夫不归，化为孤石苦相思。望来已是几千载，只似当时初望时。"表达了人们对这些不幸妇女的深切同情。

三峡地区的险峻地貌，给老百姓带来许多关于灾难的联想。如秭归的《锁住山》，说西陵峡入口两岸是两座大山，南边的山叫锁住山。相传鲧治水时，用息壤筑成巫山，将水堵住，形成了内海，漫上了西王母住的峨眉山，被玉帝斩了丢在水中变了驮地的鳌鱼。大禹接任治水后，用开山神剑辟开巫山，引长江水流向东海。大禹担心有什么怪物会再堵住峡口，就将宝剑留在那里镇妖，所以就有了宝剑峡。后来不知多少年，昆仑山上的玉龙要到东海去战海龙王，路过三峡时兴风作浪，结果被宝剑峡的神剑飞起来斩了头。无头的孽龙垂死时，身体重重地撞在南山脚下，将山体撞断，眼看大山就要倒向江中堵住峡口，正巧观音菩萨路过，为救百姓，她急忙将腰间的裙带解下，变为铁链锁住了山体，又用绣鞋塞住了山脚，这才阻住了这场塌山大祸。从此这山就叫做"锁住山"。②

在三峡地区，许多景物的来历都有相关传说。如巴东的《母猪滩》，说很久前峨眉山下有户人家喂的母猪下了六个猪娃，其实母猪是天上仙女被贬下凡，投错胎而变的。她听说东海有治投错胎的药，就带着六个猪娃去东海找药。路过三峡时，在西陵峡口遇到了两条龙。龙见了一群猪，就要抓来吃。母猪连忙带着猪娃沉入江底。两条龙守了很久不见猪冒出头，原来它们在江底变成了石头。每到枯水季节，人们还可以看到这一大六小形状像猪的石头。③

三峡风光传说常常变为风水传说。以《秭归城不能靠大船》为例，说巴东城

① 周凌云主编：《中国民间故事全书·湖北·秭归卷》，知识产权出版社，2007年，第123、231页。
② 同上，第213页。
③ 邹天毅主编：《巴东民间故事》，民族出版社，2007年，第32页。

外沙滩上有许多沙坑，由于下雨或涨水，沙坑中都灌满了水。有个老爹半夜起来去打鱼，发现有个沙坑中开出一朵闪亮的莲花，鸡一叫莲花就沉入水底了。老爹知道这是风水宝地，就叫他的九个儿子，在他死后将他用九根稻草扎起来，甩到莲花上头，等满一百天时就去烧纸钱。谁知由于闰月，儿子们只九十九天就去烧纸，结果老爹的尸身从水中冒了上来，身上长满龙甲，还差一天才能变成金龙。这老爹的尸体在江中漂，漂到秭归城边才沉下去，变成一大片沙滩，堵在了城边，从此秭归就靠不拢大船了。[①]这个传说显然是"早发的魔箭"型故事的变体，但与当地风物联系在一起而传说化了。这样的风水传说还有许多，仅《巴东民间故事》一书中，就有《青竹标滩》、《牛口》、《九龙观》、《龙头河》、《石蛤蟆》、《马鞍翘》、《来凤》、《马蹄水》、《玉米塘》、《九龙洞》等许多篇。

在长期的流传中，将一些地形地貌来历的传说关联起来，形成了传说群。如夷陵地区流传的黄陵庙传说，就将神女峰、黄牛岩、洗仙盆、头顶石、黄牛泉、黄陵庙及其周围的景观联系了起来，构成了传说群。[②]

三峡传说借助于当地特别的地形地貌，用极为丰富的想象力，融现实和幻想于一炉，是巴楚地域文化中浪漫精神的极好例证，也是巴楚民间文学中最引人注目的作品。

除风物传说外，巴楚地区也有许多历史人物的传说。

《华阳国志》所载"巴蔓子"传说，带有鲜明的巴人特色："周之季世，巴国有乱。将军蔓子请师于楚，许以三城。楚王救巴。巴国既宁，楚使请城。蔓子曰：'藉楚之灵，克弭祸难。诚许楚三城，将吾头往谢之，城不可得也。'乃自刎，以头授楚使。楚王叹曰：'使吾得臣若巴蔓子，用城何焉！'乃以上卿礼葬其头。巴国葬其身，亦以上卿礼。"

在屈原的故乡秭归县，流传着许多与屈原事迹相关的传说。从已搜集到的90多则屈原传说看，有的情深意切，撼人心魄，如《我哥回》、《三个端阳》等；有的神奇浪漫，想象独特，如《神鱼》、《女婴砧》等；有的将山川神灵与屈原巧妙糅合，如《灵牛》、《双泉寺》、《濯缨泉》等；有的以物喻理，发人深省，如《读书洞》、《金粳稻》等。这些传说将屈原的求索精神与高尚人格，及家乡人对屈原的深厚感情，

---

① 邹天毅主编：《巴东民间故事》，民族出版社，2007年，第39页。

② 杨建章：《中国民间故事全书·湖北·夷陵卷》，知识产权出版社，2007年，第13-21页。

表现得淋漓尽致。[①]

在王昭君的故乡兴山县,流传着大量昭君传说。其中有《昭君出世》、《替母还愿》、《琵琶情》、《百日还乡》等生活传说,有《望月楼》、《站穿石》、《梳妆台》、《离乡滩》等遗址传说,有《白鹤茶》、《桃花鱼》、《胭脂柚和香水梨》、《香肠鱼》等特产传说,有《昭君套》、《河灯节》、《合心饭》、《绣鞋洞求子》等习俗传说。如说昭君之母四十不孕,一日进庙求神,夜里梦见一轮明月投入怀中,不久生下王昭君。因此,昭君有皓月之称,集山水阴柔和天地温和之气。又说昭君远离家乡出塞和亲后,逢年过节思亲人,书写好家信派一群白鸽送信,白鸽结伴而行,来到兴山向乡亲们传递昭君的信息。后来就变成了鸽子树。传说中的昭君心地善良,为家乡做了很多好事:看到百姓夜里还在忙种田,就祈祷长出一棵神灯树来,为大家照明(《宝坪的由来》);听说河中有大蟒兴风作浪,就求武当山的老道来,与她一起将蟒妖镇伏(《昭君渡》);当地不少地名,如珍珠潭、绣鞋洞、骆驼峰、梳子洞等,都附会到昭君的故事上,寄托着故乡人对昭君的喜爱与自豪。[②]

除了屈原、昭君等名人外,寇准(巴东)、李来亨(兴山)、田思群(长阳)等历史名人,也有系列传说在他们活动过的地方流传。此外,巴楚地区比较集中的是机智人物传说。如五峰县的杜老幺、张士发、张蹦窘、覃戏子、佘三雀、田日白佬,秭归县的何扳逗儿、寇老爷、邓仕堂等,兴山县的文三猴子等,都有各自的故事群。

巴楚地区的风俗传说也很丰富。例如五峰县的一组风俗故事就很别致:《正月十五赶毛狗》,解释山里人为什么正月十五要在屋外烧竹子。说是毛狗精想去吃一个姑娘,被鸡叫惊醒了村民,逃到竹林去了,人们就烧竹子和竹叶赶毛狗。又如《五月初五喝雄黄酒》,说是过去有姑嫂二人,小姑被蛇精迷住,嫂子设计用雄黄酒将蛇精现出原形,从此人们在这天就要喝雄黄酒。还有《八月十五吃月饼》,将月饼与天狗吃月的民间信仰相联系。《寒婆婆打柴》则说寒婆婆是鲁班的娘,因为好奇鲁班夜里骑竹马回家,自己骑上竹马,结果飞到月亮里回不来了。寒婆婆在广寒宫住着很冷,因此每到十月十六日,就出来打柴。这天山民要将果树用苞谷梗或稻草盖住,以防被寒婆婆当柴火拿走。[③]

---

① 参见周凌云主编:《中国民间故事全书·湖北·秭归卷》,知识产权出版社,2007年,第3-143页。

② 中国民间文艺研究会湖北分会、湖北省群众艺术馆合编:《湖北民间传说故事集》宜昌卷,1980年,其中收录了11篇昭君传说。

③ 王永红主编:《中国民间故事全书·湖北·五峰卷》,知识产权出版社,2007年,第17-27页。

三、巴楚民间故事

巴楚山民日常生活中的主要娱乐是“日白”,故事自然特别多。这些故事中有些表现了当地生活,有些是广泛流传的故事类型,其中数量大且艺术性高的是笑话。

巴楚地处大山,动物故事非常丰富。这些动物故事富有生活情趣和山地想象,特色十分鲜明。如刘德方讲的《猴子下银蛋》:老中医心善,看病不分有钱无钱,也不分人还是畜生。有一次在山上采药碰到一群猴子,帮猴王治好了病,猴子送他个石头。后来有人出三百两银子来买这石头,老头觉得奇怪。那人叫他将石头放在水里,过三百天来买。结果一到晚上,石头就变为猴子,生一个银蛋。三百天后,老头果然得了三百两银子。[①]

这类将动物拟人化而反映人类道德观的故事,富含深刻的社会内容。如讲述老虎报恩的故事《樵哥》,说樵哥在山里碰到只一口里扎了豪猪刺的老虎,他帮助老虎拔去了刺,老虎就来报恩,并成了他家的虎老二。后来老虎听妈妈说想为樵哥找媳妇,就去抢了个花轿,将新娘子背到家中,成为樵哥的老婆。后来新娘子的娘家与原来的婆家打官司,县衙抓了樵哥,老虎又去大堂为樵哥作证。最后老虎又带领一群老虎帮樵哥打败了辽兵,被皇帝御笔在头上写了个“王”字。[②]

在孙家香讲述的故事中,有一则《墨蛇大哥》。故事说:一个男孩用蛇蛋孵出一条蛇,蛇长大后以自己的肝献给男孩为人治病,使其发迹;男孩为讨好皇帝,想多掐些蛇肝,竟把墨蛇掐死了,男孩也被蛇吞到肚里去了。巴东、五峰的《人心不足蛇吞象》,也是讲“人心不足蛇吞象”这个成语的来历。这个故事其实是一个全国流传的类型,在丁乃通《中国民间故事索引》中,被列为AT285D,收录了近30篇异文。[③]

巴楚地区动物故事中既涉及野兽也有家禽,比较多的动物角色有狼、毛狗子(狐狸)、猴、蛇、催生子(赤臂鸟)、锦鸡、狗、猫、老鼠、牛、羊、鱼等,也有野人的故

---

① 彭明吉主编:《野山笑林续集》,宜昌市夷陵区刘德方民间艺术研究会编印,2008年,第231页。

② 《樵哥》,见中国民间文艺研究会湖北分会、湖北省群众艺术馆合编:《湖北民间传说故事集》宜昌卷,1980年,第200-213页。

③ 分别见《孙家香故事集》、《巴东民间故事》和《中国民间故事全书·五峰卷》。

事。[①]此外,关于山区植物,如香菇、冬竹、孝树、痒痒树、包心菜等的故事也不少。这些都反映了山民生活的特点。

宜昌的《野人家家》故事很有特点:传说三峡有许多野人,喜欢吃小孩的手指头、脚趾头。有家大人出门办事,对三个娃儿说:"你们把大门关紧,晚上我叫你们家家(外婆)来给你们搭伴。"不料被野人听到了。晚上野人装成娃儿的家家进到屋里。大娃儿怀疑来的不是家家,是野人,他听人讲过,野人喜欢抓人的手腕,抓住了就不放,一直会笑到晕过去,醒来就把被抓人的手指一个一个掰下来吃掉。这大娃儿赶紧找了个粗竹筒套到手腕上,果然,过了一会儿,野人要看大娃儿的手,大娃儿把手伸过去,野人抓住大娃儿手上的竹筒不放,哈哈大笑,一直笑晕了。大娃儿趁野人晕过去,和两个小些的娃儿赶紧爬到楼上,抽了梯子。他们又找来了一根绳子,在绳子上打了个活扣,放到楼下。过了一会儿,野人家家笑醒了,问娃儿到哪里去了,大娃儿说:"我们在楼上。"野人家家上不了楼。大娃儿叫它把头伸到绳子扣里,说把它拉上来。野人家家上了当,被几个孩子给勒死了。[②]这个故事显然是世界著名的"狼外婆"型故事的异文。这类故事在艾伯华编撰的《中国民间故事类型》中被编为第11号,列有44例文本线索;在丁乃通编撰的《中国民间故事类型索引》中,被编为AT333C型,列有文本索引110多例。[③]这类故事在我国南北各地、多民族民众中均有流传。据有关考证,该故事最早的文字记载,是清人黄之隽笔下的《虎媪传》。[④]

巴楚地区流传的另一个著名故事类型是《狗耕田》。如五峰县的《狗耕田》[⑤]、秭归县的《南瓜兄弟》等。[⑥]五峰县采录的文本讲:兄弟分家,弟弟分得牛,哥哥只有一条狗,就用狗耕田,县官看到了与哥哥打赌,哥哥赢了三百吊钱。弟弟借去了狗,但狗不听他的话,他将狗打死了。哥哥将狗尸拿回去埋了,狗坟上长出棵

① 在《巴东民间故事》和《野山笑林续集》中,各有一组动物故事。

② 杨建章主编:《中国民间故事全书·湖北·夷陵卷》,知识产权出版社,2007年,第60页。同时参见《金香银香》,中国民间文艺研究会湖北分会、湖北省群众艺术馆合编:《湖北民间传说故事集》宜昌卷,1980年,第220页。

③ [德]艾伯华著,王燕生等译:《中国民间故事类型》,商务印书馆,1999年,19页。[美]丁乃通编著:《中国民间故事类型索引》,华中师范大学出版社,2008年。

④ (清)黄承增辑:《广虞初新志》卷十九。

⑤ 王作栋整理:《刘德培民间故事选》,五峰土家族自治县民族民间文学艺术集成小组编印,1987年,第42页。

⑥ 周凌云主编:《中国民间故事全书·湖北·秭归卷》,知识产权出版社,2007年,第300页。

摇钱树，哥哥每天都能从树上摇下钱来，弟弟去摇，掉下来的却是石头。弟弟砍了树，哥哥将树做个鸡笼，每天一笼鸡蛋，弟弟借去却没有蛋出来。弟弟拆了鸡笼，哥哥将拆下的木片做柴禾炒黄豆吃，放出的屁特别香，就去给人熏衣。弟弟吃了黄豆打的却是臭屁，将一个官老爷的衣服熏臭了不能穿，只能将家中值钱的东西去赔，连牛也赔给人家了。"狗耕田"故事是讲述旧时代兄弟分家纠葛的一个常见类型。丁乃通编撰的《中国民间故事类型索引》时，已经收录此型故事文本近60例。20世纪80年代以来，又有大量口头异文被采录上来，全国合计积累的异文已经有两三百篇，主要分布于南方从事农耕的许多民族地区，深受广大民众的喜爱。[①]大多数故事文本中，善良的是弟弟，邪恶的是哥哥，但刘德培讲的这篇异文却相反，是弟弟欺负哥哥。这类故事对青少年有道德教育作用，它告诉人们要平等地均分家产，并且善良的人一定会得到回报。在湖北，"狗耕田"故事流传广泛，除宜昌地区外，在神农架、恩施、襄阳、孝感、十堰等地都有这类型的故事被采录。

"学样失败"这个组成"狗耕田"型故事的主要情节，在"两兄弟"型故事中同样重要，但这类故事中最重要的角色不是狗这样神奇的助手，而是常与宝物母题相关联。女故事家孙家香讲述的《金壶》[②]，故事是这样的：

> 有两个兄弟，哥哥想把弟弟弄死哒独得家当。他们两个到岩上去砍柴，哥哥把弟弟掀下岩。哥哥回来了，嫂子问："弟弟怎么没有回来？"哥哥说："在岩里跌死了。"弟弟被掀下岩，落在一个岩墩里，没跌死。他看见一个岩洞便进去。这洞里住着一窝毛狗子，他躲进洞里头的暗洞里。大毛狗子回来说："屋里有生人气。"小毛狗子们说："没闻见嘛。"大毛狗子说："我快饿死哒，把金壶提来！"小毛狗子提了两把金壶过来，大毛狗子接过一把金壶，说："金壶一蹾，桌椅板凳。"一看地上，桌椅板凳摆起哒。大毛狗子把金壶一提，说："金壶一提，满桌盛席。"一看桌上，十碗菜香蓬哒，有酒有饭。毛狗子们吃啊喝啊，搞了一阵，睡去了，忘记把金壶提走。两把金壶都放在桌上。弟弟提了一把金壶，揪着青藤梭下岩，回到家里。哥哥问："你怎么回来了？不是下了岩了

---

① 刘守华主编：《中国民间故事类型研究》，华中师范大学出版社，2006年，第537-538页。

② 白庚胜总主编：《中国民间故事全书·湖北·长阳卷》，知识产权出版社，2007年，第289页。

吗？”弟弟说：“落在一个岩墩里，那里有个毛狗子洞，我就进去，你看，我带了一个好玩意回来哒！”他把金壶拿出来，说：“金壶一蹾，桌椅板凳。”一看地上，桌椅板凳摆起哒。他又说：“金壶一提，满桌盛席。”十碗菜，热乎哒，还有酒和饭。弟弟说：“哥、嫂快来吃哟！”哥哥说：“你把这个金壶给我。”弟弟说：“我不得搞，你把我掀到岩里去了的。”哥哥讲恶把金壶提走了，弟弟说：“你金壶一提，鼻孔拖在灰里。”一看，哥哥的鼻孔长了好多，下头一截拖在灰里。哥哥说：“快，给我弄短些！”弟弟说：“金壶一蹾，鼻短一寸；连蹾直蹾，鼻孔无影。”哥哥鼻孔短了，一会儿，鼻孔没得哒。哥哥还是想满盘盛席，对弟弟说：“你把我掀到那个岩里，让我把那一把金壶提回来。”哥哥叫弟弟把他掀下岩去，他钻进那个岩洞里。大毛狗子回来，对小毛狗子说：“那天，我说有生人，你们说没有，他把金壶偷走一把。今天又出生人气，要把他寻到。”它们从暗洞里把哥哥找出来，大毛狗子说：“你又来偷金壶的呀？”它们把哥哥撕烂后，吃哒。

从上面的讲述中，我们不仅了解了这类故事的情节，还领略了女故事家的语言艺术。据相关研究，这类故事早在唐代段成式《酉阳杂俎》中就有记录，名叫《旁㐌兄弟》。丁乃通《中国民间故事类型索引》将其列为第613A型，流传于许多民族之中。[①]在巴楚地区，除长阳外，还有巴东的《兄弟种瓜》、五峰的《金葫芦》等异文。此外，湖北钟祥、十堰、恩施、神农架、远安等地都有这类故事流传。

民间幻想故事中常以宝物为手段来构建故事。下面这篇“三个愿望”型故事，以宝物为中心，编织了一个极为别致的故事：县官得了个一件宝贝，要什么来什么，但只能用三回。他把全家喊到一起，商量要三样什么东西好。老母想要口好寿木，夫人想要一套好首饰，儿子想要银子，姑娘想要好嫁奁，谁也不让谁，争得一团糟，县官听得心里烦不过，忍不住大喊一声：“你们都要、要、要，要几个大鸡巴！”话音刚落，只见那屋里到处昂首而立的是鸡巴。县官慌了神，不得已对宝贝再喊：“鸡巴都走！”眨眼间，大小鸡巴全都走得无影无踪。但儿子去屙尿，

① 参见陈岗龙：《藏族〈尸语故事〉比较研究》，中央民族大学硕士学位论文，1994年。列举了达斡尔族的《有福不着急》、《没有脖子的富哥哥》，满族的《小铜锣》、《哥俩取宝》、《揪长脖》，傈僳族的《神磨》，彝族的《宝葫芦》，仫佬族的《奇妙的铜锣》，瑶族的《敲敲鼻子油火头》和《宝锤》，黎族的《宝锤》、《宝锣》和《贪心丹雅的遭遇》。土家族的《金壶和银壶》以及汉族的《长鼻子》、《宝盒子》、《宝香炉》、《王小的鼻子用车拉》等几十篇异文。

发现鸡巴没得哒，县官往自己胯下一摸，哎呀，也没得哒！没得办法，只好拿起宝贝再喊："鸡巴回来两个！"一摸胯下，好！有哒。只是这手上的宝贝，化着一股青烟，没得哒。[①]

巴楚山区宝物故事多，也盛传巫术故事。李贤在《南蛮传》注文引《世本》说："廪君之先，故出巫诞。"可见这里有巫风传统，甚至直到当代仍有遗留。

民间故事中的巫师斗法非常激烈。巴东有个《脱排》故事，说巫峡有个地方叫"脱排"，说四川有个放排佬，遇到大水，有个叫费端公的就使了个法，把木排定在江上，由于三年大水，所以木排就定在那里不走。放排佬打听到是费端公使了手脚，就去见他。费端公正在打草鞋，放排佬在他背上拍了三下，在他背上钉了三颗银钉。费端公叫堂客将他放在大甑里蒸七天七夜，结果他的姨妹在三天时揭开了甑盖，钉子才出一点头。费端公临死前叫堂客把席子搬到江边，哭一声拆一匹篾。放排佬的木排就散成一根一根的漂走了。[②]

在种种巫师斗法故事中，一个很特别的类型是仙女救夫型故事。这类故事多是巫师之女为了与自己的心上人过一种自由的生活，不惜与父亲出手斗法。丁乃通《中国民间故事类型索引》，将这一类型取名为"仙女救夫"，列为313A型，收录43例，流行于全国约三分之二的省区。据刘守华研究：这类故事在中国最早的源头可追溯到汉代刘向《列女传》和《史记》中所载"尧舜禅让"传说。[③]

长阳流传的《茅山学法》就属于这个类型。[④]故事说：从南瓜生出来的侯向，到茅山学法术，路上救了条小菜花蛇。他在茅山师傅那里学到了很多法术。师傅有一个姑娘，十分美丽，与侯向相爱。师傅知道后大怒。有一天，师傅把侯向找来，对他说："后山有一块竹林，你到山上去跟我砍哒抱回来，我好修一座吊脚楼，你俩好成婚！"姑娘告诉他，后山上那些竹子都是天庭上的龙蛇贬下来的，砍倒了千万不能抱，只能拖回来！侯向砍了很多竹子，平安地回来了。师傅又把他找来："茅厕里粪满了，茅厕屋里有条扁担，你去给我把大粪挑光了。"姑娘连忙来找侯向："千万莫拿那条扁担，那是东海毒龙犯了天条贬在这里，你一拿，他就化毒龙来咬你。扁担上有两个红点，那是毒龙眼睛，你飞起就是一脚，把龙眼睛踢

---

① 《要什么来什么》，参见《中国民间故事全书·湖北·五峰卷》，第251页。

② 邹天毅主编：《巴东民间故事》，民族出版社，2007年，第36页。

③ 刘守华：《中国民间故事史》，湖北教育出版社，第485页。

④ 白庚胜总主编：《中国民间故事全书·湖北·长阳卷》，知识产权出版社，2007年，第313页。

瞎,他就变不过来哒!”侯向按姑娘说的方法,一会儿就把茅厕里的粪掏空了。晚上,姑娘对侯向说:“你快走吧,爹他起了杀你之心!”说着递过来一把伞,告诉他:“拿着,千万莫撑开,过了藤桥才能撑!”侯向拿着伞连忙走了。师傅夜里拿刀来杀侯向,一看不在了,使了个法术,顿时大雨倾盆,又派了许多徒弟,带了三千阴兵去赶侯向。侯向记着姑娘的话,不敢开伞,看看到了藤桥,终于忍不住把伞打开,不料伞一撑开,突然姑娘赤条条地从伞里掉了出来,侯向连忙把衣服脱下来给她披上。这时候,追兵已经来了,箭像下雨一样射过来,姑娘一把抢过雨伞,挡住自己和侯向。念一声:“急急如律令!”箭就全被挡住,射不穿伞。不料,追兵一箭射断了藤桥,姑娘埋怨侯向:“你看,我让你过了藤桥再撑伞,你才到藤桥就撑开了,这下怎么办?你有什么救命的法术快拿出来吧,要不我俩都没有命了!”侯向一急,忽然想起菜花蛇来,连忙大喊三声“菜花蛇”。就见菜花蛇飞快地爬了过来。它变大身体,成为一座桥,侯向和姑娘过桥后,菜花蛇又把身子一耸,收了桥,追兵都掉进了万丈深渊。从此男耕女织,过上了幸福的生活。

同类故事在巴楚流传甚广。如夷陵区的《张法官降龙》、秭归县的《蛇女》等,都是这类故事的异文。封建社会中青年男女的爱情婚姻不能自主,“仙女救夫”型故事的冲突纠葛,主要在父女之间展开,最终女儿胜利,获得自己想要的婚姻,充满了反抗精神和浪漫主义色彩。

巫术和宝物故事以神奇的幻想获得听众的注意,而生活故事则往往以巧妙的情节来设置悬念。“皮匠驸马”型故事就是这样,故事讲的是公主要选一个有学问的人做驸马,以番文写了一张皇榜,看谁能认得。皮匠因为一句“一字不识”,被误以为只有一个字不认得而招为驸马。为考验驸马的才学,皇帝、大臣、和尚等以口试和哑语手势进行考试,皮匠驸马的回答被对方误读而得以过关。故事的关键在于对驸马的哑语测试,所以在AT分类法里将其命名为“僧侣和商人用手势讨论问题”,列为924A型。丁乃通《中国民间故事类型索引》在这一类收有9篇异文。林继富依据近年中国出版的民间文学集子,又找到了该类型故事的近百篇异文,它们分别在辽宁、内蒙古、新疆、山西、湖北、湖南、四川、浙江、云南、福建、广西等地流传。[①]在巴楚地区,宜昌、五峰、巴东等县都采录到

① 刘守华主编:《中国民间故事类型研究》,华中师范大学出版社,2006年,第647-658页。

了这类故事。[①]

巴楚地区民间故事中，也有许多写实性的生活故事。其中长工地主故事具有代表性。雇工与地主的矛盾是中国封建社会的基本矛盾，这个矛盾成为民间生活故事的创作源泉。从20世纪20年代起，这类故事不断地被记录和发表出来。如1925年《京报》副刊就发表过一则《火龙单》，引起了民间文学界的极大兴趣。金荣华先生在《中国民间故事集成类型索引(一)》中，将这类故事分为五个亚型：1000.地主出难题，长工有妙计；1000A.地主有规定，长工照着行；1000B.地主刻薄，长工报复；1000C.长工条件低，暗中藏玄机；1000D.财主谐音欺长工。刘守华指出，这类故事中最流行的三个母题是"破难题"、"巧做活"和"连环骗"。

"破难题"型故事的中心情节，是地主为了赖工钱，给长工出难题，如"把屋里的地搬出去晒晒"、"把大罐装进小罐里"、"我的脑袋有多少斤"等。常常是老实长工被昧了工钱，他的弟弟(或朋友)则以巧妙的方式给以应对，如刨瓦晒屋、打碎大罐装入小罐等等，讨回了双倍工钱。如宜昌枝江地区流传的《刘老二智斗侯财主》[②]：侯财主要刘老大腊月二十八领工钱时办三件事，办不好就不给工钱。侯财主的三个难题才说两件：在屋脊上栽白菜，半天内把门口的田埂扯直，就让刘老大眼都傻了。第二年，刘老二去替他哥哥上工。领工钱时财主又提出去年的难题，刘老二满口答应，并提出办好这三件事，连哥哥的工钱都得给。他搬梯子上房，往屋顶上挑石头和土，打得瓦片乱飞。又把财主的草箩、柴垛统统拆倒，要去烧田埂。财主只好取消了这两个难题。最后一个难题是，财主叫老婆把便壶提来，就尿当酒要刘老二喝，并说："你不喝就别想要今年的工钱。"刘老二端起酒杯，走到老财主面前说："我喝还要先敬东家双杯，请东家先喝。"侯老财没有办法，乖乖地给了哥俩工钱。

"巧干活"型故事是长工表面上答应地主的苛刻条件，但在实际执行中对这些条件以另外的理解，使地主吃亏。如女故事家孙家香讲的《张发财当长工》[③]，就是典型代表：张发财与老板谈合同时说："木箩筐我不挑的，推推拉拉我不搞

---

① 《皮匠驸马》，见上引《巴东民间故事》第225页，《中国民间故事全书·湖北·五峰卷》第164页。《小鞋匠退贼》，中国民间文艺研究会湖北分会、湖北省群众艺术馆合编：《湖北民间传说故事集》宜昌卷，第216页。《苕皮匠中状元》，载《中国民间故事全书·湖北·伍家岗区卷》。

② 白庚胜总主编：《中国民间故事全书·湖北·枝江卷》，知识产权出版社，2007年，第333-334页。

③ 白庚胜总主编：《中国民间故事全书·湖北·长阳卷》，知识产权出版社，2007年，第428页。

的，爬上爬下我不闹的。”老板说：“这三宗不要你搞。”后来老板叫他挑水、推磨、上楼抱柴，长工都说合同上写清了，这些事情不做。老板不想要这个长工了，但签了合同，不要也不行，只好让他玩一年。到年底，老板说：“明年不要你哒！”结果正月初一，天一亮，老板起来出行[1]，大门一开，长工蹦进来，往堂屋中间一站，说：“老板，要不要发财？”老板说：“要发财。”长工说：“要发财，又是一年！”张发财又在这里玩了一年。

巴楚生活故事中还有一类私情故事，这类故事常常对那些不是建立在感情基础之上、只是纯粹想占便宜玩弄女性的人，给以无情的嘲弄和惩罚；而对那些心心相印的情侣，故事里则给以支持和赞扬，让他们如愿以偿。如著名民间故事家刘德培讲的《打锣还账》，说一个财主到帮工家中要账，见只有漂亮的帮工妻子在家，就想打她的主意。帮工妻子抽身出来找到丈夫，二人设下一计。在财主动手动脚时，其夫回家，其妻把财主装进一个木桶，然后两人一个打锣，一个滚桶，到财主家将木桶交给财主婆抵债，将这个财主滚得个头昏眼花。[2]私情故事中的男主角，既有县官、商人、地主、僧人，也有一些是女主角的公公。在中国，公公媳妇是一种特别敏感的关系，以致由此产生出一个具有鲜明中国特色的民间故事类型——公媳故事。[3]故事家刘德方讲述的《娘家陪嫁一把刀子》就是这类故事的代表。故事是这样的：

> 有个员外爷生了三个儿子，儿子长大后娶了三个媳妇。员外爷虽是官宦出身，满嘴正经，心里老打三个媳妇的歪主意。一天，三个儿子有事出门去了，这个员外爷公爹便把三个媳妇叫到一起，要她们每人吟诗一首，每个媳妇的诗都不能离开娘家的职业，一首诗四句，每句末都要有个“子”，第四句中间还要夹两个“巴”，谁吟不出诗谁就得陪他过夜。公爹以为这一下子要难倒媳妇们了，咋忽着眼睛想入非非。出乎意料的是三个媳妇都吟出了诗。大媳妇说：“我本是木匠铺的一女子，出嫁时娘家陪嫁一把斧子。公爹要是拿来好料子，我砍巴砍巴成一把椅子。”二媳妇说：“我本是裁缝铺里的一女子，出嫁时娘家陪嫁一

① 出行：正月初一清早，家长先起床敬家神，然后点燃篾黄火把开大门，火把放在稻场坎上，然后在稻场上摆桌子，上供果，点烛，装香，敬天神。此称出行，也称出天行。

② 刘德培、王作栋整理：《新笑府》，上海文艺出版社，1989 年，第 112-117 页。

③ 如《中国民间故事全书·湖北·五峰卷》第 183、185、158、137、190 等页就属于这类公媳故事。

把剪子。公爹要是拿来好缎子,我裁巴裁巴成一件袍子。”看到大媳妇、二媳妇都吟了诗,公爹就只有在三媳妇身上打主意了,便催促三媳妇快说诗,说不出或说迟了都得陪公爹。公爹的话音未落,三媳妇就气冲冲地说道:“我本是杀猪家的一个女子,出嫁时娘家陪嫁一把刀子。公爹要是再想歪点子,我就割巴割巴掉你的卵子!”[①]

巴楚故事中有许多巧女故事,这些故事从不同侧面表现出了山区女性的生活经验与人生智慧。其中,既有各地常见的“万事不求人”型和“吟诗择夫”型,还有些很别致的类型,如“妻子的信”型。在秭归流传的《我要嫁人》中,女人给在外做长工的丈夫写信,她不识字,就在信中画了个嘴里衔着人的飞鹅,并附一段长丝线,一小截木炭,两个枣子,两颗茴香,一个萝卜。丈夫一看,解释信的内容给其他长工听:长思短叹,早早回乡,若不回乡,我要嫁人![②]刘德培讲的同类故事更巧妙,妻子写信向外面帮工的丈夫要钱,画了幅画:太阳下一只鸡,月亮下一只鼠。帮工看了知道是“日无鸡啄米,夜无鼠耗粮。”老板叫账房先支一百吊钱送去,丈夫也写了封信,画了几只鸽子和斑鸠。账房先生见信中没提钱的事,就对帮工妻子谎说只带了其夫的五十吊钱来。帮工妻子说:我丈夫写的是一百吊:八只鸽子,八八六十四,四只斑鸠,四九三十六,共一百吊。账房先生只好将另五十吊钱拿了出来。[③]

巴楚故事中还有许多“掰人”的手法,通过故事斗机锋,展现智慧,使人在意料之外突然悟得而发笑。如有个《狗接客》的故事,是嘲笑“日白”者讲话水平太低的:

麻雀接狗做客,引着狗在小树林里穿进穿出,玩了一天。太阳快落山时,狗又接麻雀:“你到我那里玩去。虽说没有你这里好玩,却不消愁得吃喝哩。”麻雀去了,吃喝果然不错。玩到天黑,麻雀要回去。狗留它说:“今日回不去了,我在你那里玩了一天,你就在我这里歇一夜吵。”“你这里没有窝哟,”麻雀说,“我在什么地方蹲呀?”“看呐,我睡的时候,把尾巴蜷成一个窝,就够你睡的哩。”“那也可以。”睡的时候,狗把尾巴蜷成了一个窝,叫麻雀蹲进去啦。第二天早晨刚开亮口,麻

① 余贵福采录、黄世堂整理:《野山笑林》,大众文艺出版社,1999年,第123页。
② 周凌云主编:《中国民间故事全书·湖北·秭归卷》,知识产权出版社,2007年,第410页。
③ 王永红主编:《中国民间故事全书·湖北·五峰卷》,知识产权出版社,2007年,第199-201页。

雀就要走。狗问它,“这么早就要走,你在我这里玩不好吧?”“玩得好,吃得好,只是睡不习惯。”麻雀实话实说,常言讲人家的饭好吃,自己的窝好睡,老话不错呐。“唉,我昨夜用尾巴给你做窝,做得还不行呵?”“行哕,比我屋里的窝还柔软些,暖和点哕。就是一宗,把我搞怕啦。”“你怕哪宗啊?”“你放些狗屁,实在难闻哪!”①

这个由山民故事家刘德培讲的笑话,集中体现了巴楚民间故事的特点:机智、幽默、风趣、曲折,山区风味,自然生态。

第四节 巴楚民间艺文

巴楚地区的民间艺文,主要指民间戏曲和曲艺中的文学脚本。在民间戏曲方面,这个地区流行秭归建东花鼓戏、五峰柳子戏、远安花鼓戏、傩戏、踩堂戏、皮影戏和地花鼓等;在曲艺方面,有长阳南曲、兴山围鼓、宜都榔鼓、漳河大鼓、枝江楠管、五峰吹锣鼓、满堂音等;这些戏曲和曲艺,都有不少传统曲目在民间以师徒相授和手抄本形式传承。

香港阳光卫视《乡土中国》栏目,曾播放过以《绝唱》为题的纪录片,展示秭归县建东乡两个老艺人陈新民、傅承旺一辈子搭档表演建东花鼓戏,传承这个濒临灭亡的地方剧种的感人故事。据相关研究,该剧种在清末即已流行,有 150 多年历史,当地称“灯班戏”。建东花鼓戏由两人表演,男丑女旦,女旦由男性充任。生于 1924 年的黎祥武,是该剧种传人之一。他在回忆录中写道:“从一九三二年起该剧是一穷二白,一无所有。只能在玩灯时,一、二人打打花鼓子而已。到一九四六年时,15 年当中,从组织规模上,能胜任合格者演员艺术人材达 25 人以上,花鼓剧团能演出节目 45 个之多,其中自编创作的达 25 个以上。”②刘不朽先生指出:“建东花鼓戏戏班组建和活动的历史虽较为短暂,据老艺人追忆只不过一百多年,但其源头古老而久远,其文化内涵深厚而广博,它是三峡地区原始山歌民歌、民间故事、神话传说、民间舞蹈、民间器乐曲,乃至杂耍、游戏等诸多传统

① 王永红主编:《中国民间故事全书·湖北·五峰卷》,知识产权出版社,2007 年,第 332 页。

② 黎祥武回忆录手稿见于秭归县茅坪镇综合文化站所编:《茅坪镇建东花鼓戏资料汇编》。

文化因子，在演进的历史长河中相互交融汇合演化而成的一个民间艺术新品种，是地地道道的产生和流传在三峡地区的原生态艺术，其研究价值弥足珍贵。”[①]据介绍，郑邦清、郑承志父子编有《建东花鼓戏选编》一书。从各种资料中辑录，被记录下的建东花鼓戏片段和剧名主要有：《武大报喜》、《七仙女祝寿》、《巡路封官》、《姜女寻夫》、《双帕》、《三个斑鸠一树眠》、《接幺妹儿过节》、《杨贵店里住一宿》、《王大萘喜》、《葛麻》、《南山耕田》等。笔者曾现场观看《武大报喜》，是一种折子戏，搞笑为主，乡土气息十分浓郁。

建东花鼓主要流传于秭归和宜都，远安花鼓戏则流布于远安、夷陵、兴山、秭归、宜都、南漳、保康、当阳等地。这个剧种是南北花鼓戏结合后，在远安地方语言和音乐基础上融合发展起来的。至1949年已传六辈艺人，“传统剧目二百多出，用桃腔演唱的有《梁祝姻缘》、《白扇记》、《送香茶》、《酒醉花魁》以及喻老四、张德和、胡宴昌等人的戏共约三十多出。用汉腔演唱的有《桑园会》、《槐荫会》、《打芦花》、《谷屯子接妹》、《湘子化斋》、《赶子上川》、《白罗裙》、《青风亭》、《赵甲烤火》、《葛麻》等约六十多出。用南腔演唱的剧目不多，只有《目连求经》、《贾氏扇坟》、《蓝桥汲水》等少数几出。用四平演唱的有《吴三保游春》、《站花墙》、《梅龙镇》等。用彩腔演唱的有《思凡》、《绣荷包》、《讨学钱》、《撇笋》、《腌腊菜》、《恨大脚》、《妓女告状》、《打赖投河》等。移植越调剧目六十多出，常演《崔子弑齐》、《曹庄杀妻》、《李逵砍旗》等。”[②]

五峰柳子戏流行于五峰、鹤峰，曾名“杨花柳”。清咸丰二年(1852)所修《长乐县志·风俗志》称：“杨花柳戏，其音节出于四川梁山县，又曰梁山调。”清代五峰是川盐运入湖南的通道，梁山灯戏顺川、鄂盐道传入后，渐与五峰语言音韵及民间歌舞、风俗习尚相结合，形成柳子戏。柳子戏传统剧目有一百多个，常演剧目有：“三打”(《打芦花》、《打金银》、《打仓救主》)、“三杀”(《侯七杀母》、《曹安杀子》、《曹庄杀妻》)和《大经堂》(《药茶计》)、《小经堂》(《恶媳变牛》)、《白罗裙》、《青风亭》、《蓝桥会》、《孝感天姬》(董永与七仙女故事)、《二仙传道》(《刘海戏蟾》)、《赶子上川》、《双蝴蝶》(梁祝故事)、《大采桑》(张四姐下凡故事)等，也有生

① 刘不朽：《为三峡民间艺术奇葩——“建东花鼓戏”之传承而喝彩》，网址：http://blog.sina.com.cn/s/blog_4ab068a0010004tv.html

② 宜昌市文化局、三峡大学三峡文化研究中心：《三峡民间艺术集粹》，长江文艺出版社，2003年，第575页。

活小戏，如《凌勾烤酒》、《扫地挂画》、《蠢子回门》、《谷屯子接妹》、《姚瘌子讨亲》等。还有一些移植自皮影和南剧的三国戏、薛家戏、杨家戏、包公戏。①

踩堂戏流行于鄂西的巴东、建始、五峰、兴山、秭归与川东巫山等县的大山区。多在新年、元宵期间于玩灯之后演出。无常年演出的职业班社，艺人半农半艺，也常兼唱皮影戏。农闲时和喜庆节日，常邀集七至九个半专业艺人组班演出。每到一地，脚色不够时，就近邀约。丰年时其活动特盛。踩堂戏传统剧目有两类：一、主要用大筒子腔演唱的民间生活戏，如《南山捡子》、《吴杠拜年》、《丁瘌子讨亲》、《谢文清耕田》、《蓝桥汲水》、《滚灯》、《王麻子打样》、《楼台会》、《借妻回门》、《韩湘子化斋》等，俗称花戏；二、主要用小筒子腔即南、北路演唱的历史故事戏，如《三气周瑜》、《走马荐葛》、《唐僧出世》、《沙陀搬兵》、《辕门斩子》、《秦香莲》等，俗称正戏。②

傩戏流行于鄂西南的鹤峰、五峰、来风、咸丰、宣恩、恩施、巴东、建始等县，系自川、湘传入。我们将在土苗文化圈中介绍。

巴楚文化圈十分流行皮影戏。一派是长阳、五峰等地的“南路皮影”，另一派是流行于夷陵、当阳、远安、兴山、秭归、保康等地的“北路皮影”。皮影戏在边远山区颇受欢迎，生子做屋、男婚女嫁、老人祝寿等场合均要唱皮影戏，也用于祈

秭归县的皮影戏（2010 年）

① 所引剧目出自《三峡民间艺术集粹》，第 585 页。

② 见《三峡民间艺术集粹》，第 591 页。

祷、消灾和还愿。如天旱之年唱戏求老天爷降雨，发生瘟疫时唱戏消灾，还有人以唱皮影来对神灵还愿。前面介绍过的故事家刘德方，就记得几十部的皮影戏文。

兴山、秭归、宜昌、五峰等县流行的地花鼓，也是一种有趣的民间小戏。由一丑一旦表演，载歌载舞，当地又称“花鼓子”。春节是地花鼓演出的高峰时期，花鼓随龙灯、狮子、彩莲船以及各类灯队走村串户，到各处表演。演出多以花鼓开头，狮舞结束。此外，婚嫁、造屋、添子、祝寿等喜庆活动，花鼓也有前去表演助兴的。地花鼓以搞笑为特点，男丑女旦时唱时白，风趣幽默。如刘德方演唱的地花鼓《垂金扇》，男丑问女旦家中坐的男子是谁，为什么扯扯拉拉，倒在地上，弓上又弓下，搞得水洽洽。女旦不断遮掩，最后男丑威胁要告诉她的父母兄弟。女旦一点也不怕，结尾是：

丑（白）：你这也不怕、那也不怕，
只有给你找个婆家，
快点把你嫁出去。
旦（唱）：找个婆家我不怕，
男大当婚女大当嫁，
我早就等不得哒。[①]

除了民间小戏外，巴楚地区的民间曲艺也不少，如“南曲”、“兴山围鼓”、“干龙船”、“丧鼓”、“扬歌带戏”等。

南曲流行于长阳、五峰两县，尤以长阳县资丘镇最盛，列入了第二批国家非物质文化遗产名录。南曲采用坐唱形式，以小三弦为主要乐器。南曲艺人一般都读过不少古典小说和野史。演唱南曲被视为风雅之事，已知曲目近一百五十个，曲目分为四类：取材于小说戏本的有《关公辞曹》、《长坂救主》、《武松杀嫂》、《打渔杀家》、《红娘递柬》、《赶潘》、《昭君和番》、《断桥》、《扫松》等；取材于民间故事和传说的有《皮金顶灯》、《螳螂娶亲》、《数灯》、《数塔》等；应酬、劝戒内容的段子有《贺新婚》、《三星庆寿》、《弄璋曲》、《弄瓦曲》、《渔樵耕读》、《酒色财气》等；咏景抒怀的有《春夏秋冬》、《风》、《花》、《雪》、《月》、《高人雅士》、《问天》等。南曲歌词典雅，如最流行的段子《春去秋来》：

春去夏来，不觉又是秋，柳林河下一小舟，渔翁撒网站立在船头。

---

① 刘德方：《郎啊姐》，袁维华采录，彭明吉整理，中国三峡出版社，2004年，第57页。

头戴斗笠，身披蓑衣，手执丝竿，腰系渔篮。但只见波浪滔天忙解缆，柳林之中去藏身。左边下去青丝网，右边垂下钓鱼钩，钓得鲜鱼沽美酒，一无烦恼二无忧，风波浪里消岁月，荷叶林中度春秋。南腔北调任我唱，就是那王孙公子不能得够，喜的是清闲自在(呀)不爱风流。

与南曲的悠闲典雅相反，流行于夷陵区和秭归、兴山、远安等县的“扬歌带戏”，是在生产活动中演唱的曲种，即薅草锣鼓中那些叙事性的、有说有唱的歌，也叫唱书锣鼓。演唱扬歌带戏的锣鼓班，面对众多的薅草人，以退为进，边走边唱，激励劳动热情，以提高工效。这类扬歌带戏的主要曲目，有《团圆会》、《寒江关》、《梁山伯与祝英台》、《乌金记》、《白扇记》、《屈原故里八景》等数十部。

兴山围鼓俗称“八人班子”、“八音子”，流传于湖北境内的兴山、秭归、宜昌、保康、谷城等县，主要在红白喜事、生儿打喜、祝寿庆典、新屋上梁、年节玩灯、集会游行之时演出。兴山围鼓已知曲牌230余首，传统曲目有《昭君和番》、《山伯访友》、《萝卜顶》、《蓝桥汲水》、《丁癞子讨亲》、《何氏劝姑》、《顶草墩》、《卖花红》、《幺姑娘没蓄头》等。

干龙船又称旱龙船，流传于长阳、五峰、恩施、建始、利川、咸丰等县。在长阳等县，相传划旱龙船与楚地五月初五龙舟竞渡悼念楚诗人屈原之俗同源。传说屈原投汨罗江死后，被神鱼驮了回来，神鱼后来变成了龙舟。于是，人们便纷纷划着龙舟为屈原招魂。而无江河之山区，人们为了表达对屈原的怀念，便创造了旱龙船这一形式。旱龙船不仅与巫祝有关，也是一种谋生手段。艺人们沿家乞唱，得到一把苞谷、几个马铃薯，或一升米、几尺布的酬谢。唱词多为即兴之作，见到什么唱什么。如《卖麻糖》：“鸡叫出门卖麻糖，一卖卖到长街上，街上的人儿本也广，碰到个姐儿扫稻场，我就和她一遍讲，粘米糖啊糯米糖，一并打点娃娃尝，碰到娃娃他又不吃糖，舔一舔来尝一尝，一下糊到个涎兜子上，丈夫回来又像霸王，浑身吓得像抖糠，散一只裹脚丈把长，一绑绑到柱头上，浑身跟她一些柳花棒，背心只听的棍棒在响。”[①]

丧鼓有坐丧(又称打夜鼓、打待尸、唱孝歌)、跳丧和转丧(又称绕棺、夜锣鼓、阴锣鼓)三种类型。鄂西许多县市都有打丧鼓习俗，巴楚地区的长阳、秭归等县

① 宜昌市文化局、三峡大学三峡文化研究中心:《三峡民间艺术集粹》，长江文艺出版社，2003年，第539页。

也有。丧鼓歌曲目丰富，内容庞杂。其中有许多中长篇，如《梁山伯与祝英台》、《武松打虎》、《武松打店》、《武松打庄》、《雷保记》、《三顾茅庐》、《朱氏割肝》、《祭猪》、《十里坪》、《相陪亡者到天光》、《姐儿下河洗罗裙》、《薛仁贵救主》、《杨令婆哭子》、《秦雪梅吊孝》、《娥孔明》、《借东风》、《牛贩子》、《孟宗哭笋》、《断机教子》、《讨荆州》、《徐母骂曹》、《桃园结义》、《湘子化斋》、《血袍记》、《秦香莲》、《人头记》、《五美图》、《十美图》、《乌金记》、《乌盆记》、《狸猫换太子》、《杜十娘》、《六月雪》、《卖花记》、《卖水记》、《白马驮尸》、《天宝图》、《地宝图》、《双金花》、《彭公案》、《刘子英打虎》、《包公案》、《粉妆楼》等。

民间艺文是除民歌和民间故事之外的重要艺术形式，由于边说边唱边表演，并且有角色扮演，表现手段更丰富，因此是人民自我教育与娱乐的好方式，留下了许多作品。可惜过去在文学脚本方面的研究十分缺乏，需要在今后重点发掘与清理。

第五章　土苗民间文学

第一节　概　述

湖北省的西南角，是处于湘鄂川黔四省交界之地的恩施土家族苗族自治州。这是湖北省唯一的民族自治州，土家族人口占45%，苗族为5%，其他为汉、白、回、蒙古等民族。这里的民族来历、文化渊源和历史过程，与本省其他文化圈迥然不同。紧邻恩施州的五峰、长阳两县，也是土家族自治县。这一州两县构成的土苗文化圈，是湖北省民间文学的富矿区。享誉世界的民歌《龙船调》、连续两次

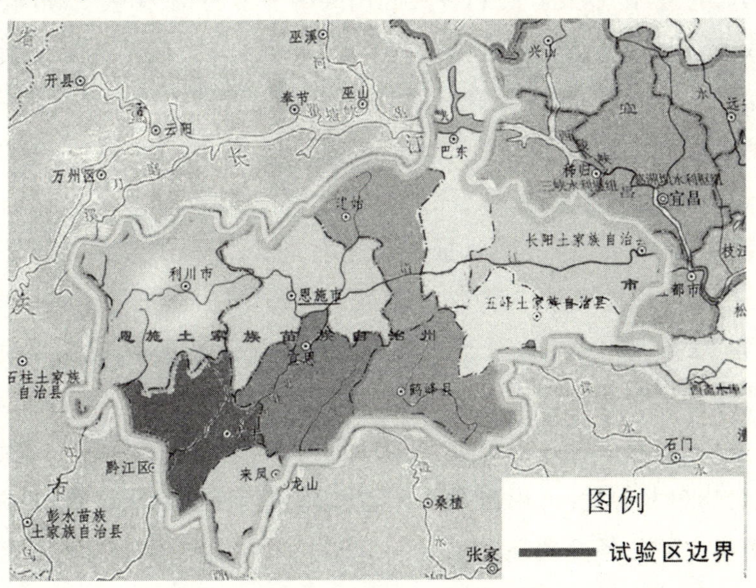

文化生态保护试验区示意图

获得央视青年歌手大奖赛原生态唱法金奖的《土苗兄弟组合》、《撒叶儿嗬》等，都出自这个文化圈。由于土家族是这个文化圈的主体民族，本章集中介绍土家族的民间文学。

土苗文化圈以恩施土家族苗族自治州所辖各县（即巴东、建始、利川、咸丰、来凤、宣恩、鹤峰）和宜昌市所辖五峰、长阳两个土家族自治县为地理空间，以清江流域上中游为文化中心，东接江汉平原，西邻成都平原，西南与云贵高原相连，南部与湘西相接，北与巴楚文化圈相邻。湖北省 2011 年拟建设的土家族苗族生态保护区，大致划出了土苗文化圈的范围（见文化生态保护试验区示意图）。[①]

清江是湖北西南山区最大的河流，在湖北省境内仅次于长江和汉水，被称为土家人的母亲河。清江流域是一个相对封闭的地理单元，自然生态保持完好，至今江水清澈，两岸植被覆盖，为土家族提供了一个相对独立的生存环境，成为土家族延绵不绝的基础条件。

清江流域是土家族的发祥地和主要聚居地。根据神话传说，巴人先祖廪君部落出自清江流域。《后汉书 · 南蛮西南夷列传》中，记述了这个族源传说，我们在上一章中介绍过。

据相关研究，土家族来源复杂，其先民在史籍上有较多不同称谓。其族源中的主要成分，有清江流域的“廪君种”，四川阆中一带的“板楯蛮”，湖南沅水、澧水一带的“武陵蛮”，以及贵州东北部的“乌蛮”，等等。《史记 · 西南夷列传 · 西南夷》云：“始楚威王时，使将军庄蹻将兵循江上，略巴、黔中以西。庄蹻者，故楚王苗裔也。蹻至滇池，方三百里，旁平地肥饶数千里，以兵威定属楚。欲归报，会秦击夺楚巴、黔中郡，道塞不通，因还，以其众王滇。变服，从其俗，以长之。”依《华阳国志 · 南中志》所记，派庄蹻远征的是楚顷襄王，庄蹻的进兵路线是“溯沅水，出且兰”（在今贵州黄平县一带），庄蹻王于夜郎。《后汉书 · 南蛮西南夷列传》云：“楚顷襄王时，遣将军庄豪从沅水伐夜郎……既灭夜郎，因留王滇池。”从这些记载看，楚国很早就派人深入云贵高原，对那里的少数民族实施控制。

秦灭楚后，设黔中郡。郡治在今湖南常德，辖湖南沅水、澧水、湖北清江、四川黔江和贵州东北等地。《后汉书 · 南蛮西南夷列传》载，秦以前，武陵蛮“无关梁符传，租税之赋”，各部落以非世袭的“精夫”为首领。清江流域的廪君蛮，“秦

① 地图出自《清江流域巴、土（家）文化生态保护实验区规划纲要》附录，课题组编订。

惠王并灭巴、蜀,仍以巴氏为廪君蛮的首领,世代相袭,并取秦女为妻。"[①]秦时分布于巴郡阆中的板楯蛮,又称"白虎夷"。相传秦昭襄王时,有一白虎,常从群虎游秦、蜀、巴、汉之境,伤害千余人。昭王重募能杀虎者,赏邑万家,金百镒。当时巴郡阆中夷人,能作白竹之弩,应募射杀白虎。秦昭王因此与夷人刻石结盟,盟曰:"秦犯夷,输黄龙一双;夷犯秦,输清酒一钟。"[②]

刘邦尚在南郑为汉王时,拜韩信为大将军,谋再取关中,曾得到板楯蛮之助。《后汉书·南蛮西南夷列传》云:"至高祖为汉王,发夷人还伐三秦。阆中有渝水,其人多居水左右,天性劲勇。初为汉前锋,数陷阵。俗喜歌舞,高祖观之,曰:'此武王伐纣之歌也。'乃命乐人习之,所谓《巴渝舞》也。"

自西汉始,开始向蛮人收税。"岁令大人输布一匹,小口二丈,是为賨布。"賨,本为蛮人方言,汉时成为赋税名称。东汉时,土家族先民常因税赋起义。公元 47 年,武陵蛮首领相单程起义,长达三年。同年,南郡潳山蛮雷迁等揭竿起义,被镇压后曾徙七千余口到江夏郡,这部分人后来称为"沔中蛮"。公元 76 年,武陵澧中蛮陈从起兵。公元 101 年,以许圣为首的廪君蛮由于官府收税不均造反,被打败后部众也全部迁往江夏郡。公元 169 年,江夏兵与庐江黄穰蛮联合起义,"攻汉四县,寇患累年。"[③]不过,土家族先民与朝廷既有斗争也有合作,汉高祖时,板楯蛮就曾帮助他征伐三秦。东汉时,也被调去击败西羌。

三国时,蜀、吴争夺夔、峡和武陵地区,土家族先民成为他们的争夺对象。公元 230 年,武陵王溪蛮曾起兵数万反抗孙吴。南北朝时,土家族各部落势力发展迅速,各据一方,其中冉氏、向氏、田氏发展尤快。公元 483—493 年,向宗头与黔阳蛮田豆渠联合起兵,反抗南齐统治。公元 559—566 年,信州蛮冉令贤、蛮帅向五子王、向宝胜等,以峡江为中心割据,抵抗北周,势力范围达二千里。从秦到隋,各王朝都在土家族先民聚居的湘鄂川黔边地设置郡县,委派官吏,但控制松弛,时断时续。唐代实行招安政策,委任土家族首领为官治理其地,并准许世袭。先后委任冉安昌、田世康、田英等为招抚史或刺史,但仍多次发生石门蛮、溪州蛮起事。宋承唐制,设置散毛宣抚司及巴东、石柱安抚司,土官世袭,土家族地区日趋安定,文化发展迅速。

---

① 江应梁主编:《中国民族史》(上),民族出版社,1990 年,第 266 页。

② 出自《后汉书·南蛮西南夷列传》第七十六。

③ 江应梁主编:《中国民族史》(上),民族出版社,1990 年,第 266 页。

元代至清代，朝廷在土家族地区设立土司制度，在鄂西设置了施南、散毛、忠建、容美四个宣抚司。土司实行军政合一、寓兵于农的旗制，平时务农，战时为兵。土司制使土家族地区更加稳定，民族特点得以保留。同时，土家族地区出现了书院和大批文人学士，不少土家族文人成为工于竹枝词的著名诗人。明朝时，土家族军队多次应征至福建抗击倭寇，被誉为“东南战功第一”。

清代，自雍正四年(1726)开始，朝廷大规模推行改土归流政策，取消土司世袭制度，设立府、厅、州、县，派遣流官管理，打破了“蛮不出境，汉不入洞”的禁令，大批汉族农民和商人进入土家族地区，带来了先进的生产工具与技术。大批书院、义学举办，学汉语者急增，出现了彭秋潭等以汉语创作的著名诗人。

近现代以来，土家族人民挺身反抗压迫，多次起义。1854年，湘西土家族人彭盖南、李志钟、覃序宾等先后起义。1864年，土家族田思群领导长乐、长阳两县土家族人反清。1898年，土家族以向熙廷为首掀起“灭洋”运动。1911年，同盟会员温朝钟(土家族)等领导了反清起义。特别值得一提的是：1928年—1935年，土家族人民在贺龙、任弼时等人领导下，为创建湘鄂西、湘鄂川黔边两个革命根据地作出了重大牺牲与贡献。

今天，聚居于清江流域、酉水流域和武陵山区的土家族繁荣兴旺，人口已发展到位居中国少数民族第七位。据第六次中国人口普查结果，土家族人口达800多万人，主要分布于湖北、湖南、四川、贵州四省。湖北的土家族人口超过200万人。[①]1983年8月19日，经国务院批准，成立了鄂西土家族苗族自治州，后改名为恩施土家族苗族自治州。以恩施为政治、经济、文化中心的清江流域，土家族、苗族，在漫长的历史发展中融巴、楚、蜀、汉等文化于一体，形成湖北省境内一个特征鲜明的亚文化圈——土苗文化圈。

土苗文化圈的文化形态极有特色。在全国已公布的三批非物质文化遗产保护项目中，属于土苗文化圈的项目，共有15项列入国家级名录，56项列入省级名录。其中，与民间文艺相关的国家级项目有长阳山歌、土家族撒叶儿嗬、利川肉连响、来凤南剧、恩施扬琴、薅草锣鼓、土家族打溜子、土家族摆手舞、恩施灯戏、恩施傩戏、利川灯歌、宣恩三棒鼓等。列入省级保护名录更多，如廪君传说、

---

① 人口统计出自2011年9月的湖北省民族宗教局的官方网站。http://www.hbmzw.gov.cn/structure/hbmz/mzgk.htm

寇准的故事(巴东)、五句子山歌(恩施)、土家族哭嫁歌(来凤)、十姊妹歌(宣恩)、石工号子(恩施)、宣恩高腔山歌、穿句子山歌(鹤峰)、星岩坪山歌(五峰)、花鼓子(五峰、长阳)、建始喜花鼓、建始丝弦锣鼓、鹤峰围鼓、建始闹灵歌、恩施耍耍、咸丰地盘子、宣恩土家族八宝铜铃舞、来凤地龙灯、鹤峰柳子戏、巴东堂戏、南曲(长阳五峰)、利川小曲、滚龙连厢(宣恩)、恩施三才板、鹤峰满堂音、五峰土家族告祖礼仪、恩施社节、土家女儿会、吹打乐(五峰、建始),等等。

土苗文化圈的非物质文化遗产非常丰富。据《清江流域巴、土(家)文化生态保护实验区规划纲要》中的有关统计,实验区中的非物质文化遗产计有 17 个门类 500 多种。其中,民间文学项目 74 种,传统音乐 84 种,传统舞蹈 68 种,传统戏剧 22 种,曲艺 39 种。①其传统文化积淀从这些数字可见一斑。从上世纪 50 年代以来,许多人对土苗文化圈中的民间文学进行搜集整理,出版了大量公开非公开民间文学资料集和研究集。据笔者所见,仅 2007 年,湖北长江出版集团和湖北人民出版社一次性出版的恩施地区各类民间文学集,就达 20 多种,如《恩施市民间故事集》、《恩施市民间歌谣集》、《恩施灯戏》、《来凤民间故事集》、《来凤民间歌谣》上下册、《来凤土家族长篇叙事情歌》、《咸丰民间歌谣集》、《咸丰民间故事集》、《鹤峰民间故事集》、《鹤峰民间歌谣集》、《利川民间歌谣集》、《利川民间故事集》、《巴东民间歌谣集》等等,几乎每个县都出版了民间文学资料集。这些民间文学资料的集中发表,充分展现出土家族历史文化的丰厚积淀,是研究土苗文化不可或缺的宝贵资源。

第二节 土苗民间歌谣

歌唱家宋祖英的一曲《龙船调》,震撼了维也纳金色大厅。这支唱响世界的利川民歌,不过是土苗民歌中的一个代表罢了。“清江民歌多又多,千千万万用船拖。前船已到武汉市,后船还在利川河,肚子里歌儿还没说。”可以说,清江是一条流淌着歌声的江。

---

① 上述数据出自《清江流域巴、土(家)文化生态保护实验区规划纲要》。

《龙船调》的故乡利川县柏杨坝镇的灯歌(2005年)

武陵山层岩叠嶂,交通不便,长期封闭,土家族文化传统相对独立。清代《竹枝词》中这样描述当地歌舞活动:“摆手堂前艳会多,姑娘联袂缓行歌。冬冬鼓杂喃喃语,煞尾一声嗬也嗬。”清代“改土归流”后,汉人大量涌入山区,“南京城的鼓,北京城的锣,云南陕西的号子,打我们湖广过。”土家民歌得到多民族文化的滋养,更为丰富。

在土家族民俗中,会唱歌的人是特别受尊敬的。有人回忆上个世纪时唱歌的趣事:“记得有一次,两个邻近生产队都挨着在薅苞谷草,土家人有个习惯,在劳动疲劳时,唱几首山歌,就可起到减轻疲劳的作用。只要有人提头唱,就会引发男女老少众人唱,中间还要分输赢,当邻队唱得起劲时,向金云马上与他们接起对歌,邻队七八人对向金云一人,后来,都被向金云的盘歌盘得他们哑口无言,为本队人争了光,当时生产队是记工分,因为她一人唱倒他们七八人有功,队长还专门为她多记2分工分。”[①]为了在歌场得到大家尊敬,人们在日常生活中用各种机会潜心学习传统民歌。“本村有个同族哥哥,从外地娶来一个女人,有一副天生的好嗓子,能唱出优美动听的山歌、情歌。田永龙听说后,丢下手中的农活专程来到哥哥家,与哥哥说明来意,当晚就与嫂嫂对起山歌,唱起情歌。虽然二人都有拿手好戏,唱得难分难解,最后,田永龙还是拜嫂嫂为师,虚心向她学习,从她口中掏出不少如何保护嗓子,如何看他人势头对歌,如何掌握其他歌手绝招

① 向代元、向义和搜集整理:《来凤土家族长篇叙事情歌》,湖北人民出版社,2007年,第310页。

等。但关键是跟人学会唱歌要讲歌德，与任何一个歌手对歌，都要相互谦让，不能开口就侮辱人，伤对手之感情，只有谦虚好学，才能成为最优秀的歌手。”[①]

土家族对歌习俗中一个重要原则是不能伤对手感情，这与秦楚文化圈中的“翻田埂”、巴楚文化圈中的“掰”人迥然相反，表现了这个民族善良温和的性格。“哪个唱了骂人歌，喉咙管里长刺腭，牙齿脱成光板板，嘴巴烂齐后颈窝。”[②]

土家族歌谣中，以山地劳动歌、山歌小调、仪式歌、诀术歌、历史歌等最富特色。

一、山地劳动歌

山地土地贫瘠，过去耕作粗放，当地习惯刀耕火种，“开荒锣鼓”便是在这种环境下产生的。这类锣鼓歌有系统的程式套路，将不同类型的大量歌谣，与劳动的节奏相对应，我们将在薅草锣鼓一节详述。

武陵山脉道路崎岖，劳作十分繁重。2011 年笔者曾在利川县考察，有个小伙子唱了首高腔山歌，十分激越。细问歌词，原来是：“太阳天上过，扁担肩上梭，生活奈不何，我开口唱山歌。”当地人把干活叫“生活”，可见歌声是劳动中缓解压力的一种重要方式。

恩施地处川鄂湘交界，过去是川盐运往湖南的必经之地，不少土家人挑盐为生。他们回忆当年挑盐经历时说：“那时候，我们挑盐巴，一路多则上百人，少则几十人，行走上一个月，跋山涉水，为了减轻行路疲劳，到关键之时，我们就唱起山歌，只要一人引歌，后面就你一首，他一首，唱个莫歇气，一唱就是上百首，十分来劲：‘挑盐汉子一爬坡，肩挑盐担唱山歌，莫看爬坡几十里，山歌一唱劲就多。’‘挑盐汉子人又多，肩挑盐担快如梭，跋山涉水唱首歌，浑身来劲几快活。’莫看我们这些挑盐汉，讲起唱山歌，都能唱出几十首。”[③]

挑盐路上要经过许多险道，不少歌反映了挑盐客的艰险。如：“手扒岩，你莫来，猴子不敢去，老鹰不敢来。就是神仙也要摔下岩。”又如：“老鹰嘴，卧龙寨，谁都不敢挨，山鹰飞不过，猴子不敢踩。有勇敢打虎，无勇怕老鼠，啥子老鹰岩，是只鸡崽崽。老二打杵冬冬响，剁成肉块块。啥子卧龙寨，同样不例外，杀了龙王

① 向代元、向义和搜集整理：《来凤土家族长篇叙事情歌》，湖北人民出版社，2007 年，第 245 页。
② 田诗学、肖本正、杨孝慎主编：《来凤民间歌谣》（下），湖北人民出版社，2007 年，第 573 页。
③ 向代元、向义和搜集整理：《来凤土家族长篇叙事情歌》，湖北人民出版社，2007 年，第 240 页。

好做菜，喝酒又吃肉，川盐背进来。”再如：“好汉坡来好汉坡，前头石头碰脑壳，后头岩嵌撞屁股，脚一踩虚摔下河，鹞鹰展翅飞不过，神仙到此摆脑壳。前世作了恶，老二来运货，骡子不敢去，穷人变骡驼。”[①]

山地劳动少不了与石头打交道，于是有不少石工号子。如：“抬起抬起莫松劲，要把步子走齐整。步子齐整力均匀，免得踩了脚后跟。”[②]几个人抬东西时，由于后面的人看不见前面道路情况，石工号子就有一类“报路歌”，如：

领：看到起来，
合：跟到起来。
领：不慌不忙，
合：走得稳当。
领：前面有小桥，
合：你我都逍遥。
领：单桥两块，
合：当中莫踩。
领：小桥小又小，
合：身子莫晃莫摇。
领：小桥有眼，
合：小心脚杆。
领：小桥两边空，
合：踩到正当中。……[③]

有了歌，繁重的体力劳动似乎也减轻了许多。正如歌中所唱：“山上山下歌连歌，你来我往情意多，挑起重担不知累，山歌好像痨伤药。”[④]

清江是土苗文化圈中的水上交通大动脉，行船放排之际，也是民歌唱响之时。“清江号子”有许多种：“千里清江放木排，一声号子穿浪来。两岸青山把路让，满江春水把我抬，船工喊歌多开怀！”“新打船儿下陡滩，掌舵全靠几桡杆，见

---

① 手扒岩、老鹰嘴、好汉坡都在四川与湖北利川的交界处，地势险峻，常有人畜丧命。见黄汝家主编：《利川市民间歌谣集》，湖北人民出版社，2008年，第48、50、51页。

② 陆显大、杨懋之、杨适之主编：《咸丰民间歌谣集》，湖北人民出版社，2007年，第43页。

③ 同上，第46页。

④ 蔡学让主编：《恩施市民间歌谣集》，湖北人民出版社，2009年，第23页。

嗒几多漩涡风，过嗒几多簸箕滩。”[①]

二、山歌小调

“不唱不喊，不得一天到晚。”这是山里人对生活中少不了歌的注解。过去文化生活贫乏，在封闭的地理单元中，人们不得不主要以民间文艺来自娱自乐，其中最普遍的形式就是唱山歌小调。

小调中最富盛名的当推中国民歌的代表之作《龙船调》。知情者介绍，这首歌原名《种瓜调》，1955 年春节，利川县举行会演，柏杨区代表队的彩莲船《种瓜调》受到好评。后经文化馆黄业威辅导，周叙卿、黄业威在原曲基础上作了加工润色，改为表演唱《龙船调》。在演唱时，把彩莲船这一道具去掉，以虚拟动作增强艺术情趣美。同年春季，赴恩施地区会演，获一等奖。当年，利川文化馆将会演节目编成册（油印），呈送湖北省音乐工作室。省“音工室”根据演唱需要，又作了些处理。歌唱家王玉珍多次演唱，很受群众欢迎，很快就流传开了。随着越来越多知名歌唱家和高层次晚会的选唱，这首歌成为中国民歌的经典之作。《种瓜调》原词是：

正月是新年（哪咿哟喂），
瓜呀子才进园（哪喂）
女：今那月儿梭，
男：明那月儿梭，阳雀叫（哇），
女：八哥鹦哪哥。
男：妹娃儿要过河（哇），
女：哪个来推我嘛？
男：我就来推你嘛！
女：艄公你把舵扳呐！
男：妹娃儿请上船呐！
众：哦咿吙喂呀咗哦喂呀咗！
男：把妹娃儿推过河（哟喂）！[②]

山歌小调是民众“我口唱我心”的即兴之作，内容主要反映老百姓的生活和

① 蔡学让主编：《恩施市民间歌谣集》，湖北人民出版社，2009 年，第 5 页。
② 黄汝家主编：《利川市民间歌谣集》，湖北人民出版社，2008 年，第 24 页。

情感。数量相当大的是苦情歌。如:"苞谷壳壳当棉,辣子粉粉当盐,要想喝碗油茶汤,哓等哪一天,要想吃餐大米饭,哓等哪一年。"①"遭孽不过我遭孽,抹汗帕儿都没得。洗了几多光棍脸,揩烂几多桐子叶。"②"长工一世不开交,儿子跟着老子熬。虾子爬到犁辕上,不知哪年才伸腰。阎王老二把魂销。想一想来默一默,思前想后默不得。乌龟背上被牛踩,忍住心中一团血。世上哪个最遭孽?"③

苦情歌涉及的生活面十分广泛,既有社会压迫,也有家庭悲剧。如《裹脚歌》:"白布撕两破,娘跟女裹脚,小脚搁在娘怀里,两眼泪直落。左一扳,右一扳,一扳扳个链刀弯,前头裹个尖尖子,后头裹个肉馒驼,裹个道士鸣海螺。"④《怨后娘》:"一个鸡蛋两个黄,一个苦妹两个娘,亲娘杀鸡留鸡脚,后娘杀鸡留鸡肠。鸡肠挂在柳树下,抱到柳树哭一场,阿哥问我哭啥子,后娘待我像阎王。数九寒天大雪扬,后娘逼我洗衣裳,手指冻得像猪肝,脚板冻得滴血浆。眼望星星望月亮,心想找个好儿郎,情哥早点来接我,从此离开我后娘。亲娘死了哪个葬,亲儿亲女葬亲娘,后娘死了哪个葬,猪拉狗扯没下场。"⑤还有婚姻方面的,如《丑哥哥》:"奴在屋中泪如梭,思前想后没奈何,我的男人无其可,他比八戒丑得多。一双眼睛红线锁,歪起鼻子像海螺,张起嘴巴似吞口,牙齿暴出一大撮,挖起额脑成陡坎,脸上长满洋芋坨,耳朵硬有蒲扇大,头上癞子有几撮,手又残来脚又跛,躬起腰杆像骆驼,千怪万怪怪父母,不该嫁给丑哥哥。"⑥

生活歌中也有其他内容,如反映饮食民俗的《十大盘》:"第一盘、清蒸鲜鱼肚;第二盘、红烧缸子肉;第三盘、熊掌焖豆腐;第四盘、五香烧烤猪;第五盘、醉虾加香醋;第六盘、清蒸鸡子不见骨;第七盘、一条鲤鱼四尺五;第八盘、海参足有海碗粗;第九盘、护(糊)心油把包子做;第十盘、清蒸鸽蛋外面生来里面熟。"⑦

生活歌中数量最多、最富有艺术性的当然是情歌。"莫说山歌不值钱,结嗒几多好姻缘,隔山隔岭不唱歌,短棍打蛇难拢边。"⑧"情妹唱歌声音尖,惊动小郎

① 田诗学、肖本正、杨孝慎主编:《来凤民间歌谣》(上),湖北人民出版社,2007年,第33页。
② 陆显大、杨懋之、杨适之主编:《咸丰民间歌谣集》,湖北人民出版社,2007年,第62页。
③ 黄汝家主编:《利川市民间歌谣集》,湖北人民出版社,2008年,第343页。
④ 龚发达主编:《中国歌谣集成湖北卷·长阳土家族自治县歌谣分册》,长阳土家族自治县文化局,1988年,第357页。
⑤ 陆显大、杨懋之、杨适之主编:《咸丰民间歌谣集》,湖北人民出版社,2007年,第25页。
⑥ 蔡学让主编:《恩施市民间歌谣集》,湖北人民出版社,2009年,第53页。
⑦ 同上,第29页。
⑧ 同上,第371页。

惊动天。惊动天上要下雨，惊动小郎要发癫。”[①]歌声一响起，青年男女就坐不住了。“郎在高山唱山歌，妹在屋里不安乐。端把椅子院坝坐，望郎望到太阳落。”[②]“郎在外面放开喉咙打一首知心的歌，姐在房中慢慢哒哒一梭一梭织绫罗，你是哪家飘飘摇摇放放荡荡浪荡子，唱得我脚扒手软手软脚扒巴肝巴肺巴骨巴肉，织不得绫罗标不得梭，眼泪汪汪往下落。”[③]

单身男女的日子是难熬的。“太阳落土山背阴，鸟儿双双归树林。只有小妹无归处，早晚都是一个人。”[④]“十七八岁姑娘家，脚踩门槛手做花，看到燕子成双对，心里就像猫子抓。”[⑤]“高山岭上种高粱，高粱叶儿般般长，情哥喜欢高粱酒，情妹喜欢风流郎，人不风流命不长。”[⑥]

有了歌，青年男女就有了媒介。“隔河望到牡丹青，我想过河水又深，捡个岩头试深浅，唱个歌儿试姐心，五句歌儿做媒人。”[⑦]“唱山歌来吹木叶，不唱一千唱八百，郎是天边的阳雀鸟，愿将嘴巴喊出血，好歹要姐答个白。”[⑧]

有了歌，就有种种相互试探：“大山弄柴不用刀，大河挑水不用瓢，好姐不要郎开口，只要眨眼动眉毛。”“见妹生得乖又乖，好比田中嫩禾胎，心想变蔸田边草，经风一吹两相挨。”“姐是鲤鱼在晒花，野猫岩上摆尾巴，估到野猫不会水，不是野猫是水獭。”[⑨]“你看天上那朵云，又像落雨又像晴，你看路上那个妹，又想恋哥又怕人。”[⑩]“锦鸡爱的茅草山，鲤鱼爱的深水潭，猫儿爱找老鼠洞，情妹爱找有情汉。”[⑪]

歌声对心上人发出由衷的赞美。“一见一见观世音，有点有点动人心，心中心中想到你，如何如何得拢身，差点差点想成病。”“妹你好来真笑乐，妹你是个好娇娥，下塘洗手鱼生蛋，走进青山鸟唱歌。”“远远见妹飘过来，不高不矮好人才，走路好比蝴蝶舞，坐下好比莲花开。”“白布包头糯米浆，妹你好像玉兰香，劝妹莫

① 陆显大、杨懋之、杨适之主编:《咸丰民间歌谣集》，湖北人民出版社，2007 年，第 118 页。
② 同上，第 102 页。
③ 田诗学，肖本正，杨孝慎主编:《来凤民间歌谣》(上)，湖北人民出版社，2007 年，第 146 页。
④ 同上，第 89 页。
⑤ 同上，第 88 页。
⑥ 向端生主编:《鹤峰民间歌谣集》，湖北人民出版社，2011 年，第 198 页。
⑦ 同上，第 166 页。
⑧ 田诗学、肖本正、杨孝慎主编:《来凤民间歌谣》(上)，湖北人民出版社，2007 年，第 192 页。
⑨ 同上，第 113、135、112 页。
⑩ 向端生主编:《鹤峰民间歌谣集》，湖北人民出版社，2011 年，第 276 页。
⑪ 陆显大、杨懋之、杨适之主编:《咸丰民间歌谣集》，湖北人民出版社，2007 年，第 107 页。

在风头站，十里吹来九里香。”“远望姐儿白冬冬，好比肥肉上蒸笼，猫儿趴到蒸笼上，一声妈来一声娘，看到的肥肉不得尝。”[①]“眼看大姐像白鹤，白衣白裤白裹脚。说话好像莺唱歌，走路好像踩软索。”“远看为妹好年轻，打打扮扮像观音。生在阳间逗人爱，死在阴间鬼要争。”[②]

在封建社会，青年男女的婚姻不能自主，不少女性在歌声中诉说自己的不幸。“人家男客像姣龙，我家男客像梦虫，五黄六月烧炭火，十冬腊月扇凉风，生成龟儿大不同。”“人家男客白又白，我家男客像锅贴，有朝一日锅贴死，弄个男客白又白，日同板凳夜同歇。”[③]“别人丈夫乖又乖，我的丈夫呆又呆，站到像个木蔸蔸，坐到像个磉凳岩。”“人家丈夫像条龙，我的丈夫像毛虫，惟愿毛虫早早死，画眉跳到锦鸡笼。”“小米不好细刁刁，丈夫不好命上招，丈夫不好命上带，眼中夺刺刺难挑。”[④]

日常生活为有情男女提供了各种相知的机会。“为妹唱歌好声音，一高一低像弹琴，阳雀听了不敢叫，画眉听了不做声，小伙听了欠掉魂。”“去年喝妹一杯茶，香到今年八月八，不信你来我家看，屋内屋外香喷嗒。”“正月十五到姐家，油茶里面泡糍粑，糍粑见汤浑身软，为妹见郎心也葩，炒米下汤现莲花。”[⑤]“关铜烟袋七寸长，装袋丝烟递给郎，郎喝三口递给姐，滴的涎水似蜂糖。”[⑥]“想给情哥做双鞋，讨哥鞋样口难开，哥在地坝留脚印，妹把尺寸比下来。”[⑦]“为妹对郎嘴一翘，娘问女儿放么刁，妹说有个麻阳鬼，我去水井把水挑，把我嘴巴摸歪了。”[⑧]

来凤的一首《七十二变歌》中，情姐被想象变为各种各样的动植物：松、桃、梨、鹤、鲤等，情哥则穷追不舍：“姐是松柏树一根，郎是山中砍柴人，过路十道摇九道，看你松根不松根。……不怕你姐变蔸桃，生在高坡颤摇摇，你有千丈高的坎，我有万丈长的篙。……不怕你姐变白鹤，一翅飞过洞庭河，我是山中麻鹞子，怕你有翅难飞脱。”痴心追求最终感动了女子，“土王菩萨土王公，不要假装耳朵

① 向端生主编：《鹤峰民间歌谣集》，湖北人民出版社，2011年，第170、292、293、295、167页。
② 陆显大、杨懋之、杨适之主编：《咸丰民间歌谣集》，湖北人民出版社，2007年，第86、90页。
③ 蔡学让主编：《恩施市民间歌谣集》，湖北人民出版社，2009年，第126页。
④ 田诗学、肖本正、杨孝慎主编：《来凤民间歌谣》（上），湖北人民出版社，2007年，第36页。
⑤ 同上，第108、103、180页。
⑥ 向端生主编：《鹤峰民间歌谣集》，湖北人民出版社，2011年，第264页。
⑦ 黄汝家主编：《利川市民间歌谣集》，湖北人民出版社，2008年，第298页。
⑧ 田诗学、肖本正、杨孝慎主编：《来凤民间歌谣》（上），湖北人民出版社，2007年，第203页。

聋，你不答应我也嫁，不在秋后就在冬，背起猪头敬祖宗。”[①]

相爱的人难舍难分。“鸡叫头遍郎起来，穿了衣服穿了鞋。穿衣着鞋郎要走，摸到门闩舍不得开。”[②]“送郎送到千丈岩，手巴岩头哭哀哀，风吹岩头千年在，山崩地塌等郎来。送郎送到五里坡，郎吹木叶姐唱歌。声声山歌木叶配，木叶不断歌不落。送郎送到石板桥，一对人影水上飘。水影飘飘人不动，脚稳不怕石板摇。送郎送到陡水滩，一对鲤鱼往上翻。情哥莫把鲤鱼打，打去一个不团圆。送郎送到五里河，雷也打来雨也落。河水要涨快快涨，留住情哥回原脚。”“妹打草来郎守牛，二人相会板桥头，人影照进漩涡水，转去转来不想流。”[③]

情人一旦分开，思念起来就失魂落魄。“想起郎来心里慌，煮饭忘记滤米汤。猪圈门口丢把草，牛圈门口撒把糠。”“想郎想得血封喉，天天吃饭不下喉。吃饭好比吞砂子，喝汤好像喝桐油。”[④]“欠妹欠得心发呆，走路不知脚碰岩，过河不知水深浅，滚了不知爬起来。”“郎害相思要吃药，要姐头发泡酒喝。你要头发我来剪，你要心肝我来割。”[⑤]

当有情男女结下情愫，免不了山盟海誓。“爱你爱你真爱你，请个画匠来画你。把你画在手掌上，抬起手来看到你。爱你爱你真爱你，请个雕匠来雕你，把你雕在眼皮上，眼睛一睁看见你。”[⑥]“绿毛雀儿绿毛衣，一翅飞到姐怀里，一不怕快刀来抹颈，二不怕开水褪毛衣，死都要死在姐怀里。”“一路去，一路来，一路死哒一路埋，在生一日共灯盏，死哒一日共灵牌，二世投胎又再来。”[⑦]“蚂蚁上树节节儿高，有心恋姐不怕刀，生也恋来死也恋，砍了脑壳当球抛。”[⑧]

无论生活多么艰辛，我们从山歌小调中，看到的是土家族人乐观的人生态度，以及对于美好爱情的持恒追求与坚守。

三、人生仪礼歌

土家族独特的文化传统在民俗中的典型表现，集中于别具一格的人生仪礼：

① 田诗学、肖本正、杨孝慎主编：《来凤民间歌谣》（上），湖北人民出版社，2007年，第210、219页。
② 陆显大、杨懋之、杨适之主编：《咸丰民间歌谣集》，湖北人民出版社，2007年，第100页。
③ 田诗学、肖本正、杨孝慎主编：《来凤民间歌谣》（上），湖北人民出版社，2007年，第242、185页。
④ 黄汝家主编：《利川市民间歌谣集》，湖北人民出版社，2008年，第288、289页。
⑤ 陆显大、杨懋之、杨适之主编：《咸丰民间歌谣集》，湖北人民出版社，2007年，第137、151页。
⑥ 同上，第115页。
⑦ 向端生主编：《鹤峰民间歌谣集》，湖北人民出版社，2011年，第213、214页。
⑧ 蔡学让主编：《恩施市民间歌谣集》，湖北人民出版社，2009年，第109页。

婚礼中的哭嫁，喜事悲办；丧礼中的跳丧，悲事喜办；这两种人生仪礼表现了土家族对人生的独特认识，充满了辩证法。

1993年出版的《利川市志》，这样介绍婚礼中的“哭嫁”：

> 本地姑娘出嫁兴“哭嫁”。不哭、哭不好则被认为不吉利，不能干，因此，凡姑娘从小就要学“哭嫁”。“哭嫁”时间一般3—7天，多则长达一月之久，每天傍晚开始，半夜方休，哭时一般都有九个未婚少女陪伴，俗称陪十姊妹。越近嫁期，陪哭者越多，哭声越大。哭爹妈的恩情，哭姊妹的离别，哭兄弟的情义，哭出嫁后做媳妇的苦楚，其情切切，哭而不哀，以哭代歌，悲喜参半。上轿前夜，姑娘要跪在家亲内戚面前一个一个的哭诉，既道离别，又讨“打发”，通宵达旦，直至次日上轿方掩面收场。[①]

长阳、恩施、建始、巴东、鹤峰、咸丰、宣恩、来凤等地的县志，都有类似的记载，显示这个风俗主要流行于土苗文化圈之中。在《中国歌谣集成·湖北卷》的鄂西各歌谣分册中，搜集了丰富的土家族哭嫁歌资料。从哭的内容看，有骂媒人、女哭娘、娘哭女、妹哭姐、姐哭妹、哭哥嫂、哭弟妹、哭父母、哭姐妹、哭梳头、哭上轿、哭百客、哭穿露水衣、哭吃爷娘饭、辞祖宗等，表达不想离开亲人的依依惜别之情。

哭嫁歌对男权制度中女子的命运作了这样的倾诉：“田里开了菜子茶，爹爹养了女儿家，不等女儿来长大，说是给她找婆家。菜子命，女儿家，肥处撒一把，瘦处撒一把。”[②]

她们将怨气发在媒人身上：“媒人婆呀媒人婆，天天都在我家坐。……我想给你倒杯茶，后园茶树没发芽；我想给你装杆烟，后园茶叶没断尖。……豌豆开花角对角，媒人想吃猪脑壳；胡豆开花绿茵茵，媒人吃了爆眼睛。……媒人是个狗，好吃两头走；媒人是个猪，这头吃嗒那头敷；……媒人尽念多多经，不怕二天烂舌根。”媒人也会陪哭：“青布裤子白布腰，爹娘嫁你你心焦，不是我来搭鹊桥，你在娘家坐天牢。”[③]

哭嫁歌的歌词往往情意切切，感人肺腑。如《哭娘》：“白天起来娘打伴，夜晚

---

① 湖北省利川市地方志编纂委员会：《利川市志》，湖北科学技术出版社，1993年，第487页。

② 蔡学让主编：《恩施市民间歌谣集》，湖北人民出版社，2009年，第43页。

③ 黄汝家主编：《利川市民间歌谣集》，湖北人民出版社，2008年，第107、108页。

抱在娘怀边；白天把儿背背上，夜晚把儿放胸膛。娘睡湿，儿睡干，左边打湿放右边，右边打湿放左边，两边打湿放胸前。”[①]在离别之际，这样的歌不仅让母女肚肠寸断，参加婚礼的听众也深受感动和教育。

新娘在哭嫁中还会对所有亲属倾诉心中的不舍之情。如《咸丰民间歌谣集》中记录的哭嫁歌词，所哭的对象就有爹娘、伯母、家婆、哥哥、嫂嫂、姐姐、妹妹等。如“油茶开花遍地黄，怎么舍得我婶娘。婶娘像我娘一样，爷亲叔大是应当。”“哭声家婆好伤心，水有源头树有根。你的外孙生错命，怎奈是个女钗裙。”“我的哥呀我的哥，妹妹今天要离窝，逢年过节来接我。”“姊妹好似桔子瓣，从今你我要拆散，橙子好吃难剥皮，你我姊妹要分离。”[②]歌声情真意切，催人泪下。

由于时代演变，哭嫁习俗正在消失。笔者指导的硕士研究生余霞是土家族人，她2003年曾在恩施州进行了较大范围的实地考察，发现哭嫁习俗正在消失，只是存在于人们的记忆之中。在她的调查报告中，记录了不少老人对当年哭嫁风俗的回忆。[③]2010年笔者考察来凤县时，了解到这一习俗已基本消亡，只在极少数偏远深山犹存。好在当地民间文艺工作者对这些习俗进行了现场录像和文字记录，使这种富有特色的抒情歌在档案中保存了下来。

关于跳丧，我们在上章中介绍过长阳县和五峰县的土家族跳丧习俗，这里不赘述。值得指出的是，土苗文化圈中的不少地区也流行坐丧习俗，即在丧礼上，一人坐堂击鼓，众歌师排坐吃茶抽烟，互相对歌。其歌词多为七言上下句，有中长篇，也有五句子。其内容唱古人的多，唱爱情的少，歌师相互奉承的多，彼此讽刺的少。主要是唱典故和比歌才。如《来凤民间歌谣集》中对坐丧歌有这样的说明：“本地土家死了老人，晚上要请歌师打夜锣鼓，又叫唱孝歌，借以冲淡悲哀的气氛，热热闹闹地送老人上山(上山即安葬，出殡)。同时也可娱乐前来守夜的亲友，驱走瞌睡。这里先用的是开歌场歌头之一，主要内容为安抚孝家，唱打鼓闹丧的来历、安五方、请歌神、唱亡者一生功德及孝家孝行等。歌头唱完，就可随意唱，如《秦雪梅吊孝》、《梁山伯与祝英台》、《吴幺姑》等，也可唱花鼓《打华府》、《白

---

① 利川市民族民间文学三套集成编委会：《中国民间文学集成湖北卷・利川市民族民间歌谣集》，1991年，第82页。

② 陆显大、杨懋之、杨适之主编：《咸丰民间歌谣集》，湖北人民出版社，2007年，第187-195页。

③ 余霞：《鄂西土家族哭嫁歌的角色转换功能》，华中师范大学文学院2003级硕士学位论文。

玉霜》等，还可以唱山歌，唱即兴扯白歌、对歌、盘歌等。最后唱送歌。”①

除了坐丧鼓外，有些地区还流行“散花”歌。散花歌是法事中绕棺时由道士演唱的祀典歌。散花时，几个道士分别手端花盘（茶盘或麻篮之类的东西），内装各色纸花（用纸剪的花）绕着棺材轮流唱歌，唱到散花部分时，每唱完一段，用筷子在盘中夹出一朵纸花在蜡烛上点燃化掉。唱词有即兴自编的，有取自于民歌的，也有借用古典诗词的。如《生老病死苦》：“（念）生生生，犹如荷花出水新。在生好似花一朵，死后叶落又归根。（唱悲调）生我在娘怀，铁树花开。三年哺乳十月怀，不是神仙相保佑，怎生人来。（念）老老老，凡事多颠倒，劝人生在世，休用机关巧。（唱悲调）老来白发催，颤颤巍巍，腰躬背驼步难移，两耳不听人言语，眼怕风吹。（念）病病病，久久卧床困，吃尽灵丹药，神仙也难禁。（唱悲调）病在卧房内，倒在牙床睡，浑身上下痛伤悲，晓夜不断哀声语，妙药难医。（念）死死死，世人皆如此，一日无常例，抛妻又别子。（唱悲调）死去见阎王，跪在法堂上，生前罪孽实难当，哀告阎君慈悲主，求判生方。（念）苦苦苦，只因家不富，一日无常判，撒手全不顾。（唱悲调）瓜子土内埋，长出苗儿来，青枝绿叶把花开，花儿受尽千般苦，苦尽甜来。（念）生老病死苦已完，下面还有劳碌二字。劳劳劳，碌碌碌，劳碌奔波几时休。任你堆金高北斗，无常一到万事休。（唱）海角与天涯，世事乱如麻，荣华富贵眼前花，得到神仙能有几？浪里淘沙。”②

坐丧鼓有严格的程式，每个程式配有特定的歌谣与祷词，是土家族歌谣文化与汉族宗教文化相融合的产物。

四、诀术歌

土苗文化圈中巫风盛行。据相关方志：“来凤旧散毛地，信巫觋，重淫祀，务耕猎，腰刀持弩，性犷而悍。”③生存条件艰苦，旧时生产力不发达，山民保持着许多祖传的巫术歌，用来应对遇到的各种挑战。

开山取石是山民常干的危险活，容易受伤，因此不少咒语口耳相传。如“观请红煞得到，鲁班仙师请飞山公主，管山猴王，不正之鬼，不正之神，天精、地精、古木妖精，吊死鬼、饿死鬼，车碾马踏死鬼，虎豹蛇虫，弟子都请在阴山背前，阳山

① 田诗学、肖本正、杨孝慎主编：《来凤民间歌谣》（下），湖北人民出版社，2007年，第389页。

② 同上，第396页。

③ 胡朴安编：《中华全国风俗志》，上海书店，1986年，第37页。

背后，莫动莫移。弟子工程圆满各归位，观师傅作证，观请肉传度作证。”①

过去，鄂西土家山寨，有的人若喉咙卡鱼刺或骨头等物，可请人化“九龙神水”，边画符边念咒语：“吞骨散，化骨丹，九龙下水去深潭。鸿吃燕，燕吃铁，不怕诸骨物，不怕夜叉鬼，不怕铜和铁，不怕木和竹，喉咙化为长江大河。吃钢化钢，吃铁化铁，吃木化木，吃肉化肉，吃骨化骨，万物化成水。”②

山区过去由于卫生条件差，疟疾流行，于是有治打摆子的咒语：“吾在江边住，江边一池水，水中一条龙，九头十八尾，不吃凡间五谷并禾苗，专吃脾寒摆子鬼，脾寒鬼，脾寒神，吾身知道你姓名，你的父亲祝金尤，母亲谢氏老太姑，大哥祝仲启，二哥祝仲木，三哥祝仲和，四哥祝仲高，五哥祝仲包，遇张良宝具，赶尔等下河淹死，若何害我皇家子孙，发冷发热发渴发颤，若有不伏者，金刚斩你头。吾奉太上老君急急如律令敕。”③

还有《催胎咒语》：“佛矣，金锁开，银锁开，是男是女早离胎，是男左手执符出，是女右手执符来。一刀砍断脐带子，送来，送来，郎速来。普庵与观音，无险又无惊。普庵滴水，郎速降临。观音甘露水，金枝玉叶开，催生童子到，拔开红尘来，开天移地，转骨移开，是男是女，急急降下来。叩请三元彭祖大帝，普庵祖师，救苦观音，三元将军，六丁六甲，神符催生，高元帅，紫台上杨泗将军，催生保养熊氏将军，接生娘娘向易氏。”

止血咒：“清眼观青天，师傅在身边，天空云雾远，地空无水填。弟子奉请三位法祖来到此，奉请三位法祖关血门。大君刀子关大红山，小君刀子关小红山，师傅赐我猫儿诀，一止痛来二止血。关血河，闭血门，关紧闭紧无疤痕。叫你流，你就流，叫你不流就不流。左手牵你个倒牵牛，吾奉太上老君急急律令。”④

捉鬼咒：“鬼大哥，鬼二哥，你在对面岩上坐，我是风吹鸭蛋壳。若听讲，若听说，少时施主有吃喝；不听讲，不听说，敕令差军把你捉。”⑤

土家习俗，火炉上的三脚架为一家之主，不能用脚去踩，不能在上面放不干净的东西。如果小孩受惊吓，晚上不能入睡，大人便把小伢抱到火炉边，在三脚上摸三下，一边说唱一边在小伢额上划“十”字，这叫《打三脚黑》：“三脚公公，三

---

①② 黄汝家主编：《利川市民间歌谣集》，湖北人民出版社，2008年，第249页。

③ 同上，第255页。

④ 蔡学让主编：《恩施市民间歌谣集》，湖北人民出版社，2009年，第294页。

⑤ 同上，第299页。

脚婆婆，老老嚇着，讨点黑（吓）药，药药不吃，头上戴着，夜晚睡得好，白天笑呵呵。”①

不少诀术歌依附于节日习俗相传。如来凤县有一种给果树喂年饭的有趣习俗。吃完团年饭后，由两个小孩分别端一碗饭菜，用小刀在果树的树干上砍一个小口，喂一点饭菜。两人一边喂一边念这样的童谣：“树子高，树子大，我给树子喂嘎嘎，又喂饭，又喂菜，结的果果逗人家。（问）吃饱没？（答）吃饱哒。（问）结不结？（答）肯结。（问）落不落？（答）不落。（问）酸不酸？（答）不酸。（问）甜不甜？（答）清甜。（合）好！排排坐，吃果果，又多又甜又大个。”②

春节期间，演傩愿戏的艺人（或一般农民）走乡串寨挨家挨户去“扮土地”。由一人头戴木制面具（本地叫脸子壳壳或土地壳壳）演唱彩歌，边唱边敲小马锣或一个钗子：“得罪神，得罪神，得罪屋檐童子神。几步来到阶梯上，得罪二位把门神。左边拜上秦叔宝，右边拜上福将军。主东财门大大开，送财来了土地神。几步来到华堂上，拜上主东祖先神。送财送到高堂上，送喜送进绣房门。送财送喜送万物，来给主东管阳春。”③

土苗地区也有“扶乩”巫术，当地叫“请七姑娘”。请七姐时，要找一个人扮七姐（男、女都可，据说最好找一个不要过于精明的人，否则请不来），口含一支竹筷，闭目冥想七姐到来。巫师焚香化纸，口唱请七姐的歌谣。不久，扮七姐的人口角流涎，就成了“七姐”的化身。旁人可向“七姐”问她来时沿路的景致，或自己死去的亲人现在在“阴间”的情况，以及一些过去未来的人或事。“七姐”一边在场上舞蹈，一边唱歌回答各人提出的问题。请七姐时的歌头要这样唱：“七姑娘，七姑台，七姐要来早早来。半夜三更露水大，打湿七姐绣花鞋。莫等三更鸡子叫，鸡叫狗咬散了台。鸡叫狗咬人散了，没人给你来安排。早来三日有戏看，迟来三日戏夭台。七姐要来早早来，看看人间花世界。”歌头唱完后，可以唱“十二月栽花”、“十二寡妇征西”、“十二月点兵”、“十二月采茶”等。大家玩得尽兴了，就送“七姐”归天，也就是让“七姐”的化身恢复清醒。也要焚香化纸，唱一些歌谣。④“请七姐”虽是巫术活动，其实也是一种民间娱乐。

① 田诗学、肖本正、杨孝慎主编：《来凤民间歌谣》（下），湖北人民出版社，2007年，第437页。
② 同上，第441页。
③ 同上，第422页。
④ 同上，第431页。

五、杂歌

土苗文化圈中还有不少其他类型的歌曲。

不少儿歌非常有趣。如有首《说懒汉》:“说懒汉,道懒汉,这个懒汉赛过千千万,蛇钻屁眼懒扯得,他说多有根肠子好吃饭。”[①]还有一些用于儿童语言训练的童谣,如“上河一群鹅,下河一群鹤,上河鹅撵下河鹤,下河鹤飞到上河,鹅鹤打成砣,到底是鹅撵鹤,还是鹤撵鹅。”[②]《看龙船》:“奶奶奶奶把我牵,牵在河坝里看龙船。龙船舞,牛皮鼓。牛、牛,梭板溜,梭、梭,燕儿窝,燕、燕,车纺线,车、车,尽到车。尽、尽,吕洞宾,吕、吕,铁拐李。铁、铁,苞谷叶,苞、苞,城隍庙,城、城,豆米囤,豆、豆,毛黄豆。毛、毛,大红袍,大、大,崔家坝。左一摧,右一吹,吹得鼻子眼睛都是灰灰。”[③]扯白歌是儿歌中的一种特殊形式,因其故意与常识颠倒而惹人发笑。如:“说日白就日白,日起白来了不得,今天跑湖广,明天跑西北。牯牛下个儿,三天就犁得,麻雀下个蛋,变条乌梢蛇。斧头砍豆腐,一砍几个缺,铁链套鸡娃,一扯七八截。”[④]还有的运用夸张法,也让孩子们感到特别好玩,如《胖大娘》:“吃了中饭把歌扬,听我唱个胖大娘。胖大娘来胖大娘,五丈高来五丈长。梳个纠纠箩斗大,牛角簪子扁担长。肚子高头跑得马,奶奶脚下歇得凉,屙截屎来黄桶大,屙尿就像垮堰塘。屙屎屙尿不打紧,湖南湖北遭水荒。”[⑤]

还有不少民歌中记录了一些当地曾发生的历史事件,成为有用的研究史料。如《土司有个初夜权》:“天无柄,地无环,土司有个初夜权。谁家女子要成亲,他要先睡头三晚。土司妹娃干不干?”[⑥]

土苗地区是清代白莲教起义的活动区域,流传着不少关于白莲教的民谣。如《白莲教》:“正月里,有元宵,利川出了白莲教,千人一起打土豪。二月里,有花朝,白莲义军是英豪,财主土豪要的倒。”[⑦]《十月白莲教》:“正月里,是新年,白莲教,难种田,装香换水学神仙。二月里,是花朝,白莲教,造枪炮,上下都把文书

① 田诗学、肖本正、杨孝慎主编:《来凤民间歌谣》(下),湖北人民出版社,2007年,第558页。
② 黄汝家主编:《利川市民间歌谣集》,湖北人民出版社,2008年,第390页。
③ 蔡学让主编:《恩施市民间歌谣集》,湖北人民出版社,2009年,第344页。
④ 同上,第376页。
⑤ 田诗学、肖本正、杨孝慎主编:《来凤民间歌谣》(上),湖北人民出版社,2007年,第7页。
⑥ 黄汝家主编:《利川市民间歌谣集》,湖北人民出版社,2008年,第62页。
⑦ 同上,第369页。

跑。三月里，是清明，白莲教，驱乌云，刀枪摆得像麻林。四月里，是立夏，白莲教，闯了卡，闯到南京把仗打。五月里，是端阳，白莲教，下襄阳，走到沙林子打一仗。六月里，六月八，六月八日把仗打，官兵到达长冲垭。七月里，七月七，白莲教，着了急，官兵到了大堰堤。八月里，是中秋，白莲教，上资丘，官兵到了鸭子口。九月里，是重阳，白莲教，上高荒，杀得官兵好恓惶。十月里，小阳春，白莲教，转回程，来年开花再动兵。"“天上有，地下有，白莲弟子遍九州。‘双人头’‘铁牯牛’，又有勇来又有谋，手拿铜锤九斤半，打尽天下无敌手。”“三王下山一声令，吆喝吆喝下山岭，会耍刀的刀一把，会打枪的枪一根，雷公老爷来助威，闪电娘娘来照明。”[①]“野猫咬你笼中鸡，强盗偷你房里衣，金銮宝殿郎要坐，黄鹤楼上要插旗。”[②]

近代许多重大历史事件，在歌谣中都有反映。如《贺龙进了城》："贺龙进了城，烧了县衙门。杀死狗县官，救了穷苦人。"[③]《土改歌》："清早起来把门开，隔壁大婶递信来，跟着就要搞土改，田地房屋要回来。恩施专区八个县，农民一百七十万，人人分田有一份，五挑半到七挑半。"[④]

最后值得一提的是，土苗地区也有长篇的叙事情歌，如《木梳缘》、《撞灵殉夫》、《生死缘》、《精恋》等。这些歌多改编自戏文，如《精恋》，唱的就是《白蛇传》。[⑤]

第三节　土苗民间叙事

清江地区流传一个俗语："嘴里讲古，手里摇橹。"土苗地区人们以讲故事伴随着他们的劳动与生活，在大山中传述着祖先的事迹和乡土的历史，将身边的山水化为一片神奇的天地。

---

① 龚发达主编：《中国歌谣集成湖北卷·长阳土家族自治县歌谣分册》，长阳土家族自治县文化局，1988年，第195、202页。

② 田诗学、肖本正、杨孝慎主编：《来凤民间歌谣》（下），湖北人民出版社，2007年，第326页。

③ 向端生主编：《鹤峰民间歌谣集》，湖北人民出版社，2011年，第37页。

④ 田诗学、肖本正、杨孝慎主编：《来凤民间歌谣》（下），湖北人民出版社，2007年，第333页。

⑤ 向代元、向义和：《来凤土家族长篇叙事情歌》，湖北人民出版社，2006年。

一、土苗神话

在土苗地区流传的神话，也多见于湘西，如《张古老制天李古老制地》、《苡禾娘娘》、《雍尼补所》、傩神、猎神张五郎等，这是由地域相邻和文化同源形成的共同地方传统。《张古老制天李古老制地》说天上的神仙砍断了通天的马桑树，丢在东海中砸到了驮地的鳌鱼，鳌鱼翻身天塌地陷。张古老和李古老分别制天补天，形成现在这个世界。《苡禾娘娘》说土家族始祖苡禾娘娘吞茶叶生八子，八子长大后成为力大无穷的人，每人每顿要吃一石二斗饭和一头猪。后来他们揭了皇榜赶走了敌军，却被皇帝用毒酒毒死，死后被尊为八部大王。土家族每年正月初三到初八跳摆手舞祭奠他们。《雍尼补所》是雷公报仇型的洪水神话，属于中国洪水神话中南方民族的一个典型亚型。①

傩神是土家族信仰中非常重要的一位神灵，傩神降福辟邪的仪式活动以假面戏曲形式进行。关于傩神来历，鹤峰流传的一个文本说：傩神原是白面秀才，名叫傩愿，死后在天庭做文案师爷。有次凡间上供玉皇的祭品不干净，玉帝大怒，命瘟神下凡将毒药遍撒江河，让人间人畜草苗死绝。傩愿主动替代瘟神下凡，他不愿撒毒人间，在天庭追逼下，自己将毒药吞服，死后变成遍体墨黑、鼓眼獠牙的样子。玉帝酒醒后追封他为傩神。他的尸体被湖广、四川、江西三省的人分为三截，抢去供奉，湖广供头，四川供腿，江西供腰身。②这类瘟神吞毒故事，在中国流传很广，清代施鸿保《闽杂记》载："相传五帝皆里中秀才，省试时，夜同至一处，见有群鬼在一井中下药，相谓曰：此足死城中一半矣。五人叱之，不见。共议守井，勿令人汲。然汲者以为妄也，五人不能自明。有张姓者曰：'吾等当舍身救人。'乃汲水共饮，果中毒死。阖城感之，塑像以祀云。"③在云南大理本主故事中十分著名的《大黑天神》，④主要故事情节与上述两个故事也基本相同。

在巴东县和长阳县，流传着土家族女始祖佘氏婆婆的故事。故事说过去山中两部落拼杀，只剩一女子逃到巴东，藏在一岩洞中。后被一老鹰所救，梦鹰入怀而孕，生一女一子。姐弟俩由神占而成亲，生八子，成为谭氏先祖。⑤有意思的

① 上述神话作品主要见赵平国主编《鹤峰民间故事集》上卷，湖北人民出版社，2011年，第1-24页。
② 同上，第25-27页。
③ （清）施鸿保：《闽杂记》，福建人民出版社，1985年。
④ 中国民间文艺家协会编著：《中国民间故事全书·云南·大理卷》，知识产权出版社，2005年，第208页。
⑤ 邹天毅主编：《巴东民间故事》，民族出版社，2007年，第1-6页。

是，这个神话真的写进了谭氏宗谱。长阳县磨石坪的土家族《谭氏宗谱·系表综述》中，就有这个神话的记载，不过故事将梦鹰生子，改为原有遗腹子。原文是：

周末有谭拾子，汉有谭长、谭贤，皆其后。原居蜀中，族繁。元季，我太始祖之母聂，有遗身，避乱走楚之巴东，历尖刀崖，贼迫入七星洞中，塞洞口。母见洞中有清泉一道，向西流，旁有巨釜一，遂坐釜中，泛至外口，则峭壁无路。俄，一苍鹰集母前，作人言曰："盍乘而下乎？"母即付其背，闭目下，则平地也。渴甚。俄，一锦鸡旋集母前，啄地出泉，母甘之。锦鸡青质五彩，即鷂矢鸟也。母饥，见蔓荆子荣繁，采食之，饱，无害。近有丛桂，荣，荫母，因结小栖于下。未几，生一子，名天飞，志祥也。其后，地名落婆坪，母冢在焉。有遗迹苍鹰崖，锦鸡水。巴东别有谭氏，乃汉王陈友谅庶子，国亡奔此，易姓成族者，吾巴族多与通谱，吾斥之。吾族世称鹰鷂谭家。……太始祖天飞生八子，长桂寅，属巴东木树坪。次桂传，居平水坪。三桂芳，居水田坪。四桂旺，居双社坪。五桂甫，居四川成都三阳坪。六桂林，后改珍，居湖北长阳磨石坪。七桂枝，居家社坪。八桂海，居落婆坪。八祖既分居，后人又自相谓：八坪谭家也。今诸坪各祖其祖，而我磨石遂祖珍公。[①]

土家族生活环境中动植物很多，因此他们的故事中，有不少关于动植物特性来历的推源性神话。

如有个故事讲狗为何为人看门，说狗是天宫的看门官，后来触犯了天规，被撵到人间来。它先与野猪住一起，但猪怕老虎；它又与老虎住一起，但老虎怕人。于是狗找到了人，给人看屋守夜，帮人打野物。[②]还有故事解释狗为什么"汪汪"叫，说二郎神的哮天犬由于没有得到玉帝封官，一气之下把太阳和月亮吞到肚皮里。玉帝派二郎神去把它捉来问罪。哮天犬向玉帝讨官，玉帝不仅不给它封官，还将它贬下凡尘，坐守农舍。所以哮天犬到凡间后，碰上人就直喊："冤枉——"后来声音嘶哑了，只能喊出一个"枉"字。还有故事解释狗为什么撒尿要抬后腿、狗为什么吃屎、狗为什么爱咬猫以及狗把角借给羊后收不回来等。

关于猫为什么爱吃老鼠，一个利川故事讲：女娲娘娘造人后，见他们闷沉沉

---

① 转引自王俊峰主编：《清江文化与现代文明》，武汉出版社，2001年，第223页。

② 下引动植物故事，见鄂西土家族苗族自治州民族事务委员会、鄂西土家族苗族自治州文化局主编：《鄂西民间故事集》，中国民间文艺出版社，1989年10月，第181、184、190、219-220、222、239页。

的，就用捏人剩下的黄泥捏成好多老鼠放到凡间给人做伴。老鼠不给女娲娘娘争气，光偷人的东西吃，又把家什啃得稀巴烂。女娲娘娘晓得了，又用黄泥巴捏了一些猫，放到凡间去咬老鼠。当最后一只怀孕的母老鼠被猫捉到后，它对猫说："凡间没有了我，人还喂你做么子？保险你讨不到好。"后来猫就把它放了。以后咬一些，留一些，世上的老鼠就咬不绝种了。

类似这样的动物特征起源故事，还有鸡子喝水为什么要抬头、毛狗（狐狸）为什么咬鸡子、猪为什么要挨两刀（劁一刀杀一刀）、牛为什么没有门牙等。还有大量的鸟类起源故事，如阳雀、锦鸡、汤哥鸟、水鸦鹊、文章雀、女儿鸟等等。土家族地区广泛流传一种关于"催生子"鸟的信仰，传说催生子这种鸟，身上不长毛，原来是叫赤臂雀，后来有个女人生娃儿，生了三天三夜生不下来，她坐起来从墙上扯了一件衣服披在身上，身子一坐正，娃儿就生下来了，再看穿的不是衣服，而是男人打的赤臂雀剐的皮皮。从此人们就相信这种鸟能帮女人生孩子，所以叫它"催生子"了。

还有故事说蜘蛛原是天上的仙女，最会织网子。由于她不愿意帮雷公织头巾，被雷公打得跑到地上来了，到人间还是喜欢在角角、屋檐下织网子。由于被雷公在背上打肿起一个大包，所以就白天躲起，晚上出来织。

动物故事之外，还有许多有关植物来历的故事，如苞谷为什么最多一根结三个托、红苕藤子为什么巴地长、蕨粉为何生在地底下、马桑树为何长不高、当归的来历等等。土家族地区的生漆十分有名，关于漆树的来历，传说是驼背祖师追赶一条蟒蛇精，蟒蛇精变成一根大树，驼背祖师上去打了几降妖棍，蟒蛇精周身是伤口，污血直流，糊在驼背祖师的降妖拐棍上。驼背祖师诅咒说："你爱变树骗人，我就叫你永世是树子，再不转生。"从此就有了漆树。

二、土苗民间传说

土苗文化圈的民间传说极为丰富，比较有特色的，一是富有民族风情的风俗传说，二是与土家族特定历史相关联的史事传说，三是具有地貌特点的风物传说。

《汉书·地理志》："凡民函五常之性，而其刚柔缓急，声音不同，系水土之风气，故谓之风；好恶取舍，动静之常，随君之情欲，故谓之俗。"土家族长期处于封闭状态，形成了独特的民俗文化传统。

土家族节日文化有不少特色。过春节，叫“过赶年”。吃团年饭不在腊月三十，而是腊月二十六到二十九之间。吃团年饭时，只能坐三方，挨着大门的一边要空起来。桌上的肉都是大坨坨，半斤四两的都有，桌子边上还另放有一套着“铆子”的生肉。这规矩的来历是，传说有一年土王与官兵打仗，为了打败官兵，土王让土兵提前吃团年饭，然后趁官军团年时突袭，获得了胜利，从此土家人就兴过赶年了。[①]在春节期间，土家族有许多特别的文艺活动，如跳摆手舞、八宝铜铃舞、耍耍、地龙灯、玩采莲船、打莲湘等，这些活动的来历都有相应的传说。如玩耍耍的来历，说是有土家两兄妹，去寻找被秦始皇抓去修长城的父亲，路上遇一老翁教他们唱个调子，后来他们走到哪里，就唱这个调子换钱维持生活，直到找到父亲的遗骨，回乡埋葬。家乡人觉得他们唱得好听，纷纷学唱，从此就传了下来。[②]春节期间还有一些特殊的食俗，鹤峰土家人每到年关都要打米粑粑，相传这是因为土家人过去受外族人欺侮。外族人一打进来，就抢米粮，时常弄得土家人没米过年。后来他们就把米煮熟，打成米泥，揉成粑粑泡在井水里。外族人打进来后找不到米，外族人退后，他们再把粑粑从井水里捞出来，在火坑边烤熟吃，并当拜年的礼物相互赠送。[③]同类传说还有吃大肉、姓向的过年不吃肉、团年后不连忙洗碗、吃团馓等等。除春节外，牛王节、女儿会等节日，有关传说也颇有神奇色彩。

土家族的人生仪礼极富特点。他们的婚礼就有一些特殊习俗，如“哭嫁”是喜事悲办。有个传说讲：有个土司的女儿私订终身，土司坚决反对，通过媒人将女儿许配给另一家。办喜事前，姑娘非常伤心，天天哭，她妈妈和一起长大的姑娘来陪她哭，因此有了“哭嫁”。[④]还有打丧鼓，说是楚王去世后不闭眼睛，诏请天下歌郎来安魂。巴国派去的一个歌师和鼓手，整整唱了三天三夜，楚王的眼才闭。从此后，巴人遇到丧事，就要打丧鼓。[⑤]土家人的诞生礼，谁家添了娃娃要放鞭炮。传说有家人的孩子，算命先生说长大要当强盗，后来却中了状元。算命先生觉得奇怪，一问，原来娃娃落地时放了三声炮仗，算命先生说是贼怕响声，炮仗一

① 赵平国主编：《鹤峰民间故事集》上卷，湖北人民出版社，2011 年，第 200 页。

② 蔡学让主编：《恩施市民间故事集》，湖北人民出版社，2009 年，第 215-216 页。

③ 鄂西土家族苗族自治州民族事务委员会、鄂西土家族苗族自治州文化局主编：《鄂西民间故事集》，中国民间文艺出版社，1989 年，第 283 页。

④ 田诗学、肖本正、杨孝慎主编：《来凤民间故事》，湖北人民出版社，2007 年，第 33 页。

⑤ 蔡学让主编：《恩施市民间故事集》，湖北人民出版社，2009 年，第 230 页。

响吓掉了他的贼胆,因此改了他的命运。从此后民间只要生了娃娃,都要放鞭炮。[①]

鄂西土家人还有一些很特别的其他风俗,这些传说反映了土苗地区特殊的历史过程。如过去土司对新婚妇女享有"初夜权",不少传说表现出对这一特权的怨怒。如《家姓田和野姓田》,说容美土司时,田土王兴初夜权,只要有人家娶媳妇,他就要把新媳妇弄到王府里,让他先睡三夜。但田土王有个规矩,不睡田姓人家的新媳妇。后来有户姓唐的人家姑娘出嫁,遇到土王的人拦住问:"娶亲的人家姓么事?"娶亲的人说:"姓田,也姓田!"土王就放娶亲的人过去了。后来好多不姓田的人家娶媳妇,都改姓田。从此就有了家姓田和野姓田的区别。[②]

土苗文化圈有许多关于姓氏的传说,这些传说记录了土、汉、苗、侗等族人民在这个地区战争、混血、融合的历史。如《黄姓人不吃秧鸡和鳝鱼》、[③]《中牟二姓不开亲》、《忠路姓相的为啥子不打蛇》、《姓宋的为么子不吃狗肉》、《姓覃的为啥不栽麻》、《彭姓为么子家神兔上不放磬》、[④]《田黄二姓为什么是一家人》、《为什么龚、余二姓是一家人》、《姓余的来历》、《覃、向二姓不通婚》、《饶、游、雷三姓合亲》、《王、全、金、钱四姓的传说》[⑤]等等。这些口头传说是研究这个地区历史的珍贵史料。

汉族文化在这个地区的影响,在传说中也有反映。如咸丰县城的来历,传说清咸丰皇帝是施南府柳池寺的和尚吴相转生的,咸丰皇帝小时候,打个光脑壳,吃素不吃荤,就像个和尚。他登基当皇帝那天晚上得一梦,梦见自己到了一座庙里,醒来后梦里情境记得清清楚楚,于是传令手下到各地寻找柳池寺。后来在施南府找到了,就在这里修了座县城,以他的年号"咸丰"为县名。[⑥]在巴东县,流传着一系列关于寇准的传说。寇准是北宋有名的贤臣,曾在巴东当了三年知县,后为宋朝宰相。巴东县的《出对难县官》、《叱神庙》、《白鹿报信》、《三峡红橘》、《迁城锁山》、《巴东城里没有蚊子》等,将寇准塑造为一个才学过人、镇神灭妖甚至有皇帝口封一样能力的奇官。[⑦]

---

① 鄂西土家族苗族自治州民族事务委员会、鄂西土家族苗族自治州文化局主编:《鄂西民间故事集》,中国民间文艺出版社,1989年,第344页。

② 同上,第291页。

③ 蔡学让主编:《恩施市民间故事集》,湖北人民出版社,2009年,第228页。

④ 这些作品见黄汝家主编:《利川市民间故事集》,湖北人民出版社,2008年,第223-230页。

⑤ 杨适之、陆显大、安治国、晏纯武主编:《咸丰民间故事集》,湖北人民出版社,第321-328页。

⑥ 同上,第342页。

⑦ 邹天毅主编:《巴东民间故事》,民族出版社,2007年,第9-23页。

土苗地区过去曾发生过的一些战争，如白莲教、贺龙起义等，在传说中也留下了遗迹。宣恩的覃佳耀是白莲教的一个首领，传说他们两口子深夜织布，见油灯中开了灯花，连炸三回，因他听说“炸了灯花灯变亮，不做皇帝要当宰相”，于是向灯花下拜，果然灯花越拜越大，连拜三天三夜，那灯花就有升子大了。覃佳耀于是就拉起人马起事了。[①]贺龙在当地传说中也变为“活龙”，传说贺龙有次被国民党兵围在一间屋中，贺龙躲在一个杀猪盆里，但国民党团防司令看到的，却是盘着的一条蛟龙。[②]

鄂西山区巫风盛行。如当地有还愿习俗，据说最初还愿的祭品是童男童女，后来皇帝的母亲有眼疾，神庙抽签说是要许人头愿，杀24个孝子的脑壳，病才能好。皇帝到处捉孝子，有两兄弟，一个打猎一个读书，侍奉久病的母亲，哥哥被皇帝捉去要杀头，弟弟跑去要顶替哥哥，皇帝知道这事，就命放了两兄弟，改用24个茅草人还愿，国母果然眼睛好了。从此还人头愿就用茅草人替代了。至今鄂西还有还愿的习俗。如天旱时求雨，人们就扎茅草人，去龙王庙祭祀。法师念罢咒语后，用竹刀砍了茅人脑壳，供上灵堂，又给茅人开肠破肚，抓出塞在茅人肚里的猪肚肠，供在香案上。[③]巫师在鄂西传说中也有许多神奇的事迹，如鹤峰的向法官传说、咸丰的道士斗洞神等等，情节都十分精彩。

土苗文化圈中第三类富有特色的传说，是与当地特殊地貌相关的故事。清江是土家族的母亲河，当地流传许多关于清江的传说。如《清江水是怎样变清的》，说清江原有恶龙作怪，水是浑的。后来当地一个青年到茅山学法，回来与恶龙相斗，杀了恶龙，清江水就变清了。这类清江传说非常多，如《七渡河》、《知礼渡》、《大龙潭》、《母猪峡》、《赵姑鱼》、《老王船》等等。

除了水外，山的传说更多，这些传说都是特殊地貌、神奇幻想与民间伦理相结合的产物。如《石公鸡》，说利川南坪齐岳山土家寨，有一只又高又大的“石公鸡”。这“石公鸡”原是上界南天门的五更报晓金鸡，它见南坪街场的火神不知为啥子事发怒，正要放火烧毁南坪街，不及上奏玉皇大帝，就一翅飞到南坪街后的齐岳山上，向人们呼叫：“赶快起床啦！火神要放火啦！”火神一气之下，把金鸡

---

① 鄂西土家族苗族自治州民族事务委员会、鄂西土家族苗族自治州文化局主编：《鄂西民间故事集》，中国民间文艺出版社，1989年，第51页。

② 同上，第68页。

③ 同上，第327-328页。

烧成了石公鸡。[①]又如《公母山》,说鹤峰太平茅坝有两座山名叫公母山。公山顶有个岩桩,岩桩上有股泉水,常年不断。母山上有个穿眼洞,山上长满映山红。传说月宫的两个捣药兔儿,一公一母,害相思病,被王母娘娘贬到凡间,变成两座山,看得见,不能动。但当地人说,每年三月初三的半夜里,这两座山就要合拢一回,天亮又分开。[②]山的传说中不少反映了民间伦理,如《公媳坡》说:恩施七里坪有个公媳坡,是段石板路,一半是青石板,一半是红石板。因为坡路不好走,一个姓陆的人家,坚持修路。儿子死了父亲修,公公死了媳妇修。媳妇修路时眼泪滴在石板上,滴出的都是血,把石板都染红了。后来人们为了不忘这公媳的好心,就在路边立了个大碑"公媳坡"。[③]翻开恩施州各县市的民间故事集,这类山水传说数量占了很大比例,一个地名,往往就是一段轶事,一个教训,一个神秘奇幻的童话世界。

三、土苗民间故事

鄂西山区交通不便,但封闭的生活反而激发了人们的想象力,每日面对青山绿水,奇峰绝岭,山民将自然万物都纳入了幻想,产生了许多神奇故事。许多世界著名的民间故事类型在这里都有发现,如云中落绣鞋型(301A)、魔瓶型(331)、两术士斗法型(325A)、狼外婆型(333C)、蛇郎型(433D)、青蛙丈夫型(440A)、动物妻子型(400D)、找好运型(461)、寻"无名"型(465A)、狗耕田型(508E)、动物报恩型(554)等等。[④]

来凤有个故事《王员外找女婿》,是"云中落绣鞋"型的一篇异文:王员外的独女要找个无名无姓的人当女婿,张三李四帮忙去找,一条蛇变作自称无名无姓的白面书生,前来求婚,被发现真相后将小姐劫走。张三李四在寻找小姐过程中,杀伤了蛇怪,循血迹来到蛇洞。张三把李四用葛藤放入洞中,李四杀了蟒蛇救了小姐,但张三从洞中拉上小姐后,却将李四留在洞中。李四跟一只"飞虎"雀走出

---

① 黄汝家主编:《利川市民间故事集》,湖北人民出版社,2008 年,第 31 页。

② 鄂西土家族苗族自治州民族事务委员会、鄂西土家族苗族自治州文化局主编:《鄂西民间故事集》,中国民间文艺出版社,1989 年,第 123 页。

③ 同上,第 124 页。

④ 这里的故事类型编号,参见丁乃通编著:《中国民间故事类型索引》,郑建成等译,华中师范大学出版社,2008 年。

黑洞，在员外追荐他的道场上出现，揭穿了张三的谎言，与小姐成婚。[①]

鹤峰的虱怪故事，与《一千零一夜》中那个魔瓶中的妖怪异曲同工。故事说一个放牛娃捉到个虱子，放在岩孔里，用小石子塞住孔门。五十年后，已成老汉的当年放牛娃，把那个塞孔洞的石头抽开，结果虱子从里面跳出来，变成巨怪，要吃老汉。老汉无法，说回家与亲人告别。老汉一个六七岁的孙子陪爷爷同去见怪物，他问怪物为什么要吃他爷爷，怪物说了五十年前的事，要报仇。那小孙崽说："这么点岩孔儿怎么关得下你？我才不信哩！"虱怪变成虱子钻进岩孔，孙崽崽用小石头将孔门又关了起来。[②]

青蛙丈夫型（440A）故事在湖北其他地方不多见，但在鄂西却有不少异文，这些异文将这个故事与找好运型故事（461）糅在一起，形成了独特的形态。如建始县流传的《癞大仙》，说赖员外六十岁了，没儿没女，决心做好事积德。他把自己的田庄都给了庄户人，受到大家的祝福。结果真的生下一个癞蛤蟆，取名"癞大仙"。这神奇的癞大仙要找李员外的女儿做媳妇，李员外提出三个条件：夜明珠、金砖铺路、连接两家人的红绫子。癞大仙前往西天问佛爷，路上遇到一个农夫、一条黄龙和一个修行人，他代他们向佛祖询问了困扰的事，所得答案正好解决了他所需要的三样东西。结婚后，癞大仙就脱掉了蛤蟆皮，变为一个美男子。[③]青蛙丈夫故事也是一个世界性的类型。美国著名故事学家汤普森介绍说："这个故事可回溯到13世纪德国的拉丁语故事，也在16世纪的苏格兰得到文学上的加工处理。但不论其文学背景如何，它似乎颇为德国的故事讲述者们所熟悉并向东远抵俄国，几乎全欧洲的国家都对它偶有报道。[④]

与青蛙丈夫型故事相较，找好运型的故事在湖北流传更普遍。"找好运型"故事的基本内容是：一个穷人不满自己的命运，决意出外寻求好运。他在寻找佛祖（或其他神）途中，热心地答应帮助他人代问某些难题（通常是三个问题），结果在见到佛祖（或其他神）后，遇到了要帮助他人自己就没有提问机会的矛盾。主人公先人后己，帮助别人解脱了人生难题。没想到正是别人问题的解决，改变了

① 田诗学、肖本正、杨孝慎主编：《来凤民间故事》，湖北人民出版社，2007年，第218页。

② 鄂西土家族苗族自治州民族事务委员会、鄂西土家族苗族自治州文化局主编：《鄂西民间故事集》，中国民间文艺出版社，1989年，第448页。

③ 青蛙王子型的异文分别见上引《鄂西民间故事集》第396页、《来凤民间故事》第271页、《恩施市民间故事集》第250页。

④ ［美］斯蒂·汤普森著，郑海译：《世界民间故事分类学》，上海文艺出版社，1991年版，124页。

主人公自己的命运。"找好运"型故事在湖北地区有众多异文流传。1954年第32期《展望》杂志上刊出的《美丽的姑娘》是最早发表的一篇，流传于浠水。上世纪80年代问世的篇目，有十堰市的《单行拜仙》、《孤儿问贫》、《寻宝》，谷城县的《放牛娃朝南海》，老河口市的《唾沫姻缘》，长阳县的《黄忠问佛》，竹溪县的《端行好事不问前程》，广水市的《曹山问佛》，崇阳县的《叫花子朝海》，新洲县的《好心肠的后生》，阳新县的《清官卖妻》，仙桃市的《八合米满升的故事》等等。①

土苗文化圈中"找好运"型故事也有不少异文。如鹤峰县的《穷八代》、《西天问富》，恩施的《王生问佛》，咸丰的《买母行孝》，五峰的《找幸福》等。如《王生问佛》讲：王生在财主家放了十八年牛，心里不服，决心到西天问佛。路过一员外家门口，员外请王生帮忙代问佛祖，小姐年满十八岁为什么不能说话。在土地庙内寄歇，土地菩萨又请王生代问自己修行几千年为什么不能升天。渡海时，又答应帮变成划子的鲤鱼，问佛祖为何成不了精。王生到了西天，佛祖告诉他："王生，今日你来问我，先得有个条件，问自己的就不问别人的，问别人的就不问自己的。"王生听后真有些为难，最后还是决定不对别人失信。他帮员外、土地和鲤鱼解决了难题，最后得到了金银财宝和夜明珠，并与小姐成婚。②

鄂西山区人与动物密切接触，自然也流行"狼外婆"型故事，如咸丰的《人熊家婆》、鹤峰的《野人家家》、来凤的《人熊家婆》等。③在种种动物精灵中，老虎精也是常见的形象。令人惊奇的是，这个凶恶的兽中之王，在故事中虽然有时也像在现实生活中那样凶狠，更多的时候却善解人意，与人类相处得很融洽。这类故事有虎妻型、虎子型、义虎型和老虎报恩型。如《人虎缘》，就是一个典型的老虎报恩故事：冉孝与母亲相依为命，靠打柴维持生计。有一次，冉孝不幸摔下悬崖，却有幸得到雌雄二虎的救助，把他拯救了出来。从此，冉孝母子与老虎结下了不解之缘，两只老虎经常给冉孝母子投送野物，还抢来县官的女儿给冉孝做妻子。由于老虎的帮助，冉孝家境一天一天好起来了。最后冉孝的妻子与其父重逢，冉孝一家就随同一起进城居住，过上了幸福的生活。④

在神奇的婚姻故事中，龙女故事在鄂西也流传较广，其中主要一种类型是寻

---

① 参见刘守华《比较故事学》中的相关论文，上海文艺出版社，1995年。

② 蔡学让主编：《恩施市民间故事集》，湖北人民出版社，2009年，第268页。

③ 分别见前引《咸丰民间故事集》第186页、《鹤峰民间故事（上集）》第232页、《来凤民间故事》第274页。

④ 田诗学、肖本正、杨孝慎主编：《来凤民间故事》，湖北人民出版社，2007年，第246页。

"无名"型(465A)。如《来凤民间故事》中就收录了三篇异文,其中一篇《张百中》讲:张百中是个百发百中的猎手,有一次他放生了一条金色鲤鱼,原来是龙王的三女儿。龙女帮他盖了大瓦房,生活好起来。后来县官来出难题,要他们捉虎、捉龙,龙女都用剪纸完成,最后县官又要一只"窝罗害",龙女叫张百中编了个篾篓,放进火药,把县衙烧得一干二净。[①]

土苗故事中生活故事特别丰富,其中比较突出的特点,是与毗邻的湘西一样,流行巧女故事。这类故事从生活智慧、吟诗作对、解难题等各个侧面,塑造了许许多多民间巧女的形象。仅《鄂西民间故事集》一书中,就收录有利川、来凤、恩施、宣恩、建始等县的近20篇巧女故事。如有篇《打歪主意的土司》讲,土司见一姑娘长得漂亮,就限她爹三天内办齐三件事,一要海大的木缸,二要路长的布,三要公鸡的蛋,办不到就以姑娘作抵押。三天期满,姑娘到土司家对土司说:三样东西都搞齐了,但要土司给天大的竹子好箍木缸,给路的长度好织布,至于公鸡蛋,要等她爹生了娃儿再来交。土司听了一拍桌子:男人家怎么生娃儿呢?姑娘反问:"那公鸡哪门生得出蛋呢?"土司无话可说。[②]

鄂西还流传着不少笑话和吟诗作对的故事,如《恩施市民间故事集》中,就专列了一类"吟诗作对故事",收录了25篇这样的作品。这类故事既有才智,文辞又有特点,让人易记,情节也多搞笑。如有个讲叫化子的故事,说大年三十鹅毛大雪,叫化子拿着破钵讨饭。吃了讨的剩饭,不饿了,又见路边一堆牛粪冒热气,急忙靠了上去。再用破钵放在头上挡住雪花,心满意足,不禁可怜起其他叫化子来,于是感慨万分,吟诗一首:"数九寒冬大雪飘,背靠牛粪头顶瓢,我今倒有安身处,天下穷人怎开交。"[③]这种生活窘态与精神自足的矛盾状态,让人忍俊不禁。但身处艰难的生存环境,却不失乐观幽默的态度,某种意义上,也是山民生活状态的一种写照。

综上所述,土苗文化圈的民间叙事,体现了当地文化的独特风貌。这里的神话自成一格,民间传说多表现土家族特殊的历史与风俗,神奇故事中有较多广泛

---

① 田诗学、肖本正、杨孝慎主编:《来凤民间故事》,湖北人民出版社,2007年,,第254页。该书中的《张宝扰海》(第209页)、《渔郎的故事》(第224页),还有《咸丰民间故事集》中的《李苦寒送"啊祸"》(第126页)都属于这类故事。

② 鄂西土家族苗族自治州民族事务委员会、鄂西土家族苗族自治州文化局主编:《鄂西民间故事集》,中国民间文艺出版社,1989年,第458页。

③ 蔡学让主编:《恩施市民间故事集》,湖北人民出版社,2009年,第414页。

流传的类型，生活故事与笑话则反映了山民开朗幽默的性格。

第四节 土苗民间艺文

土苗文化圈有着非常丰富的民间文艺活动，武汉大学“清江流域巴、土（家）文化生态保护实验区”课题组，曾将这些民间文艺活动流行的地区绘制了一张图谱。通过它，我们能一目了然地看到这些活动的分布状态。[①]

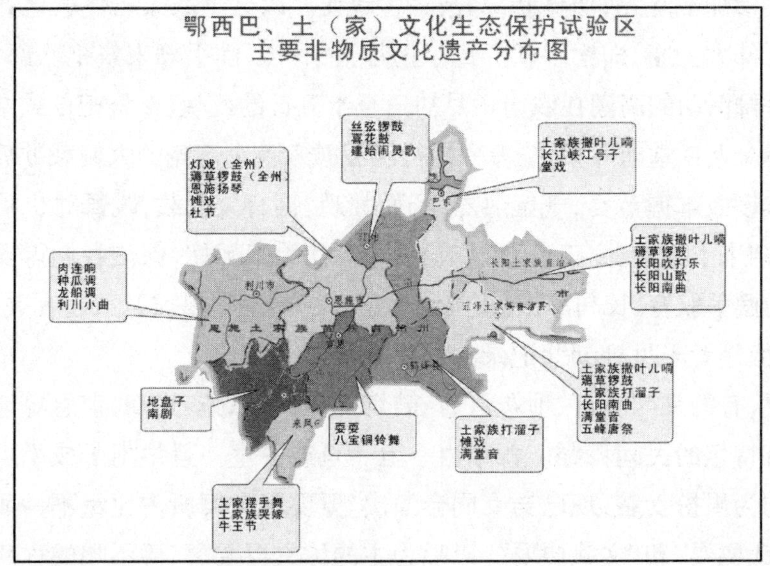

土苗民间歌舞、民间曲艺和民间戏曲中，有大量的民间文学元素，如歌词和脚本等。这些民间文学元素，我们统称之为“民间艺文”。

一、民间歌舞

土苗地区是民间歌舞之乡，有许多富有地方特色的民间歌舞，围绕着这些歌舞，有许多传统的习俗、传说，同时有许多传统的歌词。土家族歌舞活动主要集中在年节和人生仪礼时，下面列举几个最常见的歌舞活动：

摆手舞。主要流传在来凤县的部分乡镇，是土家族最具代表性的传统祭祀

① 该图出自“清江流域巴、土（家）文化生态保护实验区”论证报告，未刊本。

舞蹈。据同治本《来凤县志》卷三十二转载《湖广通志》记载说:五代时,"施州漫水寨有木名普舍树,普舍者华言风流也。昔覃氏祖于东门关伐一异木,随流至那车,复生根而活,四时开百种花。覃氏子孙歌舞其下,花乃自落。取而簪之。他姓往歌,花不复落,尤为异也。"这段传说是来凤土家族摆手舞最早见于史书的记载。关于摆手舞的起源,有多种传说:一说为土家族祖先在一次战斗中,彭公爵主、向老官人、田好汉三位首领不幸阵亡。土家人每隔十里修建一座神堂,即"摆手堂",堂内供奉三位英雄的神像。每年正月,土家人在摆手堂举行祭祀活动,跳摆手舞纪念祖先。另一说为唐朝安史之乱时,五溪八峒酋长(土家人称"八部大王")带兵参加平乱,战功显赫,却被陷害致死。以后土家人居住的地方,到处都建起了八部大王庙,即摆手堂。每年正月土家人以摆手舞来祭祀八部大神。

摆手舞活动的高潮在农历正月初三至十五日的夜晚,在祭祀仪式结束后,土老师便率众人在堂前坪坝,绕着一棵挂满五颜六色小灯笼的大树载歌载舞,树下有一人击锣鼓掌握节奏,气氛热烈,场面壮观。据有关记载,跳舞时也唱摆手歌,如"土王神来土王神,土王菩萨显威灵;今日摆手来敬您,保佑我们得安宁"。湘西记录的摆手歌有《长马辞》、《短马辞》、《梭尺卡》、《嗄墨翁》等,还有关于民族的历史歌,但笔者未见到湖北记录的摆手歌词。

耍耍,有的又叫花灯、地花灯、花鼓灯,流行于恩施、鹤峰、宣恩等地,是当地一种富有特色的民间舞蹈。舞蹈由一丑一旦或一生一旦执扇子或手巾而舞,旧时旦角均为男扮女装,现已男女同台演出。耍耍因歌舞所占比重不一而分为"文耍耍"、"武耍耍"和"文武耍耍"。以唱为主的称文耍耍,只舞不唱的称武耍耍,而歌舞并重的称文武耍耍。据有关介绍,"耍耍"本是跳神中的一种表演,当地称"跳神"为"耍神"。神字加上儿化音,"耍神儿"就顺口称为"耍耍"儿了。由于耍耍表演形式相对简单,人们喜闻乐见,慢慢从祀神歌变为日常的喜庆演出。如在春节期间随狮灯到各地做拜年演出时,由一生一旦手执纸扇载歌载舞。每到一地先跳"耍耍"后玩狮灯,歌词内容多为恭贺主人家来年发财兴旺的吉庆之词。传统唱段有《奴家门前一条河》、《劝夫莫赌博》、《拜寿》、《穷富莫交》等。

恩施各地歌谣集中收有不少耍耍歌词,这些歌词常常幽默风趣,惹人发笑。如《叫你丢来你不丢》:

旦:叫你丢来你不丢,爹妈管我像管牛,前门喂个大花狗,后门喂个大青猴，四个嫂嫂来把守，轮班守夜不停留。大嫂出来她动手，捉到你的耳朵揪。二嫂出来力气有，给你就是几拳头。三嫂四嫂齐动手，把你揉在围桶头。劝郎莫在我家走，郎遭祸事妹担忧。

生：前门花狗我不怕，赏它一坨热糍粑。后门青猴我不怕，给它一个老南瓜。你的大嫂贪心大，送她一只银耳挖。你的二嫂爱玩耍，送她一朵海棠花。三嫂四嫂更不怕，一人一件红绫纱。四个嫂嫂呼好搭，放心大胆到你家。[①]

又如《只怪外婆我的妈》："过了初七是初八，媳妇收拾回娘家，天上在下麻麻雨，走起路来溜溜滑，刚刚走到坡脚下，扑通一跤跌个扑扒，左手跑掉肥鸡母，右手跌掉老南瓜，按得瓜来鸡要跑，抓得鸡来瓜要滑，奶娃娃在背上哇哇哇！边哭边在喊妈妈。心肝宝贝你哭啥？娘心头这阵像猫抓。我背时嫁个男人爱玩耍，终日浪荡不归家，我的心肝宝贝莫怪我，只怪你的外婆我的妈。"[②]

"地盘子"，又名"花花灯"，主要流行于咸丰县水井槽、朝阳寺、曾沟、鸡鸣坝、燕朝等地，大约形成于清末民初。传说唐太宗在母亲眼疾复明后颁旨还愿，筹办光明灯会。在灯会上，有乞丐母子分别扮旦、丑二角，载歌载舞。旦角有些拘谨，不敢放开舞蹈；丑角也因与母同舞，面带愧色，低首驼腰。正舞间，一"孱头"（方言，即讨厌的人）见旦角姿色颇佳，遂学丑角之态，边跳边舞，向旦角靠近。旦见后，转身避之；丑见状，亦边舞边阻；孱头不悦，进身欲将丑挤走。三人在场上一避一阻一挤，无形中形成了饶有趣味的场面。此后，当地人们便模仿这种形式，扮一旦两丑，每年春节期间表演。经长期演变，唱词唱腔糅进了山歌小调，一旦两丑改为一生一旦一丑，突出了生角的潇洒和敦厚，加强丑角的滑稽和诙谐，同时还把交换场地时走的较简单的横移步改成了弓步旁移带转身的"丢一字"，使三人在场上转来转去，交替循环，于是又名为"三人转"。由于表演达到高潮时，那灵活的转动似盘子在地上转，故称"地盘子"。

利川市毛坝区一带流行的"打土地"，也是春节期间挨门沿户表演的一种民间歌舞。"打"在毛坝一带是"装扮"的意思。"土地"即土地神。打土地由三人表演，其中一人扮演土地神，戴土地神的面具，持拐杖和蒲扇。另一人扮演土地的

① 蔡学让主编：《恩施市民间歌谣集》，湖北人民出版社，2009年，第153页。

② 同上，第50页。

儿子，通常为丑角，称为“癞子宝崽”。还有一男子身着女装，手执彩巾，扮演土地儿媳。演唱内容主要反映农事生活，从正月做阳春、二月耙田、三月撒种一直唱到十二月忙冬播为止，借土地神之口，催促农人及时耕作。[①]

春节期间恩施许多地方盛行灯歌，这种歌舞已发展为小戏形态，有了专门的表演班子。

土苗文化圈中一个极有特色的生育习俗，是生子庆贺时举行的“喜花鼓”，当地俗称“花鼓子”。这种舞蹈主要流传于湖北长阳、五峰、巴东、建始一带。舞蹈时手执一条手帕，两两相对，即兴而歌。舞姿为典型的“三道弯”。俗谚说，这种舞蹈的诀窍是“脚踏之字拐，手似弱柳飘，腰儿前后扭，屁股两边翘”[②]。据传其起源可追溯到清康熙年间。

二、民间说唱

土苗文化圈有不少民间曲艺，如恩施扬琴，利川小曲、满堂音、三棒鼓、三才板，宣恩道情、金钱板、干龙船、走马渔鼓、南曲、侗族鼓曲等。这些曲艺有不少传统的文学底本。

恩施扬琴又叫“恩施丝弦”，流行于恩施、宣恩、咸丰、来凤、利川等县。据艺人讲，它是清同治年间从四川传入或从扬州传入，没有专业艺人，早期的习唱者多是文人和坐贾行商。恩施扬琴在1930年左右逐渐兴盛，并成立了琴社组织，如恩施的清江琴社、咸丰的伯牙会、宣恩的琴音聚会等，并形成清江、伯牙两派，各具不同的行腔风格。

恩施扬琴的传统曲目题材广泛。属于历史题材的有：三国戏《修诏》、《盛日佳宴》、《貂蝉拜月》等，列国戏《伯牙抚琴》、《伯牙碎琴》等，唐朝戏《醉写吓蛮书》等，宋代戏《东窗修本》、《何立回话》等。属于民间传说的有《水漫金山》、《盗灵芝》等。取材于其他小说、戏曲的有：《黛玉葬花》、《松林解带》、《苍头说媒》、《琵琶记》等。

利川小曲发现于20世纪70年代初。从民间一段《盼闯王》的唱词分析，其渊源可能追溯到明末清初。现收集到曲牌39种55个，表演形式一种是“唱雅

---

① 湖北省非物质文化遗产文化保护中心编印：《湖北省非物质文化遗产资源目录》，2006年编，2008年再版，第376页。

② 湖北省长阳土家族自治县地方志编纂委员会编：《长阳县志》，中国城市出版社，1992年。

曲”，流行于乡儒之间较有文化的人群中；一种是“唱曲儿”，即拉场子卖艺，用来养家糊口。传统曲目有《封神榜》、《鸦片歌》、《十二月望儿》、《哭五更》、《打王永》等，新编曲目主要有《剿匪记》、《老杨三住青松口》、《铁路修进土家寨》等。[①]

满堂音又叫“琵琶板”，流行于鹤峰县和五峰县的湾潭区一带。因其常在厅堂内演唱，吹打弹唱同时发音满堂皆响而得名。据艺人回忆，清代康熙年间，鹤峰的容美土司田舜年上京朝贡回来，从湖南常德带来一个唱荆河戏南北路的皮影班子。那时田姓和当地覃姓的土司家族中，一批不受器重的文人也学唱皮影戏，自娱自乐，自弹自唱，颂扬古代明君先哲和忠孝仁义，并为苦难者悲歌，以抒发自身之恩怨。后来皮影戏、傩戏、柳子戏相互融合，逐渐演变发展成为具有鹤峰特色的满堂音。满堂音的演唱形式，艺人们有“三条板凳”之说，即三个人一班：一人托皮影，一人打小鼓、磕子、土锣、土钹，一人弹土琵琶，吹唢呐，打小锣。曲目中的人物行当，三人分工，灵活演唱。在没有皮影的条件下，艺人们常围着火坑坐唱。满堂音的传统曲目有《苦双龙》、《火蹈驹》、《雕龙扇》、《连三喜》等。

“三棒鼓”又称“花鼓”，是一个非常古老的曲种。据相关考证：唐宋时称“三杖鼓”，元代称“花棒鼓”，明代称“三棒鼓”。三棒鼓于明代传入湖北，先在天门、沔阳一带盛行，清代传入恩施，流行于来凤、宣恩和利川县柏杨坝一带。也有艺人说是由川东和湘西一带传来。三棒鼓开始是一种乞讨艺术，后演变为年节、婚嫁、建屋、纳凉时的娱乐。有一人演唱的，即一手执鼓，一手拿小锣，边击边唱，略加表演。也有三至四人演唱的。如三人同台演出，为一人掌鼓，一人击锣，一人打竹板或兼杂耍（丢棒或刀），其中以掌鼓者为首，帮腔应和，杂要配合。若是四人，由掌鼓者边抛、边打、边唱，另外三人则是一人打马锣，一人抛尖刀（3至12把），一人玩连绞棒。后来，有些艺人在演唱时又增加数人要刀、枪、瓜、果、钢叉、镰刀、斧头、藤圈、苞谷等物。“三棒鼓”传统曲目现存手抄本有100多个，已收集整理的唱段多达2300个。[②]

“三才板”由四川金钱板演变而来，清末民初传入恩施、利川、宣恩、来凤、建始等地。早期撂地演出，后逐渐进入茶馆书场。道具为三块宽一二寸长八寸左

① 参见潘顺福著：《利川小曲》，湖北人民出版社，2006年；徐开芳主编：《精彩恩施——恩施非物质文化遗产名录》，湖北人民出版社，2009年。

② 徐开芳主编：《精彩恩施——恩施非物质文化遗产名录》，湖北人民出版社，2009年，第192页。

右的竹片，象征“三地人”。传统曲目既有长书大段，也有三五分钟的短篇。连台本如《三国》、《水浒》、《杨家将》、《朱元璋》等，需数日方能唱完。湖北长江出版集团 2013 年出版了《杨洪顺恩施三才板作品选集》，多为新创作的作品。

列入恩施州一级的曲艺形式，还有宣恩道情、干龙船、金钱板、侗乡鼓曲、走马渔鼓等。

三、民间小戏

土苗地区也有不少地方戏曲，如灯戏、傩戏、南剧、柳子戏、堂戏等。其中，灯戏、傩戏、堂戏是比较典型的民间小戏。

1. 灯戏

灯戏源于四川。清乾隆年间，四川各戏班顺着盐路、商路，把灯戏传入湘鄂渝黔土家族聚居区，落地生根。在鄂西南叫灯戏，在湘西辰州叫阳戏，在酉阳叫丝弦灯戏，秀山叫秀山花灯戏，贵州铜仁一带叫花灯戏，称谓不同，总体风格基本相近。

灯戏与民俗紧密相连，主要用于年节庆典和民间喜庆活动。清道光版《施南府志》有“年节灯事，城乡俱兴”之句。道光初的《辰溪县志》载：“城乡善曲者，遇邻里喜庆，邀至其家唱高腔戏，不妆扮，谓之‘打围鼓’，亦曰‘唱坐场’。士人亦间与焉。”可见这种活动由来已久。恩施最早的灯戏班叫“姜撮瓢灯戏班”，传承至今已有九代。还有其他不少灯戏班，演出活动很多。

灯戏角色行当主要是小生、小旦、小丑，又称“三小戏”，其服装、化妆和道具都极简单，没有舞台装置和背景。化妆通常只用自制的“烟子”画画眉毛。之所以如此，除经济原因外，也因其戏文内容多为民间生活，只需平常穿戴就够了。灯戏内容主要有两类：一类是反映或表现年节习俗及民间喜庆内容的剧目，如“贺年灯”《吴豆拜年》、《神狗劈柴》，“清明灯”《安安送米》、《双上坟》，“寿灯”《双拜寿》、《大堂庆寿》，“喜灯”《莲珠配》、《落店招亲》、《三婿争婚》、《山伯访友》；还有逢赶场、集市、开业、设会等演出的《大烧香》、《洞宾点单》、《雪山放羊》等。另一类是直接表现下层生活的，如婚姻生活的《小说媒》、《阴阳错》、《女看相》，嫌贫爱富的《讨红庚》、《三女婿》、《摇钱树》等。有反映上下层矛盾的《花子骂相》，也有劝善酬神的《大烧香》、《苦中贤》，有纯粹调侃逗乐的《拦算》、《裁缝偷布》，也有针砭生活的《戒洋烟》。

灯戏是以幽默、诙谐、风趣、滑稽见长的地方小戏，无论是角色规定、表演艺术还是戏剧内容，都突出其“喜剧性”。如行当设置几乎无戏不“丑”。“丑行”表演风趣幽默，滑稽可笑，娱乐性强。情节的安排，也多围绕“喜剧性”设计。如《拦算》中，百步旺和穆金花因无子嗣而发生口角，算命先生乘隙而入，花言巧语赚了小两口银两。小两口发觉受骗后，为索回银两，便设计了让其妻主动要为算命先生洗衣服的情节，算命先生信以为真，脱去衣服，结果连银带衣落入穆金花手中，算命先生被撵出门外，偷鸡不着倒蚀了一把米。

灯戏中的唱词也看重搞笑效果。如《拦算》中算命先生的唱词：“昔日有个袁天罡，他的八字比人强，一算天上有个月亮，二算海里有个龙王，三个大姐六个奶，六支筷子是三双，胡子长到嘴巴上，眉毛一辈子长不长，尤其一样算得准，姑娘长大变婆娘……”

作为民间小戏，灯戏有许多民间歌舞的成分，其中的歌词也借鉴民歌的技法。如《洞宾点单》中童子与丫环的对唱，就是一种“盘歌”：

童：穿红穿绿什么鸡？爬坡上岭什么鸡？朝日挨打什么鸡？

丫：穿红穿绿是锦鸡。爬坡上岭是野鸡。朝日挨打是筲箕。

童：穿红穿绿什么鱼？爬坡上岭什么鱼？朝日挨打什么鱼？

丫：穿红穿绿是金鱼。爬坡上岭是团鱼。朝日挨打是木鱼。

童：穿红穿绿什么门？爬坡上岭什么门？朝日挨打什么门？

丫：穿红穿绿是锦门。爬坡上岭是庙门。朝日挨打是衙门。①

总之，灯戏作为一种民间小戏，反映的下层生活面十分广泛，有突出的喜剧特色。现存剧目有 100 多个，至今有非常活跃的演出活动，不仅满足了人们的生活需求，而且可为今天的新创作提供许多有益的借鉴。

2. 傩戏

傩戏流行于恩施、鹤峰、建始、宣恩、咸丰等县市，当地俗称“杠神”。杠是土家语“跳”的意思，所以也叫“跳巫”、“跳傩”。旧时，人们为祈福免祸或报答神的护佑而酬神还愿，需设傩坛跳傩舞。民间有喜庆之事，如添小孩的“洗三朝”、满周岁的“抓周”、接媳妇的“花烛志喜”、老人寿诞之期的“生酒”，以及病愈谢神、五

---

① 程仕政，黄应柏编著：《恩施灯戏》，湖北人民出版社，2009 年，第 20 页。

谷丰登酬神、迁居新屋“上梁酒”、腊月的杀牲敬祭、正月的扫瘟去邪等，均跳傩舞。每年农历十月开始到次年清明前为止，常有傩班应邀到主人家“还傩愿”，尤以腊月和正月间为盛。

傩戏渊源古老，有关恩施地区傩戏的记载，以《容美土司史料》、《向氏族谱·山羊隘纪略》和《田氏一家言》比较著名。傩戏有一套完整的祭仪，称“二十四戏”：《发功曹》、《白旗扫台》、《请神》、《修造》、《开山》、《打路》、《扎寨》、《迎神》、《传茶》、《开洞》、《戏猪》、《出土地》、《点猖》、《报卦》、《收兵》、《扫台》、《邀罡》、《祭将》、《操兵》、《立标》、《勾愿》、《撤寨》、《送神》等。法事插入一段正戏，内容为天、地、水、阳四大团圆，据说全部演完需近百小时。恩施傩戏保留了戴面具演出的古朴面貌，其坛神分四等，分别称侯伯老爷、伯太娘娘、红马将军、白鹤仙娘、白马先锋、黄龙仙姐、黑马童子、金花小姐。[①]

傩戏集歌、舞、戏、乐四位一体，由半职业巫师表演。他们在当地称为“傩愿坛主”，一般要经过正式拜师学艺，经过一定仪式认可，才能独立组班。傩班称为“坛”，每坛8—10人不等。农闲时在寨子里演唱傩戏，表演一些《姜女下池》、《白蛇传》、《平贵回窑》、《杀狗惊妻》等传统剧目。遇有人家邀请还傩愿时，便登门表演。一般是上半夜还傩愿，下半夜唱傩戏。

作为古代祭仪和戏剧的活化石，傩戏有着特别重要的研究价值。

3. 堂戏

堂戏流行于巴东县及邻近地区，如建始、秭归、兴山、宜昌、长阳、五峰、神农架及川东地区。有研究者认为其始于明末清初，本源为民间歌舞“花鼓子”。最初是在堂屋大方桌上，由一男一女表演。后来转向地面，继而搬上舞台，以草台班子方式随灯戏班演出。其声腔融入当地小调、号子、湖南的“南调”和川东的“梁山调”，多活动于农历腊月、正月和六月，尤以正月最盛。代表剧目有《兔娃子放牛》、《王麻子打妆》、《劝夫》、《送寒衣》、《山伯访友》、《海棠花》等。

拥有丰富民间文艺资源的土苗文化圈，正在申报国家级文化生态保护区，其富有特色的民间文学传统，将在当代文化建设中发挥独特的作用。

---

① 徐开芳主编：《精彩恩施——恩施非物质文化遗产名录》，湖北人民出版社，2009年，第50-63页。

第六章　吴楚民间文学

第一节　概　述

我们在鄂西山区的崇山峻岭盘桓已久，现在转向鄂南和鄂东，看看由水上通道相连接的吴楚文化圈。这个文化圈在方言上属于赣语大通片和江淮官话黄孝片，地域范围主要有黄石、黄冈和咸宁三地市所辖的黄梅、武穴、阳新、蕲春、大冶、黄石、鄂州、浠水、团风、咸宁、赤壁、嘉鱼、通城、崇阳、通山、监利等县市，武汉市也在其影响范围之内。这里通常被称为"吴头楚尾"之地，历史上是中国东部向西部移民的大通道。

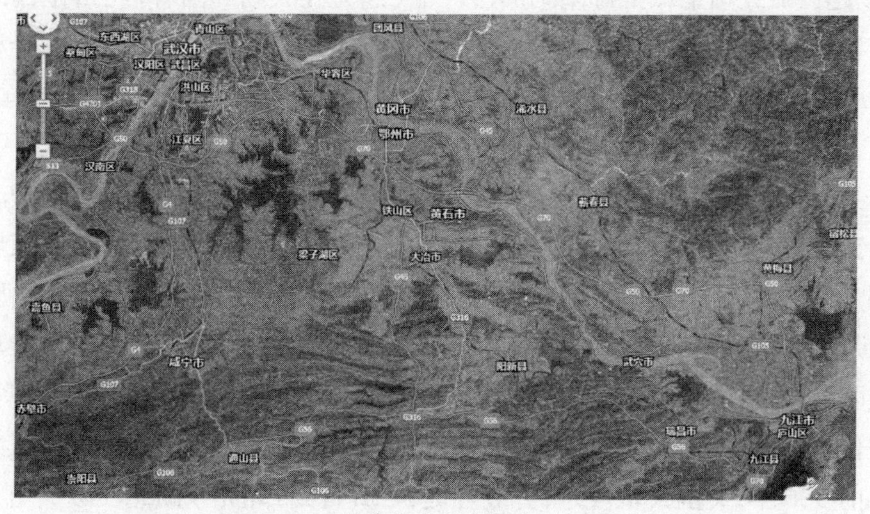

吴楚文化圈地貌图

吴楚文化圈的地形特点是两山夹一水，中间为长江主航道，北部为大别山，南部为幕阜山，西部是江汉平原，东部与江西省九江市相邻。通过长江这条大动脉，将华中与华东两个地区连通。吴楚文化圈处于两大文化交接之地，历史上，居于华中的楚人，与居于华东的越人，有着密切的文化联系。两种文化犬牙交错，你中有我，我中有你。

楚国始兴时，“熊渠甚得江汉间民和，乃兴兵，伐庸、杨粤，至于鄂。”（《史记·楚世家》）张正明先生指出：熊渠在周朝对南方无力顾全之时，连续出击，先进攻盘踞在西部丛山之中的庸，再进攻散布在东部水乡之中的扬越（杨粤），后进攻接近楚尾吴头的鄂。伐庸，是解除后顾之忧；伐扬越，是扫清东进的道路；至于伐鄂，则无疑是看中了那里的铜矿。因为铜器时代，铜源的大小与国力的强弱大致成正比。今天的江汉平原，古为云梦泽。熊渠东征必须从云梦泽南部的扬越地区经过，所以非伐扬越不可。好在这些扬越都是小部，楚人不难逐个击破。楚国的崛起，就是从熊渠开始的。[①]从这些分析与记载看，在熊渠之前，这里所说的吴楚文化圈，还不是楚的属地，而是扬越的地盘。

扬越是发源于华东的越人中的一支。越人分支众多，名称也不一。苏南浙北一带的称“吴越”，福建一带的称“闽越”，广东一带的称“南越”，越南北部和广西南部一带的称“骆越”。“扬越”，是指鄂东南和赣西一带的越人。由于楚人东扩，扬越区域逐渐缩减到鄱阳湖周边一带。越人在太湖周围有自己的国家。《吴越春秋》说，当年大禹巡行天下，登上会稽山朝见四方诸侯，死后就葬在会稽。至夏少康之时，担心大禹后代香火断绝，便封其庶子于越，号曰：“无余。”越国来自中原，姒姓，数百年中几度兴衰。

吴国的祖先是吴太伯，本是周太王之长子。据《史记·吴太伯世家》载，周太王想让太伯的弟弟季历继位，太伯让贤，逃往荆蛮之地，自号句吴。武王灭殷后，找到太伯的后人周章，将他封在吴地（以今江苏无锡为中心）。春秋时期，晋国采纳从楚逃亡来的申公巫臣的策略，扶植吴国以制楚。巫臣到吴后，“教吴乘车，教之成阵，教之叛楚”，从此“吴始伐楚”，属于楚的一些蛮夷，“吴尽取之，是以始大”（《左传》成公七年）。后来伍子胥从楚国逃到吴国，为报父仇而帮吴国出谋划策，公元前506年，吴国大举攻楚，五战皆捷，一直打到郢都（今湖北江陵）。直到秦

① 张正明著：《秦与楚》，华中师范大学出版社，2007年，第38页。

国和越国出兵相救,吴军才退。

春秋战国时期,吴、楚、越三国之间曾发生过许多战争。据文献记载,公元前九世纪,熊渠伐扬越至鄂。前684年,楚文王伐蔡。前650年,楚成王伐黄。前646年,楚成王来英。前632年,楚穆王灭江。前622年,楚穆王灭六和蓼。前601年,楚庄王灭舒,与吴越会盟,将巢湖以西长江以北和淮河以南之地划为楚疆。前533年楚灵王灭陈。前522年楚平王杀伍奢伍尚,伍子胥奔吴。前519年吴公子光伐楚,夺回赣东,同时打败越王勾践。前473年,越王报仇占领吴都姑苏。战争给人民带来了灾难,但也促进了三国经济文化间的交融和人口的流动。

楚国在成王以后,与扬越的关系密切了起来。《说苑》卷九记楚庄王"左伏扬姬,右拥越姬",扬姬为扬越女,越姬为于越女,可见楚越间是通婚的。最让文人墨客感兴趣的,还有《越人歌》的故事。据刘向《说苑·善说》载:春秋时代,楚王母弟鄂君子皙在河中游玩,摇船者是位越人,他抱双桨用越语唱了一支歌。鄂君子皙听不懂,叫人翻译成楚语。其词云:"今夕何夕,搴洲中流。今日何日兮,得与王子同舟。蒙羞被好兮,不訾诟耻。心几顽而不绝兮,得知王子。山有木兮木有枝,心说君兮君不知。"歌中唱出了越人对子皙的那种深沉真挚的爱恋之情。难得的是,书中将越人的原歌是汉语作了记音,因此这首歌是中国最早的译诗,也是古代楚越文化交融的结晶和见证。

《越人歌》在文学史上对楚辞创作有直接的影响。从民间文学角度看,这首歌记录了公元前500多年前,楚越两个民族用民歌交流情感这样的史实。

研究者指出:吴越之地与楚文化之间有许多交流。吴地墓葬中有许多楚器,而吴国的兵器,如吴王夫差剑、吴王夫差戟、吴王夫差矛等,在楚地均有出土。吴地的蚕桑织帛工艺、铸剑技术、造船技术等,对楚人影响很大。而楚人伍子胥逃到吴国,也带去了楚的文化。如伍子胥督造的水陆双棋盘格局的姑苏城,至今以"中国第一古城"著称。而楚令尹黄歇封于吴墟,即今苏州上海一带,治吴十四年,使吴地成为"东楚"富足之地。黄浦江原名黄歇浦,就来自于黄歇的名字。[①]

吴楚之间的关系,除了春秋时期的战争与融合外,另一个重要时期是三国。吴国创立者为孙权,其父孙坚为长沙太守,其兄孙策结交江淮世家,占据了江东

---

① 张硕:《吴楚文化历史概论》,载《吴楚民间文化研究》第2辑,湖北省吴楚民间文化研究基地编印,2006年,第1–14页。

六郡（吴郡、会稽郡、丹阳郡、豫章郡、庐陵郡、庐江郡），包括今天的江苏、浙江、江西和湖北等省的一些地方。建安十三年（208年），孙权联合刘备大败曹操于湖北的赤壁。后来又在彝陵（今属湖北宜昌）之战中大败刘备。公元229年，孙权称帝于武昌（今湖北鄂城），国号吴。在武昌（鄂城城东）建有吴王城（又名武昌城）。229年，吴王孙权返都建业之后，安排上将陆逊辅佐太子孙登留守武昌。265年9月，孙皓再次迁都武昌，百姓反对。童谣说"宁饮建业水，不食武昌鱼"。吴国两次以鄂城为都，在鄂东南产生了相当大的影响，至今鄂州西山上仍有吴王试剑石，传为孙权遗物。咸宁还建有供奉孙权的吴主庙，香火甚盛。

吴地与楚地间的大交流，最重要的还是大移民。中国东部向中西部的移民运动可以上溯到唐朝，一直延续到清后期，时间跨度达一千多年，史称"江西填湖广，湖广填四川"。据有关研究，移民的动因有时是受战乱所逼，有时是听说两湖人口稀少，土地易于购置。其中一次移民高潮发生在元末明初，朱元璋下令组织人多地少的江西人迁往两湖。另一次移民高潮是清初。与洪武移民相比，这次高潮的规模要小一些，但总量也十分可观。据说，两湖人口中有60%—70%是江西移民的后代。有学者撰文《从谱牒中追寻瓦屑坝移民湖北的证据链》，列举了大冶、黄陂、黄冈、新洲等地的家谱记载，证明自明代洪武年间，有大批江西籍移民迁徙到湖北。并说《新洲县志》称该县八成人口是江西移民的后裔。宣统《黄安县乡士志》卷下《氏族录》共载有该县64族，确知迁自外省的有39族。其中，江西籍为32族，占移民家族的83%。乾隆《广济县志》卷6《士族表》所载38族中，有36族为移民家族。其中，江西籍有31族，占移民家族的86%。[①]

长期的紧密交流与人口迁徙，使吴楚文化圈的民间文学形成了独特的风貌。这个地区列入国家级和省级非物质文化遗产代表作名录的有崇阳提琴戏、阳新采茶戏、禅宗祖师传说（黄梅）、李时珍传说、钟九闹漕、双合莲、钱六姐的故事、李闯王传说、文曲戏、玉连环、长篇叙事山歌、浠水民歌等。另外，还有许多项目正在发掘之中。

---

① 村学究:《从谱牒中追寻瓦屑坝移民湖北的证据链》,第二届中华大族谱国际会议论文,载《武汉论坛》,网址:http://bbs.cjn.cn/read-htm-tid-1356306.html

第二节 吴楚民间歌谣

一、长篇叙事歌

从《越人歌》开始，吴头楚尾之地就融汇了华中、华南和华东三个地区的民歌传统，形成了独具特色的民歌文化。其中，最引人注目的是长篇叙事歌。

在《湖北民间叙事长诗唱本总目提要》中，来自吴楚文化区的长篇叙事唱本有:《告坝费》(黄梅，1958 行)、《周瑜托梦》(黄梅，1200 行)、《罗通扫北》(黄梅，1400 行)、《梁祝山歌》(黄梅，2250 行)、《董永记》(咸宁，1290 行)、《追鱼记》(黄梅，1200 余行)、《张四姐大闹东京》(武穴，1180 行)、《钟九闹漕》(崇阳，1725 行)、《枯蒿记》(黄梅，1300 行)、《手巾记》(咸宁，1405 行)、《琵琶记》(咸宁，630 行)、《秦雪梅吊孝》(黄梅，2743 行)、《海棠花》(阳新，1500 行)、《海棠出嫁》(武穴)、《赛海棠》(黄梅，2084 行)、《陈姑赶潘》(监利，960 行)、《双挖堤》(监利，2900 行)、《曹正榜》(监利，1960 行)、《白扇记》(黄梅，800 行和 1500 行的两个文本)、《乾隆皇帝下关西》(黄梅，2894 行)、《流水记》(黄梅，1498 行)、《卖瓜记》(黄梅，534 行)、《小媳妇》(浠水，196 行)、《卖花记》(崇阳，735 行)、《李彦贵卖水记》(黄梅，

民间长歌手抄本

1408行)、《碧玉带记》(黄梅,1300行)、《玉带记》(黄梅,1456行)、《茶客案》(监利,880行)、《九头案》(监利,2845行)、《茶碗记》(黄梅,1220行)、《刘子英打虎》(黄梅,3948行和7234行的两个文本)、《斧头记》(黄梅,1000行)、《杀子报》(黄梅,1200行)、《李秀英告状》(阳新)、《华容道》(监利,610行)等。[①]这还只是来自少数几个县民间文艺工作者提供的资料。从这个目录中,我们可以窥见吴楚地区民间叙事长歌盛行的状况。

吴楚文化圈中长篇叙事歌谣的集中发现,与江南地区的吴歌传统有关。早在屈原的《楚辞·招魂》中,就有"吴歈蔡讴,奏大吕些"之句。汉代王逸注:"吴、蔡,国名也。歈、讴,皆歌也。大吕,六律名也。"左思《吴都赋》言:"荆艳、楚舞、吴愉、越吟,此皆南方之乐歌,为《诗三百篇》所未收者也。"可见早在魏晋之时,荆楚歌舞和吴越歌谣,就是南方民歌的代表。魏晋南北朝时的《乐府诗集》中收有《吴声歌曲》,多数是情歌,以《子夜歌》最负盛名。明代冯梦龙搜集用吴方言记录的民歌,编成《山歌》、《挂枝儿》,也多为情歌。清代是长篇叙事吴歌的繁荣时期,经书商刊刻、文人传抄和民间艺人的口传,保存了大量长篇叙事吴歌。"五四"时期的北京大学歌谣运动中,出版了顾颉刚编纂的《吴歌甲集》、《吴歌乙集》、《吴歌小史》。20世纪80年代以来,更是发现了大量的长篇叙事吴歌。

据有关介绍,解放后,无锡县记录到的1000行以上的长篇叙事吴歌有10多部。其中有被称为"四庭柱一正梁"的《沈七哥》、《金不换》、《六郎娶小姨》、《赵圣关》和《田家乐》,其他还有《青蛇传》、《华抱山》、《显应桥》、《孟姜女》、《五姑娘》、《鲍六姐》等。[②]特别是长篇叙事歌《五姑娘》和《华抱山》发表后,在学界引起了巨大反响。1989年上海文艺出版社出版了《江南十大民间叙事诗:长篇吴歌集》,集中推出了这些作品。[③]

民间歌谣以短篇和抒情的为多,长篇叙事民歌非常鲜见。中国文学史上比较著名的长篇民间叙事诗歌,只有《孔雀东南飞》和《木兰辞》。上世纪中国的民间文学调查,发现了一些少数民族中流传的不少长篇叙事歌,如彝族的《阿诗玛》、傣族的《召树屯》、蒙古族的《嘎达梅林》等,但汉族的长篇叙事歌却很少发现。所

---

① 《湖北民间叙事长诗唱本总目提要》,中国民间文艺研究会湖北分会编印,1986年。

② 参见无锡政府网《无锡地区的长篇叙事吴歌》,网址:http://www.wuxi.gov.cn/mlxc/wxrw/wxyw/6147638.shtml

③ 姜彬编:《江南十大民间叙事诗:长篇吴歌集》,上海文艺出版社,1989年。

以湖北崇阳县在上世纪50年代发现了两部叙事长歌《双合莲》和《钟九闹漕》，曾引起过学界的极大兴趣。

《钟九闹漕》由孙敬文等搜集，《双合莲》由宋祖立、吕庆庚等搜集，1956年前后由湖北人民出版社出版。它们都是由几个手抄本综合整理而成的。2003年，出生于崇阳的学者饶学刚，根据自己珍藏的手抄本，在《中华活页文选》上作了注释和讲解。他介绍说："我听唱《钟九闹漕》和《双合莲》两部汉族民间叙事诗是在孩提时期。在上山砍柴时，我听唱《钟九闹漕》，大人豪情奔放；在家门口乘凉时，我听唱《双合莲》，姐姐眼泪横流。凡20世纪30—40年代以前出生的崇阳男女，都能传唱其中的重要情节，有的能背诵全诗，甚至作为传家宝而代代相传。"①

《双合莲》长达1600多行，是一个爱情悲剧，据说根据清道光咸丰年间一桩真实事件写成。歌中叙述勤耕苦读的胡道生与聪明刚强的郑秀英相爱，不顾"父母之命，媒妁之言"，用"双合莲"（秀英在一方丝帕上绣一朵莲花，一剪裁开，胡郑二人各执一半）作定情之物，二人自订终身。族长郑楚芳以秀英"辱门败户欺祖宗"为借口，横加迫害，将秀英卖给刘家。秀英坚贞不屈，虽遭到毒打，仍然不与有钱有势的员外刘宇卿成亲。刘家又将她转卖，狠毒地提出："为奴做婢我不管，不能卖给胡道生。"道生改名换姓，巧娶秀英。不料真相被刘家发觉，刘宇卿不但劫回花轿，还买通官府，诬陷道生，将道生抓进监牢。最后，秀英在刘家含恨自尽，道生也被折磨而死。歌中塑造了两个在封建宗法制度下不屈地追求自由婚姻的青年男女，其悲剧结局受到当地老百姓的深深同情。

《钟九闹漕》叙述的是1841年湖北崇阳钟人杰的起义故事。崇阳县的粮房利用收"国课"巧取豪夺，本来是一千担的税，却要征粮两万多。农民群众忍无可忍，便由金太和、钟人杰领头，去向官府告状，他们先后打了五场官司，换过三任县官，从崇阳县一直闹到武昌城，最后还是失败了。"官逼民反只得反"，钟人杰聚众起义，杀了县官和仇人，占领了崇阳县城，并打到蒲圻、通山和通城。清政府派兵围剿，起义军寡不敌众，最后钟人杰等战死崇阳，轰轰烈烈的抗粮运动遭到失败。

关于这两部长诗的作者，当地有一个传说：《双合莲》中女主人公郑秀英的族

---

① 饶学刚：《生当作人杰，死亦为鬼雄——汉族抗粮起义英雄史诗〈钟九闹漕〉赏读》，载《中华活页文选》成人版2003年，第24辑。

人铁匠郑四爹,年青时读过私塾,爱听山歌。传说他目睹或听说故事主人公的悲惨结局,愤愤不平,就采用山歌和民间小调形式,将事件编成歌本,随唱随编,久而久之,就成了两部长诗。为了扩大长诗影响,他把手抄本密封进竹筒里丢进河里,顺流而下,手抄本便流传开来了。[①]这是民间长篇诗歌创作传播方式的一个很有意思的案例。

目前,湖北其他地方也发现了一些长篇叙事歌,这个领域的研究还只是刚刚开始。

二、劳动歌和生活歌

吴楚文化圈中的劳动歌,最典型的是船歌和田歌。这是由当地地理条件和生产方式所决定的。

吴楚地区是长江大通道,同时有星罗棋布的大小湖泊和连通江湖的众多河流。水上生活是沿江沿湖人民的主要生活方式。许多水上歌谣,记录了船民的生活,反映了他们的情感。如《扯网歌》:“太白湖中大雪飞,风大浪大鱼成堆。不怕风霜刺入骨,辛苦讨到快活吃。”又如《打鱼歌》:“清早起来愁断肠,肩驮鱼网下湖忙。急水头上撒鱼网,多捕鲜鱼好换粮,妻子儿女度时光。”[②]除打鱼外,物流运输也是船民的主要生计。一首歌中这样描述:“风溜溜,把船开,我在随州装货来,你在随州装的么事货,我在随州装的号铜,白铜,烟袋,火镰,火石长纳,短纳,钱包,钱扎,中骨头玉簪,狗骨头挖耳,红洋绳,装了这么多好货送亲人。”[③]

民歌既是船民生活的伴侣,也是他们的知识库。像长江沿岸许多地方的船工一样,他们的歌谣也记录着他们的地理与人文知识。如咸宁嘉鱼县簰洲的船工号子《长江路程歌》,就将经湖南到广州、从武汉到上海的沿途码头,都编进了歌中。如从武汉到上海,歌中是这样唱的:“黄鹤楼上扯大旗,晴川阁里吹玉笛。汉口开头望青山,请问阳逻弯不弯?阳逻不弯笔直走,团风把守三江口。三江口,口三江,跑过黄州对武昌。水扫巴河、兰溪一,道七洑,水茫茫。武穴、龙坪、田家镇,阳郎二口望九江。九江关上飘黄旗,丢了湖广说江西。镇江楼,好稀奇,

① 见上引饶学刚的文章。

② 朱葆和等编:《中国民间文学全书·湖北省·武穴市民间歌谣》,中国文联出版社,2007年,第5、221页。

③ 赵海林主编:《中国民间歌谣集成湖北卷·阳新县歌谣分册》,阳新县民间文学集成领导小组、阳新县文化馆编印,1980年,第27页。

普济、湖口、老洲头。东北坝头往前行，张家港口桅成林。彭泽、马当、磨盘洲，华阳、沟口、过双河，黄石矶，菖蒲洲，船靠安定买江货。石头山，过新河，枞阳、乌沙、秋浦河。流波矶，九华河，大通、横港、铜陵港，土桥、姚沟、坝埂头，大窝子，安高桥，南陇、头棚流小洲。一矶二矶四合矶，东梁、西梁、采石矶。列山、打马、江宁镇，兔儿矶上望南京。栖霞山上见瓜洲，谏壁、大港、东新港。过了船港到江阴，星落吴淞弯不弯？吴淞不弯抬头看，长江终点上海滩。”[①]这首民歌是船工口耳相传的地图和航线图，他们的行船知识也在歌唱中一代一代传递。

江河是最重要的物流通道，鄂东南水道旁建立起来的城镇都有码头。过去没有起重机械，所有东西都是人挑肩抬，码头工人有许多歌谣抒发苦情。如黄石的《挑箩苦》：“挑箩苦，苦挑箩，三餐野菜糠头砣，十冬腊月观音土，又难吞下又难屙。”“上码头，心发慌，脚踏跳板摇晃晃，爬起河坡腿打颤，两眼发花汗直淌，咬紧牙关挑箩筐。”[②]这些歌形象地描述了码头工人的痛苦生活。

水边的芦苇也是重要的资源，沿河不少百姓以打芦席为生。有《打芦席歌》这样唱：“簰州河下一条堤，家家户户打芦席，前一趱，后一移，十个指头蜕了九层皮。尖刀磨得像银子，裤儿撕得像裙子，儿呀儿呀你莫哭，打条芦席换苞谷。”[③]

船民生活非常艰苦，有不少叹苦情的歌。如《夫妻共条裤》：“天沔汉川逃西湖，破船烂网口难糊。儿女几岁无鞋袜，夫妻上坡共条裤。”就是描述天沔一带灾民逃荒到嘉鱼西梁湖苦难生活的真实写照。由于船民生活苦，所以婚姻也成问题：“养女莫嫁后湖沿，日里打网夜邀圈。三天大风难出湖，忍饥挨饿腰带缠。”[④]

吴楚地区民歌的另一重要特产是田歌。如阳新的“落田响”，就是一个典型代表。“落田响”又叫田号子，是插秧季节唱的一种插秧歌，一般用于较大的劳动场面，形式是一领众和，领者不仅要有较高的演唱技巧，还是有威望的种田能手。《落田响》共由十七支号子组成，内容丰富，结构严谨。演唱时号子的顺序不能颠倒，必须按照早晨、上午、下午三个时间来演唱。早晨下田唱：《走下田》、《穰秧放

① 咸宁地区民间文学三套集成编委会、咸宁地区群众艺术馆、咸宁地区民间文艺家协会编：《湖北省民间文学集成丛书·咸宁地区歌谣集》，中国民间文艺出版社，1990年，第43页。

② 程春主编：《中国民间歌谣集成·黄石市歌谣集成》，黄石市文化局编印，1994年，第11、12页。

③ 咸宁地区民间文学三套集成编委会、咸宁地区群众艺术馆、咸宁地区民间文艺家协会编：《湖北省民间文学集成丛书·咸宁地区歌谣集》，中国民间文艺出版社，1990年，第53页。

④ 同上，第82、84页。

牛》。上午下田唱:《走下田》、《赶王鹰》、《打花鼓》、《挖百合》、《割猫》、《采茶》。下午下田唱:《谢茶》、《贺茶》、《消条》、《喊福》、《让茶》、《收牛》、《游船》。

"落田响·十七支号子"的演唱方式很特别。每唱完一支号子后,还要接唱一首《打山歌》,接着唱《喝彩》。如上午下田时先唱《走下田》:"走下田来喊一声,四山云雾不分明,两手推开乌云板,只见男人和女人。男人下田高扎裤,女人下田穿红裙,男人说话如鼓响,女人说话蜜蜂声。长号改作短号打,三声两喊转过弯。"接着是一首《打山歌》:"早晨起来把门开,一阵狂风劈面来,头上丝发风吹乱,脚下罗裙迎风摆,迎风走来女裙衩。"然后是《喝彩》:"福唉:秧苗冲禾!秧苗开张!恭贺老板财福紧!添福赐谷进朝堂!昌发吉祥!两手如桨!众位伙计!紧手扯秧!"三段唱完后,一支号子才算完成。[①]

在鄂东南田歌中,可以看到远古植物神信仰的遗留。如《请起秧神到田塝》:"请起秧神到田塝,金谷娘。请起秧神到田塝,秧神难为开金言,金谷娘,赐于凡人金谷仓。"[②]也可以看到种田技术的传授:如《十二月占歌》:"一月:岁末天黑四边天,大雪纷纷是旱年,最好立春晴一日,农夫不用力耕田。二月:惊蛰闻雷米似泥,春风有雨病人稀,月终但得逢三卯,处处棉花豆麦佳。三月:风雨相逢初一头,沿村瘟疫万人愁,清明风若从南至,定是农家有大收。四月:立夏东风少病疴,时逢初八果子多,雷鸣甲子庚辰日,必定蝗虫损稻禾。五月:端阳有雨是丰年,芒种闻雷美亦然,夏至风从西北起,瓜蔬园内受熬煎。六月:三伏之中逢酷热,五谷田中多不结,此时若不见灾厄,定主三冬多雨雪。七月:立秋无雨是堪忧,万物从来只半收,处暑若逢天下雨,纵然结实也难留。八月:秋风天气白云多,处处欢歌好稻禾,只怕此时雷电闪,冬来米价涨几多。九月:初一飞霜侵损民,重阳无雨一冬晴,月中天暗人多病,若遇秋雨菜价增。十月:立冬之日怕逢寅,来年高田枉费心,此时更逢寅子日,灾伤疾病损黎民。冬月:初二西风盗贼多,更兼大雪有灾魔,冬至天晴无阴色,来年定唱太平歌。腊月:初一东风六畜灾,若逢大雪旱年来,但得此日清明好,吩咐农人放下怀。"[③]

吴楚地区还有一个比较特殊的产业——采矿业。在中国漫长的农耕社会

① 赵海林主编:《中国民间歌谣集成湖北卷·阳新县歌谣分册》,阳新县民间文学集成领导小组、阳新县文化馆编印,1980年,第1-14页。

② 同上,第15页。

③ 朱葆和等编:《中国民间文学全书·湖北省·武穴市民间歌谣》,中国文联出版社,2007年,第293页。

中,黄石市的矿业显得独具特色。许多学者认为:楚国南下占领和控制黄石一带的铜矿,使国力有了极大提升,因为金属无论对农耕还是战争都不可或缺。考古工作者在大冶铜绿山的发掘,发现了西周至西汉的采矿井巷360多条,冶铜炉7座,地表覆盖有厚数米重约40万吨的古代铜炼渣,是迄今为止我国保存最完整的一处古铜矿遗址。黄石冶金业一直延续至今,其规模之大、持续生产时间之长,国内外罕见。一些民谣记述了矿工的生活。如《矿工谣》:"上了狮子山,如进鬼门关,活人走进去,死人往外搬。"《两手空》:"从早到晚在煤窿,黑不溜秋像弯弓,上无片瓦下无地,到头只有两手空,有女不嫁我矿工。"《鬼与人》:"手提洋油灯,身穿破衣襟,下井是个鬼,出坑才算人。"矿工的命运十分悲惨:"少来混混嘴,老来讨讨米,活着当光棍,死后是孤魂。""天是被盖地是衣,死了卷条破草席,狗子拖去打牙祭,白骨埋在煤堆里。""矿工少时混张嘴,等到老来去讨米。三病两痛,往水里一咚!沟里死,沟里埋,路上死,路边倒。苍蝇做孝子,蚂蚁抬着跑。"①

民歌中还有许多反映各地社会生活与家庭生活的作品。如《有女莫嫁百家园》:"有女莫嫁百家园,一无田地二无钱,挑担片柴上街卖,半斤大米四两盐,一把薯藤当餐夜,一件棉衣穿百年,六月炎天蚊虫咬,冬来儿女哭连天。有女莫嫁百家园,茅房搭在山洞间,羊肠小道悬又陡,进出难于上青天,苦菜野草充饥饿,单衣薄片度年寒,卖儿丢女时常有,妻离子散不团圆。"②

咸宁民间讨饭艺人唱的一种《游春歌》,见什么说什么,又称"百字歌"。如到了剃头铺门口,他们就会唱:"一见剃头就赞起,螺历祖师教与你。螺历祖师手艺高,六六三十六长刀。前六刀来后六刀,左六刀来右六刀。眉毛弯弯八字刀,耳朵旁边顺风刀。赞了三十六刀半,眼里提刀不上算,何人赐你剃头刀?何人捡石洛阳桥?何人赐你白布巾?何人赐你水一盆?何人赐你挖耳筒?自己唱来自己解,自己包袱自己拐。老君赐你剃头刀,螺历捡石洛阳桥。刀子磨得快如风,鲁班赐你洗头盆。毛兰赐你白布巾,龙王赐你水一盆。果老赐你挖耳筒,挖耳筒内九条龙。四条金龙上天去,五条金龙在手中。一条龙来听原因,刘氏金定杀四门。二条龙来听原因,桂英下山找夫君。三条龙来听原因,李密投唐起反心。四条龙来听原因,仁贵跨海去征东。五条龙来听原因,罗通扫北得太平。青丝头发

① 程春主编:《中国民间歌谣集成·黄石市歌谣集成》,黄石市文化局编印,1994年,第4、5、10页。
② 朱葆和等编:《中国民间文学全书·湖北省·武穴市民间歌谣》,中国文联出版社,2007年,第236页。

一把梳，西式头来电熨斗。头发熨得一绺绺，好闻还有香发油。艺高胆大理青云，师傅手艺现美容。唱到这里暂停声，要请师傅赐包封。多是怀来少是心，天下尚有知情人。”[①]从这些歌中可以看出，乞讨艺人有很高的艺术天赋，他们将平凡的事物通过想象进行加工，铺陈为大块文章，其想象力令人赞叹！

阳新、武穴一带流传的一首《丢子好伤心》，描写一个妇女将私生子忍痛丢往河里的心情，也很特别："姐在河下漂白绸，十指尖尖把肚揉，往回没有肚子痛，今日痛得结成球，这是情哥害了奴……挖了药方转回头，铡刀铡来斧子锤，每天早上喝三碗，每天夜晚喝三杯，打落小儿免是非。吃了晚饭进绣房，小儿落在踏板上，姐把罗裙扯三幅，捆几捆来绑几绑，儿呀，不等天亮往河丢。鸡啼三遍天未明，我抱小儿往河行，莫变鱼儿莫变虾，莫变蟹子横江爬，莫变参子渗混水，莫变鲫鱼钻草标，要变鲤鱼跳龙门，千年转胎回娘家。小儿丢了我回乡，想起小儿哭一场，打了鸡蛋留了黄，为娘不活这世上。”[②]

鄂东南劳动歌和生活歌数量很多，上面介绍的只是一些比较有特点的作品。

三、仪式歌

吴楚文化圈民风古朴，自古以来在节日、婚丧、敬神、祭祖等活动中均要讲唱歌谣。流传的仪式歌很多，这里主要介绍与人生仪礼和节日相关的歌谣。

鄂东南的诞生礼在九朝（出生第九天）和满月举行。《九朝洗儿歌》男女有别："洗男伢，手托金盆四季青。宝贝伢儿爱煞人，洗头顶，开个聪明孔，长大定会读诗文。洗两耳，耳听八方。洗两眼，眉清目秀读书郎。洗两手，一手印章一手笔。洗腰身，腰围玉带。洗胯下，骑驴跨马。洗两脚，脚踏朝靴上朝堂。洗女伢，洗头上，乌云盖顶。洗两耳，耳戴金钗。洗面门，桃红脸色柳叶眉。洗两手，桃花绣朵件件能。洗胸前，生儿定是状元郎。”[③]满月时要剪胎发，剪发时用煮熟的鸡蛋在婴儿头上边滚边念："一滚天长地久，二滚长命百岁，三滚三元及第，四滚金玉满堂，五滚六滚双帽元顶，七滚八滚荣华到顶，九滚十滚头戴金顶。”[④]

---

① 咸宁地区民间文学三套集成编委会、咸宁地区群众艺术馆、咸宁地区民间文艺家协会编：《湖北省民间文学集成丛书·咸宁地区歌谣集》，中国民间文艺出版社，1990 年，第 937 页。

② 赵海林主编：《中国民间歌谣集成湖北卷·阳新县歌谣分册》，阳新县民间文学集成领导小组、阳新县文化馆编印，1980 年，第 140 页。

③ 朱葆和等编：《中国民间文学全书·湖北省·武穴市民间歌谣》，中国文联出版社，2007 年，第 125 页。

④ 程春主编：《中国民间歌谣集成·黄石市歌谣集成》，黄石市文化局编印，1994 年，第 71 页。

在婚礼歌中，鄂东南的哭嫁歌颇有特点。如水上婚礼不是花轿而是船，新娘这样唱："姨娘上身穿件花布褂，下身穿件花布裙，别人嫁女踩煞路边人，我娘嫁女哭煞路边人。姨娘！别人嫁女抬花轿，我娘嫁女摇破船。摇来摇去不回还。"[①]与其他地方的哭嫁歌一样，新娘的哭诉也十分感人："手拉我娘哭一声，哭声我的好娘亲，尺把长儿你养大，燕子衔泥一场空。手拉我娘哭一声，疼儿好比天上星，好菜好饭让儿吃，好衣好裳穿儿身……"[②]婚礼上的《撒帐歌》，讲究语言吉祥，从大门一直唱到床上，见什么唱什么："天地开张，吉日时良。我今撒帐，祥发其昌。一把珍珠撒大门，大门站的两将军，左边站的金鸡叫，右边站的凤凰啼，金鸡叫得龙神转，凤凰啼得状元回。二把珍珠撒高堂，祖宗堂前闹洋洋，两边燃的万年烛，中间点的福寿香，堂前贴的福禄寿，蛟龙椅子摆两厢，玉石桌子中间放，诸位客亲坐两旁。三把珍珠撒厨房，厨房酒肉喷喷香，诸位贵宾放海量，一醉方休乐无疆……"[③]在闹房歌中，多叙洞房之夜的夫妇之道，如："佳人腰细软如棉，郎君一见喜相迎，搂抱之时如酒醉，稀客早散好调情。""一束红花插高墙，今日才遇采花郎，郎君独采花中蕊，怀抱一头到天亮。""一枚红枣含口中，佳人含羞脸带红，今夜解脱罗裙带，好教蜜蜂采花丛。"[④]总之，婚礼歌要配合仪式，喜庆热闹。

鄂东南的丧礼，多请民间的道士或僧人主持。这些道士或僧人都是民间歌手，既懂些宗教仪礼，又会演唱民歌。例如咸宁市温泉镇别号"仙人爹"的刘应兴，就曾出家为僧，后还俗当过脚夫、长工、佃户、卖货郎、鱼贩子等，主要生计靠扎纸马灵屋为死人装殓。他不仅会讲五百多个民间故事，还是一个优秀的民间歌手，尤其善于唱佛教神歌，都是为人治病或超度亡人时唱的。如他唱的《万空歌》，就是为亡人"做七"时唱的："南来北往走西东，看得浮生总是空。天也空来地也空，人生渺渺在其中。天地万古常如旧，人生劳碌一场空。日也空来月也空，来来往往有何踪？日月晨昏常运转，人亡千载影无踪。山也空来水也空，山水长在世界中。青水绿水依然在，人亡永世不相逢。田也空来业也空，换了多少主人翁。世间多少穷了富，也有多少富了穷。金也空来银也空，死后何曾在手中。万两黄金拿不去，为它一世受牢笼。生也空来死也空，生死如同一梦中，生

① 程春主编:《中国民间歌谣集成·黄石市歌谣集成》，黄石市文化局编印，1994年，第36页。
② 朱葆和等编:《中国民间文学全书·湖北省·武穴市民间歌谣》，中国文联出版社，2007年，第52页。
③ 同上，第57页。
④ 程春主编:《中国民间歌谣集成·黄石市歌谣集成》，黄石市文化局编印，1994年，第61页。

如百花逢春好,死如黄叶落秋风。夫也空来妻也空,大限来时各西东。夫妻本是同林鸟,你往西来我往东。男也空来女也空,黄泉路上不相逢。田园产业儿孙受,阴司罪愆自相从。空手来时空手去,到头总是一场空。夜深听得三更鼓,翻身不觉五更钟。从头仔细思量起,便是南柯一梦中。"[①]在这种民间的丧歌中,包含着许多对生命意义的终极思考,其实对参加葬礼的人,也是一种动人心弦的人生哲理教育。

鄂东南丧歌的孝歌也有特色,配合着丧仪中的一些活动,如上茶时,如果逝者是母亲,就这样唱:"娘呀!长江水!管好洗,一身洁白脱凡体。娘呀!太阳出来满天红,要想见娘梦来逢。娘呀!金边托盘放光霞,金边碗呀满天花。细茶叶,川芎茶,百福山,云雾茶。糕饼糖食来咽茶。娘哟!莫喝阴间迷魂汤,来喝人间云雾茶,保佑儿孙早发家。"[②]如果逝者是父亲,唱词则是:"爷哎……你莫喝阴家的亡魂汤,来喝阳雀冇开口的细芽茶。爷哎……你来陪客吃袋烟,保佑儿孙万万千。爷哎……你来陪客喝盅酒,保佑儿孙享荣华。爷哎……你来陪客呷碗饭,保佑儿孙千千万。"[③]

孝歌通过对亡者的追思,进行民众的道德教育。如在《叹亡母》中,历数母亲的伟大,教育子女要孝敬母亲:"叹亡魂,铁树花开。乳哺三年在娘怀。为人不叹娘辛苦。身从何来?……三年哺乳娘辛苦,未极劬劳养育恩。幼细带儿身边睡,又怕屎尿打坏床。左边打湿右边睡,右边打湿调左旁。若是两边都打湿,娘抱儿身到天光。……堪叹我的娘,苦出悲伤!一天吃娘三道乳,三天吃娘九道浆,娘奶不是长江水,娘奶不是树上浆,点点都是娘身血,吸得娘亲面皮黄……"[④]可谓字字血,声声泪,听众无不闻声饮泣。

在丧歌之外,还有不少与民间信仰相关的歌诀,它们可以说是原始文化的遗留。如武穴一些地方在小孩生病时,母亲或其他亲属趁天黑之前,用熟米拌上茶叶,村前村后撒,边撒边喊《叫魂歌》:"伢泼你吓着回呀!你隔山爬罗,隔水划哟!

① 咸宁地区民间文学三套集成编委会、咸宁地区群众艺术馆、咸宁地区民间文艺家协会编:《湖北省民间文学集成丛书·咸宁地区歌谣集》,中国民间文艺出版社,1990年,第495页。

② 赵海林主编:《中国民间歌谣集成湖北卷·阳新县歌谣分册》,阳新县民间文学集成领导小组、阳新县文化馆编印,1980年,第40页。

③ 咸宁地区民间文学三套集成编委会、咸宁地区群众艺术馆、咸宁地区民间文艺家协会编:《湖北省民间文学集成丛书·咸宁地区歌谣集》,中国民间文艺出版社,1990年,第375页。

④ 朱葆和等编:《中国民间文学全书·湖北省·武穴市民间歌谣》,中国文联出版社,2007年,第76页。

伢哟,我把茶叶花米叫你回哟!你沿着茶叶花米回哟!你上山吓着了,山神送你回。你下水吓着了,水神送你回。你过桥吓着了,桥神送你回。大路吓着了,城隍送你回。小路吓着了,土地菩萨送你回。伢泼哟,你吓着了回哟!家神祖宗送你回伢儿唉!你回来爱茶爱饭,魂魄归身。前三声,后三声,伢儿伴我进大门。堂前祖宗将你接,魂魄归身。百病不沾身唉——"①

在通山山界等大山区,还遗存着一种"神歌"。"每年农历正月初二至十五夜晚,是神歌的演唱时段。以自然村为单位,以祠堂或大堂屋为聚集演唱地点,通常由本村中德高望重的人士或善唱神歌的长者发起,男女老幼围坐在柴火堆旁,从晚饭后开始唱歌,直至第二天早上。……神歌分为'取火'仪式部分和'歌头'、'神歌'、'祝福'三个演唱部分。以一只大鼓和一面大锣作击打伴奏。神歌的演唱者通常分为'主人'、'歌师'和'歌郎'三类。主人通常是本村神歌演唱活动的组织发起者;歌师通常是邻近一带公认的精于神歌演唱的唱歌师傅,主要负责演唱'歌头'和'祝神'。歌郎是参加歌唱活动的普通歌唱者。"②神歌分"歌头"、"神歌"、"祝福"三部分。其中,歌头、神歌部分有较固定的演唱内容,即成本成套的固定唱词。神歌强调韵脚与平仄,一般取方言"来"韵作开篇,以主人为起始点,从右侧第一人开始,轮流转唱。所唱内容除颂神外,还有唱古人、讲情谊、比才气、道吉利以及杂谈笑骂等。这种系统的祝神歌,在通山少数地方现在仍完整保留,十分难得。

在农历正月十五,阳新县有向火炉神"问年成"的风俗。其歌词是:"火炉姑,火炉神,正月半,问年成,一问姑娘家务事,二问姑娘好年成,年成问得好,赏件红绸袄,年成问得成,赏件红绸裙,年成问得真,赏件红绸巾。你老人家要来早早来,莫等三更半夜来。三更半夜露水大,打湿姑娘绣花鞋。铁板桥也难过,三过销也难开。鸡呀鸡,你莫啼,等我姑娘来一回,狗呀狗,你莫吠,等我姑娘来相会。毛三毛,发三发,三只毛脚齐来一搭。"③在武穴,则有请剪刀姑的仪式,人们把剪刀一翼杀在桌子中,用一根高粱稻秆,两头插上两朵纸花,旁边一童子装姑爷,一姑娘装细姑,一人烧香、放炮,目的是请剪刀神教姑娘剪裁针绣。歌曰:"剪刀姑,

① 朱葆和等编:《中国民间文学全书·湖北省·武穴市民间歌谣》,中国文联出版社,2007年,第126页。

② 万立煌:《通山神歌调查》,载《南鄂晚报》,2009年1月6日。

③ 赵海林主编:《中国民间歌谣集成湖北卷·阳新县歌谣分册》,阳新县民间文学集成领导小组、阳新县文化馆编印,1980年,第52页。

慢慢扭，扭到十五看细姑。细姑剪，姑爷笑，剪刀姑喜得把舞跳。剪刀姑儿挨一挨，挨到正月十五搭花台。”[①]正月十五吃了月半夜饭后，武穴一些的孩子，还会拿葫芦瓢在床底下或门角落边敲边唱：“月半夜，敲葫芦瓢，老鼠下儿不长毛。大老鼠抽筋，细老鼠发瘟。”[②]

中秋节，湖北咸宁市咸安区尚有祭祀月亮神风俗的遗留，名叫“守月华”。中秋之夜，“人们在打谷场上设香坛拜月，礼仪隆重，拜月者为男性长者，一般为村寨的族长。拜月时，洗手净面，身穿白衣，行三拜九叩大礼，放鞭燃炮，有的还挂天灯，照明天路，迎接嫦娥仙子回乡。其中还伴有敬神歌舞。”[③]

四、时政歌

鄂东南地区也有许多时政歌，历史上比较有名的是三国时期的民谣：“宁饮建业水，不食武昌鱼。宁还建业死，不止武昌居。”[④]明末农民起义领袖李自成，兵败后避走湖北通山，被地主武装杀害于通山九宫山牛迹岭。当地也有相关歌谣流传。如“石榴开花叶儿尖，闯王来到九宫山，李家铺前打一仗，皇躲洞里遇神仙，喜蛛护龙度难关。石榴开花叶儿红，闯王升天牛迹岭，玉体葬在卧虎地，千秋万代留美名，百姓烧纸又挂灯。”[⑤]清代崇阳的钟九起义，有民谣传：“破通城，有钱粮；破通山，有硝磺；破蒲圻，有战场；破咸宁，下武昌，打到武昌做国王。”与“大楚兴，陈胜王”有异曲同工之妙。

辛亥革命时，黄石市流传这样的时政歌：“湖北武昌，陡起兵荒。推翻满清，旗人遭殃。各州府县，血水成汤。洋炮一响，商号零光，梁子当铺，抢个零光。唯有保安，太平地方。龚大老爷，本有主张。派人视事，保卫地方。日日巡逻，夜夜敲梆。前门一响，后门一昂。上下当铺，未抢开张。”[⑥]而咸宁地区流传的民谣则是：“正月里来正月正，宣统登位两三春，辛亥年中不太平。二月里来百花红，军师黄兴汤化龙，都督就是黎元洪。三月里来是清明，革命军杀进武昌城，当办兵马杀旗人。四月里来四月八，全国一致命令下，各州府县割辫搭。五月里来是端

①② 朱葆和等编：《中国民间文学全书·湖北省·武穴市民间歌谣》，中国文联出版社，2007年，第138页。

③ 刘民主编：《嫦娥文化》，咸宁市咸安区文联等编印，2009年，第13页。

④ 《三国志·吴书·陆机传》。

⑤ 咸宁地区民间文学三套集成编委会、咸宁地区群众艺术馆、咸宁地区民间文艺家协会编：《湖北省民间文学集成丛书·咸宁地区歌谣集》，中国民间文艺出版社，1990年，第547页。

⑥ 程春主编：《中国民间歌谣集成·黄石市歌谣集成》，黄石市文化局编印，1994年，第239页。

阳,孙文一仗在当阳,战了一场又一场。六月里来三伏天,旗人逃反真可怜,长江有船不能行。七月里来七月半,营旗插在龟山上,汉阳烧了一大半。八月里来是中秋,旗人江山一旦丢,提起江山泪双流。九月里来菊花开,黄兴霸守百元台,要把江山打下来。十月里来小阳春,各省提兵打北京,得了北京就安宁。冬月里来雪飞飞,战胜满洲吃了亏,钱粮上面又加税。腊月里来要过年,人人都想坐宝殿,中华民国万万年。"[①]这些歌谣形象地再现了当时的历史。

土地革命时期,鄂东南受湘鄂西和鄂豫皖两个革命根据地的影响,流传了许多革命歌谣。如阳新的:"山歌不打不风流,共产党不引不自由,引起共产郎先去,唱起山歌妹带头。"[②]又如崇阳记录的《红军纪律歌》:"红军有纪律,行动听指挥,不准胡乱行,打土豪要归公,买卖要公平,工农的东西,不敢拿分文,说话要和气,不准打骂人,无产阶级,劳动人民,个个都相亲。红军纪律明,行军和宿营,处处要记清。土门板困稻草,房子要扫净,借物要送还,损失要赔人,便溺找厕所,不准便乱淋,三大纪律、八项注意人人要执行。"[③]

民谣也描述了兵荒马乱年月一些军官太太的的生活,如"青白菜,黑白菜,和三师,阔太太。丝光袜,皮底鞋,金箍手表戴起来,轿儿去,马儿来,吃穿玩乐好自在。有朝一日垮了台,东里窜,西里逃,死在路上无人埋,狗来啃,牛来踩,苍蝇当孝子,蚂蚁做八抬,王鹰老鸦当作下饭菜。"[④]

从上世纪五十年代的大跃进运动到"文革",也有许多时政歌出现,如武穴大跃进期间的歌谣:"山上冒得皮,塘里冒得泥,缸里冒得米,堂客要脱离。"[⑤]"文革"时的大集体,阳新民谣中这样描述:"得罪会计工分落,得罪保管吃谷壳,得罪队长干重活,得罪支书站台角。"[⑥]

---

① 咸宁地区民间文学三套集成编委会、咸宁地区群众艺术馆、咸宁地区民间文艺家协会编:《湖北省民间文学集成丛书·咸宁地区歌谣集》,中国民间文艺出版社,1990年,第620页。

② 赵海林主编:《中国民间歌谣集成湖北卷·阳新县歌谣分册》,阳新县民间文学集成领导小组、阳新县文化馆编印,1980年,第31页。

③ 杨景崇主编:《中国民间歌谣集成湖北卷·崇阳县民间歌谣集》,崇阳县民间文学三大集成领导小组、崇阳县文化馆编印,1988年,第341页。

④ 咸宁地区民间文学三套集成编委会、咸宁地区群众艺术馆、咸宁地区民间文艺家协会编:《湖北省民间文学集成丛书·咸宁地区歌谣集》,中国民间文艺出版社,1990年,第662页。

⑤ 朱葆和等编:《中国民间文学全书·湖北省·武穴市民间歌谣》,中国文联出版社,2007年,第43页。

⑥ 赵海林主编:《中国民间歌谣集成湖北卷·阳新县歌谣分册》,阳新县民间文学集成领导小组、阳新县文化馆编印,1980年,第43页。

五、情歌

吴头楚尾地接江南，一衣带水。女子灵秀活泼，聪明伶俐，男人走南闯北，见多识广。水上商贸催生了无数爱情，也孕育出许多优美的情歌。

在舟楫来往的长江及众多支流两岸，这样的对歌大概每天都在发生："姐在河中洗蒿蒿，双手洗得浪飘飘。船上大哥看见了，问你谁家女娘娇，为何生得这样俏？""驾你船来撑你蒿，你管奴家漂不漂！奴家有钱几百万，破船不值半分毫，驾船大哥白想了。"①这是没有谈拢的。但也有谈成的："姣莲住在隔河隔港港岸边，我郎住在冲头贫尾江下沿，哥哥记得那年那月你从隔河隔港港岸边上过，冬茅搭桥、葛藤拖船把船弯，情哥进门扯姐玩。"②

吴楚水上情歌复杂而缠绵，与江南吴歌风格接近。如这首《新绣手巾》：

新绣手巾二面花，
九千九百九十九根青蓝白线纱，
把郎带到广东广西陕东陕西福建湖北武昌走转，
不晓得几多男的女的老的少的大的小的来看手巾花。
都问我情哥子住哪家？

情哥子住在巴萝巴壁壁巴山，
我姐住在隔河隔港港隔湾，
隔山隔水隔千隔万山长水远隔也隔不断，
你看我把她新绣的手巾年年月月时时刻刻牢牢靠靠稳稳当当带身边，
千里姻缘是九千九百九十九根青蓝白线牵！③

吴楚情歌中，有许多赞美女性美丽的。如"日头出来晒九洲，九洲地方好丫头。我跟丫头挨身过，黑的头发白的肉，可惜人生面不熟。"④"山妹像个剥皮葱，

① 朱葆和等编：《中国民间文学全书·湖北省·武穴市民间歌谣》，中国文联出版社，2007年，第146页。

② 咸宁地区民间文学三套集成编委会、咸宁地区群众艺术馆、咸宁地区民间文艺家协会编：《湖北省民间文学集成丛书·咸宁地区歌谣集》，中国民间文艺出版社，1990年，第189页。

③ 同上，第195页。

④ 杨景崇主编：《中国民间歌谣集成湖北卷·崇阳县民间歌谣集》，崇阳县民间文学三大集成领导小组、崇阳县文化馆编印，1988年，第248页。

细皮嫩肉好面容。没插鲜花蜂蝶舞，不涂胭脂赛桃红。瞎子见了睁眼看，阿哥瞧了想成疯。”[①]更妙的是以佛教圣地“五祖寺”闻名的黄梅，却流传着这样一首情歌：“姑娘河边抖白纱，水上映朵牡丹花，鲤鱼见了闪红翅，和尚见了把头抓，悔不当初出了家。”[②]还有赞美男子外貌的歌，如：“爱郎嘴，爱郎貌，爱郎头发一刀齐，爱郎一对梭子眼，爱郎一对柳叶眉，爱郎说话有高低。”[③]歌中可见吴楚地区女孩的开放与大胆。

各地情歌中都有关于爱情如何产生的歌，吴楚地区也一样。如“同姐隔壁共阶基，同盆打水笑嘻嘻，同桌吃饭脚撩脚，同碗夹菜筷相交，眼睛不动动眉毛。”[④]把青梅竹马两小无猜的情景表现得极为生动。也有不少素不相识的，如“姐儿住在黄州府武穴边，郎儿挨河畔进港来靠船。明天走我黄州府前过，请你搭板下锚上来玩。”[⑤]在吴地，还有许多男女挑情的长歌，如《姐儿门前一道桥》、《十二月与姐讨思情》等。

吴楚的相思歌也形式多样。如：“想哥多，妹为想哥想跳河，想跳下河见阎罗，又怕不得见情哥。想妹多，坐死江边草一窝。不信妹到江边看，江水流少泪流多。”[⑥]又如：“绵绵雨崽落洋洋，鲢鱼翻过鲤鱼塘，鲢鱼翻身肚子白，鲤鱼翻身肚子黄，姣莲翻身不想郎。”[⑦]吴楚情歌中的誓言，与南北朝民歌中《上邪》的风格异曲同工：“昨夜与姐同过宿，问姐情义几时丢。要等海干龙现爪，要等铁树开花水倒流，阎王勾簿把情丢。郎要丢来姐不丢，除非黄牛变水牛。煮熟的鸡蛋出鸡崽，千里长江干起灰，石头发芽你回归。”[⑧]

情歌在各地都是爱情的帮手，但有时缘分不到，话不投机半句多。武穴市记录的一首《男女对骂歌》，歌词很长，内容是唱山歌的一男一女斗狠，十分有趣。

---

① 程春主编：《中国民间歌谣集成·黄石市歌谣集成》，黄石市文化局编印，1994 年，第 179 页。

② 李继尧：《抬轿点睛录》，青海人民出版社，2007 年，第 272 页。

③ 杨景崇主编：《中国民间歌谣集成湖北卷·崇阳县民间歌谣集》，崇阳县民间文学三大集成领导小组、崇阳县文化馆编印，1988 年，第 237 页。

④ 咸宁地区民间文学三套集成编委会、咸宁地区群众艺术馆、咸宁地区民间文艺家协会编：《湖北省民间文学集成丛书·咸宁地区歌谣集》，中国民间文艺出版社，1990 年，第 153 页。

⑤ 朱葆和等编：《中国民间文学全书·湖北省·武穴市民间歌谣》，中国文联出版社，2007 年，第 149 页。

⑥ 李士豪主编：《中国民间歌谣湖北卷·通城县民间歌谣集》，通城县民间文学三大集成领导小组编印，1989 年，第 105、106 页。

⑦ 杨景崇主编：《中国民间歌谣集成湖北卷·崇阳县民间歌谣集》，崇阳县民间文学三大集成领导小组、崇阳县文化馆编印，1988 年，第 198 页。

⑧ 同上，第 200 页。

这里摘抄几段："隔山隔凹隔河坡，听见我女唱山歌，你要唱歌莫骂我，我要骂女莫奈何，未必小女强些我。"这是男的在挑衅。"杨树杨杈就地开，唱个山歌引儿来。是我儿来跟我走，不是我儿快滚开，是个好汉这边来。"这是女的在回应。"细细鲫鱼细细鳞，细细婊子爱骂人。你要骂人莫骂我，我要骂人难脱身，我比女儿强十分。"男人回骂。"儿呀对歌就对歌，我的歌儿多的多。你长荷叶我长藕，你长藕来我长荷。未必我儿强些我。"①女人回应。这种斗狠歌虽然是骂人，但也都是赋比兴，用眼前自然景物来起兴，可见民歌中即使是骂人歌，也很讲究艺术。

第三节　吴楚民间叙事

吴楚文化圈的地形多样，既有长江和其支流的水道，以及东面的鄱阳湖与南面的洞庭湖，又有幕阜山和大别山，还有鄂东南平原和丘陵。流传的民间传说十分丰富，民间生活故事也很有特点。

一、吴楚神话

吴楚地区口传神话不太多见。有几个关于事物起源的传说，具有神话色彩。

《喉包》故事中讲：盘古开天地的时候，王母娘娘见地上没有人，就用黄泥巴坨捏成一男一女，放到地上变成一对夫妻，这就是人的祖先。王母娘娘又把仙桃核丢一个下来，立刻长成桃树，结出了红红的桃子。地上的夫妻俩摘桃子吃的时候，丈夫心疼妻子，把桃肉给她吃，自己吃桃核。不料那桃核堵在喉管里，吞又吞不下，吐又吐不出，慢慢就长成了一个喉包。②

《煎粑补天》讲，阳新一带，正月二十这天，家家户户都要吃一餐煎的年粑，据说吃了可以补天。相传女娲补天以后，用泥巴做成一男一女，到凡间结成了夫妻。快过年了，夫妻二人做了很多年粑，送给女娲，感她的恩。女娲只收了一点，指着留下的粑说："我用了三万六千块石头补天，有些缝没合严，你们把这带回

① 朱葆和等编：《中国民间文学全书·湖北省·武穴市民间歌谣》，中国文联出版社，2007年，第319页。

② 中国民间文艺研究会湖北分会、湖北省群众艺术馆编：《湖北民间故事传说集·咸宁地区专集》，1982年，第5页。

去，到正月二十，吃了煎粑可以补。”到了这日，夫妻俩照女娲的吩咐，煎了一餐年粑吃了。果真，这一年风调雨顺。第二年忘了这么做，过了正月天就坏起来，从此后，年年正月二十煎粑吃就成了风俗，还传下几句歌：“二十把粑煎，吃了好补天，麦子结双刁，谷堆冒尖尖。”[①]

关于梁子湖的传说，是一个中国著名的陷湖神话。故事说梁子湖又叫娘子湖，以前这里没有湖，是几百里的干洲。有姓梁的母子两人，儿子打柴，母亲织布，娘俩相依为命。一天，儿子碰见一个白胡子老人告诉他：“今年要淹大水，你以后每天到胡屠户家门前看一次，如果他家门口石狮子嘴里有血，你就要和你母亲赶快跑，不然就会被水淹死。”儿子听了老人的话，每天上山打柴前，都上胡屠户门前看一次。胡屠户知道原因后说他中了邪。一天夜里，胡屠户杀完猪，就将猪血抹在石狮子嘴里，想捉弄一下他。第二天，打柴的儿子看到狮子口里有血，跑回去背起母亲就跑。他边跑边喊：“大家快跑呀，大水来了！”人们以为他发了疯，没人理他。他背起母亲一口气跑到一个小山包上，将母亲放下休息。刚坐下，漫天的大水涌来，百里干洲一下成了大湖。后来，人们把这湖叫娘子湖。[②]

咸宁市咸安区是桂花之乡，植桂历史长达2000多年，因此流传着许多关于嫦娥的神话传说。其中有的讲述嫦娥的身世，如有个故事说嫦娥是由凤凰修炼

大冶市中秋节时扎的“拜月楼”（2007年）

① 中国民间文艺研究会湖北分会、湖北省群众艺术馆编：《湖北民间故事传说集·咸宁地区专集》，1982年，第325-326页。

② 同上，第218页。

而成的，后经佛祖点化成仙。嫦娥见山下村庄大旱，从桃花洞中打开桃花水救了当地民众，因此当地修了一个桃花观，观中供有一尊木雕的嫦娥神像，武昌、大冶的人都到观里来朝拜，相信嫦娥有灵气。还有传说讲嫦娥与后羿、孙悟空、猪八戒、吴刚、张果老等神仙界的感情纠葛，有的把嫦娥说成祸水，有的则为嫦娥鸣不平。这个奇特的嫦娥传说群，由于有神庙神像等信仰和"守月华"的习俗，可以看作是古神话在今天的新演绎。[①]

二、吴楚民间传说

吴楚地区的民间传说中，最有特色的是有关三国时期的吴国传说。

咸宁市咸安区大屋雷村是一个保存完好的传统大家族民居群，这里有一座"吴主庙"，是吴楚文化交融的典型标志。当地传说这里过去叫金城。传说三国时期孙权要把赤壁战场内的人家搬迁出去，派人考察后看中了这里山像长城，秋天满山红枫叶就像一座金山，孙权于是赐名金城，将赤壁的居民迁到此处。

在咸安、嘉鱼和江夏交界处，有个斧头湖，湖边住有黄、鲁姓二村，是吴国黄盖与鲁肃的后代。传说因黄盖火烧曹营有功，孙权将吴国的镇国金斧赐给了黄盖，黄盖之子与鲁肃女联姻，由吴王主婚。黄盖死后，其子在湖中督军操练，不慎将金斧失落水中，捞了三天三夜也未打捞起来。本来按律当灭九族，但吴王念其祖上有功，将其削职，令其带领族人在湖里世代打捞，从此他们就成了渔民，此湖就叫斧头湖了。[②]

在长江赤壁段两岸，流传着许多关于三国时期那场著名战争的传说，这些传说都已与当地风物紧密连在一起，如凤雏庵、周郎石、取箭所、子龙滩、吴主庙、丁母山等等，[③]这些传说以孙权、周瑜、陆逊、丁奉、吕蒙等东吴将帅为主人公，将许多良好的品德与卓越的智慧集中在他们身上。这与襄樊一带的传说多歌颂诸葛亮、关羽等蜀国将相，恰成鲜明对照。

除吴国传说外，与此地相关的一些著名历史人物，如李自成、岳飞、李时珍、禅宗四祖五祖，还有一些当地出生的将相名臣等等，都有不少相关传说。

---

① 参见咸宁市咸安区文联、咸宁市咸安区嫦娥文化研究会等编印：《嫦娥文化》，2009 年。

② 同上，第 6 页。

③ 这些传说文本，见中国民间文艺研究会湖北分会、湖北省群众艺术馆编：《湖北民间故事传说集 · 咸宁地区专集》，1982 年。

李自成之死在史学界众说纷纭。通山县流传的《闯王落难》等民间传说，对解决这一史学难题具有重要的史料价值。如《望闯岭》、《皇躲洞》、《落印洞》、《宝剑显灵》、《米脂人祭坟》等，[①]不仅为历史学家提供了资料，也成为姚雪垠长篇小说《李自成》的重要素材。

禅宗祖师传说是黄梅县一个富有特色的故事群，入选国家级非物质遗产名录。鄂东是禅宗的重要发源地。南朝时，禅宗初祖菩提达摩从印度到少林寺创立禅宗。唐武德三年（620年），四祖道信来到黄梅的双峰山定居，聚徒500余人，一边种田一边修禅。黄梅县现存的五祖寺，建于唐咸亨三年（672年），后世屡毁屡建。当地流传着不少禅宗祖师的传说，如说四祖降生时难产，她母亲整整痛了三天三夜，第四天来了个和尚，叫产妇面朝北方，连喊三声："孽障为何不出来？"不一会儿，果然胎儿动了起来，一个劲儿地往上拱。一直拱到右腋下，猛咬一口，从右腋钻出个胖伢来，这就是四祖。相关传说还有《四试道信》、《首次收徒》、《五祖治水》、《五祖传六祖》、《五祖殿不挂佛匾》等等。[②]

除祖师传说外，鄂东南还盛行其他各种佛教传说。一个有名的例子，是《聊斋志异》第十一卷中《汪可受》的故事，其中指出故事主人公就是"湖广黄梅汪可受"。《聊斋志异》讲，汪可受记得前世三生之事。他有一世为秀才，在寺中读书，夺了寺僧的骡驹。死后化为骡子，补偿寺僧。然后生在一农夫家，因为生而能言，父母以为怪而杀之。再托生到汪秀才家，因为上一世说话太早被弄死，就一直不说话。直到四岁，人们以为他是个哑巴。后来有次汪秀才正写文章中，被人唤走，他见了手痒，就代他父亲续完文章。汪秀才看了很奇怪，下次写一文章题目，假装外出，偷偷回来看，原来是哑儿伏在桌上写的。见父亲回来，哑儿开口说话，将三世之事都讲了。其父大喜，后来得中进士，官至大同巡抚。

汪可受实有其人，字以虚，号以峰，明万历进士。黄梅记录的汪可受传说系列，比蒲松龄书中更为曲折丰满。说汪原来是个教书的，有一天学生请他去，说父亲请他陪客。去了后，那学生的父亲对他很冷淡，对后来的那个客人却很热情。汪心中不乐，就悄悄下席回家，但走来走去，前面不是坝就是沟，没有出路。

---

① 均见中国民间文艺研究会湖北分会、湖北省群众艺术馆编：《湖北民间故事传说集·咸宁地区专集》，1982年。

② 王金海主编：《中国民间故事集成湖北卷·黄冈地区民间故事集》，中国民间文艺出版社，1989年，第185-196页。

后来看见一口水塘，他猛地一跃，结果这么一跳，就从他母亲的肚子里生出来了。原来他学生的父亲是阎王，而那客人却是当今皇帝。再后来汪的文章考中第一名，皇帝摆宴招待，觉得好像哪里见过。汪也记起，于是说："你居正来我居偏，同在一席共就餐。"皇帝补充说："今日得见爱卿面，共理朝政乐乐天。"[①]

吴楚文化圈中相关的文人传说不少，在黄梅，除明进士汪可受外，还有清进士帅承瀛。在嘉鱼县，有明进士李太清，明尚书方逢时。在阳新县，有清进士卢高。在武穴，有清进士金德嘉等人。这些当地文人传说的流行，反映了鄂东南一带民众对科举教育的特别关注。

读书人出身的机智人物中，一个有名的典型是蕲春县的陈细怪。他本名陈仰瞻，生于清嘉庆十七年，考中过太平天国的约士（相当于举人），参加过太平军，失败后潜回家乡开私塾为生。据有关研究，他的传说流传于湖北、江西和安徽交界的20多个县市，超过200多篇，其中诗词和对联故事占很大比例。[②]

传说中的机智人物中，也有不少来自底层。如生于通城爆竹岭的张十伢，以流浪帮工为生。死后埋在太平坳山脚下，坟前是条大路，来往行人不断。由于他生前聪明机智，专为穷人说话，跟权贵作对，人们路过坟前便铺上几块石头，以示怀念，所以至今留下一个满是石头的大坟堆。通山县大畈白泥乡的谭振兆，是清代人，胆子大，爱打抱不平，替穷人打官司，一共打过十三场官司，留下许多故事。大冶市的柯小杰曾专门编过一本《聪明人的故事》，收录了张衡益、柯月亮、毛家正保、石文斗、王三怀、林家癞子等当地机智人物的许多故事。[③]

在鄂东南的机智人物中，最有特色的是一个女性——钱六姐。

据《咸宁县志》、《钱氏宗谱》记载，钱六姐出生于三代官宦世家，本名钱梅窗，因排行第六，故名六姐，生于明弘治己酉年（1489），卒于明嘉靖甲辰年（1544），以对诗方式嫁河南光山县举人李宗乾为妻。《钱氏宗谱》称她"七岁能诗，名与兄齐"，"生有奇才，诗词歌赋无不通晓。"宗谱上至今保留着她的五首诗，钱家大湾还存有"六姑妆楼"等遗迹。

钱六姐故事的内容，一是与各种才子学士的吟诗答对，如《塘边诗对》、《车转

---

① 王金海主编：《中国民间故事集成湖北卷·黄冈地区民间故事集》，中国民间文艺出版社，1989年，第36-40页。

② 郑伯成编选：《湖北机智人物陈细怪研究资料专集》，中国民间文艺研究会湖北分会编印，1986年。

③ 柯小杰编：《聪明人的故事》，湖北省大冶市《铜都文化》编辑部编辑出版，1995年。

水流》、《改对联》等；二是与贪官恶霸打官司的故事，如《县太爷敲竹杠》、《告状元》、《审状元》等，钱六姐敢于替人伸冤告状元，甚至敢于女扮男装替夫坐堂审案，将状元打入死牢；三是取材于家庭生活和邻里之间的事件，如反映父女关系的《仙姑下凡》，还有反映姑嫂关系的《比嫁妆》，反映婆媳关系的故事《写寿联》，反映邻里关系的《邻里借杆》，还有反映调解民间纠纷的故事《巧断牛案》，反映助人为乐的《巧丢棒槌》。

"无诗无对不成钱六姐"这是钱六姐故事的主要特点。钱六姐故事中有诗歌类型的故事，如《巧断牛案》中钱六姐所吟的诗"两牛比角，必有强弱，活的共耕，死的共剥"；还有对联型故事，如《才子答对》中，钱六姐所出的上联"劈圆竹箍扁桶装东放西"，才子答的下联是"锯直木打弯船行南走北"。除此之外，还有的故事既用了对联也用了诗歌，如故事《夫妻对》中，丈夫曰："青天白日扛大门，不知房内藏么人？"钱六姐答曰："忽听一声狗子叫，不知门外么客到？"小两口用这种对诗的方式开玩笑，可谓是妙趣横生！再如对联，丈夫见钱六姐推磨，便出联道："村妇推磨前仆后仰磨顺转"，钱六姐见丈夫车水回来则对道："农夫车水腰曲背驼水倒流。"十分的生动形象。钱六姐的故事还具有巧女故事的特点，是众多的巧女故事在钱六姐身上的一种"箭垛式"堆积。[①]

在吴楚文化圈的传说中，值得一提的还有沈万三的传说。沈万三（1330—1376年）是明代苏州富商，富可敌国。民间有许多关于沈万三致富的传说。这些传说在鄂东南的流传，显然是以长江水道为传播渠道的。[②]

吴楚文化区中风物传说也与特定的地貌相关。如阳新县的望夫石传说，记录很早。《太平御览》卷44引南朝宋刘义庆《幽明录》："武昌阳新北山上有望夫石，状若人立。相传昔有贞妇，其夫从役，远赴国难，其妇携弱子饯送此，立望夫而化石，因以名焉。"阳新在汉高祖六年置县，名为下雉，属江夏郡，公元221年，三国时期的吴国将下雉改为阳新县，属武昌郡。望夫石传说产生很早，《淮南子》中就有大禹之妻涂山氏化石生子的传说。在全国，望夫石和望夫云的传说不下数十处。《湖北民间故事传说集·咸宁分册》中载有现代人口头传说：很久以前，一秀才进京赶考，其妻送了一程又一程。夫走后她每日站在河边盼夫归来，三年

① 参见刘民选编：《湖北女机智人物钱六姐研究》，中国民间文艺家协会湖北分会编印，1989年。

② 《沈狗儿的传说》，这些传说文本见中国民间文艺研究会湖北分会、湖北省群众艺术馆编：《湖北民间故事传说集·咸宁地区专集》，1982年，第139-142页。

不见音讯，跳河自尽。三年后，丈夫中了状元，得知妻子跳河，坐在河边痛哭，三天三夜后，河中突然浮起一块人状的石头，与他应答，男子纵身跳进河中，河中也浮起一块人状石头。这两块石头随水涨落，当地人叫它“石浮”。①

处于吴楚文化圈中的黄石市，是个以矿业为主的地方。大冶铜绿山的铜矿遗址，时间跨度有三千多年，是历代兵家必争之地。楚人因占领了这里的铜矿而实力大增。吴王孙权，唐代黄巢，宋代岳飞，明代朱洪武，清代张之洞，都在此地开矿铸兵器。当地流传许多工矿传说。

《大冶的来历》说，古代有个皇帝喜欢猜谜语，恰好武昌府进贡了一个女子，会打谜语也会讲故事。她打了个故事谜：有座大山上，一对金凤凰生了九十九个凤凰蛋，等到生一百个蛋就孵小凤凰。天上玉帝晓得了，担心一百个凤凰要一百个皇帝去配对，天下大乱，忙派雷公电母带风神雨将去捉拿这对凤凰，砸毁凤凰蛋。风神把凤凰窝吹到半天上，落下来砸得粉碎。九十九个破蛋变成了九十九个山峁，这九十九个山峁分别叫成金山银山铜山铁山锡山什么的，山下的湖也就叫金湖银湖铜湖锡湖了。后来太上李老君就扛着八卦炉，到这里来炼宝了。皇帝老子一听这故事，乐得一拍龙案，说：“我猜着了，叫大兴炉冶。可是没有这个县呀？”丞相说：“万岁爷，这是个五宝俱全之地，你就封个县嘛。”皇帝老子正在兴头上，就说：“叫大冶县。”②

《铁拐李撒金银》则说一个渔民在桥下偷听到土地神的话，知道八仙就要从桥上经过，就在桥边等候。当最后一个仙人铁拐李走到桥头时，他跳上去将铁拐李抱住不放，不断地说：“大仙，请给我一点宝贝吧。”铁拐李拿他没办法，只好拿出酒葫芦，倒出一把五色豆，然后说：“你该松手吧？”渔民刚一松手，铁拐李把这一把五色豆往天上一丢，说：“金银铜铁锡五宝俱全，你自己去取吧。”渔民四处一望，每个山峁都放出一种五色的光彩。他问：“怎么个取法呀？”铁拐李边走边应：“拿锄头去挖呀，够你子子孙孙挖的，永世挖不尽。”从此这里就有了许多矿藏。③

多水的吴楚地区，少不了龙的传说，许多风物都与龙相关。这里只举一例：

---

① 参见赵海林：《阳新望夫石考》，载李宁总主编：《黄石民间文化论文集》，长江出版社，2009年，第162-166页。

② 柯小杰主编：《大冶传说》，中国广播电视出版社，2004年，第1页。

③ 同上，第3页。

崇阳县流传着一句话：天门观的龙，许进不许出。这句话是从哪里来的呢？原来崇阳斗笠山下有座庙，庙底有个无底泉洞，洞里锁了条孽龙。这条龙本来霸占着江西的南土岭桃花潭，后来天帝派天门神收它，这龙就逃到崇阳来了，天门神在无底泉洞口插了根铁柱，将龙锁在柱上，告诉它在此喷水改过，等到铁树开花才能出来。后来人们在这里修了座天门观，在锁龙洞口的石壁上刻了10个字："天门观的龙，许进不许出。"[①]像这样将江河湖井泉等与美丽的龙宫、龙王和龙女等联系起来的风物传说，数量相当多。

吴楚风物传说中另一个特点，是与风水术相关连。崇阳的《棺材山》传说，就是一个例子。说这里有座山，远看像一口没有盖子的棺材，如果有人能葬得到风水地，就要出天子。一天，有个放牛的人，看见山顶有个石凹，刚好睡一个人。放牛的人就倒在石凹里睡起来。真怪，这人一躺下，天上便是霹雳大震，狂风大作，天空飘着一个棺材盖。这人怕自己被棺材盖来盖死，慌忙从石凹里起站出来。这人一走，雷也不响了，风也不刮了，棺材盖便落在崇阳与江西搭界的地方，变成一座小山，远看极像一个棺材盖，这座小山就叫棺盖山。有一年，有个财主死了，他家利用权势，让很多人把棺材抬到棺材山，葬在山顶。当夜，雷鸣电闪，狂风大作。第二天清早人们上山一看，发现财主的棺材被翻在外面。从此，再也就没有人想葬这棺风水了。棺材山正面有铜钟、荆竹、磨刀、古市等二十四个小山，一层一层地向着棺材山，像是低头跪拜。崇阳传有这样一首歌谣："雨洒林中树树哀，二十四孝低头拜，磨刀出来砍荆竹，铜钟鼓响闹棺材。"[②]

吴楚之地的风俗传说也很多。例如大冶的《跨火入洞房》，说大冶乡村新婚仪式上，新娘入洞房都要跨一盆火。原因是在很早以前，有个姑娘出嫁坐喜轿时，新嫁娘下轿解手，但从茅厕出来了两个新嫁娘，长得一模一样，无论怎样也分辨不出来哪个是真的。后来有老者告诉新郎母亲，在洞房门口放一盆火，结果一个新嫁娘一脚就跨了过去，另一个吓得调头就跑。从此人们就知道鬼狐精怪怕火，以后就有了洞房跨火的风俗了。[③]

---

① 中国民间文艺研究会湖北分会、湖北省群众艺术馆编：《湖北民间故事传说集·咸宁地区专集》，1982年，第255-256页。

② 同上，第254页。

③ 柯小杰主编：《大冶传说》，中国广播电视出版社，2004年，第74页。

三、吴楚民间故事

在吴楚文化圈中，不少神奇故事的类型都有异文传讲。如"青蛙丈夫"型(《绿袍小将》)、"田螺姑娘"型(《螺蛳精》)、"蛇郎"型(《蛇郎与茶花姐》)、"百鸟衣"型(《翠鸟衣》)、"两兄弟"型(《两兄弟》)、"学样失败"型(《两老庚做生意》)等等。[①]

例如流传较广的"十兄弟"型故事，已知最早的记载是明代屠本畯所撰《憨子杂俎》中的《七兄弟》。故事说：

> 古者，兄弟七人，皆绝技，曰健大一，硬颈二，长脚三，远听四，烂鼻五，宽皮六，油炒七。健大看得须弥山可列家门屏幛，担却归。上帝怒，敕丰隆翳迫之，并获硬颈二。以斧斫其颈，斧数易，而颈无恙。长脚三距海一万八千里，一日夜抵家报信。远听四早闻，偕烂鼻五赴难。西海龙王遣数千将敌之。五以鼻涕向下一掴，尽糊其将之眼。于是龙王亲征，获第六，直扯横拽，而皮不窘。获第七，叉入油气铛，炒七日七夜，而体不焦。七人者，终无成，老于牖下。[②]

吴楚之地记录的《十兄弟》，敌手不是上帝，而是人间的国王，其中的十个兄弟名字是：听事一、顶梁二、硬颈三、韧皮五、大肚六、长脚七、宽脚八、扯口九、眨眼十。[③]

吴楚地区的写实故事，最有特色的是吟诗作对故事和巧女故事。丁乃通曾指出："一个熟悉中国民间故事的人可以发现中国社会和国民性中有许多方面是其他学科的专家不太看得到的。例如，一般人通常认为中国旧社会传统上是以男性为中心，但若和其他国家相比，就可以知道中国称赞女性聪明的故事特别多，笨妻当然也有，但仅是和巧妇对比时才提到。"他的《中国民间故事类型索引》将这类故事列为第875型，著录了20世纪60年代前的221个异文。[④]上世纪80年代以来的中国民间文学普查，发现这类故事流传于30多个民族之中，可见该

---

① 相关文本参见中国民间文艺研究会湖北分会、湖北省群众艺术馆编：《湖北民间故事传说集·咸宁地区专集》，1982年。

② 《中国笔记小说名著》，第一集，世界书局(台北)，1974年。

③ 中国民间文艺研究会湖北分会、湖北省群众艺术馆编：《湖北民间故事传说集·咸宁地区专集》，1982年，第448-449页。

④ [美]丁乃通：《中国民间故事类型索引》，中国民间文艺出版社，1986年版，第25页。

故事流传之广。[①]巧女故事在湖北其他几大亚文化圈中也十分流行，如同湖北的机智人物故事特别多一样，反映了湖北人特别崇尚智慧的民风，这成为“惟楚有才”的生活基础。

类似的民风，在吴楚之地特别丰富的吟诗作对故事中也可以看出。例如在《湖北民间故事传说集・咸宁地区专集》中，“吟诗作对故事”专列一个大类，共收录45篇，而幻想故事大类中却只有35篇，可见当地民众对前者的偏爱。

前述咸宁女机智人物钱六姐，其传说就多以吟诗作对为主要内容。如《五岁吟诗》：钱六姐五岁时就能出口成章。有一次她爷对她说：“六姑，六姑，你要是明天早晨起来，再吟诗作对，我就不把饭你吃，叫你吃你作的诗。”第二天早晨，钱六姐起床把鸡笼一放，把堂屋一扫，一声不响地坐在桌边等饭吃。爷问她：“今晨起来，你做了些什么？”她说：“打扫堂前地，开放一笼鸡。分明是说话，又说我吟诗。”[②]

在民间故事中，几乎时时事事都能成为诗歌的题材。如《四妯娌》中说，四个妯娌晚上纺线到深夜，为了提精神，就以屋里一只睡着的猫为题对诗。四人的四句话联起来是：“驼子该何死？死了该何埋？挖个弯弯坑，犁辕做棺材。”偏巧她们的公公是个驼子，就到县衙告媳妇不孝。四妯娌辩解是吟诗，县老爷不信，要她们以竹为题联一首。四人又联道：“堂外一棵竹，风吹闪扭扭，今年做知县，明年做都督。”知县一高兴，说她们的公公诬告，打了四十大板。回家的路上，四妯娌又联起了诗：“媳妇前面走，公公后面骂，挨了四十板，打都打不怕。”[③]

与其他地方一样，吴楚地区也有多如牛毛的民间笑话。

总的来说，吴楚地区民间叙事的主要特点，是丰富的历史传说与人物传说，其中三国时期的吴文化有着较大的影响。矿产传说也是当地比较特殊的品种。传说中有较多关于八仙、龙王龙女龙宫的传说，这与地理上毗邻洞庭湖和鄱阳湖两大湖泊，以及有着发达的水上交通和商业有内在关联。

---

① 刘守华主编：《中国民间故事类型研究》，华中师范大学出版社，2006年，第626-627页。

② 中国民间文艺研究会湖北分会、湖北省群众艺术馆编：《湖北民间故事传说集・咸宁地区专集》，1982年，第153页。

③ 同上，第502页。

第四节　吴楚民间艺文

吴楚文化圈中的民间艺文，最流行的是民间小戏。除了闻名全世界的黄梅戏外，还有阳新采茶戏、崇阳提琴戏和武穴文曲戏等。此外，这个地区也有丰富的民间歌舞和曲艺，如渔鼓、道情和玉连环等。

一、民间小戏

鄂东南的民间戏曲有非常悠久的历史，其源头可以追溯到古代傩舞。南朝时期的《荆楚岁时记》，就记载了这样的习俗："十二月八日，为腊日。谚语：'腊鼓鸣，春草生。'村人并击细腰鼓，作金刚力士，以逐疫。"胡朴安《中国风俗志》引《颜氏蕲州志》，对明代蕲州的傩戏作了细致的描述："楚俗尚鬼，而傩尤甚。蕲有七十二家，有清潭保中潭保张王万春等名。神架锢镂金艧，制如椸。刻木为神首，被以彩绘，两袖散垂，项系杂色纷帨。或三神，或五六七八神，为一架焉。黄袍远游冠，曰唐明皇；左右赤面涂金粉金银兜鍪者三，曰太尉；高髻步摇，粉黛而丽者，曰金花小娘社婆；髯而翁者，曰社公；左骑细马，白面黄衫，如侠少者，曰马二郎。行则一人肩架，前导大纛雉尾云罕犦槊格泽等旗。曲盖鼓吹，如王公，迎神之家。男女罗拜，蚕桑疾病，皆祈问焉。其徒数十，列幛歌舞，非诗非词，长短成句，一唱众和，呜咽哀惋。随设百献，奉太尉，歌跃幢上。主人献酬三神，酢主人，主人再拜。须臾，二蛮奴，持绁盘，辟有大狮，首尾奋迅而出。奴问狮何来，一人答曰，凉州来，相与西望而泣，作思乡怀土之歌。舞毕，送神。鼓吹皆作，先立春一日，出神于匮，具仪簿，随土牛后，春分后藏焉。崇祯末无复旧观矣。"①

吴楚地区最有代表性的民间戏曲是黄梅戏。黄梅戏是在山歌、秧歌、茶歌、采茶灯、花鼓调等民间艺术基础上发展起来的民间戏曲，其发展大略有三个阶段：早期阶段是在农村年节时，用山歌、茶歌等结合旱船、龙舟民间歌舞形式，在庙会上演出、演唱，表演者皆业余爱好，纯粹是自娱自乐的性质。到了萌芽阶段，人员相对固定，形成业余或半职业的班社。内容也从山歌、茶歌、采茶灯、凤阳花

① 胡朴安：《中华全国风俗志》，上海书店，1986年，第7页。

鼓调的演唱，发展到有简单故事情节的二小戏、三小戏。这些黄梅戏班子，有的是短期的，有的是季节性的，大多没有固定班址，内部松散，人员出入自由。因表演规模不大，剧中的人物不多，所以有"七忙八不忙"之说，即一个班子如果是七个人，就紧张些，有八个人就不忙了。这两个阶段主要在农村表演。到了后期阶段，约清末民初时期，黄梅戏班从农村进入城市，兼收并蓄，开始演大本戏，于是形成职业性的表演团体，有班主，还有各种行当和舞美道具等。为了"跑码头"，还有了联系演出和管理生活的专职人员。经过长期发展，黄梅戏不断吸收了汉剧、楚剧、高腔、采茶戏、京剧等众多姐妹艺术的精华，逐渐成为一个富有特色的地方剧种。

黄梅戏的传统剧目非常丰富，其中不少取材于黄梅的真人真事，如《告经承》、《告坝费》、《大辞店》、《过界岭》等，表现了小戏与地方文化的血缘联系。据说黄梅戏有 200 多个戏本，俗称"大本三十六、小曲七十二"。

黄梅戏剧照

根据《中国戏曲网》的介绍，黄梅戏的三十六本大戏是：1.《天仙配》(又名《董永卖身》、《七姐下凡》、《槐荫记》)；2—4.《张朝宗告经承》(又名《张朝宗告漕》)上、中、下三本；5.《鹦哥记》；6.《金钗记》；7.《卖花记》；8.《乌金记》；9.《吐绒记》；10.《牌环记》(又名《拷打红梅》、《红梅装疯》)；11.《鸡血记》(又名《血衣记》)；12.《赶子图》；13—14.《绣花针》(又名《绣水桥逃难》)上、下本；15—16.《罗帕记》上、下本；17.《锁阳城》；18.《桂花树》(又名《绣鞋记》、《曹正榜逃难》)；19.《荞麦记》

（又名《三女图》）；20.《破镜圆》（又名《双合镜》）；21.《珍珠塔》（又名《方卿借银》）；22.《毛宏记》（又名《两世缘》、《毛宏写退》）；23.《胭毡记》（又名《胭毡褶》、《岳州渡》）；24.《白扇记》（又名《鱼网会母》）；25.《清官册》（又名《葡萄渡》、《大清官》、《于成龙私访》）；26.《山伯访友》（又名《上天台》）；27.《下天台》（《山伯访友》的下部）；28.《铁笼山》（又名《三宝记》、《二龙山》）；29.《罗裙记》；30.《菜刀记》（又名《蔡鸣凤辞店》）；31.《凤凰记》（又名《张孝打凤》）；32.《白布楼》；33.《血掌记》；34.《罗裙宝》；35.《青风岭》（又名《杜氏卖身》）；36.《葵花井》。

《中国戏曲网》所介绍的黄梅戏七十二出小戏是：1.《报灾》；2.《官棚打斗》；3.《李益借银》；4.《李益卖女》；5.《逃水荒》；6.《冯氏劝告》；7.《于老四拜年》；8.《二姑娘观灯》；9.《赶会》；10.《吃醋》；11.《反情》；12.《双想》；13.《过界岭》；14.《张二女自叹》；15.《于老四打瓜》；16.《于老四充军》；17.《姑嫂望郎》；18.《小和尚挖茶》；19.《劝细姑》；20.《讨嫁妆》；21.《张三请菩萨》；22.《下南京》；23.《撇芥菜》；24.《张德和休妻》；25.《打猪草》；26.《夫妻观灯》；27.《蓝桥汲水》；28.《送绫罗》；29.《绣荷包》；30.《送表妹》；31.《卖棉纱》；32.《王小二卖鞋》；33.《种大麦》；34.《懒烧锅》；35.《钓蛤蟆》；36.《闹黄府》；37.《叶武辞院》；38.《吴三宝游春》；39.《毛之才滚烛》；40.《张监生调情》；41.《张先生邀学》；42.《打花魁》；43.《李广大过门》；44.《杨二女起解》；45.《胡彦昌辞店》；46.《余文榜私访》；47.《苦媳妇自叹》；48.《郭素贞自叹》；49.《烟花女自叹》；50.《砂子岗》；51.《杨驼讨亲》；52.《补碗》；53.《染围裙》；54.《痛姐坐院》；55.《水阁亭》；56.《青龙山赶会》；57.《卖大蒜》；58.《汪氏劝夫》；59.《赶春桃》；60.《补背褡》；61.《卖大布》；62.《讨学钱》；63.《登舟找子》；64.《罗凤英拣柴》；65.《卖花篮》；66.《郭华买胭脂》；67.《湘子化斋》；68.《三字经》；69.《王婆骂鸡》；70.《聂汝拣柴》；71.《乾隆游苏州》；72.《剜木瓢》。[①]

黄梅戏的大戏，主要表现人民对贫富悬殊的不满和对自由美好生活的向往，如《天仙配》、《荞麦记》、《张朝宗告漕》等。小戏主要表现农村生活片段，如《点大麦》、《纺棉纱》、《逃水荒》等。这些戏本中，有不少与楚剧和鄂东花鼓戏相重叠，是地方小戏间的相互借鉴与学习的结果。黄梅戏中，民间小戏多清新活泼，如《夫妻观灯》、《打猪草》等，富有生活情趣，少有大戏本中的那些封建道德说教，更

① 中国戏曲网：http://www.chinaopera.net/html/2006-10/422.html

具有现代价值和传承意义。

列入国家级非物质文化遗产名录的阳新采茶戏，是流传于湖北的通山、阳新富河以南一带，以及赣北地区的武宁、瑞昌和德安等地的一种民间小戏，旧称南河腔。在阳新民间，每年正月十五都盛行“玩花灯”，玩灯者将采茶歌和田间锣鼓融合民间小调即景演唱。这种“花灯调”就是阳新采茶戏的早期雏形。阳新采茶戏的形成时间不晚于清道光年间，现存传统剧目100多出，多与黄梅戏、楚剧、汉剧等戏的剧目相同。主要传统剧目有《双撇笋》、《乌金记》、《白兔记》、《闯王杀亲》、《李广大》、《闹瓜园》、《张德和》、《於老四与张二妹》、《张三赶妻》、《赶工》等。[①]

列入省级非物质文化遗产名录的文曲戏，起源于一种在鄂东称为“调儿”的丝弦小曲。流行于鄂、皖、赣三省毗邻地区，湖北主要是太白湖区畔的武穴和黄梅两县。江西称清音、江北文词，安徽称文南词、儿家腔，湖北称文词、曲子。在“十年九不收”的太白湖区，人们在灾年时带上胡琴、木梆等工具，沿途卖唱“调儿”求乞。清末民初时，文词由曲艺发展为小戏，出现装扮男女分角演唱的形式。1912年，卖唱艺人王元林和闵金保共同组班，由盲艺人王瞎尔教唱，开始用化妆教唱的形式，以“三小”(小生、小旦、小丑)行当为主，演一些家庭生活小戏。传统的代表剧目，大戏有《王金龙嫖院》、《宋江杀惜》、《云楼会》、《庄子试妻》、《翠屏山》等不多的几本，小戏有《点药》、《金莲调叔》、《借衣》、《双下山》、《追舟》等三十多曲，还有文词坐唱和灯舞形式的演唱曲目，如《手扶栏杆》、《白牡丹》、《满江红》、《垂金扇》等。[②]

被列入国家第二批非物质文化遗产名录的提琴戏，主要流行于通城、崇阳两县，其渊源出自湖南的临湘花鼓戏，是以岳阳花鼓戏“琴腔”为主调，融合长沙花鼓戏部分腔调和曲牌，以及通城、崇阳的山歌、夜歌、民间道教音乐等形成的一个地方小戏。提琴戏的传统剧目有120多个，其中家庭戏多，唱功戏多，戏文内容大多取材于民间生活和神话传说。大剧目有：《七姐下凡》、《母女讨饭》、《慈母泪》、《三子争父》、《赶春桃》、《双合莲》、《耳环记》、《张广大上寿》、《刘海砍樵》、《卖茂郎》、《二姐下凡》、《朱买臣卖柴》、《金钗冤》、《韩湘子》等。小剧目则有《补缸》、《讨学钱》、《药板凳》、《胡大回门》等。与上面介绍的小戏不同，提琴戏的背

① 湖北省非物质文化遗产保护中心编印：《湖北省非物质文化遗产资源目录》，2008年，第412页。

② 参见百度所载《申遗报告》和湖北省非物质文化遗产保护中心编印：《湖北省非物质文化遗产资源目录》，2008年，第419页。

景是湖湘文化而非吴楚文化。

二、民间说唱

吴楚地区的民间说唱形式,主要是渔鼓、道情和玉连环等。

鄂东南阳新、大冶、咸宁、通山等地,流行一种很有特色的“哦嗬腔渔鼓”,其名以唱腔衬词“哦嗬”而得名。有研究者认为,它是由江西传入阳新,受鄂语声韵及当地的高腔山歌、灯调、道教音乐、插田锣鼓等民间音乐的影响,逐渐演化形成的。哦嗬腔渔鼓最初也是穷苦百姓为逃水荒、乞食谋生的一种手段,一般在宴席、茶馆、村落间演唱,艺人收入微薄,地位低贱。约在清末,一些流散艺人经常三五相约为伍,以乡村为基地,各自拉场,出现了半职业的演唱班子。其演唱形式是一领众和,夹说夹唱,一般坐唱为主,以渔鼓和云阳板伴奏。久而久之,一些庄稼汉也学会了演唱。每逢夏日纳凉、冬天烤火,村头巷尾,人们聚坐自我娱乐而唱。哦嗬腔渔鼓有几十种传统曲目,如《渔网会》、《卖水记》、《天仙配》、《西游记》、《梁山好汉》、《封神演义》等等,有的是长篇书目,也有短篇小曲,如《十二月》、《十二想》等。1930 年,哦嗬腔渔鼓艺人曾与龙港道情艺人擂台竞技,给哦嗬腔渔鼓以深远影响。①

在大冶、鄂州、阳新、咸宁和武昌,还流行高腔渔鼓,据称有 200 多年历史。最早的表演形式是单人演唱,左手抱渔鼓筒打云板,右手击鼓。高腔渔鼓传统曲目很多,达 300 多个,题材广泛,长、中、短篇皆有。传统段子有《韩湘子化斋》、《吕蒙正赶斋》、《杨二女撇菜》、《王老六吃醋》等等。②

在阳新县富河南岸的龙港、洋港、后山、排市、大德及通山县的洪港、燕厦等操赣语的地区,还流行龙港道情。长期以来,龙港道情与流传在阳新富河以北操鄂语的哦嗬腔渔鼓相对峙。据说这两个同类曲种的艺人经常在一起打擂比赛,以显示自己的艺术功力。但由于道情的宗教劝善内容所限,其传统曲目相对较少些,除灾荒年沿门乞唱之外,只能在婚丧场合演唱。③

我们来看看道情的演唱形式:

---

① 湖北省非物质文化遗产保护中心编印:《湖北省非物质文化遗产资源目录》,2008 年,第 461 页。
② 同上,第 458 页。
③ 同上,第 465 页。

对面山上(南无)
一只鹅(南无)
口含青草(南无)
念弥陀(南无)
畜牲也有(南无)
修行路(南无)
人不修行(南无)
怎奈何(阿弥陀)[①]

总而言之,吴楚文化圈的民间艺文,除大量传统戏文外,还有众多的民间曲艺,在许多民间歌舞活动中,也有许多是有唱词的。这些戏文和唱词,是研究这个地区民间生活的极佳文本,等待着有志者的挖掘和研究。

① 朱葆和等编:《中国民间文学全书·湖北省·武穴市民间歌谣》,中国文联出版社,2007年,第117页。

第七章 晋楚民间文学

第一节 概 述

晋楚文化圈的范围，并非仅仅指春秋战国时期晋国与楚国的势力交接处，而是泛指中原文化与楚文化的交汇地带。这个地带沿整个湖北北部和东部省界延展，构成了几个不同的次级文化区：以襄阳为中心的南襄盆地文化区，以随州为中心的大洪山文化区，以大悟、红安、麻城、罗田、英山为一条线的大别山脉。南襄盆地西部的武当山、随州的厉山、大别山南麓的黄冈地区几县，是晋楚文化的典型代表。

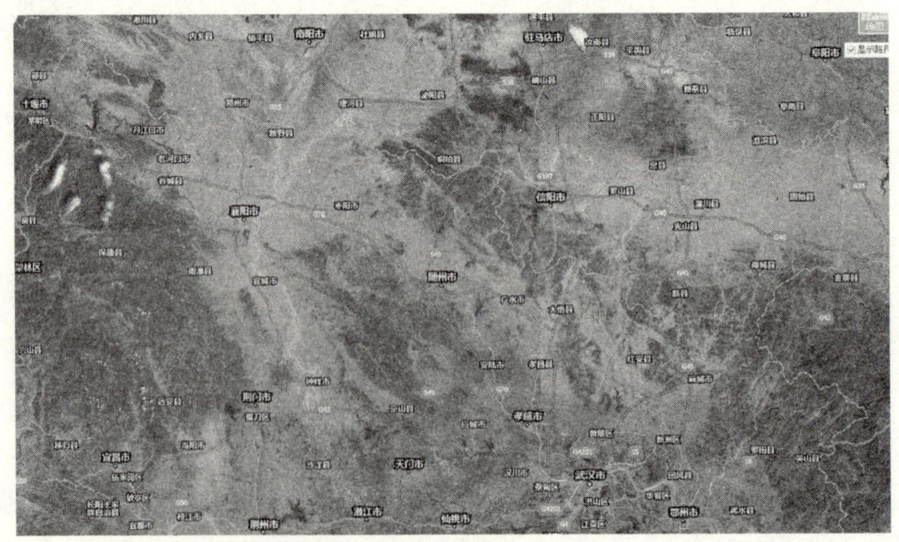

晋楚文化圈地貌

从今天的行政区划看，晋楚文化圈的范围包括河南的南阳市、信阳市，安徽省的六安市，在湖北境内主要集中于今十堰市的丹江口市、郧县，襄阳地区的襄樊、老河口、枣阳、宜城、谷城、保康等县市，随州地区的随州市和广水县，孝感地区的大悟县，黄冈地区的黄州、红安、麻城、罗田、英山等县市。方言多属于西南官话鄂北片和江淮官话黄孝片。

湖北省地处中部，是中国南北文化交汇的通道。春秋时期，楚国、晋国分别位于中原地区南北。西周时，楚国已扩展至大别山南、长江以北地区和长江中游的鄂地（今鄂州、黄石一带）。春秋初期，楚国实力不断增强，吞并了权、罗、卢、占、邓、申、息等小国，占有江汉流域及其以南广大地区。当楚国北向中原扩展时，其攻势受到中原霸主齐桓公的遏制，订立召陵之盟后各自退兵。楚转向东方吞并了弦、黄、英等小国。齐桓公死后，楚再度向中原扩展，在泓水之战中击败宋襄公。当时中原各国相继附楚。周襄王十九年（前633年），楚联合陈、蔡、郑、许四国攻宋。晋文公率军援宋，在城濮之战中击败楚军，成为中原霸主。晋楚两国在中原地区对峙。周定王十年（前597年），楚围郑，晋来援，双方大战于邲（今河南荥阳东北），楚军获胜。周简王十一年（前575年），晋军攻郑时与援郑楚军遭遇，在鄢陵（今河南鄢陵西北）又重创楚军。此后双方采取制衡战略，楚联秦制晋，晋联吴制楚，双方在中原势均力敌。公元前546年，晋楚在宋国举行了"弭兵之会"，晋楚争霸战争以两强并霸中原而告终。

楚晋两国在中原地区的拉锯战，是中国南北文化的一次大规模碰撞。此后，以襄阳—南阳为中心的中国南北陆上干道，成为中国南北文化交流的枢杻，发生了许多重大的战争与移民事件。特别是三国时期，襄阳樊城是魏蜀吴三家竞争的焦点，上演了许多故事，涌现了诸葛亮、徐庶、庞统、司马徽等众多著名历史人物。唐代安史之乱，北方涌入襄阳、荆州、鄂州的移民数量惊人。如《元和郡县志》中，襄州元和户数比天宝户数增加120%，鄂州增加100%，增长率分居各州第一、第二位，可见移民数量之大。后来襄阳成为战场，移民又向更南的荆湘一带迁徙。宋代靖康之乱时，为避刀兵，中原人民大量南迁。如绍兴十年（1140年），岳飞自中原南归，大量百姓随他南迁，被安置在汉水中下游地区。[①]像这样由北向南的移民运动，历代一直没有停歇，只不过规模时大时小而已。移民史在

① 见《宋史》卷365《岳飞传》。

民间传说中也有反映，例如在今武当山一带，就仍流传着均州人都来自山西大槐树的传说。①

地处长江流域和淮河流域交汇地带的随州，是南北文化交汇的又一个重要节点。随州北与河南省南阳、信阳二市毗邻，南与江汉平原的京山县、钟祥市相连，是黄河流域和长江流域的交接地带，也是南北交通的重要走廊。随州北面的桐柏山是淮河的发源地，也是江淮两大水系的分界线、河南和湖北两省的交接地。随州南面的大洪山，与宽阔的江汉平原相连接。桐柏山和大洪山之间的狭长平原，称为随枣走廊，是古今南北交通的干线。传说华夏始祖炎帝神农的诞生地，就在随州的厉山。随州出土的曾侯乙编钟是世界级"编钟王"，是中国古代音乐文化的杰出代表。

在鄂东北，还有一个楚文化与中原文化相交接的地区——大别山区。大别山位于安徽、湖北、河南三省交界处，地处南京和武汉的正中间，是江汉平原与长江下游平原的区隔地。每逢兵荒马乱或饥馑荒年，三省民众就会避入山中，人口和文化自然交流。笔者家乡麻城市正好处于大别山区，故乡颇多跨省婚姻，语言和习俗也相交杂。

鄂东北的行政中心为黄州市，在唐虞夏商时期归属荆州之域。周为弦国，春秋时并入楚国。秦人设置衡山郡。汉改置江夏郡，三国时先属魏，后属吴。孙吴将其设为蕲春郡，唐代属淮南道，宋代属淮南西路，明代划归湖广省。从这些行政归属的变更，也可看出此地为几个不同亚文化圈的交叉之地。黄冈市市长刘雪荣将黄州的历史文化归纳为"两属十归、两州分合、四戏两祖、八进两出、千六名人、六千遗址、十六大战、十六城池"。"两属"指黄州既是荆楚文化与吴越文化的交汇地，也是中原文化与南方文化的交汇地。从历史上看，春秋战国时黄州是楚越争战地，三国时是吴魏争战地，南北朝时先属南朝后属北朝。"十归"是战乱时曾分属 10 个不同国家。"两州"是蕲州与黄州，明洪武十一年（1378 年）前分治，之后合为一州。"四戏"指楚剧、汉剧、京剧和黄梅戏，这四戏的源头中都有黄冈的元素。"两祖"是佛教禅宗的四祖寺和五祖寺，"八进两出"是黄州的移民史，"八进"是历代从山东、巴山、川东、河南、江西等地向黄州的移民，"两出"是元末

① 《解手》，载郧阳地区民间文学集成办公室、郧阳地区群众艺术馆编：《中国民间故事集成湖北卷 · 郧阳地区民间故事集》，1988 年，第 420 页。

明初、清初的两次大规模"湖广填四川"。在这场移民潮中,位于大别山麓的麻城孝感乡,是中国古代"八大移民发源地"之一。"波澜壮阔的移民史就好比一条历史的长河,江西在上游,四川在下游,麻城是一个中转站、大本营。孝感乡不在现在的孝感市,而是麻城古代的一个乡。"[①]从这位市长对鄂东地区的归纳,可以看出这里是一个多元文化荟萃之地。其中,除前面涉及的吴楚文化交汇外,还有"晋楚",即中原文化与南方文化的交汇。

在东南西北几种不同文化的交汇中,湖北的第三个中心城市——武汉市繁荣起来。我们知道,春秋战国时期,湖北的中心城市是江陵,汉代以后,襄阳成为新的经济文化中心,南宋以后,首都南迁,占有江汉水路之便的夏口(今武昌),逐渐超过江陵和襄阳,成为湖北的政治经济文化中心。元代时武汉成为湖广行省所在地,明代以其管辖湖北湖南两省,成为整个长江中游的政治经济文化中心。自然,武汉市也成为南方文化与北方文化交汇融合之地。

晋楚文化圈与湖北其他亚文化圈一样,也有着悠久的民间文艺活动。《诗经》中的"二南",据《韩诗外传》解,是在南阳、南郡之间。南阳,今名仍旧;南郡,在今荆州一带。可见南阳、襄阳、荆州一带,歌谣活动的历史非常久远。北宋时,苏东坡谪居黄州。他说:"余来黄州,闻黄人二三月皆群聚讴歌,其词固不可分,而其音亦不中律吕,但宛转其声,往返高下,如鸡鸣耳。"[②]可见黄州有"群聚讴歌"的传统。明代中期,黄冈人王同轨的笔记小说集《耳谈》,全书 15 卷共 546 篇,记录了大量的当时人们所传讲的民间故事和轶闻异事,后世的"三言"、"二拍"、《聊斋志异》等,都深受其影响。

晋楚文化圈列入国家非物质文化遗产代表作名录的民间文艺项目,有炎帝神农传说、《黑暗传》、伍家沟民间故事、吕家河民歌、老河口丝弦、随州花鼓、麻城东路子花鼓、武当神戏、武当山宫观道乐、薅草锣鼓等。列入省级名录的有:随州打锣鼓、义阳大鼓、武当山的传说、均州吹打乐、十八老子的故事、麻城花挑、罗田畈腔、英山采茶戏、苏东坡传说、杨涟传说、大洪山民歌、吹打乐、火居道音乐、皮影戏等等。

晋楚文化圈的民间文艺,带有南北文化融合的特点,既有南方的秀丽,又有

① 刘雪荣:《千年黄州》,见 http://www.hgjjjc.gov.cn/Item/782.aspx

② 见《东坡志林》。

北方的雄浑。汉剧的主要声腔“二黄”和“西皮”，就是这两种风格的典型代表。靠近中原的襄阳、随州，其文化更多北方成分，而接近江西、安徽的黄州，更具南方文化色彩。在鄂北，武当山的宗教文化成为荆楚文化与中原文化汇合的一个焦点。这里发现的伍家沟故事村、吕家河民歌村，均以民间文学蕴藏的丰富而享誉全国。

第二节　晋楚民间歌谣

晋楚文化圈的民间歌谣极为丰富。以笔者所见到的资料来看，鄂豫陕边界不远的武当山区、鄂豫皖交界处的大别山区，歌谣活动都曾经非常发达，富有特色。

在中国宗教文化史上，武当山是一个极重要的地区。公元1412年，永乐皇帝下旨大修武当山，当时有来自全国各地的30万能工巧匠，在武当山修建宫观庙宇达13年之久。此后，每年来武当山进香的上百万人，把全国各地的民歌带到了武当山，在山区广泛传播和传承。今天，这里仍然保存着大量传统歌谣。其中，地处武当山南神道官山镇的吕家河民歌村，就是一个典型代表。

吕家河村的发现者是六里坪镇文化馆的李征康，[①]后来湖北汽车工业大学的屈崇丽、徐永安等教授，与李征康一起对吕家河村民歌进行了非常细致的调查和整理，出版了《武当山吕家河村民歌集》，将这个村的民歌传承情况相当完整地记录了下来。

根据该书介绍：吕家河村占地18平方公里，有5个村民小组，共182户749人，其中会唱2小时以上民歌的歌手85人，占总人口的11.3%，有4人能唱千首民歌。吕家河民歌的内容大致分为三类：阴歌、阳歌、民间叙事诗。阴歌也称孝歌、丧歌、待尸歌，是专为人们办丧事而在夜间唱的歌，也称“夜锣鼓”。除阴歌外的歌都叫“阳歌”，如喜庆歌、灯歌、劝酒歌、祝寿歌、劳动歌、儿歌、谜语歌、牧童战歌等。在日常生活中，歌师可根据不同场面，不同风俗，唱不同的歌。[②]

① 笔者是最早参与调研吕家河村的学者之一，考察时写的文章收在后面的“采风”一章。
② 李征康、屈崇丽主编：《武当山吕家河村民歌集》，学苑出版社，2003年，第17页。

吕家河村委会

根据笔者的现场考察及对神农架和相关地区民歌情况的了解，吕家河村的阴歌，属于秦巴谷地的丧歌系统，是神农架“打待尸”风俗中的重要组成部分。这个风俗在前面已有详述。吕家河村离神农架林区的房县不远，民间歌手常有交流，风俗也近似。而阳歌的情况则复杂得多，一是因为有武当山这个道教圣地，二是与中原等文化中心地带有更多的交流。

武当山民歌中有许多充满了道教色彩。如：“锣鼓一打喜洋洋，好似永乐修武当，修的武当高万丈，金椽子、金瓦、金过梁，金香炉搁在金桌上，祖师爷金身金晃晃。外国王子来朝拜，五湖四海把名扬。”[①]“提起一本东游记，东游祖师修行去，他本是朱家后代子。他有七辈真天子，还有八辈状元身，看破红尘花世界，一心武当山上去修行，前有乌鸦把路带，后有黑虎把路分，武当山上得了道，五百哭官随后跟，南岩空中舍金身，五龙捧圣坐金顶。”“昔日有个楚霸王，净乐身子永乐像。洪武当年把牛放，他是七辈真天子，他是八辈状元郎，封他大官他不做，封他小官他不想，一心上山修武当，修了三年闷得慌，闷闷沉沉转回乡。一走走到磨针井，观音显圣在路旁，手掂百斤大铁杵，老母开言说比方，太子你是听，铁杵磨绣针，不怕人多磨，功到自然成。南岩空中舍金身，五龙捧圣坐金顶。”[②]还有盘歌形式的，如：“喜连天，笑连天，叫声歌师听我言，三人来唱武当山。来到武当上金

① 李征康、屈崇丽主编：《武当山吕家河村民歌集》，学苑出版社，2003年，第193-4页。

② 同上，第447页。

顶,我向歌师问路程。几天晴,几天阴?几天走到南天门?南天门内几座殿?殿内又有几尊神?什么神仙当堂坐?什么神仙两边分?什么神仙呆着脸?什么神仙瞪眼睛?谁与我盘歌来表清,鼓上拜他为先生。喜连天来笑连天,乍叫歌师听我言,二人来唱武当山。三天晴,三天阴,三天走到南天门。南天门内鎏金殿,金殿敬着五尊神,真武祖师当堂坐,执旗捧剑两边分。周公神仙呆着脸,桃花神仙瞪眼睛。与你盘歌表分明,看你还提武当哪段情?"①

采访吕家河的村民歌会

据有关史料:武当山上的庙宇从唐朝贞观年间就开始建设,宋代时已有相当规模。元朝皇帝认为自己来自北方,武当主神真武大帝是北方战神,定会保佑自己坐稳龙位,便大建武当山。到明代,永乐皇帝更认为是真武神帮他取得了天下,便征集全国能工巧匠在武当山修建了九宫八观三十六庵堂七十二崖庙,从汉江之畔的净乐宫到天柱峰金顶的140华里神道上,五里一庵,十里一宫,处处红墙碧瓦,宗教活动在皇家的推动下达到了鼎盛时期。在后来的几百年中,乃至于直到今天,武当山香火旺盛,来自各地的进香客络绎不绝,当地民歌受到浓厚宗教氛围的熏染,自然打上了道教文化的印记。

宗教观念的普及,在民间信仰中处处都显现出来。"劝善歌"就是宗教观念向民间传播的最常见的途径。如:"人生好比一盏灯,一时暗来一时明,忽然一口

① 李征康编:《吕家河村武当民歌歌词》,中共丹江口市委宣传部、丹江口市文化局编印,第14页。

来吹熄，灯花落地影无形。”还有《人生好比一只虎》、《人生好比瓦上霜》、《人生好比一店客》、《人生好比一座楼》、《人生好比一文钱》、《人生好比一座桥》等等，形成了一种颇具特色的系列。在这样的宗教观念影响下，当吃斋行善人看到别人在杀家禽或其他动物时，心中会默念一种《杀天咒》：“天灵灵，地灵灵，他人起了杀你心。他人杀你难得救，愿你早早去托身。”有时看到别人打鱼，也会念《放鱼咒》：“一网撒，两网撒，河里鱼都钻沙，若有一个不钻沙，四个龙王都在家。”人们认为，默念此咒，钓鱼者就无上钩之鱼，相当于放生行善。[1]还有《一物降一物》这样的醒世之歌：

> 昔日螳螂去捕蝉，偶遇黄雀把路拦；黄雀又被弹打死，打弹的又被猛虎缠；猛虎得食回家转，偶遇枯井把路拦；猛虎枯井丧了命，枯井又被黄沙漫；黄沙上面长青草，青草又被老牛馋；老牛又被人杀死，杀牛的又被小鬼栓。小鬼拉到阎王殿，阎王打坐阴阎殿，一道圣旨往下传，他把小鬼压后山，这才叫：仇报仇来冤报冤。[2]

吕家河村民歌除了宗教特色鲜明外，还有一个特点就是丰富性，有许多曲调来自全国其他地方。音乐工作者发现，当地民歌中有大量外来音乐曲调，主要是小调。如明末清初广泛流行于我国北方的《剪剪花》，还有各类《闹五更》以及《打牙牌》、《调兵》、《倒贴》、《单探妹》、《十八摸》等曲目。另一些歌曲明显具有陕西秦腔、河南豫剧唱腔的风格，慷慨激昂。如《四平腔》、《武腔》、《早八叉》、《绣香袋》等曲目，体现西北和中原音乐的风采。江南小调的影响也很突出。如《孟姜女》一曲基本上照搬江南小调《孟姜女春调》的曲调，而《十绣》、《四季歌》等曲调则来自于黄冈地区。这样丰富的音乐元素集中在一个山村，个中缘由只有了解了当地复杂的历史地理原因，才能得到解释。从历史看，当年修建武当山的过程中，全国各地民工集中于此，带来了各地的民歌，而当时妓院云集，私情歌当然也就流行起来。武当山地处鄂、豫、陕交界处，三省民歌文化在这里碰撞沉淀，也是必然的事。

吕家河村民歌不过是武当山地区民歌盛行的一个缩影。2001年，徐永安、屈崇丽等学者深入调查了另一个名叫田家畈的村子，集中于其中一个姓范的家

---

① 李征康、屈崇丽主编：《武当山吕家河村民歌集》，学苑出版社，2003年，第221页。

② 同上，第208页。

族。这个范氏家族的成员共有35户105人,其中三分之一会唱民歌和讲故事。经研究,这个家族从河南省南阳地区迁入,他们是带着民歌进入武当山区的移民。在《一个口传文学家族——武当山田畈村范氏家族的调查研究》一书中所附的民歌清单中,有8人演唱了541首,可见民歌蕴藏量之大。[①]

武当山民歌还有一个显著的特点是幽默风趣。如《尿床王》:"吃罢饭,上后岗,遇见个大嫂泪汪汪。大嫂说她命不强,嫁了个女婿好尿床。一更里尿湿了红绫被,二更里尿湿了象牙床,三更里尿湿了鸳鸯枕,四更里尿湿了嫂背梁。大嫂拿着绣鞋去打他,他把大嫂喊亲娘。亲娘亲姐叫不停,叫得大嫂心发慌。亲娘亲姐你不要打,我也知道尿不得床。我尿床,有来历,听我给你说端详:只因为我成天好尿床,床底下尿了个养鱼塘,隔壁有一个打鱼佬,到鱼塘里面打几网,打了个蚂虾会算命,琴弦背在它身上;打了个乌龟会染匠,靛角子糊在它身上;打了个脚鱼会阴阳,罗盘背在背梁上;打了个螃蟹会铁匠,钳子掌在它手上;打了个鲤鱼七八尺,塘中发水冲倒老龙王。老龙王一见去告状,一状告到张玉皇。张玉皇,观奏章,封我是个尿床王。说得大嫂真发愣,想不到尿床还封王,今后吃饭光喝汤,全家老少学尿床。"还有《光棍记》:"火炮一打颤索索,一街两巷笑哈哈,笑的我光棍红了脸,不是笑我笑哪个?一来笑我没钱讨,二来笑我没老婆,有哪一日赢了钱,说他七八上十个。碾道房,安两个,筛的筛来掂得掂。磨道里安两个,推的推来箩的箩。堂屋里安两个,给我装烟倒茶喝。厨房里安两个,她给我杀鸡烙油馍。里屋里安两个,他给我铺床叠被褥。还有两个无处安,放她上坡捡柴烧灶火。我光棍说了七八上十个,你看我老婆多不多,半夜想起来去摸一摸,一摸全都是公家伙。"[②]

由于修建武当山时,山下老营开了不少妓院,故不少私情歌得以流传。《一个口传文学家族》中这样描述:

> 这些歌和前面提到的一些私情歌,都具有离经叛道的鲜明色彩,表现了山野民间对封建礼教的蔑视。我们来看几位女歌手唱的《新媳妇闹五更》:"一更鼓儿天,一更鼓儿天,新来的新媳妇面惭惭,面惭惭没见过丈夫面。小奴家一十八,丈夫一九零,先脱绣鞋后拽裹脚,吹灭

---

① 徐永安、屈崇丽主编:《一个口传文学家族——武当山田畈村范氏家族的调查研究》,长江文艺出版社,2003年。

② 李征康、屈崇丽主编:《武当山吕家河村民歌集》,学苑出版社,2003年,第186、187页。

小明灯才把绣衣脱。二更鼓儿多，二更鼓儿多，小情哥上来就把奴来摸，奴不肯强把奴按着。叫郎好狠心，好一似猛虎上了奴的身，头三阵吓掉奴的魂。三更鼓儿催，三更鼓儿催，小奴家今年我一十八岁，一十八岁没吃过这大亏。嫂嫂淌眼泪，嫂嫂说过的，再过三年谁也不怕谁，只有使坏牛哪有犁坏地。四更鼓儿摸，四更鼓儿摸，情郎哥他在房中睡醒了，再玩第二火。小郎开言音，姐儿你使劲，我求儿郎你求子孙，你怕疼把牙来咬紧。五更东方白，口叫声情郎哥你快快起来，再不起来就把我腿压掰。"经过以后多次下乡调查，我发现如果村民们不是为了给客人而是自己演唱这类歌时，对于唱者和听者，一切都是那么正常，甚至对一些描述性更加露骨和直白的歌词，大家也不过是哈哈一笑，开心一乐而已。[①]

武当山一带丧俗中要请歌师来"打待尸"，彻夜唱歌，被称为"阴歌"，其中内容十分丰富。比较有特点的，除了在秦巴民歌一节中提到的"翻田埂"外，还有大量长篇叙事歌。2008年由陈连山和李征康共同主编的《武当山南神道民间叙事诗集》，共收录32篇，其中主要篇目有《黑暗混沌千百嚼》、《还魂记》、《单身记》、《梁山伯与祝英台阴阳相会》、《罗成全集》、《罗通报仇》、《玉堂春》、《滴血记》、《五美图》、《德保放牛》、《双花记》、《金镯玉环记》、《杜季兰哭监》、《秦雪梅吊孝》、《秦香莲》等等，揭开了这类民间长歌的一角。这些歌有的来自民间私印的唱本，有的是歌师的手抄本，有的是直接从歌师口中实录下来的，显示它们有着不同的传承渠道。目前，学界对这些传统长篇叙事歌还甚少研究。

武当山脉地处湖北西北，大别山脉则在湖北东南，两个山脉恰成犄角之势，都有发达的民歌传统。不过，大别山民歌与武当山民歌相较，又有着完全不同的风格。如果说武当山民歌更具北方的豪放，那么大别山民歌就更显南方的婉约；如果说武当山民歌充满了宗教圣地的神秘感，那么大别山民歌就洋溢着民间生活的世俗情趣；如果把武当山民歌比做一个壮健的小伙，那么大别山民歌更像一个活泼的村姑。

笔者的家乡麻城市地处大别山麓，那里的民歌曾经十分繁荣。1958年，武

---

① 徐永安、屈崇丽主编：《一个口传文学家族——武当山田畈村范氏家族的调查研究》，长江文艺出版社，2003年，第6页。

汉音乐学院的师生们到麻城采风，记录了许多民间歌谣，汇集刻为一本。1982年，笔者在家乡采风，听到许多乡亲（多在50岁以上）还能唱这些歌，不过常常记不全歌词了。有首歌谣，我当时听了一遍就再也不能忘记：

情姐脸上一脸麻，
出门就把粉来搽。
叫声情姐莫搽粉，
虽说脸麻心不麻，
情人眼里麻是花。

后来我发现这首歌在大别山区其他县也广泛流传，如英山县是"姐儿生得一脸麻，出门就把粉来搽。叫声姐儿莫搽粉，脸上有麻心不麻，一点麻子上朵花。"

大别山区最流行的一种情歌叫《三百六十调》，其实调子只一个，但可以把无数的五句子歌都装在里面。如："姐在稻场打连场，郎在田里薅黄秧，郎薅三棵来瞄姐，姐打三下来瞄郎，下下打的空连场。""姐在河中汏白缥，过路大哥捉我瞄，有事瞄我犹是可，无事瞄我命难逃，不成火病成寒痨。""打锣要打苏州锣，恋爱要恋两叔婆，倘若大娘得罪了，又有二婆来解和，不怕谣言嘴又多。""心肝肉儿我的他，我心有你也有他，鸳鸯谷儿两样酒，紫荆树儿两样花，舍不得你来舍不得他。""细细雨儿细细淋，细细大姐爱死人，白天叫我她家坐，夜晚叫我守大门，要死大姐该发瘟。""鸡公打架为鸡婆，群狗打架是起窝，猪多打架争食吃，夫妻打架为野婆，情妹打架为情哥。"[①]这些情歌皆朴素直白，情感自然，直抒胸臆，是人类本能的一种率真表露。其中的比兴与想象，往往令人叫绝。

大别山民歌有一种非常明显的模式化倾向。如常常采用"十"的结构，有《十杯酒》、《叹十声》、《十绣》、《十摸》、《十恨》、《十想》、《十把扇子》、《十劝》等。此外，像《探郎》、《探妹》、《五更》、《十二月》等，也是常见的调式。

例如流传很广的私情歌《十八摸》，在大别山区就变成了《十摸》："一摸姐的头，搽的是清油，青丝发儿凤尾梳，梳个凤凰头。二摸姐的脸，脸儿真好看，胭脂水粉点唇边，跟姐讨姻缘。三摸姐的颈，颈儿总是嫩，玩的事儿要姐准，这是你的情。四摸姐的手，十指尖如柳，金戒指儿银丝铆，向姐讨风流……"[②]

---

① 蔡展平主编:《中国歌谣集成湖北卷·英山县歌谣分册》下，英山县歌谣集成编委会、英山县人民文化馆编印，1989年，第373页以下。

② 同上，第423页。

除了情歌外，大别山区的各种生活歌和儿歌也很丰富。以儿歌为例，笔者幼时在乡下生活，听到过许多童谣。如《虫虫飞》、《牵羊子》、《丢手巾》、《张打铁李打铁》、《月亮走我也走》、《妈不在家我当家》、《癞痢癞》、《扯谎歌》、《走进庙门满庙瞄》等。让人难忘的是一首《打麻城》：

天上落麻鹰，
地下打麻城，
麻鹰落落开，
把××打过来。

这首歌是配合着游戏唱的。游戏方式在本书的"荆楚民间歌谣"一节中已作介绍。该游戏在鄂东流传很广，传说是为纪念张献忠打麻城而编的。

大别山民歌的一个突出特点，是红色歌谣特别多。这里是土地革命时期的鄂豫皖苏区，曾发生过著名的黄麻起义，创建了红四方面军等革命武装。抗日战争时期，是新五师活动的区域。解放战争时期，刘邓大军挺进大别山，建立根据地，使全国战局出现反转。长期的武装割据，使大别山人创建了以歌谣为中心的一种新文化。笔者曾对鄂豫皖苏区民歌进行过长期关注，从上世纪 80 年代到现在，不断对红色歌谣进行调查，对这类歌谣有一些较全面的认识。

鄂豫皖红色歌谣的曲调基本上都是借用当地传统民歌和小调，如《苏武牧羊》、《泗洲调》、《四季歌》、《十二月》、《十恨》、《十爱》等，但改变了其中的歌词。由于人们对曲调很熟悉，所以传唱起来非常快。

红色歌谣的内容十分丰富：一、诉苦歌。如："冷天无衣裳，热天一身光。吃的野菜饭，喝的苦根汤。麦黄望接谷，谷黄望插秧。一年忙到关，还是精打光。"又如《麻城有人双庙关》："记不清哪一月哪一年，有段山歌到处传。养女莫往山里嫁，免她哭得泪涟涟。我家有姐二十三，爹娘嫁她山那边。十回回家九回哭，回回哭得眼泪干。"在鄂豫皖地区流传的诉苦歌比比皆是，如《长工苦》、《讨米歌》、《春荒歌》、《卖柴歌》等。二、发动歌。如陈再道将军回忆说：1926 年秋天，叔叔要他去王福店买肉，半路上忽然听到一阵阵歌声。"一细听，是我刚学会唱的一首歌，歌的名字叫《农民快快觉悟醒》：农民快快觉悟醒，天天起五更，归家戴星月，热天冷天都是苦辛勤。豪绅和地主，要租逼人命，一年忙到头，还是干脱身。可恨田主人，不该这绝情，儿女一家人，个个怨薄命……我听着这高亢嘹亮的歌声，不由得跟着唱了起来，把去王福店割肉抛到了脑后，一口气爬上了石河寨山顶。”就是这一次，十七岁的陈再道报名参加了农民义勇队，从此走上了革命道路。三、暴动歌。如著名的民谣：“小小黄安，真不简单。铜锣一响，四十八万。男将打仗，女将送饭。”四、苏区歌。这类歌曲反映苏区的新生活，内容非常广泛，如《八月桂花遍地开》、《少共国际》、《医院歌》、《戒洋烟歌》等。五、战士歌。主要是队列歌，如《上操歌》、《红军操伐歌》、《射击歌》、《士兵觉悟歌》等。六、妇女歌。如《放脚歌》：“叫你放脚不放脚，缠起脚来真罗嗦，妹吔，走到河边要人驮。”还有《童养媳》、《寡妇自叹》、《离婚歌》、《妇女放哨歌》、《妇女参军歌》、《劝夫投红军》等。在红安，《张桂英送郎当红军》的歌到处传唱。七、气节歌。在鄂豫皖革命低潮时期，曾经有一段较长时间的白色恐怖。在这严峻时刻，许多共产党人面对屠刀，用歌声表达自己的气节，如《一颗红心拿不去》、《二次革命歌》等。①

红安县长胜街

红色歌谣在当时发挥了巨大的教育、动员和组织的功能。如红安县七里坪中共第一批党员之一的张南一，曾化装成说书的艺人，用民间喜闻乐见的大鼓书宣传革命。他编的大鼓词至今流传了下来：“有农民坐田埂自思自叹，叹只叹我穷人缺吃少穿，天地间都是人应该平等，为什么他该富我该受贫？那富人他说是坟山所应，又说是阳水好风水凑成。我穷人做苦工日夜不困，倒转来衣食住都不

① 本节引用的红色歌谣，皆见于红安麻城两县市的油印本，尚未正式出版。

如人。劝大家切莫要被人蒙哄，全都是剥削者一手造成。”这位优秀的宣传股长，在黄麻起义失败后仍坚持斗争，以大鼓书为武器，四乡奔走，宣传革命。后来被捕牺牲。

红色歌谣在当时是一种文艺革命，是大胆的创新，到今天，又成为了新的传统。这种成功的转化经验，应该好好总结。

在晋楚文化圈中，除了上述比较特别的民歌现象外，一般的民歌传统也普遍存在，这里限于篇幅，不展开叙述。

第三节　晋楚民间叙事

晋楚地区的民间故事活动，从古到今都非常发达。

古代文献中记录了不少鄂东民间故事。其中，明代的《耳谈》就是一个较集中的文献。《耳谈》的作者王同轨，字行父，湖北黄冈人，约生于明嘉靖中前期。他出生于书香门第，曾任江宁县知事。他喜欢奇闻异事，将搜求的故事结集成《耳谈》一书，于明万历丁酉年（1597）刊行。由于他注明了口述者的姓名，因此可看出他的故事多来自湖北、江浙一带，为我们了解明代湖北的民间故事提供了宝贵资料。

当代晋楚地区的民间故事仍在传承，如著名的故事村——丹江口市六里坪镇伍家沟村，总共 223 户 871 人，有半数以上成人都会讲故事。故事内容有神话、传说、故事、寓言、童话和笑话等六大类别，已经出版《伍家沟村民间故事集》一、二、三集，共 100 多万字。这个地区被评为省级以上的非物质文化遗产项目中，民间叙事类就有炎帝神农传说、伍家沟民间故事、武当山的传说、李时珍传说、万密斋传说、十八老子的故事、苏东坡传说、杨涟传说等多项。

下面介绍一些有代表性的作品。

一、晋楚神话

在关于自然界的神话中，鄂东流传最广泛的是日月神话，传说是日月兄妹分管天下，太阳妹妹胆小，所以白天出来，但她是女孩，害羞，为了不让人看她，就以绣花针扎人的眼睛。笔者幼时,母亲就这样告诫过。女娲伏羲兄妹结婚的故事,在黄冈被替换为太阳月亮夫妻,也与针刺人眼的母题结合在一起。①

大别山有些自然神话很有特点,如说洪荒之世,天地浑然一体,亿万生灵被挤压在昏暗的天地之间。后来有一座山用它的脊梁把苍天高高撑起,从此有了天地之分。由于这座山分出了天和地,分出了白天和黑夜,使天地有别,便取名为大别山。

麻城龟峰山

在大别山区的麻城市境内有一座龟峰山,它是由龟头、龟背、龟尾等 9 座山峰组成,形似巨龟,方圆 100 多公里,最高峰海拔 1320 米。传说龟峰山是一个神龟变的,古代天上有十个太阳,晒得大地寸草不生,人畜难存。年轻的神龟被激怒了,就一只气吞下了九个太阳,吓得玉皇大帝急差雷公电母轰击,才保住现在这一个。龟山下被击落掉一块大岩石,传说就是当年雷公电母所为。有的异文将这只龟说成母龟,说她因丧了龟子而吞了天帝的儿子——九个太阳,被天帝令雷公打死,变成了这座龟峰山。②

晋楚地区神话中有些是从古典神话衍生出来的,如盘古、炎帝、女娲等。

黄冈县流传的一则神话,说盘古住在混沌山上,看到两条大蟒纠缠,就用斧

① 《姊妹夫妻》,见王金海主编:《湖北省民间文学集成丛书·黄冈地区民间故事集》,中国民间文艺出版社,1989 年,第 6-7 页。

② 王金海主编:《湖北省民间文学集成丛书·黄冈地区民间故事集》,中国民间文艺出版社,1989 年,第 9-10 页。

头砍去，两条蟒死了，一股青气上升成为天，一股黄气下坠成为地。然后他分别找到了伏羲氏、有巢氏、洪钧老祖、燃灯古佛、燧人氏、神农氏等，共同创造了世界。[①]

在丹江口、郧县等地，流传着女娲兄妹婚的故事。其情节比较接近中原地区的亚型，如造人的方式，都是捏泥人，并伴有残疾人来历的解释。[②]

流传在随州的炎帝神农传说，被列入国家级非物质文化遗产项目。相传炎帝是上古时代三皇五帝之一，东汉以来，《汉书·地理志》、《帝王世纪》等，认为厉山即今湖北省随州市厉山镇。清同治《随州志》记载："列山上建有神农庙、神农井、炎帝庙。"随州市厉山镇距神农架林区只有两百公里，两地均有不少炎帝神农氏的传说。这些传说的内容主要为神农身世、出生地、神农功绩、神农游历、神农传代以及相关风物与祭祀等。其中，一些由古籍记录衍生，一些是与当地风物相结合的产物。汪多维在其硕士学位论文《随州的炎帝神农信仰》中，对这些神话传说进行了较全面的收录与分析。[③]从她所收集的故事看，多为将当地特有的风物，如九龙山、钻断山、白午集、葫芦山、羊儿山等，附会到神农身世及发现谷种、茶叶、药材等事迹之上，其中亦有一些是关于神农之母安登的传说。

二、晋楚民间传说

与神话相比，晋楚地区的民间传说更为丰富。这些传说主要是人物传说和风物传说。人物传说中有历史人物、宗教人物、机智人物、行业人物等，风物传说中有地名传说、风俗传说和动植物传说等。这里重点谈谈人物传说。

在晋楚地区的历史人物传说中，流传最广的还是与当地有关的人物。东汉开国皇帝刘秀生于枣阳，并从这里起兵，所以这里流传着许多"王莽赶刘秀"的传说。[④]传说刘秀被王莽追赶，受到许多动物和植物的保护，由于得到他的口封，一些地方的动植物就出现了奇怪特征。如马齿苋晒不死、楝树冬天不落果、松树倒

---

① 王金海主编:《湖北省民间文学集成丛书·黄冈地区民间故事集》，中国民间文艺出版社，1989年，第1-2页。

② 李相斌、李征康主编:《中国民间故事集成湖北卷·郧阳地区民间故事集》，郧阳地区民间文学集成办公室、郧阳地区群众艺术馆编印，1988年，第5、8、421页。

③ 汪多维:《随州的炎帝神农信仰》，硕士学位论文 http://www.doc88.com/p-997353956258.html

④ 《湖北民间传说故事集·襄阳地区专集》中，就收录了20多篇，该书为中国民间文艺研究会湖北分会、湖北省群众艺术馆编印，1982年。

挂、寺庄街的桥上没蚊子、赵塘的青蛙不叫等,以致形成了一个帝王传说的故事类型:皇帝口封型。除了刘秀外,像秦始皇、朱元璋等帝王,包公、岳飞、杨家将等流传较广的将相,都有一些传说。

襄阳一带是三国时期的主战场之一,当地涌现了许多著名的人物,如诸葛亮、庞统、司马徽、徐庶等,因此三国传说也非常丰富。尤其是诸葛亮的传说,与《三国演义》上的故事既有联系,又独具特色,其中像《诸葛亮娶媳妇》、《诸葛亮得天书》等,有鲜明的地方色彩。襄阳附近关于三国的传说,形成了一个富有特色的故事群。

襄阳一带还有一个特别的传说群——金花小姐传说。所谓金花小姐,本名王聪儿,是白莲教起义的一名领袖,曾于清末领导十余万义军驰骋于鄂、川、陕、豫四省。她是江湖艺人出身,传说她美貌如花、武艺高强、有勇有谋。她的传说大约有20多个,讲述她的神奇出生、获得武艺、聚众起义、围困襄阳,最后兵败跳崖的传奇人生。襄阳至今流传一首民歌《金花小姐困襄阳》,唱词是:"太阳一出满天黄,金花小姐困襄阳。困了三年六个月,猪吃白米人吃糠。猪吃白米刀下死,人吃谷糠在世上。"传说当年王聪儿围困襄阳,城中守军粮食已尽,就用仅剩的白米喂了一头猪,将猪赶出城外,被义军捉住后剖开肚子一看,以为城中还有许多粮食,于是解了围困。①

晋楚地区宗教活动发达,有许多宗教人物传说。其中最成体系的是武当山传说。几乎武当山的每个山岭、岩洞、宫观,都有相关传说伴随,这些传说多与武当山信奉的真武大帝以及在武当山修行的著名道人相关。例如有一个著名的修仙考验型的传说,说真武大帝从黑虎口中救下一位姑娘,那姑娘以帮真武梳头来勾引他,当他拒绝后,姑娘转身跳下万丈深渊。真武觉得自己不该逼死人命,就也从山上跳下,结果从云雾里钻出五条青龙,将他捧上金顶。于是就有了"梳妆台"和"舍身崖"这两个地名。②在武当山,有关张三丰的传说也特别多,包括发明武当拳、除妖灭怪、点化穷人、教导徒弟等等,形成了一个传说群。③

---

① 《湖北民间传说故事集·襄阳地区专集》中,就收录了20多篇。该书为中国民间文艺研究会湖北分会、湖北省群众艺术馆编印,1982年,第82、90页。

② 李相斌、李征康主编:《中国民间故事集成湖北卷·郧阳地区民间故事集》,郧阳地区民间文学集成办公室、郧阳地区群众艺术馆编印,1988年,第195-197页。

③ 张三丰的传说,除上书外,亦见刘守华《张天师传说汇考》,华中师范大学出版社,2009年。

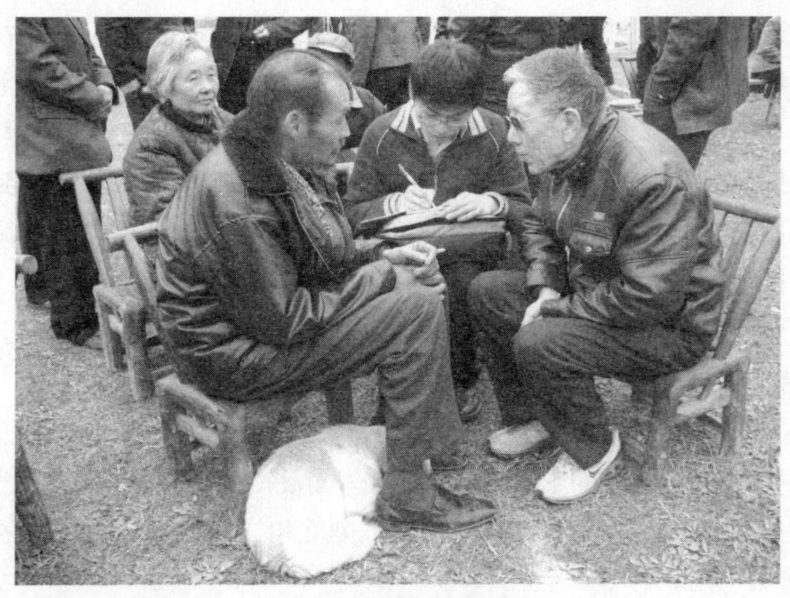

专家在伍家沟采录故事

晋楚地区人杰地灵，涌现了大量文化人物，他们有的生于斯长于斯，有的是来这里做官。由于他们在历史上的文采风流，他们的传说往往让人津津乐道。例如苏东坡曾谪居黄州，他的传说在鄂东广为传播。这些传说题材广泛，内容丰富。其中包括他的文学创作、人际交往、行游观赏、日常生活、人生百态及民风民俗等方方面面。苏东坡传说在古代文献上时有记载。1984 年，丁永淮、熊文祥合著的《苏东坡的故事》，由长江文艺出版社正式出版。这类文化人物传说，除苏东坡外，还有欧阳修、米芾、李贽及现代的闻一多、熊十力等。

这些人物中，还有一些正史上并未关注但影响很大的文化人物。例如黄冈罗田县的余三胜(1802—1866)，是京剧的创始人之一。他幼学汉戏和东腔戏，道光初年进京入“春台班”，成为当家主角。他在汉调皮黄的基础上与北京地方戏曲音乐融合，形成独特的风格，与程长庚、张二奎并称“老生三杰”，对中国京剧的形成与发展作出了巨大贡献。他的这些传奇经历，在家乡也留下许多有趣的传说。

鄂东民间传说中，名医的故事也不少，其中最著名的是蕲春的李时珍和罗田的万密斋。李时珍是明代医药学家，所著《本草纲目》收有近两千种药物和上万个药方，是中国古代医药的集大成之作。他的精湛医术和高尚医德，不仅受到时人称颂，而且被编成了许多传说。如《铁拐李三试李时珍》，说八仙中的铁拐李听说李时珍医术高明，多次亲自来测试，最后以医书相赠。[1]最有名的传说是《蕲蛇酒治麻风病》，说一个被传染上麻风病的女子，偶尔喝了泡蕲蛇的酒，无意中治好了病，后来被李时珍记录了下来。这个故事原载清代文言小说《夜雨秋灯录》，名《麻风女邱丽玉》，曾被改编成地方戏曲，后来在民间广为传播，被附会到李时珍身上。与此类似的是罗田县的名医万密斋，闻名于明代隆万年间，被清康熙皇帝追封为"医圣"，著有医书十余种。万密斋的传说从不同侧面生动记述了他执着的敬业精神、高超的医治技术和高尚的医风、医德。这两个名医传说已分别被列入国家级和省非物质文化遗产名录。

晋楚文化圈中还有一类特别发达的人物传说——机智人物传说。这类人物在鄂东有以卢四运为首的十八老子、陈细怪、闻筱辑、喻良、王五玉、肖光际、桂鸦鹊等，在襄阳地区有王老二、董叫、庞正坤、刘文相、于而温、王佐宾等，在武汉则有著名的贱三爷。[2]

以列入省级非物质文化遗产项目的《十八老子的故事》为例，这是一组机智人物，在湖北红安、黄陂、麻城、孝感、大悟、新洲及河南新县等地广为流传。为首的是秀才卢四运。说得出姓名的是卢四运、程光富、尚麻子、周老九、叶光顺、曾桐雨、谢仁五、矮五爷、熊传达、彭立蛟、黄青山、韩志久、李光斗等十三人，还有五位的姓名失传。这十八个机智人物，有的出身于书香门第，行为文雅而诡谲；有的出身于豪富之家，怀才不遇，因有家财撑腰而敢作敢为；有的出身于贫穷家庭，生性聪明，其行为往往貌似软弱愚笨，让对方容易上当。这些机智人物成为"箭垛"，人们把各种对社会现象的不满与反抗，集中到他们身上，目前收集到的故事有百余篇。笔者上大学前在家乡经常听到这类的故事，每到工余休息，就有老师傅讲他们的恶作剧。例如有一个麻城方言称为"害究"的，有人认为即"解缙"的别称，也有人认为是"十八老子"中的周老九，他喜欢捉弄权贵。有个故事说他在县衙大堂上，用麦牙糖做成一堆屎的形状，有人告到县官处。县官于是找他盘问。他说"你们非要说是我拉的不可，我就把它吃了"，于是将这坨"屎"吃了。第

① 郑伯成等编著：《神医李时珍》，湖北少年儿童出版社，1993 年，第 45-51 页。

② 有关这些机智人物的故事，分别见下列书中的相关部分：1. 王金海主编：《湖北省民间文学集成丛书·黄冈地区民间故事集》，中国民间文艺出版社，1989 年；2. 中国民间文艺研究会湖北分会、湖北省群众艺术馆编印：《湖北民间传说故事集·襄阳地区专集》，1982 年；3. 汉阳区志办编：《汉阳贱三爷故事精编》，武汉出版社，2009 年。

二天他真的在县衙大堂上拉了屎，别人再告他，他就说："昨天害得我吃了屎，未必我还敢在这里拉，肯定是诬告。"县官一想有理，就判那个告他的人吃了这堆屎。"害究"的故事流传之广，以至于麻城方言中对喜欢惹麻烦的人，往往称其为"害究"。鄂东多机智人物故事，可能与当地对人才的喜爱有关。有俗语说"惟楚有才，鄂东为最"。鄂东古来多人才，明清两代科举考试，湖北籍进士 3900 多人，其中鄂东籍 1900 多名，占了将近一半。清代湖北状元共三人，其中鄂东占两名。近现代，黄冈地区的文才武将灿若星辰。这种爱惜人才的乡风与机智人物故事的盛行，可能有某些关系。

在上述机智人物传说中，流传于武汉三镇（特别是汉阳区）的贱三爷，是一个进城务工的农民形象，他的境遇与当代的"农民工"极为相似，在城市中处于低层，只能干剃头修脚搬运之类服务业，受城里人的白眼，经常遇到不公正的待遇。但他以特有的机智与幽默，化解这些遭遇，努力捍卫自己的尊严。1995 年，武汉市民间文艺家协会曾主办过专题研讨会，编印了《贱三爷作品研讨会论文集》。

三、晋楚民间故事

在中国古代民间故事文献中，明代黄冈人王同轨的《耳谈》，是一部十分重要的故事集。他的不少故事来自鄂东家乡。如他记录了一个在家乡黄冈听到的故事：

> 予里新家冲民谢茹保、王里生、张寅汉，共聚母金三十两，往蜀贩蜜生活。或谓家蜜不贱售，重庆某山洞野蜜可不购而获，第险远道无人烟耳。三人径往履其地，以二人秉绳其上，递以一人下割蜜。既足，适谢、王在上，利张母金，遂断绳弃之，载蜜而归，诡言张分道他商矣。张在洞绝粒，采菰肉、草茎和蜜疗饥，得不死。忽巨蛇以内洞出，身如车轮。惧甚，伏以待噬。蛇当蛰时，绝不饮啖，反相亲附，两无嫌猜。至春雷动，蛇矫首向上，嘘浊纳清，以受生气，始蠕蠕翻动欲出。而张亦抱其腹，欲附以上。腹滑屡堕，乃以尾承之。遂出洞相别，犹相顾眷恋，两相含情。抵家，二人闻，大骇，以为鬼。察之，人也。虑索母金并蜜货，竟遁去，至今未归。此万历丙申、丁酉年事。曹育甫谈。[①]

① 王同轨：《耳谈》，中州古籍出版社，1978 年，第 247 页。

虽然作者声称这是黄冈地区所发生的一件真实故事，但它其实是著名故事类型“云中落绣鞋”的一篇异文。三人结伴贩蜜，在攀援长绳下到山洞中收采野蜜时，山上的人割断绳子，拿着蜜走了，将采蜜人扔在山洞中。后来采蜜人抱大蛇的尾巴出洞脱险，绝处逢生。对这个故事类型，著名故事学家丁乃通先生和刘守华先生，都作过深入的研究。[①]

《耳谈》中还有一些其他的明代鄂东故事，如《大别山狐妖》，说一个浙江商人蒋生在汉阳马口某店住宿，一个狐狸精化为蒋生爱慕的马氏女，来给他伴宿，后来蒋生用计送了一袋芝麻给该女，沿袋中露出的芝麻迹找到大别山中一洞，发现了狐狸精。狐狸精虽与他断交，还是用法术帮他娶了马氏美女。

晋楚文化圈中有许多山地，自然有不少的狐精故事。狐精故事在中国民间故事里比较常见，蒲松龄的《聊斋志异》中就有许多狐精故事（如《娇娜》、《婴宁》、《青风》、《小翠》、《莲香》等），其中不少是来自民间传说。[②]刘旭平的硕士论文《唐代狐精故事研究》根据唐代文献上的67篇狐精故事，将狐精分为三型：妖魅型、情义型和智慧型，基本上代表了整个封建社会时期一般人对狐精的理解。[③]

离武当山不远的伍家沟村故事中，狐狸精常常都是爱憎分明的，谁敬它，它就会报答，谁对它不好，它就会报复。如故事《饶四爷遭祸败家》：

> 饶四爷的后楼上住着一家皮狐精，它们对他很好。这一年饶四爷嫁女，做了全副嫁妆，二更过后皮狐精在楼上问他：“嫁妆办齐了吧，还差啥子，你只管说出来，我们有办法。”饶四爷说：“样样都有了，就只差个洗脸盆。”第二天晚上，皮狐精们来到王员外家，把王员外柜子里锁着的金洗脸盆拿起就走。但在厅屋里被钟馗拦住，就将金盆扔进王家门口的烂水坑里，跑了。皮狐精们回家给饶四爷道明了偷盆的过场，饶四爷说：“这没啥子，人情算我领了，多谢你们帮忙。”王员外家不见了金脸盆，揭地三尺地找。饶四爷嫁了姑娘后，心闲了，他装扮个算命先生，来到了王员外家，帮员外在水坑中找到了金盆。王员外要感谢

---

① ［美］丁乃通：《云中落绣鞋——中国及其邻国的AT301型故事群在世界传统中的意义》，载《中西叙事文学比较研究》，丁乃通著，陈建宪等译，华中师范大学出版社，2005年；刘守华：《中国民间故事史》，湖北教育出版社，1999年。

② 汪玢玲：《蒲松龄与民间文学》，上海文艺出版社，第47-62页。

③ 参见刘旭平学位论文油印本，2000年5月。

饶四爷，饶四爷只要厅房的钟馗像，想用这神像撵皮狐精们搬家。王员外当下就给了。皮狐精们知道了这事，把饶四爷家的粮食倒进了烂水沟，腊肉扔进了茅缸，衣裳、被子、铜钱、银子都拿走了，再也不知道搬到啥地方去了。[①]

这个故事就是告诫人们为人要知恩图报，不能恩将仇报，否则是没有好下场的！故事情节并不复杂，但在其神奇色彩的背后，又赋予其很强的教育意义！

除狐狸精外，“鬼”也是晋楚文化区民间故事中常见的主角。中国民间故事中有一种“渔夫和水鬼”的故事类型。[②]这类故事常讲夜间捕鱼的渔夫和溺水而死的水鬼结成挚友，水鬼几次得到拉人下水作替身的机会，但他都不忍害人而放弃。由于他的善行，被提拔去做了某地的土地（或城隍、河神）。后来渔夫去拜访这位新神，神向他托梦报答他的友情。《聊斋志异》中的《王六郎》就是人与水鬼为友这类型故事。在鄂西北丹江口、襄樊、枣阳等地都存在此类故事。如枣阳流传的《打渔郎》，与《王六郎》故事的情节近似：打渔郎因为水鬼照顾父亲，才和水鬼成为朋友，水鬼成为土地之后，还帮打渔郎找了个妻子。襄阳流传的《神马寺的来历》又有所不同：水鬼三次托生都被友人破坏，结果救了三条人命。阎王误以为水鬼不贪恋红尘，所以封他做了“土地爷”，土地爷使友人致富，友人为他盖了神马寺。[③]

在民间口耳相传的鬼故事中，还有一类“不怕鬼”的故事，如伍家沟故事村所流传的《卖鬼》：有个沈老汉到罗汉寺后面玩，听见有人说：“后天我到沈家找替身。”他知道说这话的一定是鬼。回家后将家里人统统赶到亲戚家，自己一人搬把大椅子坐在大堂中间，看看能发生什么怪事。太阳偏西后，门外走进了个人不人、妖不妖的黑桩。沈老汉知道这是鬼上门了，便问：“你来干啥？”鬼说：“找替身。”“找谁？”鬼说：“没有别人，就找你。”沈老汉点点头说：“行。”又问：“不知你这个替身咋个找法？”鬼从身上掏出了个绳子，窝个绳圈，挂在梁上，说：“这个很好办。你脖子向绳圈里一钻，就算成了。”沈老汉站起来，将手脖伸进绳圈。鬼

① 韩致中主编：《伍家沟民间故事集（一）》，中国民间文艺出版社，1989年，第313页。

② 钟敬文《中国民间故事型式》中的45种型式中，“水鬼与渔夫型”被列为第二种；德国学者艾伯华的《中国民间故事类型》，将其列为“132 · 渔夫和淹死鬼”。

③ 中国民间文艺研究会湖北分会、湖北省群众艺术馆编印：《湖北民间传说故事集 · 襄阳地区专集》，1982年，第319、175页。

说："不是，不是。"沈老汉又将脚脖伸进绳圈，鬼又说："不是，不是。"沈老汉说："这不是，那不是，你就该做个样子教我一下。"鬼有些不耐烦了，说："瞎长这大年纪，笨蛋！"说着，自己将脖子伸进绳圈。沈老汉趁这当儿双手用力猛一拉绳子，将鬼栓住。然后一拳头打破自己的鼻子，将鼻血抹在鬼的身上，鬼跑不掉，只得变成一只羊子。沈老汉拉着这个鬼羊子，到江边去卖。船太公见羊子便宜，三块钱买了。刚拉上船，羊子"噗通"一声掉进江里跑了。第三天，沈老汉又到罗汉寺后面玩。只听空中有人说："沈老汉，我不找你了，你也莫想在我身上赚三块钱。"①

晋楚地区神奇故事中，有个著名的"弃老山"，在AT分类法中被列为第981型。故事梗概是：古时候老人到一定年龄就被认为是吃闲饭的无用之人，要用某种方式处死（如送进深山或窑洞），但后来国家（或民族、村寨）中遇到了难题，面临灭顶之灾（如旱灾、敌国挑战等），最后是一个由于子女孝道而秘密赡养的老人，以他的智慧与经验解决了困难，人们才知道老人是个宝，从此再也不杀害老人了。刘守华先生对此类型故事发表了一系列文章，如《中国的〈斗鼠记〉与日本的〈弃老山〉》、《从"弃老"到"敬老"——评一组关于老人的习俗传说》等，他指出该故事类型有佛教根源，并认为该故事是"包含着历史真实性的艺术概括"。②"弃老山"型故事在鄂西北和鄂东都广泛流传，故事核心是人们从老人处得知十斤猫可以降服千斤鼠，维护了国家的尊严，从此废除了弃老的习俗。③有意思的是，据说与这类故事相关的寄死窑洞，在今天湖北十堰还是存在的。

晋楚地区的生活故事，多有强烈的伦理教育色彩。如《耳谈》中有一篇《刘尚贤》，讲湖北孝感县的两位乡民刘尚贤、张明时，一天夜行野外，挖到了一堆银子，二人都想独吞，一人在对方的酒壶中下毒，一人则干脆用斧子杀死了对方，二人同归于尽。篇末还特别注明："里人游其地，所亲见焉。"这个故事对于贪财施暴者，无疑是非常深刻的批判。

与对做坏事的人遭到报应相反，晋楚民间生活故事，对那些守信用、热心帮助他人的行为，也进行了热烈的赞扬。如《路遥知马力，久后见人心》，就是这样的故事。故事梗概是：路遥和马力是好友，但路遥是个穷人，而马力是个富家公

① 韩致中主编：《伍家沟民间故事集（一）》，中国民间文艺出版社，1989年，第297-298页。

② 刘守华：《比较故事学》，上海文艺出版社，1995年，第159-166页。

③ 《千斤鼠》，载王金海主编：《湖北省民间文学集成丛书·黄冈地区民间故事集》，中国民间文艺出版社，1989年，第356页。

子，马力在生活上经常接济路遥。两个好友又一起进京赶考，结果路遥中了进士，在京当官，而马力落榜了。几年后，马力家因遭天火，到路遥家中求借。马力说明了来意想来借些银子，路遥热情地款待了他，但就是闭口不提借银子的事。马力只好在心里骂自己交错了朋友。但等他回到家里时，才发现路遥帮他盖了楼房，买了田地和家产。这个故事巧妙地运用了误会和悬念的手法，告诉我们如何交朋友，如何在帮助他人时不事张扬。

晋楚文化圈中的动植物故事也相当多，可能与山民对周边事物的日常观察相关。他们往往会将这些动物和植物人格化，并打上人间善恶的色彩。尤其是伍家沟故事村出版的几本集子，都设有精怪故事和动植物故事专栏，极富特色。

第四节　晋楚民间艺文

晋楚文化圈的民间歌舞、曲艺和戏曲很多，其中不少列入国家级和省级非物质文化遗产名录，如武当神戏、襄阳端公舞、老河口丝弦、随州花鼓、随州义阳大鼓、随州皮影戏、东路子花鼓、麻城花挑、英山采茶戏等。在这些民间表演中，都有歌词、脚本等属于民间文学的文本。

一、民间歌舞

民间歌舞大都是载歌载舞，既有舞蹈，也有唱词。在武当山和桐柏山、大洪山和大别山一线，有一些独特的民间歌舞形式，流传下来一些传统的唱词。

在襄樊市西部山区以及谷城、保康、南漳等县，有一种民间宗教歌舞“端公舞”，也称“喜神”、“跳神”或“杠神”。这个地区素有请神还愿的习俗，每年都要请端公来举行法事仪式。端公是能通神灵的人，每场法事，都由领头的端公师邀约一班端公(俗称端公子，亦称副坛、师兄、师弟)来完成。端公班子相对稳定，具有职业性，其传承方式主要为本姓单传。根据民间传说，这种法事活动的来源，一说源自西周宣王时期，一说源自商纣王时，总之时代久远。请端公举行法事一般在每年秋收以后至腊月期间；如果“还急愿”(有急事须求神保佑)，则随时可以进行。仪式规模有大小之别，法事场次多的有 23 场，少则三至五场，依东家经济情况而定。做法事需设坛场，分为“里花坛”和“外花坛”。“里花坛”设在东家的堂屋内，“外花坛”设在东家正门前空地。端公舞的表演形式是边唱边击乐器边舞，有时还夹以对白。其程序有相对固定的脚本，分为迎神、敬神、安神和送神四个部分，在不同地方具体场次各不相同，谷城县为9场，保康县为13场，南漳县为16场。端公舞其实是在汉水流域普遍流行的一种民间艺术活动，在陕西和四川叫做“端公戏”。相传端公戏有剧本200多个，现保存剧目120个。[①]

在丹江口市有一种元宵节期间表演的民间歌舞“锄头灯”。也叫“杨氏送饭”或“掌柜娘子送饭”。锄头灯表演时至少六人：一人领舞，一人挑水送饭，四人锄地。整个表演载歌载舞，以唱为主，运用领唱和帮腔喊号子来烘托劳动气氛，热烈欢快，朴实自然。演唱的曲牌是鄂西北流行的山锣鼓。歌曲采用民间小调《杨氏送饭》。因在元宵节期间演出，唱词内容多恭维吉庆之词。[②]

在随州广水市，流行一种“亮花鼓”。相传亮花鼓始于清朝康熙初年，某员外家的小姐与人于正月十五私奔，他们装扮成玩花灯的人，混入花灯队中，边歌边舞，终得逃出。由于灯笼中蜡烛燃尽，行路不便，于是捉了许多萤火虫放于鼓灯内，所以叫“亮花鼓”。后来灾荒年饥民们出外谋生，唱“亮花鼓”来乞讨，于是也叫“卖花鼓”。亮花鼓早期除生、旦（男扮）外，有时还插进丑，表演中常是生演唱，旦谈情，丑打诨。建国后逐渐从灯队中分离，由一丑一旦单独表演。[③]

笔者家乡有一种非常特别的民间歌舞，人称“挑花篮”，也叫“麻城花挑”。这是一种在庙会上演唱的歌舞，角色有嫂子、小妹、情哥三人。妹肩挑用五彩纸花装饰的花担（即花挑），手持方巾，哥手握竹板，嫂右手持扇、左手持方巾，三人边唱边舞。哥与妹相互倾诉情意，嫂子则穿插其间逗趣，舞蹈活泼而风趣。“挑花篮”的歌词，有些是情歌，有些唱当地风物。有名的段子有《麻城有个双庙观》和《唱一个兄妹在桃园》等，曾经在1956年到北京参加全国首届民间歌舞会演，并被选为优秀节目进中南海为中央首长专场演出。

---

① 参见湖北省非物质文化遗产保护中心编印：《湖北省非物质文化遗产资源目录》，2008年，第365-369页。百度百科也有相关介绍。

② 同上，第358页。

③ 参见湖北省非物质文化遗产保护中心编印：《湖北省非物质文化遗产资源目录》，2008年，第332页。

二、民间曲艺

晋楚地区的民间曲艺形式不少,光是襄阳地区,就有襄阳小曲、襄阳鼓书、枣阳大鼓、扇子人、宜城兰花筒、保康渔鼓、保康阴锣鼓、坠子与大调曲等,差不多每个县市都有自己的特色品种。

襄阳小曲是一个影响很大的曲种,源于明清俗曲,流传于襄阳地区各县市和丹江口、钟祥等地,在千里之外的扬州也有传唱。襄阳小曲的传统演唱方式,一般是一人自拉自唱,也有二人对唱和三人同台演唱。二人演唱时,一人操琴,一人打简板(或敲碟);三人同台演唱时,一人操琴,一人打板,一人敲碟。偶尔也有多人凑班演唱的盛况。常用曲牌有鲜花调、跌落金钱、玉娥郎、闹五更、凤阳歌、剪靛花等,传统曲目有《玉美人得病》、《寡汉哭妻》、《尼姑思凡》、《罗成算卦》、《雪梅吊孝》、《水漫金山》、《秋江》、《十二月花名》、《二十四枝花》、《八音图》、《比古人十二杯酒》等,以民间传说故事题材为多。

襄阳市附近的老河口市,历史上是一个水旱码头,既是商贾云集之地,又是各方艺术荟萃的场所,人称"小汉口"。这里流行的老河口丝弦具有浓郁的地方特色,是民间艺人行艺和文人学士自娱相结合的一种音乐。当年的商行与大户经常举办聚会,演奏丝弦是必不可少的一个程序。宾主分别坐好后,每人都要表演一段。轮到谁,谁便起立,拿起牙板,恭敬地向大家作揖,说完献丑后,丝弦响起,唱上一段。传统的老河口丝弦乐曲有"三思"(《思乡》、《思春》、《思情》),还有《高山流水》、《打雁》、《赏秋》、《小乔哭周》、《闺中怨》、《陈杏元落院》、《陈杏元和番》等。

在老河口市以南的保康县,有一种用于流浪行乞的渔鼓,几近完全失传。传统曲目有《开门曲》、《谢东君》、《十杯酒》、《四季忙》、《蓝桥汲水》、《上大人》、《十歌郎》等。

襄阳东北的随州、大悟、广水、红安等地,流行由河南传入的"北路子大鼓",也叫"钢镰大鼓",其演唱方式是左手持两块月牙形的钢镰,右手持签击打堂鼓,有时坐唱,有时站唱,辅以一定的动作表演。之所以称为"北路子大鼓",主要是为了与流行于湖北中部和南部的"湖北大鼓"相区别。由于道白中常夹有"咱们"、"俺"等中原口语,也叫"打鼓京腔",而南路子的湖北大鼓则完全用本地方言演唱。南北两路大鼓使用的道具也不同,南路子用的是云板而不是钢镰。北路子大鼓演唱的场合,一是赶庙会,二是赴酒宴,三是游乡湾,四是坐茶馆,五是走乡串户,沿门乞唱。北路子大鼓的曲目有长有短,长书以说为主,以唱为辅;短书以唱为主,以说为辅;书帽和小段则全唱。唱词以七字句、十字句为主,也有不规则的多字句。艺人在说书之前,总要先说唱一些逗趣的题外段子,吸引观众,称为打闹台,之后才转入正书。说书人讲究"先松后紧,越听越有瘾;先紧后松,说到末了都不中",对曲目的文学性要求较高。传统曲目有《吕洞宾点药》、《十辈古》、《粉妆楼》、《呼延庆打擂》、《平顶山》、《金鞭记》、《飞剑奇侠》、《四宝图》、《济公和尚闹东京》、《飞龙传》、《妙排火牛阵》、《乾隆皇帝游江南》、《二十古人闹昆阳》、《五子反唐》等。

北路子大鼓的叙事善于设置包袱和悬念。如《吕洞宾点药》讲的是一个巧女型的民间传说:吕洞宾在三月三离开终南山,下江南采药。看到有家药店门口的招牌口气很大:

千两黄金开药店,
连着开了几千年。
金龙贵子把药拣,
哪一样药名若没得,
砸我的招牌柜台掀。

吕洞宾于是装作一个买药人,说了几样药名刁难店主:"我一要你的老来寿,二要你的父心宽,三要你的家不散,四要你的顺气丸,五要你的常来往,六要你的短往返,七要你的硬似铁,八要你的软如绵,九要你的甜似蜜,十要你的苦黄连。"店主一听,除了有黄连外,九种药都没有。吕洞宾于是要砸他的店招牌。这时楼上下来了店主的女儿白牡丹。她听了吕洞宾的要求,马上告诉父亲:"这十样药店中全有!"吕洞宾听了,打赌说:"如果你有这十样药,拿我的宝剑把我的头砍去。"姑娘不慌不忙地回答:"人活百岁老来寿,儿子孝顺父心宽,兄弟团结家不散,妯娌和气顺气丸,亲戚富裕常来往,亲戚贫穷短往返,打架场中硬似铁,坐牢带镣软如绵,恩爱夫妻甜如蜜,老来无子苦黄连。"说完真的拿起宝剑来,要砍吕洞宾的头,吕洞宾这才知道凡间有如此聪明的女子,吓得纵身云头,回终南山去了。[①]

随州新城、万和周边一带地区，流传一种“义阳大鼓”，发音与枣阳方言口语相似，由当地孝歌、山歌和民间音乐演变而成。主要曲目有《杨金豹下山》、《白文秀私访》、《白猿偷桃》等。

随州市南部的柳林镇及周围地区流行“打锣鼓”，又叫打“围鼓”。打锣鼓一般是东家为了祝寿、儿童满月或周岁、祈福等，邀请艺人到家中演唱。由于打锣鼓是一种祭祀活动，因此要遵循特定仪程：先设案，即设立牌位，放置供果和香炉等，其次扬歌，再定韵，请神，再来说正书。祭祀又分为室内祭祀和室外祭祀（又称郊祭）。室内祭祀为三、五锣鼓师在香案两边围坐，二人演奏锣鼓，其余人轮流吟唱，一通锣鼓一遍歌，中间无任何道白。1988年，冯本林搜集整理的《善歌锣鼓集》，由湖北省群众艺术馆编印。2003年，刘大业先生等收集了打锣鼓的一些演唱曲目，编成《涢山祭祀歌》正式出版。[②]他们书中主要介绍祭祀仪程和歌词。除此之外，“打锣鼓”时唱的正书有《火烧梅家庄》、《三请诸葛》、《青梅煮酒》、《击鼓骂曹》、《三顾茅庐》、《白猿盗桃》、《三请樊梨花》、《讲经说法》、《岳飞降生》、《枪挑小梁王》、《大战爱华山》、《牛头山救驾》、《相国寺听书》、《王二红观灯》、《赵颜求寿》等等。“打锣鼓”活动历史悠久，艺人们经常在一起切磋技艺。据有关研究，在1915年的锣鼓会上，还提出过“三不唱”的规定，即淫秽下流内容不唱，无故侵犯他人的内容不唱，杀戮情节过多者不唱；同时，还提出了保证技艺质量的十大注意。[③]

三、民间小戏

晋楚文化圈内，地方戏曲曾经极为兴盛。笔者家乡的小镇子里，戏台是全镇中心。每到节日和庙会期间，都是连续多天的大戏，有时请外地戏班，有时是镇子和周边村子里的人自娱自乐。毫不夸张地说：戏曲是传统社会中最重要、最普及的文化活动，每个人不是演员，就是观众。旧中国大多数人没有上学识字的机会，人们的历史知识、文学艺术知识和审美情趣，全来自地方戏曲。

晋楚文化圈中保留着不少地方戏曲的活化石，列入各级非物质文化遗产名

① 湖北省群众艺术馆编印：《湖北说唱音乐集成》第一集，1981年，第91-100页。
② 刘大业主编：《涢山祭祀歌》，中国电影出版社，2003年。
③ 湖北省非物质文化遗产保护中心编印：《湖北省非物质文化遗产资源目录》，2008年，第522页。

录的就有武当神戏、襄阳花鼓戏、随州花鼓戏、东路花鼓戏、英山采茶戏等。

武当神戏是400多年以前的明代，现丹江口市习家店镇青塘村王氏家族杂取武当文化及当地民间戏曲和民歌小调创造的一种传统地方戏曲，也称“调子戏”，多在兴建庙宇、彩化神像、大户人家许愿、香客集会，以及帮会活动时表演。由于长期用于祭神，逐渐融合了武当道教的音乐和文化元素。武当神戏主要用锣鼓伴唱，主要剧目有《东楼会》、《送友》、《白扇记》、《四劝》、《梁山伯与祝英台》等。2011年列入国家级非物质文化遗产名录。

襄阳花鼓戏在襄樊地区曾广为流行，影响达周边的房县、郧阳、远安、兴山以及陕南和豫南等地，也称“地花鼓”、“花鼓子”。因该剧种曾受歧视遭禁演，艺人们只能躲在山野乡间里演出，故又有“躲躲戏”之称。襄阳花鼓戏的前身是流传于襄樊地区的民歌小调和其他一些说唱艺术形式，角色最初只有“二小”（即小生、小旦）、“三小”（即小生、小旦、小丑）。后来受越调、汉调、梆子等剧种影响，逐步发展成“四梁”（小生、小丑、老生、大花脸）、“四柱”（花旦、老旦、彩旦、青衣）。在表演上，以唱功见长。传统的演唱形式为一唱众合，锣鼓伴奏。传统剧目有《送寒衣》、《卖白布》、《补缸》、《游春》等，多为民间生活小戏。

随州花鼓戏早期叫“地花鼓”、“花鼓子”、“花鼓戏”，主要活动在随州地区和相邻的钟祥、京山、枣阳、襄樊、广水及河南省桐柏县、信阳市等地。最初只是一些民间艺人身背小圆鼓，走门串户、沿门叫唱、乞讨谋生的一种方式，俗称“打门”。清代已有专门的戏班，20世纪30年代进入鼎盛时期，出现了一些有名的戏班与艺人。主要声腔有蛮调、畲调、彩调、梁山调四种，擅长表演生活小戏，演出剧目从独角戏、二小戏（小旦、小丑）、三小戏（小旦、小生、小丑），逐渐发展到六根台柱（即六个行当：小生、小旦、小丑、二旦、青衣、老生）。无“皇帝”出场是随州花鼓戏剧目中独特之处；如确属剧情需要，也只是在幕后搭腔。传统剧目有200多个，如《打红梅》、《大清官》、《恨小脚》、《蓝丝带》、《三请樊梨花》、《打蛮船》、《站花墙》、《拦马》、《放绵羊》、《刘海砍樵》、《下扬州》、《打芦花》、《吴广大拜年》、《借妻》、《大观灯》、《卖杂货》、《小放牛》、《陈瞎子捉奸》、《绣香袋》等等。

流行于鄂东麻城、红安、新洲、黄冈、英山、罗田各县市，以及安徽省的金寨、合肥，河南省的新县、光山、商城等地的东路花鼓戏，早期名曰“迓戏”，俗称“哦呵腔”，又称“东腔”，与原名“西路花鼓”的楚剧是姊妹剧。东路花鼓在民间小演唱的基础上逐步形成，清代到达极盛期，有许多知名的东腔社班和名艺人。当地民谚说："吃鸡要吃鸡胯子，看戏要看戴傻子"、"不管有米无米，看戏要看秋瘌痢"、"管他割谷不割谷，要看邹鑫哭"、"看了蔡喜儿，回家摸不着椅儿"，可知当时东路子戏演出时的盛况。新中国成立后，麻城县组建了东路花鼓剧团，保留至今。东路子戏的传统剧目很多，整理出的传统剧目纳入"湖北戏曲丛书"的就有八辑之多，如《白蛇传》、《御河桥》、《李慧娘》、《井台会》、《大闹公堂》等，新中国成立后又创作了许多新戏。

除了上述地方戏曲外，晋楚文化圈的民间皮影戏也有自己的特色。湖北皮影主要分"门神谱"（大皮影）和"魏谱"（小皮影）两大类："门神谱"主要集中在江汉平原，"魏谱"则流行于鄂北和鄂西北。襄阳、随州一带的皮影戏，风格形制与陕豫相近，影偶较江汉平原小，脸部造型棱角分明，以唱蛮腔花鼓为主，是鄂豫陕三省民间文化融合的结果。

第八章　个案分析

第一节　九头鸟

为了从民间文学角度展示荆楚文化的特质，这里以“九头鸟”形象为个案，进行一些较细致的分析。俗话说：“天上九头鸟，地下湖北佬。”这“九头鸟”究竟来自何方，在历史上如何发展演变，它反映了荆楚文化什么样的性格特质与历史命运呢？

西方历史地理学派的故事学研究中，有一种基本观点，即认为每个民间故事都有自己诞生、发展、流播、衰亡的生命史，而研究者的任务，就是找出民间故事的所有异文，还原这种生命史。这一节，我们对荆楚文化符号“九头鸟”的生命史，也来作一次寻根之旅。

《山海经》中的九凤图

一、楚人的九凤神

九头鸟形象的出现，最早源于楚人的九凤神鸟。出自战国至汉初时楚人之手的《山海经》，是记载九头鸟形象的最早文献。“大荒之中，有山名曰北极天柜，海水北注焉。有神九首，人面鸟身，名曰九凤。”（《大荒北经》）

"九凤"所居的"大荒之中",虽不知其确切范围,却可以肯定包括楚地在内。因为楚人之先帝颛顼,与他的九个嫔妃皆葬于此。《山海经·大荒北经》开篇就说:"东北海之外,大荒之中,河水之间,附禺之山,帝颛顼与九嫔葬焉。"该书《海内东经》则说:"汉水出鲋鱼之山,帝颛顼葬于阳,九嫔葬于阴,四蛇卫之。"附禺即鲋鱼,古字通用。楚人血统的屈原,在《离骚》中说自己是"帝高阳之苗裔",这高阳即帝颛顼。颛顼葬于汉水,九凤又与颛顼同在一地,可见九凤是楚人所崇拜的九头神鸟。

"九凤"的神性,以它的名字即可得到证明。凤是我国古代最为崇拜的两大图腾之一,与龙并称,它是吉祥幸福的象征。《山海经·南山经》中说丹穴之山"有鸟焉,其状如鸡,五采而文,名曰凤凰。……自歌自舞,见则天下安宁。"《尔雅·释鸟》郭璞注:"凤,瑞应鸟。"《说文》:"凤,神鸟也。……见则天下大安宁。"由于凤凰是吉祥之鸟,故传说古代有的帝王,如少皞、周成王即位时,都曾有凤凰飞来庆贺。

楚人素有崇凤的传统。大诗人屈原在《离骚》中写到神游天国部分时,第一句就是:"吾令凤鸟飞腾兮,继之以日夜。飘风屯其相离兮,帅云霓而来御。"肖兵先生认为,全世界都十分流行的凤凰涅槃故事,最早就出自屈原的《天问》。先秦典籍中,多有楚人将凤比作杰出人物的记载,如《论语·微子》中,楚狂人接舆就对孔子作歌云:"凤兮!凤兮!何德之衰?往者不可谏,来者犹可追。已而,已而!今之从政者殆而!"《庄子·人间世》中,也有类似的记录。

楚人崇凤心理也得到考古资料的证明。如1949年2月在长沙陈家大山发掘到的龙凤帛画;1963年和1971年在湖北江陵两次发现的凤踏虎架鼓、长沙马王堆汉墓的飞衣帛画等,都是著名的发现。尤其是马王堆帛画,在天堂正中人面蛇身主神周围,就有几只大鸟环绕。而画面中部天堂入口处,也有一只鹰嘴人面怪鸟和两只长尾凤鸟。这与屈原诗中描写的意境十分相似。至今,崇凤心理在民间审美情趣中还占有重要地位,在湖北民间工艺品(如汉绣、服饰鞋垫纹样、剪纸等)中,也鲜明地体现了这种崇凤的传统。

楚人崇"九"的传统也很明显。仍以屈原为例,他的一个十分有名的系列作品,就叫做"九歌"。这是屈原被放逐时,"见俗人祭祀之礼,歌舞之乐,其词鄙陋",故而"更定其词",在楚地民歌的基础上修改而成的。屈原还有一个作品叫"九章”,他的学生宋玉则有“九辩”。《远游》一诗中,屈原曾写道:“朝濯发于阳谷兮,夕晞余身于九阳”。而在马王堆出土的飞衣帛画上,果然不多不少画着九个太阳。《楚辞》中许多地方用到“九”字,如九天、九畹、九州、九疑、九坑、九河、九重、九子、九则、九首、九衢、九合、九折、九年、九逝、九关、九千、九侯等等;连帝颛顼的后宫,也是“九嫔”。可见“九”在楚地信仰中影响之大。

综上所述,人面鸟身而九首的九凤,是楚人先祖所崇拜的一个半人半鸟的图腾形象,它是我国九头鸟形象的最早原型。

二、从鸟类神到鸟怪

《山海经》中的九凤,是一个鸟神或神鸟无疑。然而,此后九凤却从中国文献中神秘地消失了,取而代之出现的是种种冠以其他名称的九头鸟,不仅完全丧失了神性,而且随着时间的推移,变成了一个地地道道的鸟怪。

从汉末至唐宋,古文献中的“九头鸟”有着种种不同的称呼。主要有:

1. 鬼鸟(或鬼车)

《孔子集语·博物》引《白户录》上:“鬼车,昔孔子、子夏所见,故歌之,其头九首。”

《天中记》卷五十九引《本草》:“鬼车,晦暝则飞鸣,能入人食收人魂气,一名鬼鸟。此鸟昔有十首,一首为犬所噬,今犹余九首,其一常下血,滴人家则凶,夜闻其飞鸣则捩狗耳,犹言其畏狗也,亦名九头鸟。”

2. 鸧(奇鸧、鸧鹧等)

《广博物志》卷四十引《韩诗》:“孔子与子夏渡江,见鸟而异之,人莫能名。孔子曰:‘鸧,尚闻河上人歌云:鸧兮鹄兮,逆毛衰兮,一身九尾长兮’。”

《昭明文选》中郭璞的《江赋》:“若乃龙鲤一角,奇鸧九头。”

《正字通》:“鸧鹧,一名鬼车鸟,一名九头鸟,状如鸺鹠,大者翼广丈许,昼盲夜瞭,见火光辄堕。”

3. 姑获鸟(或女鸟)

《玄中记》:“姑获鸟夜飞昼藏,盖鬼神类。……故世人名为鬼鸟。”

《天中记》:“姑获鸟能收人魂气,今人一云乳母鸟,……时人亦名鬼鸟。”

4. 九头鸟

《三国典略》:“齐后花园中有九头鸟见,色素,似鸭,而九头皆鸣。”

此外,尚有苍鷐、逆鸧、夜飞游女等名称。之所以会出现这么多不同的名称,可能是九头鸟形象从楚地传开后,各个地区对其的不同称呼。

后世这些九头鸟,与楚人九凤形象的渊源关系有迹可寻。例如,“九头鸟”又称“鬼鸟”。据学者考证,在古代,“九”“鬼”通用。例如,《史记》中的《殷本纪》与《鲁仲连邹阳列传》中,都记载商纣王以九侯、鄂侯、文王为三公。但在《礼记》与《战国策》中,“九侯”比作“鬼侯”。《括地志》云:“相州滏阳县西南五十里有九侯城,亦名鬼侯城,盖殷时九侯城也。”“九”与“鬼”既通用,从神性的九凤,易名为妖怪的“鬼鸟”或“鬼车”,显然是与九头鸟由神演化为妖的历史事实相契合的。又如“乳母鸟”、“女鸟”之名,皆以九头鸟为女性。我们都知道,在封建社会时期,龙为皇帝的象征,凤则被用于皇后,我国女性以“凤”为名的比比皆是,恐怕男性以“凤”为名的就极少见了。

九凤本是吉祥鸟,但后世文献中的九头鸟,则妖气十足,主要表现是:

其一,滴血降灾,摄人魂气。唐人刘恂《岭表录异》云:“鬼车,春夏之间,稍遇阴晦,则飞鸣而过。岭外尤多。爱入人家摄人魂气。或云九首,曾为犬啮其一,常滴血。血滴之家,则有凶咎。”

其二,点血儿衣,取人小儿。《天中记》说:“姑获鸟能收人魂气,今人一云乳母鸟。言产妇死化作之。能取人之子以为己子。胸前有两乳,有小子之家则血点其衣以为志,今时人小儿衣不欲露者,为此也。”

其三,形象丑陋,性情凶暴。宋人周密《齐东野语》中说它“身圆如箕,十脰环簇,其头有九,其一独无,而鲜血点滴,如世所传。每脰各生两翅,当飞时,十八翼霍霍竞进,不相为用,至有争拗折伤者”。文中的“脰”,指的是脖子。

此外,据说它还喜欢偷吃人们剪下的指甲,以便从中得知人们的祸福。谁有灾祸,它就落在谁家屋上鸣叫(见《岭表录异》卷中)。传说宋代景定年间,皇帝得了病。有一天,忽然青天大白日地看见九头鸟站在门前捣衣石上,哀鸣啾啾。当天晚上,皇帝果然病死了。

九头鸟既是大灾星,人们对它的态度自然就不友好了。南朝梁人宗懔在《荆楚岁时记》中,记载了当时楚地风俗:“正月夜多鬼鸟度,家家槌床打户,捩狗耳,灭灯烛以禳之。”周密《齐东野语》中也说:“故闻之者,必吠犬灭灯,以速其过泽国。”

三、千年毁誉之争

受人崇拜的九凤为何消失，取而代之以九头鸟怪呢？它为什么会由神变妖，由何时何地变为妖怪的呢？这是中国文化史上一个令人困惑的谜。

好在古代文献上还是留有一些线索，为我们解开这个谜提供了方便。我们来看宋代著名诗人梅尧臣的一首《古风》：

昔时周公居东周，厌闻此鸟憎若仇。
夜呼庭氏率其属，弯弧俾逐出九州。
射之三发不能中，天遣天狗从空投。
自从狗啮一首落，断头至今清血流。
迩来相距三千秋，昼藏夜出如鸺鹠。
每逢阴黑天外过，乍见火光辄惊堕。
有时余血下点污，所遭之家家必破。

民间文学主要在口头流传，某个故事何时何地由何人记录在文献上，很大程度出自偶然。例如盘古开天辟地最早见于三国时徐整的《三五历记》，伏羲女娲兄妹最早见于唐代李冗的《独异志》，这当然不能说盘古、伏羲女娲的神话是在三国和唐代才产生的。同理，梅尧臣的这首诗，很可能是记载的一个古老传说。尤为重要的是，这个传说的内容，与史实甚为弥合。

据史书记载，周武王死后，其子年幼，由弟周公旦摄政。七年后，周公还政于长大成人的侄儿，是为周成王。当时有人进谗言，说周公早想篡位。年轻的国王大怒，要加害于周公，吓得周公逃往楚国去了。后来周成王从周公的一份祭天祷词上，发现周公对自己一向忠心耿耿，后悔自己的鲁莽，于是杀了进谗言者，把周公又从楚国接回。

这段历史说明了两个问题：1. 周、楚在周公时是两个敌对国。因为若关系好，楚必不给周公以“政治避难”，会将他引渡回去。2. 由于周公曾避难于楚，对楚人的九凤神必然熟悉。

历史上，周、楚的确是死对头。就在周公回国后不久，两国便多次爆发激战，周昭王率军亲征，竟死于汉水之中，成为异乡之鬼。周人对楚人之恨可想而知。

我们知道:一个民族的神,在它的敌对民族那里必然会被说成妖。像埃及大神沙特(Sat),在希伯来人的《圣经》中就变成了魔鬼撒旦(Satan)。我国南方部族之神蚩尤,在华夏族那里便成了能飞沙走石的妖怪。周人将楚人的九凤图腾说成妖怪,并编出天狗咬断其一首的故事,也符合这条比较神话学的基本规律。至于是周公本人确有此事,还是民间传说附会于周公身上,那倒是无关紧要的。

天狗咬断九头鸟一首的情节,更露出周人编故事的马脚。古代南方对"九"尤有神秘感,认为"九"为极数,故"九凤"本来就是九头。而北方则不同,南方是"九阳",前面已说过;北方神话中却是"十阳",像羲和生十日,羿射九日留一日的故事,都很著名。他们把楚人的九凤,说成十头而被天狗咬一头,显然是按北方文化的传统,在编故事时把崇"十"的心理自然融汇进去了。

周人曾统一过中原,周人的继承者,属于北方民族的秦国,最后终于扫灭了包括楚国在内的六雄,统一了全中国。这对楚文化传统的传播当然不利,所以自《山海经》后,九凤神的形象便完全消失了,而作为鸟妖的九头鸟形象,则在全国普遍流传开来。包括荆楚在内,对"鬼鸟"吠犬驱赶,已沿习成俗了。

然而,就像历史上的"楚虽三户,亡秦必楚"一样,当九头鸟以妖怪形象风行全国时,一个美丽迷人的故事,却从楚地蜕变出来,并迅速流传开去。这就是从姑获鸟中变异出来的羽衣仙女故事。鲁迅《古小说钩沉》中辑有这个故事:

> 姑获鸟昼飞夜藏,盖鬼神类。衣毛为飞鸟,脱衣为女人。一名天帝少女,一名夜行游女,一名钩星,一名隐飞。鸟无子,喜取人子养之以为子。今时小儿之衣不欲夜露者,为此物爱以血点其衣为志,即取小儿也。故世人名为鬼鸟,荆州为多。昔豫章男子,见田中有六七女人,不知是鸟,匍匐往,先得其毛衣,取藏之,即往就诸鸟。诸鸟各去就毛衣,衣之飞去。一鸟独不得去。男子取以为妇,生三女。其母后使女问父,知衣在积稻下,得之,衣而飞去。后以衣迎三女。三女儿得衣亦飞去。今谓之鬼车。

这个故事显然脱胎于九头鸟怪传说,编故事者甚至知道姑获鸟即鬼鸟或鬼车。顺便说一句,按照传说,鬼车之得名,即来源于九头鸟十八翼霍霍竞进所发出来的犹如人力车般的声音。但编故事者很聪明地扬弃了"九头"的怪诞形象,以避免勾起人们对滴血降灾的鸟怪的记忆。他打破了一般人心目中的"鬼鸟"或

"鬼车"是不祥之物的心理定势,以"衣毛为飞鸟,脱衣为女人"的奇特幻想,并以凡人与仙女婚配、男耕女织的美好愿望,深深打动了人们的心,以致它超越了时空限制而升华起来,成为中国民间故事中一个十分流行的母题。几乎历代笔记小说,从敦煌石室藏书中的《田章》,到《聊斋志异》中的竹青,都有不少这个故事的变体。它还融入其他故事,如四大传说之一的《牛郎织女》,就借用了其中盗天衣成婚的情节。

尤其值得指出的是:中国的羽衣仙女故事,竟是世界极为流行的这类故事的故乡。据西方权威性的民间故事工具书AT分类法记载:这类故事遍布于全世界五十多个国家与民族,已发现的异文达一千二百多篇,称得上是世界最流行的故事。日本学者君岛久子教授在她的《东洋的女仙们》一文中,说这个故事是由中国传到日本去的,其历史记载比日本早几百年之久。

世界上最早记载羽衣仙女故事的,是晋人干宝的《搜神记》、郭璞的《玄中记》和北魏郦道元的《水经注·江水》。而这些记载中故事发生的地点,就在楚地——湖北阳新与江西豫章。

四、九头鸟与楚文化

中华民族是一个大的民族集团,中华文化是从远古以来各族人民劳动与智慧积淀而成的文化。如果把中华文化比作一条大江,那么各个民族、各个时代的文化,就是这条大江的支流。不积细流不成江海。没有各个民族的创造与贡献,也就没有中华文化。目前,随着非物质文化遗产保护活动的深入开展,地域文化研究也出现了一个前所未有的高潮。在这样一个文化背景下,关于九头鸟与楚文化的研究,就有着特殊的意义。

首先,从九头鸟形象的演变以及不同社会集团对它的态度,我们可以更具体地观察中华文化的结构。文化不是铁板一块,而是由许多部分熔铸组合的一个大系统。在这个大系统中,还存在着许许多多子系统,这些子系统同样对人们的思想意识、精神风貌、心理气质等,有着巨大而持久的影响。换句话说,我们不仅要看到中华文化的共性,而且还应注意各地区、各民族文化的个性。

九头鸟传说在中国流传了几千年,它的演变本身就是一部流动着的文化交流史。它既是南北文化融合与中华民族集体创造的结晶,又体现了作为中华文化的一分子的楚文化的独特风格。它由神变妖，由妖变仙女的戏剧性变化，体现了楚文化在民间传承中顽强的心理定势。“天上九头鸟，地下湖北佬”这句俗语，无论在湖北人还是其他地方的人们中，都成了口头禅。关于这句俗语，也有不少传说。

有的传说将这句俗语与江陵人张居正联在一起。据说，明代神宗元年(1573年)，张居正出任宰相。他鉴于内忧外患的危险局面，果断采取一系列改革措施，实行一条鞭法，打击豪强地主。他的改革触犯了贵族们的既得利益，他们联合起来，以九位御史为首，反对张的改革。然而张居正不为所动，使改革很快取得了成效，回击了保守派的挑战，故而时人谚曰：“天上九头鸟，地下湖北佬。”赞扬张居正的治国才能。还有的民间传说，说张居正曾从湖北籍官员中，选出九个精明强干者为巡按，控制了全国局势。因此，人们以“天上九头鸟，地下湖北佬”来称赞湖北人的才干。直到近现代，民间还流传着许多“唯楚有才”的传说。

今天，我们研究九头鸟与楚文化，就要发扬楚文化中一些优秀传统。例如楚文化的韧劲，“楚虽三户必亡秦”，从屈原的忧国忧民、昂首问天，到楚人项羽、刘邦的覆灭秦朝，我们可以想见楚人的坚韧与执着。从九凤神被变为怪，到从鸟怪中蜕化出羽衣仙女，我们也可想见楚文化的顽强与机敏。更不必说在当今时代，张居正那勇于改革与善于改革的精神，多么值得大大发扬了。

第二节 《黑暗传》

一、《黑暗传》的发现

鄂西北“打待尸”时演唱的长篇叙事歌中，核心作品是“四游八传”。其中影响最大的是《黑暗传》。

《黑暗传》，又称《混元记》、《混沌记》、《黑混沌》等，它的发现既偶然又曲折。1983年，神农架文化馆工作人员胡崇峻，受命与几位同志一起，将馆里搜集的民歌资料，精选出一本《神农架歌谣集》。他将自己寻访到的《黑暗传》手抄本，选了500多行，以“长篇历史神话叙事长诗节选”为题收入到这本书中。1984年，华中师范大学的刘守华教授看到这部作品后，撰写了《鄂西古神话的新发现——神农架神话历史叙事山歌〈黑暗传〉初评》一文，[①]认为《黑暗传》的发现证明汉民族有神话史诗一类作品在民间口头流传。中国神话学会会长袁珂先生读到此文和《黑暗传》片断后，也兴奋地表示："《黑暗传》的发现是个新的突破，汉民族也有了自己的史诗。"同年9月21日，《湖北日报》头版刊出《神农架发现汉族首部创世史诗》的消息，被选入当天《人民日报》的要目，从此这部作品蜚声国内外，引起了学人的高度关注。

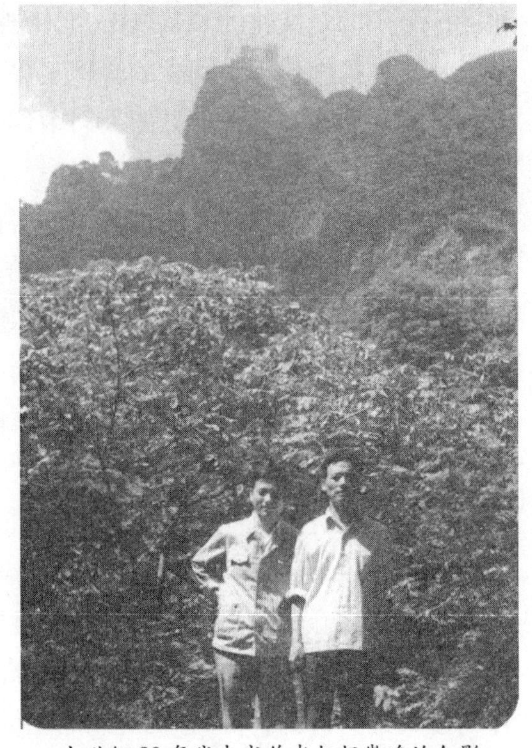
上世纪80年代本书作者与胡崇峻的合影

胡崇峻不断寻访着《黑暗传》的各种异文。1986年，湖北省民间文艺家协会编印《神农架〈黑暗传〉多种版本汇编》，共收录了8篇原始资料，8篇附录。[②]2002年，胡崇峻在发现更多资料的基础上，正式出版了《黑暗传》整理本，台湾云龙出版社紧接着推出了繁体字版本。"在占有丰富的口头与书面材料的基础上，经过仔细鉴别比较，胡崇峻便以《黑暗传》、《黑暗大盘头》、《混元记》、《玄黄祖出身传》等7份抄本和曹良坤、曾启明、史光裕、陈湘玉等十几位歌手的口述文本为基础，选取其中意趣和文词更为丰富生动的部分加以拼接，构成这一个新的文本。诗中的故事情节和文句均有来历，他不仅没有杜撰和改变原有的故事，文句上也只是根据情况略作修饰润色，尽可能保持其原貌。"[③]

胡崇峻整理的《黑暗传》长达三千多行，除歌头歌尾外，主体分为《天地玄黄》、《黑暗混沌》、《日月合明》和《人祖创世》四部分，内容包括了宇宙和地球的形成，人类的起源，社会的进化，三皇五帝的来历，是一部歌谣形式的通史。

① 刘守华：《鄂西古神话的新发现——神农架神话历史叙事山歌〈黑暗传〉初评》，江汉论坛，1984(2)。
② 中国民间文艺研究会湖北分会编：《神农架〈黑暗传〉多种版本汇编》，1986年。
③ 刘守华：《〈黑暗传〉序》，载胡崇峻搜集整理的《黑暗传》，长江文艺出版社，2002年，第3页。

《黑暗传》异文众多。主要情节是：宇宙最初一片黑暗，"先天只有气一团，不分青红和紫蓝，黑里咕咚漫无边，伸手不把五指见。当时什么都没有，只有一个老祖先，老祖有名叫黑暗，无影无形无脸面，没有爹来没有妈，更无亲戚和六眷。"黑暗生黑蛋，黑蛋育出 16 代神，末代之神江沽是一巨鱼，他喝干天地之水，前往北溟老祖处讨玄珠，化玄冰为黑水。黑水生昆仑，昆仑生玄黄老祖。玄黄派弟子去取天地之根——荷叶上的露珠，却被浪荡子神吞下肚中。玄黄斩浪荡，命名干支，死后头颅化为混沌。混沌生盘古，盘古开天辟地，请日月，平四方，斩妖怪，以葫芦收水，化身天地。宇宙多次被洪水淹没，兄妹葫芦中避水，金龟卜婚，女娲画人，祝融共工争战，女娲补天。此后天地人皇出世，衍出史书所载的那些"治世"故事。

归纳各种版本的情节，大略可以看出，《黑暗传》内容分"先天"、"后天"、"泡天"和"治世"四部分，"先天"讲盘古前的事，"后天"讲盘古开天，"泡天"讲三番洪水泛滥，"治世"讲三皇五帝功业。其中，"先天"部分的神话最富特色，多不见于古籍，十分珍贵。

《黑暗传》中展示的创世过程可用下表简示：

时期	主要神灵	主要情节
先天	黑暗老祖 玄黄老祖 混沌老祖	生黑蛋孵化出 16 代神灵 取天地根，造海洋和昆仑 生盘古
后天	盘古 众神	开天辟地 请日月 创造万物 初造人类
泡天	洪(弘)儒 洪(弘)皓 洪(弘)钧	平息洪水 再造人类
治世	天皇、地皇、人皇 伏羲 神农 轩辕	分四季、日月、九州 八卦、婚姻 农耕、医药 统一华夏

《黑暗传》中的一些神话富有地方特色。如《盘古杀雾神》讲:最初地上只有一座山,被汪洋大海包围。山中间一大坑,坑里有个怪物,龙不像龙,龟不像龟,好像一个大蛤蟆,口吐雾气。这雾气使整个天地处在黑暗中。怪物吞吃了太阳和月亮,日月的母亲——马桑树和梭罗树恳求盘古为他们报仇。盘古等那怪物出来,一斧头砍下去,正中那怪物脑袋,怪物受伤,从大坑里跳出来与盘古撕打搏斗。盘古杀死怪物,划开它的肚子,太阳和月亮从中钻了出来,照亮了天地。[①]神农架常常大雾遮天蔽日,因此当地人想象出雾神这样的怪物。这样的情节,不身临其境是难以创造出来的。

《黑暗传》中有许多谜团至今未解。如最初的 16 代神,分别叫(淄)浪、浦湜、滇汝、江泡、玄真、泥沽、汗水、提沸、雍泉、泗流、红雨、清气、菩提、重汗、浬(沍)、(沍)浬、洞(泬)和江沽,除了玄真、菩提分别具有道教和佛教宗教色彩,其他的名字都莫名其妙,古籍不见。从这些名字多从"氵"旁看,不大像出自山区,更像来自水乡。还有以荷叶上的露水为天地根、龙在水中的争斗以及多次洪水泡天等,似乎暗示着神农架并非《黑暗传》的原产地,而是它的保存地。

笔者发现,在荆楚文化圈中,也有《黑暗传》的踪迹。如《中国歌谣集成湖北卷·京山县歌谣分册》中,就有一首"锣鼓盘歌调"《浪荡子吞天》:"上前三步把礼让,我求师父讲端详。听人说一混沌事,不知出在哪一方?即到歌场把歌唱,这点小事听我讲。当初有个江沽皇,他是水族一霸王。收下两个小门徒,其中一个叫浪荡。这件事儿并不远,出在昆仑荷花荡。那时无天又无地,佛皇叫去江沽皇。给他两滴珍珠水,拿到荡里去抚养。其中一个为之天,其中一个为之光。这件事儿关系大,江沽来对徒弟讲。浪荡子和奇妙子,这天无事捉迷藏。刚好来到荷花荡,荷叶上面闪奇光。浪荡睁眼四下望,两滴水珠真叫香。当时他正要喝水,上前一口吞下肠。这下闯了天大祸,恼了师父江沽皇。亲自抓来浪荡子,尸分五块丢五方。如今世上五大岳,都是浪荡尸骨长……"[②]

无独有偶,在大洪山地区发现的《善歌锣鼓集》和《涢山祭祀歌》,实际上就是《黑暗传》的异文。

《善歌锣鼓集》1988 年由湖北省群众艺术馆编印。[③]该书代序中说:"《善歌

① 胡崇峻主编:《神农架民间故事集》,神农架林区群众艺术馆编印,1990 年。
② 王克森主编:《中国歌谣集成湖北卷·京山县歌谣分册》第一分册,1987 年。
③ 江云主编、冯本林搜集整理:《善歌锣鼓集》,湖北省群众艺术馆编印,1988 年。

锣鼓》是祭祀仪式歌。据歌师介绍，旧社会的大型祭祀活动，有严格的仪式程序，分念词、请神、扬歌、止歌、争令、款架拜香、安神、定韵、唱书、送神、赐福、贺喜共十二个仪程。”吕纯良、冯本林合写的“《善歌锣鼓》活动调查附记”中说，这种民间祭祀仪式歌主要流传于大洪山麓的客店、杨集、三阳、河水、三里岗、洪山、清潭等区镇，又名孝歌锣鼓、登堂歌、打锣鼓、贺锣鼓、合锣鼓、贺菩萨、还锣鼓愿等，通常用于添丁祝寿、乔迁新居、买田置地、添六畜、生意开张、升官发财、收徒拜师等喜事，或家宅不和、多病久病、六畜不旺、六禾不丰、家运不顺、天灾人祸、生意赔本等不吉时，总之，是为祈福避祸而举行的祭仪。

《善歌锣鼓》的上古神话内容，主要集中于“争令”和“定韵”两个仪程。

“争令”是选拔掌鼓发令的歌师，由同场演唱者考问令师，看他是否知识渊博，够资格掌鼓。考问的方式是“盘古”，即盘问古事，不够格的要让位。“盘古”歌的形式类似神农架“翻田埂”，火药味很浓。如盘问者唱：“金鼓一响我接令，我与先生谈古文，世人都说盘古早，八氏老祖还在先。”令师答：“先生说话把人欺，上台先把八氏提，幸亏我读万卷书，差点丢丑无酒吃……”接着令师要唱出八氏之名，分别是：五龙氏、巨灵君、皇覃氏、有巢氏、燧人氏、史皇氏、祝融氏、女娲氏。盘问者不会轻易放过令师，还要接着问：“你虽接了发令鼓，未必能称令师傅；要想歌场众人服，除非讲出盘古的父。”令师必须唱出盘古的父亲，原来是盘瓠的故事。盘问者步步紧逼：“我今不听唱盘古，单单要听唱江沽，如若不知江沽事，切莫冒充令师傅。”令师胸有成竹：“仁兄来反江沽问，这事只有我知情，桅杆上面千条索，任你牵动哪一根。”此后你来我往，直到将江沽出世和吞天、混沌画蓬莱、蓬莱炼丹生十二祖、无声老母、鸿蒙老祖、日月夫妻、洪水泡天、盘申画万物、伏羲兄妹葫芦避水、蚩尤愉罔争帝、女娲补天、神农、轩辕、颛顼、昆仑等，讲到盘问者满意，就会一起合唱：“斗大金印任你掌，只管催马往前闯。若要粮草来将令，摇旗呐喊我帮忙。”

“定韵”是《善歌锣鼓》的第八个仪程。由于歌手们师承不同，同一情节的故事，所用的歌韵也有差异。在这个仪程中，掌令者会为每段故事的歌词确定韵脚，其他歌师随他的韵来唱这段故事。这些故事以远古神灵为主人公，提到了鸿蒙、幽泉、浦浞、汗清、真女、江泡、玄承、利付、乾癸、醍醐、泗由、溶清、讼川、农女、青烟、青炁、浲沸、童犴、夜游神、黑五、(沍)沉、洞沦、混沌、齐巧、莲쵸、玉清、波

滇、波阳、觉艖、沸肖、(汔)泫、眉蒂、涧湕、沸(泂)、(娼)(嵾)、婺烟、嬉姐、(媸)妍、(汔)洹、(竚)娈、娑娴、曼嫍、瑜螈、滏潴、嫪仙、袅嫣、妊婼、姁嫔、姮、女娲、旱魃等神灵,同时讲述了他们的事迹,如三次养育天地、三次洪水泡天、盘古开天辟地等。

2003年出版的《涢山祭祀歌》,[1]是《善歌锣鼓》的更完整版本。主编刘大业是个退休文化干部,他不仅记录了大洪山一带锣鼓祭祀歌的内容,还为相关音乐记谱,附有对这些歌曲传承历史与现状的札记。据他研究,这些流传于随州、京山、安陆、钟祥、宜城和枣阳周边的锣鼓祭祀歌,可能出自一本名叫《神仙通鉴》的古书。这部书主要有"西方古祖二十四代"、"东方古祖三十代"、"三次养育天地"、"盘古开天辟地"、"三支神笔和六个月亮"、"五次洪水泡天"等内容。书中提到的50代古祖,姓名基本涵盖了《黑暗传》、《善歌锣鼓》中提到的神名。该书所记唱词基本上是七言四句。能演唱这些歌的,都是当地文化较高的人。"根据二十世纪八十年代走访、座谈的情况来看,登记在册的锣鼓先生共103人。文化水平为:清贡生一人、秀才四人,专职私塾先生15人,念过私塾、今为民师(相当于高中程度的)34人,初中21人,三项占总人数百分之七十点四,其余均为小学程度。"[2]显然,这是民间知识分子将古籍中的宗教故事,结合锣鼓歌习俗而创作的一个神话系列。

《涢山祭祀歌》中也记录了歌师们的斗歌,场面非常有趣:"盘歌一般是在夜晚十点以后,将最后一场书唱完。接上款驾安神已毕,围观的人不想走,此时东家又在筹办夜餐,歌师就相互逗趣了(这种不严肃的内容是不能对神唱的),如:一本长书唱完了,主人还在把火烧,一日三餐味道好,全靠味精加胡椒。主人正在把火烧,肚子饿了有夜宵。再来一段盘歌调,逗逗笑笑凑热闹。"书中记录了多次斗歌轶事。如有一次19岁的王文运与老歌师刘福青打锣鼓,年轻气盛的王首先挑战:"炸鸟(一种小鸟)敢把老鹰追,麻雀能啄鹞子腿,秤砣虽小压千斤,甘罗十二居相位。"老刘还击:"清早起来撞见鬼,碰个小孩来横槌。美不美吗家乡水,切莫绊发我的威。"小王也回击:"你会偎我找浑水,手拿钢叉见鳖尾,正想美肴有老鳖,谁知是个骚乌龟……"[3]这样的斗歌也是火药味十足。

比较《黑暗传》与《善歌锣鼓》、《涢山祭祀歌》的文本内容,相同之处很明显:

① 刘大业主编:《涢山祭祀歌》,中国电影出版社,2003年。
② 见上书"综述",第6页。
③ 见上书"盘歌",第144页。

那些生僻的神灵姓名，如（滋）淙、浦湜、江泡、玄真、汗水（清）、提沸（醍醐）、菩提、重汗（童犴）、浬（沍）、（沂）浬（沉）、江沽、奇妙、浪荡等等，都一模一样，不可能是各自单独发明的。故事的基干：多代神祖、养育天地、昆仑圣地、盘古开天、洪水泡天、历代古皇等等，都基本一致。一些细节，如浪荡吞荷叶上的水珠（天地根），被杀后尸分五块，抛入黑水长出昆仑山等，都完全相同。显然，这是同一部作品的不同异文。

有关《黑暗传》的来源，至今未有定论。刘守华先生已发现它与明代通俗小说有关系，甚至与敦煌写本《天地开辟已来帝王纪》也存在一定的关联。有关《黑暗传》与《善歌锣鼓》、《浈山祭祀歌》之间的关系，至今未有人研究。无论如何，这几部作品问世后，正如刘先生所言："尽管学人对其价值的评说见仁见智，高下不一，而这一系列抄本的真实可靠性却无可置疑；文本的多姿多彩及其流传地域之广，正表明它生命力之强旺和影响之深远，值得人们倍加珍视。"①

《黑暗传》的搜集与讨论还在继续。这是一条极有价值的线索，通过它，一定会把我们带到那已经丢失了的神话与历史的遗址，增进我们对祖先们生活与思想的认识，重现古老神话文化的辉煌！

第三节 薅草锣鼓

湖北民歌中覆盖全省且最有特色的形式有两种：一是五句子歌，一是薅草锣鼓。关于五句子歌，梁前刚先生有专著研究。②这里，重点介绍薅草锣鼓。

顾名思义，薅草锣鼓是一种以锣鼓伴唱的田歌，多在田间劳动时演唱，用来调节气氛，提高工效。据有关调查，薅草锣鼓在湖北、四川、重庆、云南、贵州、广西、陕西、甘肃等省市区都有发现。③列入国家非物质文化遗产名录的薅草锣鼓项目有三个省，除四川青川县的川北薅草锣鼓和宣汉县的川东土家族薅草锣鼓、江西武宁县的打鼓歌外，其他的全在湖北省，分别是宜昌、五峰、兴山和宣恩。民

① 刘守华：《〈黑暗传〉追踪》，载《汉学研究》第19卷第1期。
② 梁前刚：《五句子概说》，湖北人民出版社，2007年。
③ 张琪：《四川薅草锣鼓研究》，四川师范大学硕士论文，2009年。

歌研究专家杨匡民教授认为：薅草锣鼓是长江中游联曲体结构民歌的代表，并认为这类歌种是此区音乐的一大特色。[①]

笔者阅读了湖北省各地的民歌集成后，发现除申报了国家级项目的四县市外，本省其他地区也都有薅草锣鼓，表明薅草锣鼓很可能是以湖北为中心而向四周辐射的一种民间文艺形式。下面分别介绍湖北各亚文化圈的薅草锣鼓。

一、荆楚薅草锣鼓

狭义的荆楚地区指以荆州为中心的江汉平原和周边山地。荆楚田歌在宋代文献上就有记载。《湖北通志》引《寰宇记案·甲乙存稿》载："扬歌，郢中田歌也。其别为三声子、五声子。一曰噍声，通谓之扬歌。一人唱，和者以百数，音节极悲，水调歌或即是类。"[②]

江汉平原的农作物主要是水稻和棉花，周边山地除水稻外，也种玉米、马铃薯等杂粮。因此，平原地区以锣鼓伴唱的田歌，主要是栽秧锣鼓和车水锣鼓，山地则多薅草锣鼓。

薅草锣鼓用的鼓和锣

江汉平原水稻区普遍流行打栽秧鼓的习俗。在栽秧时请一班民间艺人在田

① 杨匡民：《长江中游文化区民歌结构》，载《音乐研究》，1999年第3期。

② 孟修祥：《先秦楚歌滥觞与蔓衍历程》，第四届荆楚民俗研讨会论文。

边敲锣打鼓，喊秧歌。民间认为田间越热闹，越能预兆丰年，太冷清，栽的秧就难成活，容易结"哑巴谷"。栽秧锣鼓的表演者要有很高的技艺，能双手要三根木棒，边要边击鼓敲锣喊秧歌。栽秧锣鼓有时一领众合，有时二人对唱，有时围着田埂边走边唱。栽秧的人随着锣鼓点子一边栽，一边听秧歌，有时还跟着合唱，使本来很累的农活变得轻松多了。

荆楚地区的不少民歌集成中，都有现代记录下的"扬歌"。如钟祥的一首《秧田锣鼓》："（念）立夏三天水捞浑，逮个鲤鱼八九斤；你三斤来我三斤，还有三斤送主人。（唱）哎！衣咚扯来扯冬咣，鼓打六把锤交还与你。哎！南风没得北风凉，家花没有野花香；家花不香不常断，野花香来香不长。哎！车过头来脸朝东，东边来了个武相公。你怎么知道是个武相公？他人也凶来马也凶。哎！车过头来脸朝北，北面来了个胡敬德。你怎么知道是个胡敬德？他人也黑马也黑。哎！车过头来脸朝南，南边来了个单身汉；你怎么知道是个单身汉？他的钥匙插在裤腰间。哎！车过头来脸朝西，西边来了个牛经纪。你怎么知道是个牛经纪？他的烟袋插在屁眼里。"[①]从这首歌可以看出荆楚栽秧锣鼓的特色：即兴编歌，看到什么唱什么，准确的观察力，幽默的语言，生动的描绘能力。这样的歌在田中一定会引得大家哈哈大笑，在笑声中减轻了劳累，不知不觉中提高了效率。

"鼓对鼓来锣对锣，车出水来流成河，稻秧喝了蹦蹦长，爷们见了笑呵呵。"[②]水稻种植离不开水，车水是个枯燥的体力活。这种活要求用力匀，有节奏感，也比较累。车水锣鼓是用来提高车水工效的。将车水者分为两班，一班车水，一班敲锣鼓。轮换操作，由于锣鼓点子节奏感强，车水人随着锣鼓点子踏，既可提高工效，又可消除疲劳。在江汉平原各县，如荆州、京山、钟祥、孝感等地，都有车水锣鼓。

在洪湖市、京山、枝江等地，都有薅草锣鼓，当地又叫赶鼓、催工鼓。每年三月至八月的农忙季节薅草（薅棉花、苞谷草）时多见。在洪湖，赶鼓以一男性鼓师击鼓领唱、舞蹈，众劳作者帮腔应和。开始前先由主人请的鼓师（或村中德高望重能击鼓歌舞的长者）在田头击鼓喊歌，薅草的农民们听到鼓声来到田间后，表

① 钟祥县民间文学集成办公室、钟祥县文化馆编：《钟祥民间文学作品选集·歌谣分册》，中国民间文艺出版社，1989年，第5-6页。

② 王克森主编：《中国歌谣集成湖北卷·京山县歌谣分册》第一分册，京山县民间文学三套集成领导小组、京山县群众文化馆编印，1987年，第18页。

演正式开始。鼓师胸前斜挂小堂鼓，双手各握一根鼓槌，边击鼓歌唱，边即兴舞蹈。薅草者逐渐薅成半圆圈，在鼓师指挥下，跟着鼓点的节奏，边接腔合唱边劳动。若逢几支薅草队都在附近劳动，鼓师和群众还要进行歌舞表演、劳动进度等方面的比赛，其热烈的场面，就像一场民间歌舞盛会。

在远安，田歌又叫"花锣鼓"。这是一种大型套曲，有严格的程序，早中晚不能乱套。上午叫"七折本鼓"，因七段音乐而得名，内容是完整的唱本（如《梁祝》）和即兴的编词。下午唱"六槌板"、"长三阵"、"随声"等固定曲牌，然后依次为"扬歌"、"歇歌"、"说古人"，最后是天晚了的"送郎"。①

二、秦楚薅草锣鼓

秦楚文化圈指夹于秦岭和大巴山脉之间的"秦巴谷地"，属于湖北省的行政区划，有以十堰市（郧阳地区）为中心的竹溪、竹山、房县、保康、郧县、郧西等县市和神农架林区（古属房县）等。由于都是山地，所以农作物多以玉米为主。每到农历六月间，几阵大雨一淋，苗长草旺，有时杂草长势超过了禾苗。当地谚云："荒了头道不见面，荒了二道有一半。"意思是说如果头一批草不除，全年就无收了。二批草不除，只有一半收成。在这抢除荒草的紧要时刻，农家常用卖工、帮工、换工的方式，集中劳力打歼灭战。这时候，薅草锣鼓就发挥必不可少的作用了。

秦楚薅草锣鼓的传统十分深厚。《竹山县志》载：当地"栽种则击鼓讴歌"。竹溪县"栽种击鼓讴歌，出入皆负背笼"。②当地传说薅草锣鼓源于唐朝。公元686年，武则天将中宗李显贬到房陵（今房县）。据传他所带的军士在垦荒种田过程中，为统一步调，提高劳动效率而发明了薅草锣鼓。所以，至今秦巴谷地仍称锣鼓班为"唐将班子"。

"早晨起来雾尘尘，只听锣鼓不见人。双手拨开云和雾，一阵锣鼓一层人。"③这首房县民歌唱的就是薅草锣鼓的情景。在齐肩高的玉米丛中，农民一字排开紧张劳动。歌手（通常二人，一持锣一持鼓，也有多人并配唢呐的）面朝农民，站在离薅草队列约七八米的前方，敲打锣鼓，配合着劳作节奏，吟唱歌谣。

秦楚薅草锣鼓的内容是有一定仪程的。首先请神，然后说书。如上世纪五

① 彭善梁、吴光烈主编：《中国歌谣集成湖北卷远安分卷·远安歌谣》，内部印刷本，1990年，第3页。
② 以上资料见徐学谟等撰：明万历六年《郧阳府志》卷十四"风俗"，潘彦文等校注，长江出版社，2007年。
③ 张歌莺、杜明亮主编：《房县民歌集》，长江出版社，2007年，第137页。

六十年代记录的竹溪"阳锣鼓"中，就有《请禾苗神》："阳锣鼓打得连声震，来了锣鼓两个人，今日主东把我请，为的是五谷来丰登。纸马钱财安排定，肉一方来酒一瓶。你当酒肉与你我呀？要给主东祭神灵。你我开始把神请，先请五谷禾苗神。又请风调并雨顺，保佑五谷来丰登。风伯雨师一齐请，雷公闪电两尊神，山荒土地也要请，野兽耗老你担承；主东酒菜将你敬，唯愿他五谷来丰登。一些神圣安排定，回转又说与伙伴听：众位农友（我们）一齐请，老幼尊卑听分明，我们大家要攒劲，都是到此赶人情，今日干活全凭你，我们歌鼓二人打和声，身款锣鼓用目愣，眼观个个汗淋淋，若还主东知道信，多办酒菜谢你们，（我们）闲话一时表不尽，我们看在哪段书上行？解渴还要清泉水，唱歌还要本头儿记得清，我低下头来暗思想，猛然想起一段情，前朝后汉都不讲，我们水浒梁山唱几声。"[①]

在不同时段，薅草锣鼓的内容有不同。如薅草过程中如有人落后，歌师会唱到他跟前："甲：落在后面的是哪一个哇？乙：那是张家表哥，我不好对你说呀！甲：莫不是老表的尾巴长哇？乙：他夹着尾巴慢慢磨来慢慢拖哇！甲：莫不是表哥的锄头小呵！乙：那小锄头拿回去给表嫂掏耳朵哟！"到了中午，大家累了，歌师会唱："太阳当顶过，肚子有点饿。拜上主人家，送点汤汤喝。"到了天晚，歌师就唱收工歌："太阳翻山回，鼓打震天雷。马备金鞍子，早送歌郎回。""太阳落了岩，做活的在倒鞋。今日放工晚，明天早点来。"[②]

秦楚薅草锣鼓曲调繁多，有小曲小调、戏曲快书、山二黄、花鼓调、四六句、信天游、说说唱唱等。内容也是丰富多彩，既有大本长歌，也有精短民歌，还有触景生情、即兴发挥、现编现唱的歌曲。

三、巴楚薅草锣鼓

巴楚文化圈处于宜昌市、神农架林区和恩施州构成的大三角区之间，以拥有长江三峡的巫山山脉为中心，范围波及宜昌地区及所属的巴东、长阳、五峰、秭归和兴山等县，包括恩施地区北部的建始县等。清代诗人彭秋潭在《长阳竹枝词》中曾写道："换工男女上山坡，处处歌声应鼓锣。但汝唱歌莫轻薄，这山听见那山歌。"[③]可见这里的打锣鼓唱田歌是常见的民俗。

---

① 湖北省文化局、中国音乐家协会武汉分会编：《湖北民间歌曲集》下册，1962 年，第 411 页。

② 张歌莺、杜明亮主编：《房县民歌集》，长江出版社，2007 年，第 142 页。

③ 杨发兴、陈金祥编注：《彭秋潭诗注》，中国三峡出版社，1997 年，第 183 页。

在三峡地区，“锣鼓歌”常常以劳动内容而分，有“栽秧锣鼓”、“扯草锣鼓”、“薅草锣鼓”、“砍柴锣鼓”等不同类型。也以乐器数量多少而分别命名为“一锣鼓”（一锣一鼓）、“夹锣鼓”（三样）、“四样锣鼓”或含有唢呐和丝弦乐器的“吹锣鼓”。“锣是青铜打，鼓是牛皮扎，拿在田中打，免得人说话。”打锣鼓就是为了让人们集中精力干活，提高劳动效率。

打薅草锣鼓

巴楚薅草锣鼓也讲究套路。以长阳县“薅草锣鼓”为例，它把一天的劳动进程分为清晨、晌午和下午三个阶段，进行有规律的安排。晌午有两次休息，叫头歇、二歇。下午有三次休息，分别是头歇、二歇、三歇。什么时候休息，全凭歌师根据现场进度，用歌声来安排。

清晨一下田，歌师就唱《叫歌子》，作为当天的开场引子。如《露水号子》：“口喊露水刷绿叶，下田种庄稼。早晨露水大，露水压分杈，切一根枝枝杈，来把露水刷。”[①]唱完《叫歌子》后，就唱成套的《扬歌》。“扬歌”多由掌鼓歌师一人唱，其余歌师只接应每句最后一个字，加以甩腔。唱成套的扬歌前，先唱一段套式扬歌“引子”，称做“白话”；一套唱完要在最后一句把腔转到另一腔调上去，叫做“甩腔转调”。到了晌午，长阳多以《中午句子》和《龙摆尾》这两首专用曲牌，分别穿插其他号子组成联唱。农民说：“中午的活是钉子板子的活——硬抵硬的”，故需高昂、开阔、舒畅的歌子来提神。下午，也要唱《扬歌》。长阳是以唱《一声号子》、《偷花》、《两声子》、《插曲》、《赶五句》等曲牌为主，音乐具有欢快、风趣的特点。在这种程式下，歌师灵活掌握劳动时间和强度，运用锣鼓节奏和演唱内容来指挥生产。[②]

长阳薅草锣鼓的音乐十分丰富。武汉音乐学院杨匡民教授指出：“整套‘薅

① 龚发达主编：《中国歌谣集成湖北卷·长阳土家族自治县歌谣分册》，长阳土家族自治县文化局，1988年，第21页。

② 李继尧：《抬轿点睛录》，青海人民出版社，2007年，第377页。

草歌'由二三十个单曲山歌腔的民歌联缀而成，每一首山歌腔又可以填唱许多山歌词。歌唱内容都是劳动生活中的事。唱腔有庄重的、欢快的、活泼的、诙谐的、悲伤的情绪，富有浓厚的山乡风味。今列出其常用唱腔名称，可见其唱腔之多样性：起鼓、叫歌子、扬歌、扬歌带号、露水号子、采茶号子、冤家号子、乖乖号子、催工号子、穿号子、自穿号子、赶号子、減号子、一声号子、两声号子、四声号子、叫歌子(结尾)；其中又可穿插不同的唱腔，如对口词、喊三条弯、篾穿花、午时中、乌龙摆尾、回娘家、姊妹相会、划龙船……等等。"[①]

巴楚锣鼓歌富有艺术性。如宜昌民间艺人刘德方唱的薅草锣鼓，有一首这样的《疙瘩号子》："情哥住在巴山巴岭琵琶山，情姐住在九湾九坳九道湾，九湾九坳九道湾里的姐儿，把巴山巴岭琵琶山的哥儿，接到九湾九坳九道湾里玩，姐儿要为郎烧茶，郎找姐儿说情话，把郎引到东亭与西亭，南亭北亭长亭与凉亭，说不完的话，道不完的情，看不完的景，哪有闲心把茶饮。"[②]又如巴东的《竹鸡子》："哟，唤你呀，竹鸡子儿哟，身穿一身麻，一翅飞到竹林笆，连叫三声水喊声咵咵。叫得天黑、地黑、乌云陡起，扯闪、打雷、下大雨。情妹过不得河，搭船来接我。"[③]这些由长短句构成的歌词，如同绕口令一般，曲折回环，对歌师的口齿是个考验，对听众来说也觉得很好玩，在对歌声的欣赏中忘了疲劳。

四、土苗薅草锣鼓

以恩施市为中心的土苗文化圈，土地贫瘠，过去耕作粗放，很多地方刀耕火种。2006年，湖北人民出版社出版了由潘顺福撰写的《薅草锣鼓》一书，对这个文化圈的薅草锣鼓进行了全面的研究与介绍。[④]

土家族的薅草锣鼓，在恩施州各县的县志上均有记录。如清同治《来凤县志》载："四五月耘草，数家共趋一家，多至三四十人，一家耘毕，复趋一家，一人击鼓，以作气力；一人鸣钲，以节劳逸。随耘随歌，自叶音节，谓之薅草鼓。"清代不少县志中都录有相关的《竹枝词》，如吴裕中："栽秧薅草鸣鼓锣，男男女女满田坡。背上儿放阴凉地，男叫歌来女接歌。"王伟："满畦蔓草绿婆娑，几日前村约伴

① 杨匡民：《长江中游文化区民歌结构》，载《音乐研究》，1999年第3期。

② 袁维华采录、彭明吉整理：《郎啊姐——民间文艺家刘德方传唱的三峡情歌选集》，中国三峡出版社，2004年，第40页。

③ 田从海主编：《巴东民间歌谣》，民族出版社，2007年，第6页。

④ 潘顺福：《薅草锣鼓》，湖北人民出版社，2006年。

多。挥锸歌时声匝耳，频敲腰鼓与铜锣。”洪先绪：“薅草六月满山岗，锣鼓声声抑复扬。莫道山中无礼数，男男女女各分行。”[①]

土家族薅草锣鼓也有自己的程式。以利川薅草锣鼓为例，演唱有完备的程序：从“排歌场”始，依次为请神、说号头、来龙露水、立五门，然后是歇气（休息），再次开工后为扬歌，中午收工时唱刹号子。下午开场仍是扬歌，头歇后是盘歌、传十字、吟诗、对字歌、收号子、拆五门、送神。其他各县市也各有各的程式。

在利川薅草锣鼓中，开场有时很浪漫。如“清早起来雾沉沉，手提锣鼓重千斤。打起锣鼓震天宫，惊动玉皇大帝神。玉皇坐在灵霄殿，耳烧眼跳不安宁。玉皇急忙传下令，要传太白李金星。打开天门看凡尘，凡尘出了啥事情？从头一二看分明，快将实情来回禀！金星领了玉皇令，南天门上看风云。凡间未做别的事，打锣打鼓闹阳春。车身要向玉皇禀，要向玉皇说事情。玉皇听了也欢乐，打起天鼓来助兴。”

接着是《启声》。如：“张秀才，李先生，你来看土山中行。你到北京撞皇帝，御朝门外撞将军。来到府里撞知府，来到县里撞衙门，来到大山撞山神，来到平地撞农神。撞农神，迎农神，回家碰到鼓先生。铜锣也要响鼓配，唱歌要找对头人。”然后有一段盘歌。问：“啥子鸟出林先拍翅？啥子鸟出来先开声？哪个梳头先照镜？哪个出来先请人？”答：“野鸡出来先拍翅，锦鸡出来先开声。王母梳头先照镜，唱歌郎儿先请人。”

接下来的《请神歌》，一般要请天、地、五方、金、木、水、火、土、龙、虎等神。如“请神先请哪方神，水有源来树有根，一请东方甲乙木，木高万丈土中生；二请南方丙丁火，火在炉中烧红云；三请西方庚辛金，金银财宝滚进门；四请北方壬癸水，天门走来天门行；五请中央戊己土，土公土婆养万民。”在请神中，要把各方神灵来历都唱一番。

有趣的是，请神中还有《请歌爷歌娘》：“一请歌娘天仙女，二请歌爷许良成。三请许家云翠女，四请田广和田真。上边放下打鼓架，下边扎起打锣亭。左边放下金交椅，右边放下长龙凳。歌爷歌娘请坐下，辈辈歌师听分明。歌是你们起的头，一代一代传到今。如今红白办喜事，处处山歌闹沉沉。今天山里打锣鼓，打起锣鼓闹阳春。”从这里我们知道，原来土家族还有名副其实的歌仙，他们都有名

① 潘顺福：《薅草锣鼓》，湖北人民出版社，2006年，第7页。

有姓，可惜关于他们的来历与事迹，我们今天已无从知晓了。[①]

《薅草锣鼓》一书分别介绍了利川、鹤峰、恩施、巴东、宣恩、建始、来凤、长阳、五峰等县市的演唱形式，从中可以看出：土家族各县市的薅草锣鼓，既有一些相似的程式与组合，也有一些地域上的差异。

五、吴楚薅草锣鼓

鄂东南地区用于水稻田的田歌有咸宁、赤壁的《栽田鼓》、崇阳、通山的《栽禾鼓》、阳新的《落田响》；用于旱田的有《通山挖山鼓》、《崇阳挖地鼓》。

鄂东南是吴楚交界之地，传说古时士兵屯边，常击鼓唱歌。后来山民将战鼓应用到田间劳动，以鼓催工，形成习俗。清同治《通山县志》中提到的"田鼓寺钟"，指的就是"栽田鼓"。有人撰文这样回忆家乡的田鼓："老家在鄂东南，当时农村经济相对落后，栽田未能用上机械，而是靠人工一棵一棵地插。早稻是在'五一'期间抢插的，乡民有换工的习惯，今天你在我家下水田，明天我也帮你家插秧。人多，劳动是热闹的。为了消除疲劳，催工鼓劲，东家会请来击鼓艺人在田边敲起栽田鼓，唱起民歌——喜盈盈，喜盈盈/一根鼓槌手中抡/口唱山歌提精神/手儿捏着小秧头/插在田里换金银。"[②]

鄂东南田鼓也有规范完整的套路。以通山的《山鼓歌》为例，一般一天唱五支号子：上午唱"来"、"中"，中午后唱"消"、"郎"、"西"，每支号子分为"上半头"（长号）和"下半头"（短号）两个鼓牌，每个鼓牌的歌至少三支，每支歌又分为歌头与歌崽，鼓匠唱歌头，歌师根据歌头的尾韵唱歌崽。歌崽为五句子或六句子，其内容可唱山歌，也可唱成本的叙事诗，或即兴编唱。但一般是上午唱杂歌，下午唱古人。[③]

通山《山鼓歌》开头通常是请四方歌郎，然后根据不同时段唱不同的歌。如《早晨头》："早晨头，早晨扶犁去耕田，手提犁尾三作转，姣莲送茶到田边。"《日晒中》："日晒中，晒郎背膀晒姐胸，晒郎背膀犹自可，把姐晒得面皮红。"《请歌郎》："日落红，打发歌郎收早工，今日歌郎来路远，明日早起又相逢。"[④]

---

① 黄汝家主编：《利川市民间歌谣集》，湖北人民出版社，2008 年，第 27 页始。

② 胡新华：《想起家乡的栽田鼓》，《湖北日报》2013 年 4 月 26 日。

③ 咸宁地区民间文学三套集成编委会、咸宁地区群众艺术馆、咸宁地区民间文艺家协会编：《湖北省民间文学集成丛书 · 咸宁地区歌谣集》，中国民间文艺出版社，1990 年，第 9、10 页。

④ 同上，第 9-23 页。

鄂东南与江西相接，江西省九江地区武宁县列入国家级非物质文化遗产的《打鼓歌》，就是从湖北传入的。据清同治《武宁县志》载：乾隆年间"楚人来宁垦山者，多以百计。绝嶂层岩，鸡犬相应。火耕旱种，百锄并出。每数十人为伍，其长腰鼓节歌，以一勤惰……"其申报书中引《武宁县志·艺术卷》载："打鼓歌最迟是公元一千七百年前由湖北传入武宁。"虽时间尚待考证，但由鄂而赣的传播路径是确凿无疑的。

六、晋楚薅草锣鼓

在湖北北部，与河南省南阳市、信阳市毗邻的十堰、襄阳、随州三市所辖市县，也有不少地方有薅草锣鼓的习俗。据笔者所知，十堰市为鄂陕豫相交地，所辖郧县、丹江口市、竹山、竹溪、房县，都是薅草锣鼓的流行地；襄阳市的保康、南漳、宜城，盛行薅草锣鼓和车水锣鼓。随州的打锣鼓，虽主要用于祭祀活动，但其中的基本仪程，也有扬歌、定韵、请神等内容，应与田间锣鼓活动有一定关联。

歇工时听打薅草锣鼓

以襄阳市所辖的保康县为例。《保康县志》中记载有薅草锣鼓的习俗。过去，农民"日出而作，日落而息"，农事有换工的习惯，当薅草班子达到20人左右，就要打锣鼓。薅草锣鼓二人一班，一人敲鼓，一人面挂锣鼓架，架上挂着大、小锣和钹。演唱以鼓手为主，形式灵活，或互相接歌，你叫我接，或锄草的人一齐接，或锣鼓师傅自打自唱，不拘一格。“唱”和“打”也有不同的配合，若唱时不打，只以锣鼓作间奏，谓之“住鼓听声”；若边打边唱，以锣鼓伴歌，则称之“鼓里藏声”。薅草锣鼓有固定的程序，出早工时唱《开工歌》，又叫“歌头”，接着唱《请神歌》；吃过早饭上工时唱“扬歌”，是薅草锣鼓歌的主要部分，有固定的唱词；傍晚收工时唱《送神歌》。

1953年，四川绵阳新皂乡东汉墓出土了一套俑像的陶水田，“左段田里站立五个俑像，除其中一个穿长袍拱手而立的可能是监督者外，其余四人都是矮衣赤足的劳动者。有手持镰刀的，提罐负水的，还有一个击薅秧鼓的……”[①]这个出土文物中的击薅秧鼓俑像证明，在汉代，就已有田间打鼓唱歌的风俗了。虽然我们不知道湖北各地薅草锣鼓的源头，但从上面介绍的资料看，湖北省近现代仍遗存着广泛的田间锣鼓活动，其中奥秘，值得我们今后下功夫作进一步的探索。

---

① 刘志远：《考古材料所见汉代的四川农业》，载《文物》，1979年，第12期。

第九章　考察纪事

第一节　故事家的葬礼

与民间故事家刘德培相识，最初的印象是他那把长胡子。

刘德培老人生前像

1983年12月16日，我出席湖北省民间文艺家协会的学术年会。年会主要内容之一是省民协为刘德培命名“民间故事家”，颁发锦旗与证书。凑巧的是，刘德培的发现者王作栋先生与我住在同一房间，而刘老夫妇俩就住我们隔壁。

刘德培是五峰土家族自治县珍珠山白鹿庄人。他是个地道的农民，为谋生干过很多营生，打过长(短)工、当过脚夫和斋铺学徒，还干过邮差、瓦匠、唱皮影戏、算命、行医、红事支客、白事督管等行当，四方游走，见多识广。尤其是记忆力好，不仅喜欢讲故事，还会编故事。1976年他在宜都县文化馆检屋漏，在文化馆工作的王作栋发现他语言风趣，是个“故事篓子”，于是对他跟踪采访，记录和整理他传讲的全部故事。省民协对刘德培的故事进行研究后，决定在这次年会上授予他“民间故事家”称号。

第二天是命名仪式。刘老是主角，一大早王作栋就过去帮他打扮，我和他一起来到隔壁，只见刘老夫妇梳洗已毕。一见刘德培，我就被他那把飘逸的长胡子吸住了眼球，觉得很有仙风道骨的味道。才聊了两句，不知怎么就聊到刘的胡子上，刘的老伴梅婆婆过去将胡子揪了一把，说："这胡子长，可以编个辫子，就成了一把'辫胡'。"她将"辫胡"二字加重了语气，让人听出"便壶"的谐音，我们哈哈大笑。从此，刘老的胡子和老夫妇日常生活中的幽默与和谐，在我脑海里烙下了深深的印记。

中日学者访问刘德培，刘老身边三人从左至右分别为采录者王作栋、日本民俗学会会长野村纯一、华中师范大学教授刘守华

转眼间17年过去了，刘德培老人已成为蜚声中外的"国宝"，联合国教科文组织命名他为民间故事家，为他拍摄的专题片在全球放映。其间，我与刘老又有过几次接触。1993年，中日两国专家组成的联合考察团专程拜访刘德培，我也是这次考察团的成员之一。

2000年12月14日上午，我在刘守华老师家中商量编纂新教材的事。忽然接到王作栋电话，说刘德培老人去世了。我们当即决定赶赴刘老家中，参加他的葬礼。第二天，我们乘一辆中巴从武汉市向五峰县进发，车上除刘守华老师和我外，还有湖北省民协副主席傅光典、李惠芳，华师民间文学专业的师生黄永林、龚浩群、余霞、程秀莉和张晓舒。下午两点在五峰县的渔洋关与宜昌市文联副主席王作栋、博物馆长王志琦会合，匆匆赶往县城。

五峰县是一个地道的山城，车子行于山道，只见崇山峻岭，巍巍如城，千丈绝壁，惊心动魄，但深谷幽泉三两人家，也有世外桃源的味道。除了面积约二三平方公里的长乐坪镇外，再也难找稍大一点的平地。县城坐落在五峰山下，其山有五个峰像手指样向天上伸开。县城依山而建，房子密集，道路窄小。在县委招待所吃完晚饭，车子开向刘老的家珍珠山。

到达珍珠山，天已全黑，车子只能开到山下，还要爬一段山路才能到刘老家。县里临时买了三个手电筒。刚下雪不久，山上的雪尚未全化，地上泥泞难行。我们一行除了武汉来的 11 人外，还有宜昌来的王作栋和王志琦，三峡电视台的何建军主任与梁海生编摄，以及县委宣传部曾副部长、办公室主任谢群山和一位姓王的同志等。天一片漆黑，除三个手电筒前后晃动偶尔照到脚下的路外，什么都看不见，只听到前后一片喘息之声。路很滑，不易站稳。持电筒的三人分布在队伍首、尾和中间，年轻人和年纪大者搭配，大家手拉手，走一步，站稳了，再拉下一个人。队伍中年龄已 65 岁的刘守华老师，身手矫健地走在前面。后面是年近六十的李惠芳老师。我走在中间，四个女研究生跟在我的后面，不断地发出大惊小怪的呼叫。随着晃动的电筒光，我们得小心地观察草边或石上可以落脚站稳之地。在一个地方，曾副部长特别提醒我们注意路边有个深不见底的“天坑”。所谓天坑，就是一个溶洞口，人若掉进去，后果不堪设想。我们注意地观察了一下，只见一丛长长的茅草，根本看不到天坑口，若不是当地人，很难发现。这使我联想到“两伙伴”故事中坏良心者推人下天坑的情节以及探险队的艰险等等。虽然大家脚下都极小心，相互提醒鼓励，电视台的梁编摄还是滑了一下，扭伤了脚。

终于看到了山上的灯光，越来越近。半山腰隐约一座房子，房前用塑料布搭着大棚，有许多人。远看房子冒着白气和青烟，电灯光照耀下的场院就像罩在薄雾中一样。前面带路的人在离房子大约二三十米时停住，点响了一挂爆竹，房子那边突然发出三声铳响回应，把几个女研究生吓得大叫。不一会儿，我们就从屋侧小路走进了场院。

刘德培老人的房子像所有当地住房一样，是一种土木结构的砖房。房子形状总体上呈正方形，但两端向前方略突出，向大门方向各开一扇门。右边一端是厨房，左边一端是厕所和牛栏猪圈，左端另外向前伸出来搭有一个棚子，里面放的是杂物木柴之类。棚子与房子形成直角，其间的空地，放着两排花圈。房子前的场院很大，在彩色条纹塑料布搭盖起来的临时棚子下有四个大圆桌，桌边坐满了吃饭的人。这是一种流动式的宴席，前来参加吊唁的亲朋好友及邻居，只要想吃，就坐到桌边去，周围有人不断收拾碗筷，给新坐上者添饭添菜，这就是农村常见的“流水席”。在四张大圆桌的两侧，各有一个烧蜂窝煤的大火堆，四周围满了人。山里的冬夜气温相当低，但人群拥挤，两个大火堆，加上热茶热饭冒的蒸汽，驱散了寒冷。喇叭中播放的哀乐，在黑暗的群山中回荡。

大门上方，有一个黑布白字的横幅，上写“沉痛悼念民间故事家刘德培老人”，两侧的楹联是：“九旬国宝走南闯北弘扬民粹　百年人生说古道今流芳神州”。门口右侧紧挨着楹联是一张白纸布告，上书“民间故事家刘德培老人逝世治丧小组”，写着负责各种事务的人的名字。无论楹联或布告，皆以白纸写，但用红纸作边子圈起来。

刘老家门口

一进大门，就有胸挂白花的孝子上来下跪拜谢。刘老的灵堂设在正厅。正对大门的是一床悬挂的花床单，上面缀有一个花圈，中间是一个很大的“奠”字。花圈之下的桌子上供着刘老的黑白遗像。遗像照得很艺术：刘老面带微笑，长须飘逸，特别是眼睛，无论你在哪个角度看这张遗像，刘老那和善而快活的眼睛都在瞧着你，似乎一张口就要说出笑话来。遗像前有几炷香，香炉前有个大盘子，里面放着糖果饼干，不时有人从中抓走一把，盘子将空时，就有人重新将它盛满。床单两边各挂一幅对联，左边是：“国宝九旬荣归东土，故事笑话讲遍神州”；右边是：“四海奔波苦中作乐，神志风貌永留人间。”奇怪的是，对联用红纸写，只有底

刘老灵堂

部的一小块剪为须状的纸缀是白颜色。问过当地人才知道，只有 80 岁以上的高寿老人才能用红纸写挽联，因为他是走“顺头路”。灵堂之后是刘老的灵柩，灵柩一半在厅里，一半伸进厅屋后部的房中，棺木大头朝里。棺木未上盖，而是覆以一床薄被。朝厅这一头，还放着一个纸扎的灵屋。

我们在侧屋休息了几分钟后，梅婆婆出来了。一见王作栋，她便上去拉住了他的手。坐下之后，大家纷纷向梅婆婆表示慰问。

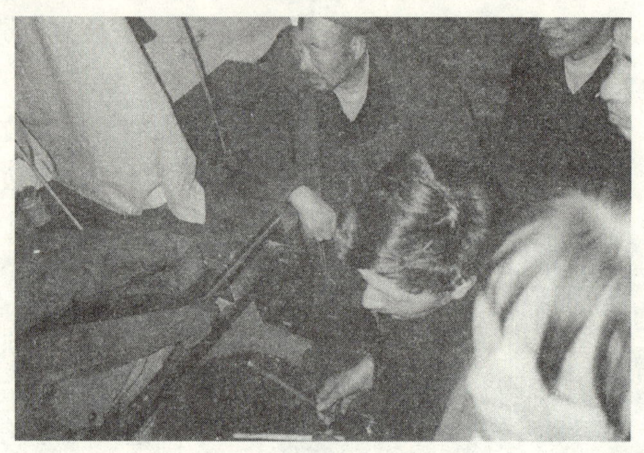

鼓师们

正厅里已传来跳丧的歌声，歌声粗犷，曲式简单，不像唱，而像声嘶力竭地喊。我们来到正厅，只见灵位左边的红对联下，坐着一个掌鼓的歌师，他大约四五十岁，宽脸，粗糙的脸皮上有不算长却分布相当广的黑须。他边领唱边使劲敲打着一面相当旧的鼓：

请出来，请出来，
请出一些玩家来，
好生跳呀好生跳，
步子错了惹人笑——

厅屋中央有 6 个男子，在刘老的遗像前，二人一组相对而跳。歌师每唱一句，他们就吼一声衬词：“幺呀幺姑姐——”现在歌师正在唱“四季”：

正月里来无花栽，(合)幺呀幺姑姐——
二月来时花正开，　　幺呀幺姑姐——
三月清明吊白纸，　　幺呀幺姑姐——

四月蚕老送丝来，　　幺呀幺姑姐——

…………

前来摄制节目的三峡电视台文艺部何主任等，立即开始工作。上山时扭伤了脚的梁编摄，举着聚光灯，一瘸一瘸地在人群中挤。县里的电视台以及记者们纷纷举起照相机。见有人拍照，跳的人更加来劲了，掌鼓的歌师调子一变，唱起了情歌：

姐儿生在三岔歧，
结交的相好是打铳的，
听到山里铳子响，
姐在家中笑嘻嘻，
今夜又有野鸡吃。（"吃"发音为 qi）

姐儿住在河树林，
喂个狗子咬死人，
他的个来了它不咬，
你的个来了咬三声，
狗子都是两样心。

挤进跳丧圈子里的人越来越多，两人一组已经伸不开手脚，队形于是变成了"圈内模"；中间二人为核心，其他舞者围在周围，边跳边顺时针转圈。歌的调子又改成了"山羊嗬"：

挨姐坐，对姐说，山羊嗬——
捡个棒子戳姐脚，山羊嗬——
戳得一下她不耳，山羊嗬——
摔了棒子用手捞，山羊嗬——

挨姐坐，对姐言，山羊嗬——
问姐要钱不要钱，山羊嗬——
上等之人贪玩耍，山羊嗬——
下等之人只要钱，山羊嗬——

要钱的夫妻不长远，山羊嗬——

丧舞持续了一整夜，掌鼓的歌师换了一个又一个，舞者换了一拨又一拨。在舞者中，有一个长相酷似刘德培的老人，几乎一整夜都未下场。王作栋告诉我们：他是刘老最小的弟弟，叫刘德繁，比刘老小26岁，但也是62岁的人了。他与哥哥感情很深。他说今天要陪哥哥好好玩一晚上，因为明天上午哥哥就要"上山"了。王作栋说，刘德繁从哥哥那里学到了许多民间笑话、歌谣和谚语、谜语。刘老去世后，他就成为重要的民间文化传承人了。刘老的一个妹妹也在侧屋守夜。刘家九姊妹，刘老去后，就剩下两姐弟在世了。

刘德培最小的弟弟刘德繁，为哥哥最后跳一夜舞

舞者中跳得最好的是两个中年人，他们个子不高，但舞步潇洒，动作很讲究，后来才知道他俩曾在县文化馆受训，并代表五峰县在省民间舞蹈比赛上获奖。半夜，一群小男孩推推搡搡地挤到中心，学着大人的动作跳。一个身穿短大衣、身材婀娜的女孩拉着一个稍瘦的青年人站在舞蹈圈子的边上学着跳，但她的步伐一看就是标准的国际交际舞舞步。在舞蹈的高潮中，刘守华、李惠芳老师和研究生程秀莉，都在人群中学着跳。

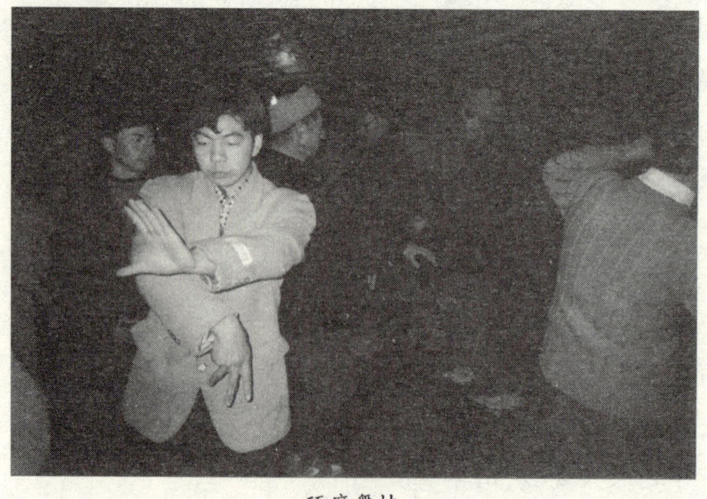

琢磨舞技

我向旁边刚换下场的刘德繁老人请教才知道：跳丧舞的跳法很简单，脚下踩“升子底”（即一个正方形），手上是碾子口，两掌相对，不断上下换动和左翻右翻；队形一般是两人相对，不断交换位置，人多了则“跳包心”，中间二人，其余人围着转圈。舞姿很讲究，有三步半、四大步、风加雪、翻身子、跑场子、美人梳头、犀牛望月、凤凰展翅、牛擦痒、狗撒尿、虎包头等等，一共有20多套动作。

夜深了，人们开始有了困意。刘老房子虽大，但床铺有限，参加丧事的大约有两百多人，如何睡得下？人们只有见缝插针，哪里有地方就睡在哪里。一个小伙子干脆扒在刘老的棺材旁，睡得很香。而掌鼓师这时却改了调子，唱了几段“荤”的：

姐儿生得一脸白，
眉毛弯弯眼睛黑，
眉毛黑来好饮酒，
眼睛黑来好贪色，
夜里无郎睡不得。

姐儿生得高架架，
倒在地上像扬叉，
小郎爬在扬叉上，
左一叉，右一叉，
还说小郎不溜耍……

坐在侧屋和外面火堆旁的人则讲开了“荤”故事。王作栋介绍，刘老生前讲过这样一个笑话：两书生过河，水太深，于是脱了裤子。过河以后本要穿裤，忽见一妇女在地里薅棉花，二人就想调戏她，故意不穿裤子，喊那女子看。妇人看了对他们说：“我没得工夫看，要赶着薅我的棉花，我的两个伢子都没得裤子穿。”

王作栋的故事使我想起在长乐坪镇吃饭时，县委宣传部曾副部长讲的两件刘老生前的真事。大家都知刘老会用故事“掰”人。有一天，县里一个姓袁的同志要刘老讲故事“掰”他。刘老讲：从前有一对夫妻，由于不讲卫生，那个地方老是痒，就找医生看。医生说要在太阳底下晒才晒得好。两人只好每天脱了裤子在太阳下晒。后来女的好了，男的却照样痒，就去问医生。医生说：我搞错了，她那里是个扁的，你那里是个圆(袁)筒(同)子(志)。另一个故事中的主角是曾任宜昌文联主席的刘××和文化局长来××，说他们逼刘老编故事“掰”他们，刘老不肯，最后说好不生气，刘才说：最近他心情不好，原因是梅婆婆五六十多了，下面(月经)却老是不干净，老流(刘)老来，老来老流(刘)……。大家听了，笑得直喷饭。

在侧屋休息时，一瘦高老人自称能讲很多故事。他复述了一个刘老曾讲过的故事，表述水平不怎样。他还宣称自己能讲全本《征西》、《征东》等，七日七夜不重复。过后与他聊，方知他叫郑××，66岁，家住长乐坪××河二组。

天快亮了，由专门的锣鼓班子唱《送歌郎》感谢乡亲

歌舞一夜后，东方已白。按丧舞程序，转为唱“送哥郎”。有一专门演唱班子，一中年人司鼓，两钹和两个小锣，全体共7人，皆为男性中老年人。方式为坐唱，以锣鼓为过门，歌词很长，内容为孟姜女故事，以送别为核心内容，孟姜女送夫的叙事歌中含有送参加跳丧者及亡魂之意。歌的形式成套路，先是送夫十里到长城，然后是寻夫十二月，再是祭奠亡夫的赐酒、纸钱、香烛等，最后是送哥郎一程又一程，从家中一直送到南天门。曲调古朴婉转，显然是汇集单篇民歌向大型化演唱的一种过渡形式，大约一气唱了近半小时。按程序，此歌唱完，丧舞就停下来，转入做法事和送殡了。

丧舞停下之后是吃饭，此地风俗是吃饭要抢座位。电视台这时则抓紧时间采访了刘守华教授、李惠芳教授、王作栋和我。接受采访完后，好半天我都挤不上一个座位。最后由孝家出面请开了两位客人,才算吃上早饭,也算是段花絮。

在刘老的追悼会上,除了省市来宾外,县委宣传部赵部长等许多干部也前来参加。会上宣读了中国民间文艺家协会以及各相关单位的唁电,王作栋致悼词。会后向遗体告别,我站在棺材旁端详着,除了死者特有的那种泛黄脸色外,刘老就像在安睡,长长的胡须垂在嘴角,仿佛就要咧嘴一笑,说出一个笑话来。

凌晨,天一直在下雪,一度雪花还不小。为了不致使汽车被封在山里,我们没有参加出殡仪式。每个人捡一根棍子作拐杖,踏着泥泞的山路,翻山向停车的公路走去。大家戏称是“丐帮”,将刘老师奉为“帮主”。宜昌电视台那位在上山时歪了脚的同志,也由人扶着,一瘸一瘸、走走歇歇地离开了刘老的家。

走在山路上,碰到一群人在山腰挖着什么。一问,原来他们在为刘老挖墓穴。从墓穴的位置,正好可以遥望刘老家的房子,我不由得佩服这墓址选择的巧妙。我们回望刘老的家,只见很大一群人簇拥着刘老的灵柩,正缓缓向墓穴走来,鞭炮、土铳、哭声响成一片。

到了山顶,一边是山下公路上我们的汽车,一边是从山腰刘老的房子向山上刘老墓穴走来的人群。我忽然发现自己站在两个世界的分界线:一边通向汽车轮上高速前进的现代都市,一边通向讲着笑话唱着山歌跳着丧舞的古朴农庄。而当我们昨晚在刘老身边为他跳丧时,正是在生死两个世界的分界线上为古代文化和现代文化的交接举行一个古老而庄严的仪礼。

我忽然想起了现在所在的地方——珍珠山白鹿庄。民间笑话、山歌、舞蹈,不就是遍地撒落的珍珠么!刘德培老人不就是守护着这些珍珠的白鹿么!我的眼睛从山下送葬人群转向山林和点缀着白雪的土地,再扫向天空,眼前忽然出现一个幻觉:一只白鹿,就像电影《九色鹿》中的那只神鹿一样,从山下人群中跃出,缓缓升空,身体在空中划出一道优美的曲线。它回过头向我看来,眼睛里满是笑,嘴上是一绺随风飘动的长胡子。

第二节 吕家河村听歌记

一

吉普车拐了个弯，路标上闪过“官山乡”几字。李征康对我们说：“民歌村快到了。这里的山过去全归官府，供养武当山的道士，所以叫官山。”

李征康是六里坪镇文化站的站长。早在80年代，他就因发现伍家沟故事村而出名。他中等个子，乍看去像个衣着朴素的乡村教师，但一双眼睛明亮有神。我们是老朋友了。这次，他又发现了一个民歌之村——丹江口市官山乡吕家河村，特邀我的老师刘守华教授和我一起从武汉来听歌。同行的还有我们的研究生龚浩群。

1999年6月25日上午，车进吕家河管理区。这里位于著名道教圣地武当山的后坡，但见山势雄奇，层峦叠嶂。一条小河沿山谷蜿蜒而来，正值枯水期，河水清且浅，但从河床有的地方宽达几十米及两边被冲毁的石坝来看，洪水期间的山水一定十分凶猛。吕家河管理区的3个自然村21个小组两千多口人，就分布在河两岸的山坳之中。

吕家河村毗邻房县，历史非常悠远。自秦朝始，房县即为流放犯人之地，史载流放于房的帝王将相达20多人。《郧阳府志》载：秦始皇曾流放嫪毐朋党四千余家和吕不韦同党一万多家于房陵；武则天曾贬唐中宗李显于房县；宋太祖亦贬其次子赵延美于此地……这些人来到这里，自然要带来皇城的先进文化。而自唐以来逐步鼎盛起来的武当道教文化，更给这里产生了直接的影响。早在唐中宗李显被贬于房县时，就每年定期朝拜武当。他所开辟的这条进香之路被称为南神道，来自川东南、陕南和鄂西南的朝山百姓，络绎不绝。而吕家河正是这条神道的必经之地。明代，吕家河被列为“官山”，直接由武当山代官府征粮，是五龙宫的后勤供应地。

吕家河地形奇特：高大的峰峦四面相夹，但在山谷之中，又有一条不大的山脉沿着吕家河逶迤蛇行，活像一条弯曲的游龙。山脉顶端有小山包，就像一个伸入水潭之中喝水的龙头。人言“七十二峰朝武当”。传说武当山有几十条龙脉，当年朱元璋怕这里会有人夺他的江山，专门派人来斩断龙脉，吕家河就是其中的一处。在“龙颈”部位，有一条显然由人工凿出的“一线天”，宽约1米、深约几丈，切断了“龙头”与“龙身”，这就是斩龙脉处。“龙头”入水潭处，有地下水汩汩而出，不断涌动着大大小小的水泡，冲击着水下的沙子不停翻腾，沙中含云母，闪闪亮亮，如水中之小喷泉。当地人说这是那条龙还未死，在地底下呼吸。“龙头”对面，是一个很高的山崖，上面刻有“尼姑岩”三字，据说过去有尼姑在山洞里修行。龙头对面，是一个以水为动力的水舂，巨大的木制水车静静立地山坳里。河谷旁，散布着农舍、稻田、菜地、水沟……，牛鸣犬吠，水秀山青，一派仙山福地、世外桃源的怡然景象。

吕家河村有如此悠久的历史文化积淀，又有武当山道教文化的直接影响与三省边区的文化交流，加之相对封闭的地理条件与古朴的民风，这对于保存传统的民间文艺财富来说，可算是得天独厚的环境了！

二

我们来到58岁的姚启华家中。他是村中公认的“歌布袋”。据李征康调查，他可以唱1000多首民歌。他个子不高，但健壮结实(后来我们发现，这里的人都长得高大健壮，看上去比实际年龄要小，大约是空气清新和适度劳动的赐予)。姚有一只眼似乎是失明的。当他坐在那里忘情地唱歌时，我不由联想起几千年前那位希腊的盲歌手荷马。

姚家比较殷实。一间相当宽敞的砖木结构农舍收拾得干净整洁，侧屋里是他的榨油机和磨面机，两旁整齐地堆着一排排榨油后剩下的油饼，看来他的生意不错。厅屋里，几只大黑鸡在窝上排队下蛋，一只大白狗蹲在桌下打瞌睡。空气中混杂着油饼、谷草和略带潮湿的土地的气味，让我们这些常年生活在水泥地上和污浊空气中的人感到特别清新。

姚家人都会唱歌。开场的是姚的4岁多的孙子姚天魁。当我们问他会不会唱歌时，他不好意思地拱在妈妈怀里，眼睛滴溜溜地望着我们。在奶奶的鼓励下，念了几首富有童趣的儿歌：

三岁娃，穿红鞋，
摇摇摆摆上学来。
先生先生莫打我，
吃口妈妈(念mά)我再来。

三岁娃，会栽葱，
一栽栽到河当中。
过路君子莫打动，
让它开花结莲蓬。
……

忙进忙出的姚妻(李征康喊她“书记”，说她是家中的“一把手”)，也为我们唱了一首：“一进谭家街，大门朝南开。他家有个女裙钗，好似祝英台……”我有些吃惊，因为这是一首流传很广且主要在旧时烟花巷中传唱的情歌，想不到今天在这么个深山中还有人唱它。不过后来我了解到：明代曾调集南方几省的民工修武当，当时武当山下设了不少妓院，而烟花女子多善歌唱。后来，我们果然又听到更多旧时全国流行的小调。

姚启华的儿子姚忠有，今年25岁，是一个英俊且颇有儒雅气质的小伙子，有文化，也是当地有名的歌手。他和表兄弟陈小平关在房里，忙着记录和整理他们的歌词。

在姚家宽敞的大院子里，姚启华向我们亮出了他那高亢的歌喉。应我们的要求，他先唱了两首长工歌：《十二月熬长工》和《石本上工》。前一首在长工与东家生活的对比中，倾诉长工一年到头的苦难生活；后一首唱的却是一个名叫石本的长工，在打工过程中与主家“大姐”之间的私情。姚的歌声委婉而又诚挚，运气发自丹田，听得出他对唱法很下了一番功夫。

当我们问到有无唱武当山的歌时，老姚兴奋起来。只见他走到院当中，腔调一变，手舞足蹈地唱起来：

提起一本《东游记》，
东游祖师修行去。
他本是朱家后代根。

说封他有七辈真天子，
还有八辈状元身。
他天子状元都不做，
一心到武当山上去修行。
前有乌鸦去带路，
后有黑虎把山巡。
武当山上得了道，
五百灵官随后跟。
南岩宫里设金身，
五龙捧身坐金顶。

这支歌的调子与前两首明显不同，它激越、高亢、粗犷而婉转，有一股强烈的阳刚之气，既充满了深厚的宗教文化色彩，又有很强的地方特色与艺术感染力。我们被这支歌深深打动，要求他又唱了一遍。后来我们发现，大约是为家乡武当山自豪吧，村里许多歌手都喜欢唱这首名叫《真武大帝坐武当》的歌。

采访吕家河歌王姚启华（左一）

老姚对有幽默风格的民歌特别珍爱，他唱的这些歌让人忍俊不禁。如《光棍歌》："锣鼓一打颤梭梭，一街二巷笑呵呵。笑得我光棍红了脸，这不是笑我笑哪个？一来笑我无钱使，二来笑我无老婆。有朝一日赢了钱，说他七八上十个。碾道里面安两个，筛的筛来簸的簸；磨道里面安两个，推的推来摞的摞；堂屋里面放两个，给我装烟倒茶喝；房屋里面放两个，她给我铺床叠被窝；厨房里面安两个，她给我杀鸡烙油馍；我光棍落了个多快活，你看我老婆多不多！我睡到夜里摸一摸——（拖腔），摸一摸都是公家伙！”

姚启华真不愧是“歌布袋”，他给我们整整唱了一上午，其中有的是关于各朝各代的历史故事，有的是反抗旧婚姻的私情歌，有的是生活歌，有的是劳动号子。他还特别喜爱牧童歌。当地民俗，牧童放牛时喜欢以歌相互挖苦，有时发展到以歌对骂，一边唱歌还一边打“响鞭”。他从房中拿出一根鞭子，有一丈二尺长，以粗麻制成。只见他走到院中，将鞭抡得呼呼作响。猛然一个反抡，叭——，如枪声一般，在山谷中激起阵阵回声。

李征康告诉我们：老姚家里是地主成分，尽管他在解放时还不到10岁，但运动一来总是挨整的对象。好在他性格开朗，用他的话来说是“爱玩”，碰上逢年过节、婚丧嫁娶、做屋上梁等热闹事，最喜欢跑去唱歌助兴。他又有心计，记性也好，从官山到房县，他从许多歌师傅那里学到了各种民歌。这倒使我想起最近宜昌发现的民间艺人刘德方，也是成分不好，生活困苦，后来从民间文艺中找到了精神寄托，成了一个出色的民间艺人。

国内外有关民间文艺传承的研究表明：虽然每个人都生活于特定的社区中，学习、继承、享用和传播着自己的传统文化，但大多数人只是被动的接受者与传播者。一个民族、一个地域的民间文化财富，其实主要是由一些积极的民间传承人所保存、发展和传播的。他们是一些特殊的人才，是民族文化的中坚。这种人像大树，一边不断吸收着养料，一边不断地把自己的种子传向四方。姚启华显然就是这样一个积极的民间文化传承人。可喜的是，在他身上所积累的民歌遗产，已经有两代新的传人了！

三

吕家河管理区的所在地叫泰山庙。它坐落在半山腰上，是3个自然村的中心。这里地势高，视野开阔，站在门口，村庄、稻田、河滩尽收眼底。

泰山庙本身就像一个历史博物馆。它原是座社庙，庙门左右各镶一块石牌，铭记吕家河擂鼓台乡民众集资修建社庙的经过及捐款人的名字与款额，时间是

“大清道光玖年”（即 1829 年）。两面门柱上，是一副以黑墨水写的对联：“推翻国民党统治，建立苏维埃政权。”据说 1931 年贺龙创立鄂西北革命根据地时，这里曾作过司令部，门口的对联乃军政治部主任柳直荀亲笔书写。而在门楣上，却是“人民公社好”五个红漆大字，模仿的是毛泽东书法。走进泰山庙，侧面是一间计划生育活动室，以图文并茂的形式，介绍避孕方法和吕家河计划生育的成绩。一部中国近现代史，似乎浓缩在我们的眼前。

夜晚，泰山庙的厅堂里挤满了乡亲，村里在这里举行歌会。乐队是一把唢呐和一套锣鼓，但唢呐似乎只在歌会开头吹了两声，并不为演唱伴奏。歌会以唱为主，锣鼓伴奏。

几通锣鼓后，村委会主任袁关军，一个胖乎乎的黑胡子汉子，站起来说：“大伙别乱，讲点次序，女的先唱。”女人们有点不好意思，你推我搡，谁也不愿打头。忽然一个老人说：“是腔不是腔，你只管往外昂！”坐在中间的一个二十来岁的小媳妇，终于开了口：

姐儿今年一十七，
对面过来个算命的。
姑娘这里开了音，
叫声算命的你是听。
请你到我屋里坐，
我给你装烟倒茶喝。
吃罢烟来喝罢茶，
报个八字你掐掐。
甲子乙丑戊子寅，
算算我啥时定婚姻。
算命的这里开了音，
叫声姑娘你是听。
甲子乙丑戊子寅，
二十一岁定婚姻。
姐儿一听发了气，
骂一声屙血的算命的。

不会算命强算命，
怪不得老天叫你瞎眼睛。
小奴家今年一十七(拖腔)，
啥会儿等得到二十一！

真是“山歌好唱难起头”，这个小媳妇才唱完，角落里接着就飞出了一个声音：

十八姐儿七岁郎，
铺床叠被掂上床。
一更尿湿了红绫被，
二更尿湿了象牙床。
尿湿左边换右边，
尿湿右边放胸膛。
喊一声，奴的郎，
我是你的妻不是你的娘！

歌头一起，就像运动场上响了发令枪，一个接着一个，一曲接着一曲，不分男女老少，歌声和锣鼓声闹成一片。抢着唱的人不少，但很明显，姚启华、陈小平、余金娥等几个“歌布袋”是歌会的核心人物。他们的嗓子好，唱法有讲究，并且会调节气氛。唱的人多时，他们就不开口，没有人接腔时，他们就多唱几个。

姚启华唱了他的拿手《骂小秃》、《光棍歌》，又唱了一首私情歌。后来，他又唱出一首“十二月对花名”：

正月里什么花人人都爱，　什么人手挽手同下山来？
二月里什么花披头散发，　什么人披头发他去修行？
……

谁也没想到，人丛中突然冒出一个嫩稚的童音，与老姚对答：

正月里迎春花人人都爱，　有山伯和英台同下山来。
二月里老虎花披头散发，　祖师爷披头发他去修行。
……

这孩子大约十二三岁，嗓音尚带童声，是村小学的学生。从他一口气回答十二个月的花名来看，显然他参加这样的活动不是一回两回了。

二十多岁的陈小平特别活泼。他唱的大都是私情歌。如“卖鸡蛋”、“洗绣衣”、“跳进墙”、“十二月”等(歌名皆笔者据歌词特点暂拟)。在唱歌的空隙中,他也没有闲着,有时他接过锣鼓敲打一阵,有时又跑到人群圈子之外,不知从哪里扯的些碎草叶,悄悄从后面撒在那些张着嘴听歌的小媳妇头上,有时甚至从她们的衣服领口塞了进去,惹得小媳妇们一阵骚乱和笑骂。

歌会一直到夜里12点钟才散,一共唱了40多首歌。鄂西北风俗,歌分“阳歌”与“阴歌”两种,又叫“阴锣鼓”和“阳锣鼓”。“阴锣鼓”即“待尸歌”,只在办丧事时唱。“阳锣鼓”又称“四六句”,多用于婚娶、寿庆、建新房和平时玩耍等喜庆场合。在今天这种场合,当然没有人唱“阴歌”。

这天晚上的歌绝大多数是情歌,有近30首,其中不乏关于男女私情的内容。其次是生活歌,大约有上十首。有骂国民党抓壮丁的,有叹单身生活苦的,有唱小丈夫的,有唱妓女盼有人娶她的……还有一个小学生,唱了一首全是他想吃的好东西的歌《十想吃》:

一想吃橘柑,
橘柑满口酸,
想吃六月咸鸭蛋,
猪油炒干饭。

二想胡椒茶,
想吃炒芝麻,
想吃六月甜西瓜,
糯米打糍粑。
……

后来我们了解到,比较起来,“阴歌”比“阳歌”从形式到内容都更要丰富,唱腔也更好听。“阴歌”一般是有人去世时,人们在守灵之夜唱的“待尸歌”。长夜难熬,但却是人们琢磨唱歌的好时刻。在“阴歌”中,盘问历朝历代古人古事的长篇盘歌是重头戏,歌手们互考才学,从开天辟地一直问到民国共和。据称有的歌师还能唱到天地开辟之前的《黑暗传》哩。盘歌之外,花样翻新的“翻田埂”,是此地民歌的一大特产。“翻田埂”是一种俗称,其实就是歌手之间的对骂(当然,这种“骂”是非常艺术的),他们绞尽脑汁,要将对方损贬到非常尴尬的境地。例如

"招驸马",要以古人古事比为自己与对方,而自己的身份是对方的女婿,这就等于占了对方的便宜。还有一种更风趣的形式是"装葫芦",在歌中,要设置一个场景,将自己和对方比作其中的两个形象(对方当然总是处于劣势),然后将对方装入一个物件里(自然是越刻毒越好,如夜壶、马桶、牛穴之类);另一方不甘示弱,也要同样设置一个场景,将对方的物件痛快淋漓地毁灭,把自己从中解放出来,同时让对方体无完肤。双方互斗机锋,出语既辛辣又幽默,往往惹得听众哈哈大笑。据歌手们说,这种"翻田埂"的歌很伤和气,所以一般熟人朋友间是不唱的。不过倘是"打待尸"时几个地方的歌手碰在了一起,翻起田埂来,那必定有一场好戏。据说有次一个小伙子在"翻田埂"时将一老歌手"装"入钢夜壶中,对方左想右想找不到出来的词,气得歌也不唱跳起来拿烟袋棒打人,小伙子见势不妙,拔腿跑了。从此别人就以"蹲在钢夜壶中"来取笑这个歌手。

吕家河人的歌到底有几多,李征康告诉我们他初步摸到的"底":全村751人,会唱2小时以上的不下85人,其中特别出色的有一二十人,能唱1000首以上的有4人。我们在短短两天的听歌中发现,这里的男女老少都喜唱歌。他们唱的传统民歌中,既有明清时代风行全国的情歌,也有在形式和内容上都富有特色的本地民歌,尤其是像《真武大帝坐武当》、《武当十八扯》这类富有武当山道教文化色彩和鲜明地方风格的民歌,更是富有创造性的部分,是当地民歌中的精品。

考察给我们留下的初步印象是:这是一个富有武当文化色彩的、罕见的汉族民歌之村。

四

在吕家河村,我们一直思索着这样一个问题:当今社会,现代传媒如水银泄地,电视、广播、电影、收音机、录放机、卡拉OK无孔不入,许多地区的传统文化仿佛一夜之间就荡然无存,为什么这里的民歌活动却有如此强盛的活力呢?

英国著名文化人类学家马林诺夫斯基曾指出:文化是人类生活需要的产物。一种文化如果存在,必能满足人类的某种需要,必有其特定的、不能取代的功能。那么,民歌在吕家河人的生活中,究竟发挥着什么样的功能呢?

我们了解到:在吕家河村及其周围地区,凡有大事,都少不了集体唱歌的

活动:

——春节要闹年,一些爱唱歌的人,常邀集一处打锣鼓唱歌,年三十晚往往唱通夜。

——婚礼上,唱歌是必不可少的,一般要唱两个夜晚。宴席上菜时,上一个菜换一个调,很是讲究。闹房时多唱《闹五更》(村人说:老姚家的媳妇是唱来的)。

——丧礼中要"打待尸"。此地风俗,有人去世,一般要守灵一两夜,死者的家属和亲戚朋友及乡邻,围在死者灵前唱"阴歌"。像姚启华这样一些出名的歌手,丧家往往慕名请去唱歌。一般请两个歌班,每个歌班两三个人。特别隆重的,有时多达七八个歌班子(这时大约就免不了"翻田埂"了)。父母亲去世后,在第三年,要举行隆重的"换孝"仪式,扎灵屋,门口换红对联。这时也要请人唱一夜。

——新屋上梁时,须请歌班子,"动响器"(打锣鼓),梁上披红挂彩,谓之"暖梁"。新房落成,在搬家前又要闹一夜歌,谓之"暖房"。

——祭牛王爷、火神爷时,要唱仪式歌。

——薅苞谷草时是大忙季节,有时为了赶活路,要请亲戚朋友和乡邻帮忙,这时就要请人打"薅草锣鼓"。据说,这种集体的薅草劳动,最多曾达到过三百张锄头。打"薅草锣鼓"的班子又称"唐将班子",传说出自唐时的屯田军队。一般有三四个人,他们站在地头,边敲边唱,鼓舞劳动干劲。谁落后了,锣鼓就打到谁的面前。村民说:打薅草锣鼓出活,锣鼓一打,草就跑了。不过,80年代以后,这种活动已不多见了。

——打柴、放牛时,当然是唱歌、斗歌最好的时候了。

……

民间文学是生活的艺术。现在我们才知道:正因为在吕家河村民歌活动与风俗紧密联系,有一套活的"文化生态环境",才培养了一代代的民间歌手,积淀了丰富的民歌财富。

吕家河村风俗中的唱歌活动,有着深厚的传统基础。查考有关文献,我们知道鄂西北地区唱"锣鼓曲"的习俗由来已久。据《湖北说唱音乐集成》(湖北省群众艺术馆1983年编印)载:明末清初,每年春节期间,鄂西北地区都有许多"灯会",有"灯头"(组织者)、"灯班"(民间爱好者组成的班子)、"灯箱"(即演出时用的服装道具)等。一台花灯,有时演员多达百人。清同治四年《房县志》记述了当年“灯节”盛况：“元宵，作灯神前，墓道及门庭井灶在在燃之，……前二日试灯，有龙虎、狮麟、车船、竹马、软索、节节高、鳌山等灯；又有秧歌灯，十百为群，诣人家置高脚灯于四角，进退分合，左右穿亘，谓之‘跑阵’。其花面红衣，以白褶兜胸胁，两手执木梆于阵间倒行者，曰‘跳和尚’；毡帽笼头，花巾结额，翻披羊裘，执败蒲扇，指挥跳谑者，曰‘拉叶子’；装妆妇人者，曰‘拉花’。凡灯先拜庙，次官府，次外送各乡村，家皆有晏赏。自初十起，……灯影与星月交辉，爆声与歌管竞沸，至二十后乃罢。”

吕家河考察时合影(1999年)

在鄂西北，有一种独特的民间曲艺形式，叫做“郧阳四六句”。它是由民间锣鼓曲和灯歌发展起来的，流行于郧县、均县、十堰和与鄂西北接壤的河南、陕西边界地区。它属于前面所提到的“阳歌”。在“灯会”上，“四六句”被吸收成为灯歌的一种主要曲调。农村的“地玩子”(即“坐堂”)，也多采用“四六句”唱腔。在清代，“四六句”曲调被吸收进郧阳地方戏“二棚子戏”(亦叫“郧阳花鼓”)，成为它的花腔音乐(参见罗中流、王荣萱《郧阳四六句概述》，载《湖北说唱音乐集成》)。“四六句”一般都欢乐风趣，边唱边白。我们听到的《骂小秃》、《接干佬》，大概就是其中的传统段子。“四六句”的曲调有北路子、中路子、南路子三种调式，从所听到吕家河村的民歌调子看，它们的主要调式似乎是北路子的唱腔。

吕家河村的民歌活动有如此悠久的传统，又在生活中发挥着实用的功能，难怪它这样受到村民们的喜爱。不过，现在吕家河村公路交通已很方便，电视在两年前就进了村,我们担心传统的民歌活动可能会像许多地方一样,从此退出吕家河人的生活。但姚忠有却很自信。他说:"电视机不能背在身上上坡下畈,而且里面都是那些大明星唱,没有我们自己唱过瘾。再说要办点事时,少不了人来热闹热闹。唱唱风流歌,笑一笑,散散心,唱唱历史歌,又长了知识。"

民歌是祖先传给我们的文化遗产之一。一个民族的文化,其形成往往是无数代人集体创造的结晶,而其灭亡,则不过是很短时间的事。特别是在现代化进程如此飞速发展的今天,文化的一体化正成为一种世界性的潮流。在中国,在汉族,我们可以听到传统民歌的地方已经极为罕见,而吕家河人仍然在唱着它。他们像看守珍宝的卫士,捍卫着一块民族的精神家园。"礼失求诸野"。吕家河的村民啊,你们自己的歌,还能一代代唱下去吗?我们的政府官员、文化工作者、新闻工作者……,所有热爱自己民族的人们,应该为他们的歌所感动,共同来保护、研究我们民族的宝贵财富!

参考书目

1.[美]斯蒂·汤普森著,郑海译:《世界民间故事分类学》,上海文艺出版社,1991年版。

2.[美]本尼迪克特著:《文化模式》,王炜等译,三联书店,1992年。

3.[美]丁乃通编著:《中国民间故事类型索引》,华中师范大学出版社,2008年。

4.[美]丁乃通著,陈建宪等译:《中西叙事文学比较研究》,华中师范大学出版社,2005年。

5.[俄]普列汉诺夫:《论艺术(没有地址的信)》,三联书店,1973年。

6.[苏]李福清:《中国神话故事论集》,中国民间文艺出版社1988年版。

7.中国社会科学院与澳大利亚人文科学院合编:《中国语言地图集》,朗文出版(远东)有限公司,1987年。

8.《华阳国志·巴志》,齐鲁书社,1998年版。

9.(晋)常璩撰:《华阳国志校补图注》,任乃强校注,上海古籍出版社,1987年。

10.(晋)陶潜:《搜神后记》,中华书局,1981年。

11.(南朝宋)刘敬叔:《异苑》,中华书局,1996年。

12.《苏轼文集》,中华书局,1986年版。

13.(明)徐学谟等撰:《郧阳府志》,长江出版社,2007年。

14.(明)彭遵古等撰:《郧台志》,长江出版社,2006年。

15.(明)王同轨:《耳谈》,中州古籍出版社,1978年。

16.(清)黄承增辑:《广虞初新志》,卷十九。

17.(清)施鸿保:《闽杂记》,福建人民出版社,1985年。

18. 湖北省长阳土家族自治县地方志编纂委员会:《长阳县志》,中国城市出版社,1992 年。

19. 湖北省利川市地方志编纂委员会:《利川市志》,湖北科学技术出版社,1993 年。

20. 江灏、钱宗武译注:《今古文尚书全译》,贵州人民出版社,1990 年。

21. 江应梁主编:《中国民族史》,民族出版社,1990 年。

22. 伍蠡甫等:《西方文论选》上册,上海译文出版社,1988 年。

23. 胡朴安编:《中华全国风俗志》,上海书店,1986 年。

24. 丁世良、赵放主编:《中国地方志民俗资料汇编 · 中南卷》,书目文献出版社,1991 年。

25. 张伟然:《湖北历史地理文化研究》,湖北教育出版社,2000 年。

26. 张正明:《秦与楚》,华中师范大学出版社,2007 年。

27. 张正明:《楚文化史》,上海人民出版社,1987 年。

28.《张正明学术文集》,湖北人民出版社,2007 年。

29. 刘守华:《中国民间故事史》,湖北教育出版社,1999 年。

30. 刘守华主编:《中国民间故事类型研究》,华中师范大学出版社,2002 年。

31. 刘守华:《张天师传说汇考》,华中师范大学出版社,2009 年。

32. 刘守华:《口头文学与民间文化》,中国文联出版公司,1989 年。

33. 袁珂:《中国神话学史》,上海文艺出版社,1988 年。

34. 张振犁:《中原古典神话流变论考》,上海文艺出版社,1991 年。

35. 汪玢玲:《蒲松龄与民间文学》,上海文艺出版社,1985 年。

36. 祁连休主编:《中国机智人物大观》,河北教育社,1991 年。

37. 湖北省非物质文化遗产保护中心编印:《湖北省非物质文化遗产资源目录》,2008 年。

38. 湖北省文化局、中国音乐家协会武汉分会编:《湖北民间歌曲集》,1962 年。

39.《中国民间故事集成 · 湖北卷》编辑委员会主编:《中国民间故事集成 · 湖北卷》,中国 ISBN 中心出版社,1999 年。

40. 湖北省群众艺术馆编印:《湖北说唱音乐集成》,第一集,1980 年。

41.湖北省群众艺术馆编印:《湖北说唱音乐集成》,第二集,1980年。

42.湖北省民间文艺研究会编:《湖北民间叙事长诗唱本总目提要》,1986年。

43.中国民间文艺研究会湖北分会、湖北省群众艺术馆编印:《湖北民间传说故事集·襄阳地区专集》,1982年。

44.中国民间文艺研究会湖北分会、湖北省群众艺术馆编印:《湖北民间故事传说集·恩施地区专辑》,1982年。

45.中国民间文艺研究会湖北分会、湖北省群众艺术馆编印:《湖北民间故事传说集·黄冈卷》,1981年。

46.中国民间文艺研究会湖北分会、湖北省群众艺术馆编印:《湖北民间故事传说集·荆州地区专集》,1981年7月。

47.湖北省群众艺术馆编:《湖北民间故事传说集·武汉地区专集》,1981年。

48.中国民间文艺研究会湖北分会、湖北省群众艺术馆编印:《湖北民间故事传说集·孝感卷》,1982年。

49.萧国松主编:《中国民间故事全书·湖北·长阳卷》,知识产权出版社,2007年。

50.蒋杏主编:《中国民间故事全书·湖北·枝江卷》,知识产权出版社,2007年。

51.王永红主编:《中国民间故事全书·湖北·五峰卷》,知识产权出版社,2007年。

52.蔡长明主编:《中国民间故事全书·湖北·兴山卷》,知识产权出版社,2007年。

53.杨建章主编:《中国民间故事全书·湖北·夷陵卷》,知识产权出版社,2007年。

54.彭善良主编:《中国民间故事全书·湖北·远安卷》,知识产权出版社,2007年。

55.周凌云主编:《中国民间故事全书·湖北·秭归卷》,知识产权出版社,2007年。

56.徐开芳主编:《精彩恩施——恩施非物质文化遗产名录》,湖北人民出版社,2009年。

57. 潘顺福著:《利川小曲》,湖北人民出版社,2006 年。

58. 杨发兴、陈金祥编注:《彭秋潭诗注》,中国三峡出版社,1997 年。

59. 明安生编著:《秦巴古盐道》,长江出版社,2008 年。

60. 王峻峰主编:《清江文化与现代文明》,武汉出版社,2001 年。

61. 李继尧:《歌谣知识问答》,湖北省民间文学三套集成办公室编,1987 年。

62. 李继尧:《抬轿点睛录》,青海人民出版社,2007 年。

63. 梁前刚:《五句子概说》,湖北人民出版社,2007 年。

64. 刘民主编:《嫦娥文化》,咸宁市咸安区文联等编印,2009 年。

65. 吴正彪:《乡村口承叙事与地方乡民的文化生活空间——下堡坪民间故事传说的田野考察札记》,中国书籍出版社,2009 年。

66. 武汉民间文艺家协会编:《贱三爷作品研讨会论文集》,1995 年编印。

67. 徐永安、屈崇丽主编:《一个口传文学家族——武当山田畈村范氏家族的调查研究》,长江文艺出版社,2003 年。

68. 田从海主编:《巴东民间歌谣》,民族出版社,2007 年。

69.《蔡甸民间故事集成》编辑委员会、蔡甸区文化局、蔡甸区文化馆主编:《蔡甸民间故事集成》,1994 年。

70. 陈明刚唱述,苏宗源搜集整理:《陈篾匠民歌选》,大众文艺出版社,2005 年。

71. 蔡学让主编:《恩施市民间歌谣集》,湖北人民出版社,2009 年。

72. 程仕政、黄应柏编著:《恩施灯戏》,湖北人民出版社,2009 年。

73. 鄂西土家族苗族自治州民族事务委员会、鄂西土家族苗族自治州文化局主编:《鄂西民间故事集》,中国民间文艺出版社,1989 年。

74. 师永学、李相斌主编:《房县民间故事集》,长江出版社,2007 年。

75. 周玉洁、沈明云主编:《房县夜锣鼓》,湖北长江出版集团、湖北人民出版社,2010 年。

76. 王启云、肖鸿主编:《房县民间歌曲集》,长江出版社,2007 年。

77. 张歌莺、杜明亮主编:《房县民歌集》,长江出版社,2007 年。

78. 向端生主编:《鹤峰民间歌谣集》,湖北人民出版社,2011 年。

79. 赵平国主编:《鹤峰民间故事集》(上下册),湖北人民出版社,2011 年。

80.中国民间文艺研究会湖北分会、湖北省群众艺术馆编印:《湖北民间故事传说集·宜昌卷》,1980年。

81.荆州地区群众艺术馆编:《湖北民间故事集成·荆州卷》,中国民间文艺出版社,1990年。

82.张相国主编:《湖北民间文学集成·孝感市歌谣集》(上下册),中国民间文艺出版社,1989年。

83.王金海主编:《湖北省民间文学集成丛书·黄冈地区民间故事集》,中国民间文艺出版社,1989年。

84.沈远义编著:《贱三爷——机智人物幽默故事》,湖北科学技术出版社,1993年。

85.汉阳区志办编:《汉阳贱三爷故事精编》,武汉出版社,2009年。

86.京山县民间文学三套集成领导小组、京山县群众文化馆编:《京山民间故事集》,中国民间文艺出版社,1990年。

87.袁维华采录、彭明吉整理:《郎啊姐——民间文艺家刘德方传唱的三峡情歌选集》,中国三峡出版社,2004年。

88.长阳土家族自治县民族文化研究会、长阳土家族自治县民族事务委员会合编:《廪君的传说》,1995年印。

89.王作栋整理,五峰土家族自治县民族民间文学艺术集成小组编印:《刘德培民间故事选》,1987年。

90.向代元、向义和搜集整理:《来凤土家族长篇叙事情歌》,湖北人民出版社,2007年。

91.田诗学、肖本正、杨孝慎主编:《来凤民间歌谣》(上下册),湖北人民出版社,2007年。

92.黄汝家主编:《利川市民间歌谣集》,湖北人民出版社,2008年。

93.荆州马山民歌研究课题组编,荆州区文化体育局印:《马山民歌集》,2007年。

94.秭归县茅坪镇综合文化站编:《茅坪镇建东花鼓戏资料汇编》,复印件,2010年。

95.湖北省黄冈地区群众艺术馆编印:《民间文学选编之三·风物的传说故

事》,1984年。

96. 宜昌市文化局、三峡大学三峡文化研究中心:《三峡民间艺术集粹》,长江文艺出版社,2003年。

97. 湖北省沙市市群众艺术馆编印:《沙市民间传说故事集》,无印刷时间。

98. 王老黑编:《水味歌谣》,湖北省民间文艺研究会印,1993年。

99. 王新祝主编:《土家民歌》,湖北人民出版社,2003年。

100.《杨洪顺恩施三才板作品选集》,湖北长江出版集团,2013年。

101. 李征康、屈崇丽主编:《武当山吕家河村民歌集》,学苑出版社,2003年。

102. 中国民间文艺研究会湖北分会、湖北省群众艺术馆、武汉市群众艺术馆主编,陈秀华选编:《武汉的传说》,长江文艺出版社,1985年。

103. 武汉市群众艺术馆主编:《武汉民间故事传说集》(上、下册),1983年。

104. 皮明庥、李时权主编:《武汉通览》,武汉出版社,1988年。

105. 韩致中主编:《伍家沟民间故事集(一)》,中国民间文艺出版社,1989年。

106. 刘德培、王作栋整理:《新笑府》,上海文艺出版社,1989。

107. 余贵福采录、黄世堂整理:《野山笑林》,大众文艺出版社,1999年。

108. 彭明吉主编:《野山笑林续集》,宜昌市夷陵区刘德方民间艺术研究会编印,2008年。

109. 陆显大、杨懋之、杨适之主编:《咸丰民间歌谣集》,湖北人民出版社,2007年。

110. 刘大业主编:《涢山祭祀歌》,中国电影出版社,2003年。

111. 长阳土家族自治县文化局编印:《中国歌谣集成·长阳土家族自治县歌谣分册》,1988年。

112. 利川市民族民间文学三套集成编委会:《中国民间文学集成湖北卷·利川市民族民间歌谣集》,1991年。

113. 郧阳地区民间文学集成办公室、郧阳地区群众艺术馆编:《中国民间故事集成湖北卷·郧阳地区民间故事集》,1988年。

114. 王克森主编:《中国歌谣集成湖北卷·京山县歌谣分册》,1987年。

115. 彭万鹏主编:《中国歌谣集成湖北卷·仙桃市歌谣分册》,1990年。

116. 蔡展平主编:《中国歌谣集成湖北卷·英山县歌谣分册》,英山县歌谣集成编委会、英山县人民文化馆编印,1989年。

117.彭善梁,吴光烈主编:《中国歌谣集成湖北卷远安分卷·远安歌谣》,内部印刷本,1990年。

118.宜城县民间文学三套集成领导小组、宜城县文化馆编印:《中国民间歌谣集成湖北卷·宜城县民间歌谣集》,1989年。

119.枝江县三民集成领导小组编印:《中国民间歌谣集成湖北卷·枝江县民间歌谣集》,1989年。

120.嘉鱼县民间文学集成领导小组、嘉鱼县文化馆:《中国民间故事集成湖北卷·嘉鱼县民间故事集》,1988年。

121.李相斌、李征康主编:《中国民间故事集成湖北卷·郧阳地区民间故事集》,郧阳地区民间文学集成办公室、郧阳地区群众艺术馆编,1988年。

122.明德运编著:《中国民间彩词集》,长江文艺出版社,1992年。

123.钟祥县民间文学集成办公室、钟祥县文化馆编:《钟祥民间文学作品选集·歌谣分册》,中国民间文艺出版社,1989年。

124.陈登山搜集:《竹溪民间故事传说集》,湖北竹溪县文艺创作组编印,1984年4月。

125.秭归县文化旅游局、秭归县非物质文化遗产保护中心编印:《秭归民间音乐集》,2011年。

后　记

我真没想到这本书写了近五年之久。

2009年接受写作这本书的任务时,觉得不过是20万字左右的小书,自己从上世纪80年代初起,就参与了湖北省的民间文学工作,又一直在湖北高校中教民间文学,应该很熟悉情况,写起来不难。最初的想法,甚至是无需自己动手,让研究生们找点资料,凑合起来就能完成了。但当学生们写的东西交到我手上后,才发现:这是一件极难的事,研究生们在校学习的有限时间里,根本无法完成。

难在何处?

首先是资料。民间文学本身是一门很小的学科,在当下社会急速转型的时期,不怎么受社会关注,已出版的资料不多。好在笔者多年在湖北省民间文艺家协会兼职,能获得大量未正式出版的地方资料,这个问题不难解决。然而,正是由于有大量未出版的资料,它们的价值尚未得到认定,从学术的角度看,几乎每一本资料都是一片处女地,必须一本一本地读,一个作品一个作品地挑,本书所附参考书目中的100多本作品集,就是在教学和其他工作的空隙,慢慢啃完的,这当然需要花时间。

其次是理论。中国的民间文学理论不发达,而针对湖北省民间文学的研究成果更是稀少,可借鉴的不多。此次笔者试图提出湖北民间文学的文化地图观,不仅在省内是首次,在国内外也鲜见。这样边研究边从作品中归纳,自然难有好的进度。

作为第一本对湖北省民间文学作全局分析的书,笔者不敢说书中有什么大的理论突破,但毕竟认真阅读了如此多的地区性的民间文学集,当然能挑出许多自认为非常好的作品出来。我相信这些作品是能发挥大作用的,有的甚至成为永恒的经典也难说。当然,个人眼界有限,遗珠之憾也是在所免的。

我过去也写过一些书,但我要说:这是我写得最费力、最认真、也最与自己的耐心较劲的一本书。本书所摘引的口头文学作品,今天大多已无活态存活,能在它们彻底消亡前将它们辑录在一起,展示湖北先民曾经有过的民间生活形态与文化成果,我觉得是件很有意义的事情。

非常感谢丛书主编们对我的宽容,尤其是刘玉堂兄对我的纵容。非常感谢炎黄文化研究会办公室的小王同志,如果不是她经常督促,我几乎不能坚持下去了。非常对不起这套丛书的其他作者,由于我的延误,使大家的佳作不能及时面世。在这里给大家鞠躬赔礼。

我的研究生陈晶、卢晨、蔡艳菊、高艳芳等,为本书辑录过不少资料。武汉出版社编审杨建文先生,对我这本匆促交差未作最后校订的书稿,进行了细致的文字处理,改正了不少文字和知识上的错漏。由于书稿两次排印,也给相关人员带来不少麻烦。这里一并表示深深谢意!

陈建宪

2014 年 4 月 11 日于桂子山